21世纪全国高校通识课规划教材

中 国 语 文

杜纯梓　主编

彭思毛　文智辉　唐旭君　副主编

彭浩荡　曾永胜　参编

内 容 简 介

本书为高等院校的中国语文课程教材。全书分为散文、韵文两编。散文部分包括论说文、记叙文、实用文三章；韵文部分包括诗、词、曲、赋、联五章。

本书编选中国历代美文 300 余篇，对其中一半以上作品作了阅读与欣赏提示，并布置了语言、阅读、欣赏与写作作业练习。旨在通过诵读、背诵与欣赏名篇佳作，提高学生的语文素养与审美能力，引导学生领悟母语的无穷魅力，传承祖国的优秀文化和人文精神，陶冶情操，塑造高尚人格。

本书可作为普通高等学校、成人高等学校和远程教育机构各专业中国语文课程的教材，亦可供文学与文章爱好者阅读欣赏。

图书在版编目（CIP）数据

中国语文/杜纯梓主编．—北京：北京大学出版社，2007.8
（21 世纪全国高校通识课规划教材）
ISBN 978-7-301-12631-8

Ⅰ．中… Ⅱ．杜… Ⅲ．汉语－高等学校－教材 Ⅳ．H1

中国版本图书馆 CIP 数据核字（2007）第 128613 号

书　　　名：	中国语文
著作责任者：	杜纯梓　主编
责 任 编 辑：	袁玉明
标 准 书 号：	ISBN 978-7-301-12631-8/H · 1822
出　版　者：	北京大学出版社
地　　　址：	北京市海淀区成府路 205 号 100871
电　　　话：	邮购部 62752015　发行部 62750672　编辑部 62765126　出版部 62754962
网　　　址：	http://www.pup.cn
电 子 信 箱：	xxjs@pup.pku.edu.cn
印　　　刷：	北京飞达印刷有限责任公司
发　行　者：	北京大学出版社
经　销　者：	新华书店
	787 毫米×980 毫米　16 开本　33.5 印张　343 千字
	2007 年 8 月第 1 版　2018 年 9 月第 6 次印刷
定　　　价：	49.00 元

未经许可，不得以任何方式复制或抄袭本书之部分或全部内容。
版权所有，侵权必究
举报电话：010－62752024；电子信箱：fd@pup.pku.edu.cn

前　言

　　"中国语文"是集工具性与人文性于一体的重要基础课程，旨在提高大学生的语文素养和人文素养。教育部与中央有关部门建议全国各高校要将这门课程列入公共必修课。加强中国语文的教学，对于纠正当前大学教育，特别是非中文专业课程体系与知识结构中不同程度存在着的科学教育与人文教育的失衡、外语教育与母语教育的偏倚、语文素养与人格塑造的脱榫，对于传承祖国优秀的文化与人文精神大有裨益。

　　美国著名心理学家、哲学家斯藤伯格将语言能力作为人的智力三元之一。对于一个当代大学生来说，提高语言文字素养是最基本的素质要求，是开发智力、创新思维、发展科学的基础。古往今来，很多卓杰之士都具备扎实的语文功底。他们吐纳珠玉、文笔老到，取譬用事信手拈来，遣词造句巧慧得体，常发警策精辟之论、新颖清雅之声。这是长期博览笃学所致的境界。而现阶段一些大学生语言贫乏，文辞浅陋，叙事述理不得要领，且错谬屡见。虽然学了不少语法修辞知识，看了不少文章写法的书，但效果并不好。究其根本是语言素养和学养不足，没有读多少典范文章，知识面局狭，对祖国丰赡而富于表现力与张力的语言文字缺乏深切感受，对用这种语言文字所负载的深邃睿智的思想哲理和泓富广博的文化信息未能准确领悟，对大家巨擘们的匠心文思没有认认真真地"虚心涵泳，切己体察"。故而容易流于语言的肤浅与低能。韩愈在《答李翊书》中说："将蕲至于古之立言者，则无望其速成，无诱于势利，养其根而俟其实，加其膏而希其光。根之茂者其实遂，膏之沃者其光晔。"这里的养根加膏主要是指从经典中吸取养分，丰富学识，砥砺德操。"腹有诗书气自华。"加强汉语言文学与文章佳作名篇的学习和涵泳，对提高语言素养有至关重要的作用和显著效果。致力于此，必然达到"胸藏万汇凭吞吐，笔有千钧任翕张"的境界。

　　我们伟大的祖国是诗性的国度，文明礼乐之邦。数千年社会发展，前贤时彦创造了其他民族无与伦比的灿烂文化。世界四大文明古国，唯我中华文化没有断裂。现代很多科学发明和理论建树都可从我国古代典籍中找到它的源头。如近年管理学中一个重要命题"细节决定成败"，早在上古时期，先贤就有准确而充分的论述。《尚书·旅獒》："不矜细行，终累大德"。《韩非子·喻老》："天下之难事必作于易，天下之大事必作于细。是以欲制物者，于其细也。故曰：'图难于其易也。为大于其细也。千丈之堤，以蝼蚁之穴溃。百尺之室，以突隙之烟焚。'"这里说得多么透彻，多么精警。如斯者，传统文化中俯拾皆是。开设中国语文课，唤起大学生对中国语文的浓厚兴趣，薪火相传，继承和光大我们的优良文化传统，陶冶和丰富莘莘学子的精神世界，激发他们的创造力和进取心，是大学教育不可忽视的重要历史使命和现实责任。

有鉴于此，我们在编写这本《中国语文》教材时，选文力求精粹。在几千年的文学文章大观园里撷英览胜，尽量挑选那些言文意深、文质相资的"美文"。众体兼备，众美毕现。"文以载道"，这是中华文化亘古以来所秉持的优良传统。文统即道统。无论文学、文章，只有形与神完美结合才能焕发动人光彩，发挥突出效用。形式与内容任何一方面羸弱残缺都算不上"美文"。我们选文不受唯美主义影响，兼顾思想美和形式美，让学生在欣赏作品艺术创造、领略母语无穷魅力的同时，接受爱国主义和真善美的教育，向往崇高境界，陶冶生活情趣，塑造高尚人格，提高审美能力。

"中国语文"的教学，我们倡导以文本为本和探究式诵读，尽可能提供多一些的名篇佳作给学生。对列入讲授的文章采取随文作注的形式，只对个别难懂难认的字词作简要注解，"阅读欣赏提示"也只进行点拨式的说明。而"拓展阅读"中的篇目则完全是"裸文"，未作任何圈点。这样做，一则尽量将文本原初、本真的形式与思想呈现在学生面前，让学生原汁原味地去品赏感悟，不使作品的整体美受到损害，不让文本被浩繁琐碎的注释所淹灭，不把那种直扑而来的诗性、情愫、民族生命力、时代精神和涌动着的生活潮流与底蕴遮蔽，不给学生造成在叠积的文字堆中绅绎爬梳的心理压力和阅读疲劳。二则着意激活学生在基础教育阶段母语学习的知识积累，调动他们日渐丰富的生活经验和不断提高的思维能力，通过自我解析、感知和联想，在更高的层面上捕捉文章的思想精华，感受美的创造。事实上，每篇佳作里面都灌注了作者的理念、情感和认知，个个文字都有生命的律动和感性的灵光，都是活着的、动着的。心灵的创造只有用心灵来解读，生活的情境只有凭生活来体验。"诗无达诂"，文学作品尤其如此，任何赏析品鉴都难以穷其妙处，揭其幽微，甚至容易造成误读。在破译文本语言密码的前提下，个体的阅历与经验能够帮助阅读理解，补充和丰富作品内涵，并进行知识与意境的重构。而中学时期打下的语言文字基础，阅读一般典籍并没有多少滞碍。即使留些疑难和未知，让学生自己去查询、探究和分析，反而会刺激学生的求知欲和阅读兴趣，这样获取的知识会更牢固，而且能收到举一反三之效。另外，我们提倡探究式诵读，在反复诵读吟咏中体验感悟，并引导学生开展讨论研究，进行评析比较。"观千剑而后识器，聆千曲而后晓声"。"熟读唐诗三百首，不会吟诗也会吟"。这是经验的总结，并得到了充分验证。在教师指导下，学生不带应试的功利性和强记知识要点的沉重负担，轻松愉悦地朗读甚至背诵一些名作名篇，在熟读中体味，在体味中感悟，在感悟中升华。这对于培养古代汉语、现代汉语语感和文体感，巩固知识，唤起学生对中国语文的浓厚兴趣，增强对母语及民族文化的情感和责任心，提高语文能力和鉴赏水平都有显效。特别是这种快乐的感知和理解的记忆能久久地沉淀于学习者的脑海里，融化为活的知识元，在工作、生活和社会交际中终身受用。

  本教材在编写体例上将所选作品分为散文和韵文两大类。散文部分包括记叙文、论说文和实用文，韵文部分包括诗、词、曲、赋、联。选文兼顾古今，突出传统。为了帮助学生自主学习，在每类文章后面还精要地介绍了一些语文知识，推荐了一些很有权威性的文章、文学总集与选本。

  这本《中国语文》教材的编写和中国语文课程教学方法的改革是我们一种初步尝试，祈望得到方家和同行们的指教。我们将不断探索，不断改进，使之逐步完善，特色益明，效果愈佳。

  在教材编写中，北京大学郭锡良教授、湖南师范大学李维琦教授、中国社会科学院语言研究所董琨教授给予了悉心指导，在此谨致以深挚的谢忱。

杜纯梓
2007年7月11日于结一斋

目　　录

上编　散文 1

第一章　论说文 2

　　《易经》五则 2
　　《老子》三章 3
　　《论语》三组 4
　　兼爱（上） 8
　　胠箧 10
　　晋国天下莫强焉 14
　　有为神农之言者许行 15
　　观行 19
　　古之欲明明德于天下者 20
　　大同 21
　　察今 22
　　过秦论 25
　　典论·论文 28
　　神思 30
　　情采 32
　　原毁 35
　　敌戒 38
　　三境界说 39
　　论毅力 40
　　战士和苍蝇 42
　　赠与今年的大学毕业生 43
　　人生的意义及人生中的境界 48
　　论快乐 53
　拓展阅读 58

将欲歙之，必固张之 ... 58
子路从而后 ... 59
季氏将伐颛臾 ... 59
非攻（上） ... 60
养生主 ... 61
天时不如地利 ... 62
民为贵 ... 63
天论篇 ... 63
历山之农者侵畔 ... 67
楚王谓田鸠 ... 68
博学 ... 69
大道之行也 ... 69
去私 ... 70
进学解 ... 71
朋党论 ... 73
五代史伶官传序 ... 75
爱莲说 ... 76
训俭示康 ... 76
信近于义 ... 78
灯下漫笔 ... 79
生命 ... 87
时间 ... 90
每一天都去播种 ... 94
知识概述·论说文 ... 97

第二章 记叙文 ... 100

郑伯克段于鄢 ... 100
子产不毁乡校 ... 102
召公谏厉王弭谤 ... 103
叔向贺贫 ... 105
苏秦以连横说秦 ... 107
齐宣王见颜斶 ... 111
晏子使楚 ... 112
踊贵屦贱 ... 114
管晏列传 ... 115

苏武传（节选） 119
　　桓南郡好猎 126
　　竹头木屑 127
　　王子坊 127
　　庐山草堂记 131
　　张中丞传后叙 134
　　钴鉧潭西小丘记 137
　　段太尉逸事状 139
　　相州昼锦堂记 144
　　越州赵公救灾记 146
　　喜雨亭记 149
　　徐文长传 151
　　芋老人传 154
　　左忠毅公逸事 157
　　观巴黎油画记 159
　　笑 160
　　故都的秋 162
　　秋夜 166
　　国子监 171

拓展阅读 180
　　介之推不言禄 180
　　季札观周乐 180
　　里革断罟匡君 182
　　唐雎不辱使命 183
　　留侯世家（节选） 184
　　晋文公得言 184
　　螳螂捕蝉 185
　　蔡伦传 185
　　刘伶病酒 186
　　许允妇丑 187
　　小石城山记 187
　　柳敬亭说书 188
　　故乡的野菜 189
　　背影 191
　　雅舍 193

  秋天的况味 197
  箱子岩 199
  公寓生活记趣 207
  秦腔 213
 知识概述·记叙文 223

第三章　实用文 226
  尧典（节选） 226
  无逸 227
  报燕惠王书 229
  谏逐客书 232
  入关告谕 235
  求贤诏 236
  令二千石修职诏 237
  论积贮疏 238
  喻巴蜀檄 240
  封燕然山铭并序 242
  与朝歌令吴质书 244
  诫子书 246
  前出师表 247
  让开府表 249
  陈情表 251
  与韩荆州书 254
  祭十二郎文 256
  柳子厚墓志铭 259
  箕子碑 263
  祭欧阳文忠公文 264
  复王七峰琼山知县 266
  答湖广巡抚朱谨吾辞建亭书 267
  劝诫州县四条 268
  致宋庆龄 271
  致蒋经国先生信 272
 拓展阅读 275
  梓材 275
  牧誓 276

求茂材异等诏 ... 277
论贵粟疏 ... 277
狱中上梁王书 ... 279
报任安书 ... 282
登大雷岸与妹书 ... 287
与陈伯之书 ... 289
谏太宗十思疏 ... 290
为徐敬业讨武曌檄 ... 291
送董邵南序 ... 292
与元九书 ... 293
狱中上母书 ... 301
致张学良信 ... 302

知识概述·实用文 ... 303

下编 韵 文 ... 307

第一章 诗 ... 308

七月 ... 308
谷风 ... 310
离骚（节选） ... 311
涉江 ... 313
山鬼 ... 315
四愁诗 ... 316
咏怀诗（其一） ... 317
归园田居（其五） ... 318
读山海经（其十） ... 319
登池上楼 ... 320
汉江临泛 ... 321
把酒问月 ... 322
陪族叔刑部侍郎晔及中书贾舍人至游洞庭（其五） ... 323
登金陵凤凰台 ... 323
天末怀李白 ... 324
月夜 ... 325
自京赴奉先县咏怀五百字 ... 326
新婚别 ... 329

登柳州城楼寄漳汀封连四州刺史 331
　　李凭箜篌引 331
　　闻乐天授江州司马 332
　　轻肥 333
　　早雁 334
　　无题 335
　　商山早行 336
　　示长安君 337
　　夜泊水村 338
　　岳鄂王墓 339
　　咏　煤　炭 340
　　赴戍登程口占示家人 340
　　无题 341
　　天狗 342
　　雪花的快乐 345
　　死水 347
　　我爱这土地 349
　　当我死时 350
　　钢琴演奏 352
　　我是一个任性的孩子 359
　　面朝大海，春暖花开 365
拓展阅读 366
　　将仲 366
　　文王 367
　　有所思 368
　　上邪 368
　　长歌行 368
　　行行重行行 369
　　迢迢牵牛星 369
　　明月何皎皎 370
　　蒿里行 370
　　归园田居（四首） 371
　　使至塞上 373
　　终南山 373
　　送友人 373

嘲鲁儒 374
客至 374
旅夜书怀 375
白雪歌送武判官归京 375
左迁至蓝关示侄孙湘 376
酬乐天扬州初逢席上见赠 376
梦天 376
宿紫阁山北村 377
雨中登岳阳楼望君山（其一） 377
潍县署中画竹呈年伯包大中丞括 378
论诗 378
再别康桥 378
雨巷 380
老马 383
相信未来 384
悼念一棵枫树 386
寄鞋 390
你的名字 392
祖国啊 我亲爱的祖国 393
张家界 395
知识概述·诗 397

第二章 词 401

更漏子 401
浪淘沙 401
踏莎行 402
八声甘州 403
桂枝香·金陵怀古 404
浣溪沙 405
念奴娇·中秋 406
踏莎行·郴州旅舍 407
满江红·登黄鹤楼有感 408
渔家傲·记梦 409
贺新郎·送胡邦衡待制赴新州 410
钗头凤 411

水龙吟·登建康赏心亭 411
　　　醉落魄·咏鹰 413
　　　水调歌头·春日赋示杨生子掞 413
　　　沁园春·雪 414
　拓展阅读 415
　　　忆江南 415
　　　菩萨蛮 416
　　　浣溪沙 416
　　　水调歌头 416
　　　永遇乐 416
　　　念奴娇·赤壁怀古 417
　　　鹊桥仙 417
　　　青玉案 417
　　　武陵春 418
　　　念奴娇·过洞庭 418
　　　菩萨蛮 418
　　　摸鱼儿·雁丘词 419
　　　金缕曲 419
　　　满江红 420
　　　贺新郎 420
　文体知识·词 420

第三章　曲 424

　　[中吕] 喜春来·春宴 424
　　[南吕] 一枝花·杭州景 424
　　[南吕] 一枝花·不伏老 426
　　[中吕] 混江龙 427
　　[中吕] 十二月尧民歌·别情 428
　　西厢记·长亭送别 428
　　[双调] 沉醉东风·渔夫 429
　　[双调] 夜行船·秋思 430
　　[双调] 折桂令·长沙怀古 431
　　[中吕] 山坡羊·骊山怀古 432
　　[南吕] 一枝花·喜雨 433
　　[双调] 折桂令·荆溪即事 434

拓展阅读 ... 435
 [中吕] 阳春曲·春景 ... 435
 [双调] 驻马听·吹 ... 435
 [越调] 天净沙·秋思 ... 435
 [正宫] 鹦鹉曲·野渡新晴 ... 435
 [中吕] 山坡羊 ... 436
 [双调] 水仙子·咏江南 ... 436
 [双调] 水仙子·夜雨 ... 436
 [金字经] 春晚 ... 436
 [中吕] 卖花声·怀古 ... 437
 [双调] 水仙子·咏竹 ... 437
 [般涉调] 哨遍·高祖还乡 ... 437
 [中吕] 朝天子·志感 ... 438
 [正宫] 醉太平·讥贪小利者 ... 439
文体知识·曲 ... 439

第四章　赋

吊屈原赋 ... 442
归田赋 ... 444
登楼赋 ... 445
文赋 ... 446
闲情赋并序 ... 453
别赋 ... 456
春赋 ... 459
涧底寒松赋并序 ... 461
秋声赋 ... 462
长沙赋 ... 464

拓展阅读 ... 468
 风赋 ... 468
 鹏鸟赋 ... 469
 洛神赋并序 ... 471
 秋夜七里滩闻渔歌赋 ... 473
 前赤壁赋 ... 474
 铜马湖赋 ... 475
 炎黄赋 ... 476

  宜宾赋 477
  深圳赋 480
 文体知识·赋 482

第五章 联

  风景名胜联 485
  人文胜迹联 491
  自题、题赠联 497
  庆贺联 500
  哀挽联 504
 拓展阅读 507
  风景名胜联 507
  人文胜迹联 508
  自题、题赠联 510
  哀挽联 512
 知识概述·联 514

后记 519

上编　散文

第一章 论 说 文

《易经》五则

君子终日乾乾，夕惕〔警惕〕若，厉〔危险〕，无咎〔灾祸〕。（乾卦·爻辞）

天行〔天道〕健，君子以〔以天为法〕自强不息。（乾卦·象）

革〔变革〕而当，其悔乃亡〔消失〕。天地革而四时成。汤武革命，顺乎天而应乎人。（革卦·象）

《易》有圣人之道四焉：以言者尚其辞〔爻辞〕，以动者尚其变，以制器〔器物〕者尚其象〔卦象〕，以卜筮者尚其占〔占问〕。（系辞上传）

古者包羲氏〔伏羲氏〕之王〔统治〕天下也，仰则观象于天，俯则观法于地，观鸟兽之文与地之宜，近取诸身，远取诸物，于是始作八卦，以通神明之德，以类〔分类，区别〕万物之情。（系辞下传）

【作品简介】

《易经》，原名《易》，又称《周易》，是一部万象森罗的占筮之书，有人称它为我国第一部哲学著作。它由卦、爻两种符号和卦辞（说明卦的）和爻辞（说明爻的）两种文字组成，约萌芽于殷商，成型于周代。战国至秦汉之际，儒家学者对《易经》作出解释，形成《彖》上下，《象》上下、《系辞》上下、《文言》、《序卦》、《说卦》、《杂卦》7种10篇，称之为《易传》。《易传》与《易经》又合称为《易经》。《易经》虽为占筮书，但涉及了政治、经济、军事、教育、文艺、语言文字、历史、伦理、美学、数学、物理学、生物学、天文学等方方面面的内容，含蕴丰富，在中国乃至世界历史上产生了深远影响。

【阅读欣赏提示】

所选《易经》五则各表述一种思想观点和看法。其一，强调君子每时每刻都要积极进取，谨慎处世；其二，宣传刚健有为的人生观；其三，表明只有变革而恰当才有出路，一切变革必须符合自然和社会发展规律；其四，说明《易经》有多方面的使用价值；其五，介绍八卦的成因和作用。言辞简约，意义深刻。

【思考与练习】

1. 以"天行健，君子以自强不息"为题写一篇励志短文。
2. 《易经》中充满了辩证法思想，请联系课文加以说明。

《老子》三章

天下皆知美之为美，斯恶已〔矣〕；皆知善之为善，斯不善已。故有无相生，难易相成，长短相形〔表现〕，高下相倾，音声相和，前后相随。是以圣人处无为之事，行不言之教。万物作焉而不辞。生而不有，为而不恃〔依赖〕，功成而弗居。夫唯弗居，是以不去。（第二章）

曲则全，枉则直，洼〔音 wā〕则盈，敝则新，少则得，多则惑。是以圣人抱一为天下式。不自见故明；不自是故彰；不自伐故有功；不自矜故长；夫唯不争，故天下莫能与之争。古之所谓"曲则全"者，岂虚言哉！诚全而归之。（第二十二章）

知人者智，自知者明。胜人者有力，自胜者强。知足者富。强行者有志。不失其所者久。死而不亡者寿。（第三十三章）

【作者简介】

老子（约公元前 580—公元前 500 年），姓李名耳，字伯阳，楚国苦县（今河南鹿邑）人。春秋时思想家，道家学派创始人。其著作《老子》，又名《道德经》。

【阅读欣赏提示】

《老子》一书闪烁着朴素的辩证法思想，处处给人以哲理的启迪。课文所选三章，分别揭示了事物有和无、长和短、高和下等互为依存的关系；表达了曲与全、枉与直、敝与新等范畴相互转化的道理，阐明了对智、明、力、强、富、志、久、寿的看法。其辩证分析的方法和高度概括的论述，反映了作者对客观事物、对社会、对人的发展的规律性认识和本质把握，富于哲学的思辩性和超凡脱俗的大智慧，发人深省，饶有教益。

【思考与练习】

1. 谈谈课文中哪些语句表现了辩证法思想，对你有何教益？
2. 对作者所提出的看法和主张进行评析，探讨它有哪些积极意义与局限性。

《论语》三组

（一）治学

子曰："学而时习之，不亦说〔通"悦"〕乎？有朋自远方来，不亦乐乎？人不知而不愠，不亦君子乎？"（学而篇）

子曰："温故而知新，可以为师矣。"（为政篇）

子曰："学而不思则罔，思而不学则殆〔疑惑〕。"（为政篇）

子曰："默而识〔音zhì，记住〕之，学而不厌〔满足〕，诲人不倦，何有于我哉？"（述而篇）

子曰："君子食无〔通"毋"〕求饱，居无求安，敏于事而慎于言，就〔接近〕有道而正焉，可谓好学也已。"（学而篇）

子曰："吾尝终日不食，终夜不寝，以思，无益，不如学也。"（卫灵公篇）

子曰："小子！何莫学夫诗？诗，可以兴〔感奋人心〕，可以观〔观察世风〕，可以群，可以怨；迩之事父，远之事君；多识于鸟兽草木之名。"（阳货篇）

（二）修身

曾子曰："吾日三省〔音 xǐng，检查〕吾身：为人谋而不忠乎？与朋友交而不信乎？传不习乎？"（学而篇）

子曰："人而〔如果〕无信，不知其可也。大车无輗〔音 ní〕，小车无軏〔音 yuè〕，其何以行之哉？"（为政篇）

子曰："见贤思齐焉；见不贤而内自省也。"（里仁篇）

子曰："知〔同"智"〕者乐水，仁者乐山。知者动〔灵动〕，仁者静〔沉静〕。知者乐，仁者寿。"（雍也篇）

子曰："君子博学于文，约之以礼，亦可以弗畔〔同"叛"〕矣夫！"（雍也篇）

子曰："君子坦荡荡，小人长戚戚。"（述而篇）

曾子曰："士，不可以不弘毅，任重而道远。仁以为己任，不亦重乎，死而后已，不亦远乎。"（泰伯篇）

子绝四——毋意〔凭空猜测〕，毋必〔绝对肯定〕，毋固〔固执〕，毋我〔唯我独是〕。"（子罕篇）

子曰："其身正，不令〔下令〕而行；其身不正，虽令不从。"（子路篇）

子曰:"君子和〔追求和谐〕而不同〔一味苟同〕;小人同而不和。"(子路篇)

子贡问曰:"有一言〔指一个字〕而可以终身行之者乎?"子曰:"其恕乎!己所不欲,勿施于人。"(卫灵公篇)

子曰:"巧言乱德。小不忍,则乱大谋。"(卫灵公篇)

孔子曰:"益者三友,损者三友。友直,友谅〔诚实〕,友多闻,益矣。友便辟〔阿谀奉承〕,友善柔〔面善心恶〕,友便佞〔巧嘴利舌〕,损矣。"(季氏篇)

孔子曰:"君子有九思:视思明,听思聪,色思温,貌思恭,言思忠,事思敬,疑思问,忿思难〔后患〕,见得思义。"(季氏篇)

(三) 为政

子曰:"道〔治理〕千乘之国:敬事而信,节用而爱人,使民以时。"(学而篇)

子曰:"为政以德。譬如北辰,居其所而众星共〔通"拱"〕之。"(为政篇)

子曰:"导之以政,齐之以刑,民免而无耻;导之以德,齐之以礼,有耻且格〔敬服,归顺〕。"(为政篇)

哀公问曰:"何为则民服?"孔子对曰:"举直措〔放置〕诸枉〔不正〕,则民服;举枉措诸直,则民不服。"(为政篇)

子贡问政。子曰:"足食,足兵,民信之矣。"(颜渊篇)

子张问政。子曰:"居之无倦,行之以忠。"(颜渊篇)

季康子问政于孔子。孔子对曰:"政者,正也。子帅〔带头〕以正,孰敢不正?"(颜渊篇)

季康子问政于孔子曰:"如杀无道,以就有道,何如?"孔子对曰:"子为政。焉用杀?子欲善而民善矣。君子之德风,小人之德草。草上之风,必偃〔倒伏〕。"(颜渊篇)

子路问政。子曰:"先之劳之。"请益。曰:"无倦。"(子路篇)

子路曰:"卫君待子为政,子将奚先?"子曰:"必也正名乎!"子路曰:"有是哉,子之迂也!奚其正?"子曰:"野哉,由也!君子于其所不知,盖阙如〔存疑不言〕也。名不正则言不顺,言不顺则事不成,事不成则礼乐不兴,礼乐不兴则刑罚不中,刑罚不中,则民无所措手足。故君子名之必可言也,言之必可行也。君子于其言,无所苟而已矣。"(子路篇)

叶公问政。子曰:"近者悦,远者来。"(子路篇)

子张问于孔子曰:"何如斯可以从政矣?"子曰:"尊五美,屏〔排除〕四恶,斯可以从政矣。"子张曰:"何谓五美?"子曰:"君子惠而不费,劳而不怨,欲而不贪,泰而不骄,威而不猛。"子张曰:"何谓惠而不费?"子曰:"因民之所利而利之,斯不亦惠而不费乎?择可劳而劳之,又谁怨?欲仁而得仁,又焉贪?君子无众寡,无小大,无敢慢,斯不亦泰而不骄乎?君子正其衣冠,尊其瞻视,俨然人望而畏之，斯不亦威而不猛乎？"子张曰："何谓四恶？"子曰："不教而杀谓之虐；不戒视成谓之暴；慢令致期谓之贼；犹之与人也，出纳之吝，谓之有司。"（尧曰篇）

【作品简介】

　　《论语》是儒家经典著作，主要记录孔子及其弟子的言行，由孔门弟子辑录而成。孔子（公元前551－公元前479年），名丘，字仲尼，是春秋时期杰出的思想家、教育家和儒家学派的创始人。作为儒家开山杰作的《论语》，它真实而全面地表达了孔子的政治主张、伦理观念、道德原则和教育思想，反映了孔子一生追求仁政理想、完善道德修养、从事文化教育的生动实践。它在我国思想文化史和教育史上产生了极为深远的影响。

　　《论语》共20篇，每篇以首句中的两字或三字为标题。该书意旨博大精深，语言平易简练，富于个性色彩，其中不少成为格言和成语，堪称语录体散文的典范。

【阅读欣赏提示】

　　课文所列三组文字是从《论语》各篇中按其内容类属选取的。小标题为编写所加。

　　每一则的语言都较为浅近，却含义丰富，耐人寻味，发人深省。特别是联系起来阅读和思考，更能全面而深刻地领会和把握孔子所倡导的治学之要津，修身之要诀，为政之要务，给我们有益的指导和激励。

【思考与练习】

1. 采取自由发言形式，交流学习课文的体会和感悟。
2. 将课文中所使用的"而"字找出来，将其归类，并说出它们在句子中的用法。
3. 联系课文中的例句，谈谈对偶和排比修辞方式在论说文中的表达作用。

兼　爱（上）

墨子

　　圣人以治天下为事者也，必知乱之所自起，焉〔乃〕能治之，不知乱之所自起，则不能治。譬之如医之攻〔治〕人之疾者然，必知疾之所自起，焉能攻之；不知疾之所自起，则弗能攻。治乱者何独不然，必知乱之所自起，焉能治之；不知乱之所自起，则弗能治。圣人以治天下为事者也，不可不察乱之所自起，当〔音 cháng，尝试〕察乱何自起？起不相爱。

臣子之不孝君父，所谓乱也。子自爱不爱父，故亏父而自利；弟自爱不爱兄，故亏兄而自利；臣自爱不爱君，故亏君而自利，此所谓乱也。虽父之不慈子，兄之不慈弟，君之不慈臣，此亦天下之所谓乱也。父自爱也不爱子，故亏子而自利；兄自爱也不爱弟，故亏弟而自利；君自爱也不爱臣，故亏臣而自利。是何也？皆起不相爱。

虽至天下之为盗贼者亦然。盗爱其室，不爱异室，故窃异室以利其室；贼爱其身，不爱人身，故贼人以利其身。此何也？皆起不相爱。

虽至大夫之相乱家，诸侯之相攻国者亦然。大夫各爱其家，不爱异家，故乱异家以利其家；诸侯各爱其国，不爱异国，故攻异国以利其国。天下之乱物具〔同"俱"〕此而已矣。察此何自起？皆起不相爱。

若使天下兼相爱，爱人若爱其身，犹有不孝者乎？视父兄与君若其身，恶施不孝？犹有不慈者乎？视弟子与臣若其身，恶施不慈？故不孝不慈亡有。犹有盗贼乎？故视人之室若其室，谁窃？视人身若其身，谁贼？故盗贼亡〔同"无"〕有。犹有大夫之相乱家、诸侯之相攻国者乎？视人家若其家，谁乱？视人国若其国，谁攻？故大夫之相乱家、诸侯之相攻国者亡有。若使天下兼相爱，国与国不相攻，家与家不相乱，盗贼无有，君臣父子皆能孝慈，若此则天下治。

故圣人以治天下为事者，恶得不禁恶而劝爱？故天下兼相爱则治，交相恶则乱。故子墨子曰："不可以不劝爱人者，此也。"

【作者简介】

墨子（约公元前490－公元前403年），名翟，鲁国（一说宋国）人。春秋末战国初思想家，墨家学派创始人。辑有《墨子》。

【阅读欣赏提示】

《兼爱》是《墨子》中的一个重要篇章。"兼爱"是构成作者所设计的大同世界"理想国"的一个核心概念，其内涵是人与人互助互爱而不是互怨互损，国与国和平共处而无征战攻伐。它所反映的是饱受战乱之苦的人们渴望安定太平生活的理想诉求。这种脱离社会现实和历史条件、超越一切阶级界限的"兼爱"，是不可能实现的。但是，文章表达的建立一个没有纷争、人民安居乐业的社会，实现人人平等、互助互爱的愿望是善良而美好的。在2000多年漫长的封建社会里，它至少一直是埋藏在人民心中的一个梦想。文章正反比较，层层推理，反复论证，具有相当强的逻辑性，当属趋于成熟的专题体论说文。

【思考与练习】

1. 谈谈你对墨子"兼爱"思想的看法与评价。
2. 试分析本文的论证方法。

胠　箧

庄子

将为胠箧〔音 qū qiè〕、探囊、发匮〔音 guì，柜子〕之盗而为守备，则必摄〔收紧〕缄縢、固扃〔音 jiōng，插闩〕鐍〔音 jué〕；此世俗之所谓知也。然而巨盗至，则负匮、揭〔举〕箧、担囊而趋；唯恐缄縢、扃鐍之不固也。然则乡〔通"向"，先前〕之所谓知者，不乃为大盗积者也？故尝试论之，世俗之所谓知者，有不为大盗积者乎？所谓圣者，有不为大盗守者乎？

何以知其然邪？昔者齐国，邻邑相望，鸡狗之音相闻，罔罟〔网的总称〕之所布，耒〔音lěi，犁〕耨之所刺〔插入〕，方二千余里。阖四竟〔同"境"〕之内，所以立宗庙社稷，治邑屋州闾乡曲者，曷尝不法圣人哉？然而田成子一旦杀齐君而盗其国，所盗者岂独其国邪？并与其圣知之法而盗之。故田成子有乎盗贼之名，而身处尧舜之安，小国不敢非〔非议〕，大国不敢诛〔讨伐〕，十二世有齐国。则是不乃窃齐国并与其圣知之法，以守其盗贼之身乎？尝试论之，世俗之所谓至知者，有不为大盗积者乎？何以知其然邪？昔者龙逢斩，比干剖，苌弘胣〔音chǐ，剖腹剔肠〕，子胥靡〔同"糜"，糜烂，粉碎〕。故四子之贤而身不免乎戮。故盗跖之徒问于跖曰："盗亦有道乎？"跖曰："何适而无有道邪？"夫妄意〔凭空推测〕室中之藏，圣也；入先，勇也；出后，义也；知可否，知也；分均，仁也。五者不备而能成大盗者，天下未之有也。"由是观之，善人不得圣人之道不立，跖不得圣人之道不行；天下之善不少，而不善人多，则圣人之利天下也少，而害天下也多。故曰：唇竭而齿寒，鲁酒薄而邯郸围，圣人生而大道起。掊〔抨击〕击圣人，纵〔放宽〕舍〔放弃〕盗贼，而天下治矣！

夫川竭〔干涸〕而谷虚〔空旷〕，丘夷〔平〕而渊实〔满〕。圣人已死，则大盗不起，天下平而无故〔变故〕矣。圣人不死，大盗不止。虽重圣人而治天下，则是重利盗跖也。为之斗斛以量之，则并与权衡而窃之；为之符玺以信〔取信〕之，则并与斗斛而窃之；为之权〔秤锤〕衡〔秤杆〕以称之，则并与符玺而窃之；为之仁义以矫〔纠正〕之，则并与仁义而窃之。何以知其然邪？彼窃钩〔衣带钩〕者诛，窃国者为诸侯，诸侯之门而仁义存焉。则是非窃仁义圣知邪？故逐〔追随〕于大盗、揭诸侯、窃仁义并斗斛权衡符玺之利者，虽有轩冕〔代指高官厚禄〕之赏弗能劝〔劝勉，鼓励〕，斧钺〔音yuè，大斧〕之威弗能禁。此重利盗跖而使不可禁者，是乃圣人之过也。故曰："鱼不可脱于渊，国之利器不可以示〔显露〕人。"彼圣人者，天下之利器也，非所以明〔显示〕天下也。

故绝圣弃知，大盗乃止；擿〔音zhì，掷〕玉毁珠，小盗不起；焚符破玺，而民朴鄙；掊〔音pǒu，破〕斗折衡，而民不争；殚〔音dān，耗尽〕残〔毁坏〕天下之圣法，而民始可与论议。擢〔音zhuó，拔掉〕乱六律，铄〔音shuò，销毁〕绝〔折断〕竽瑟，塞瞽旷〔即师旷〕之耳，而天下始人含〔保全〕其聪矣；灭文章〔文彩〕，散五采〔五色〕，胶离朱之目，而天下始人含其明矣。人含其明矣。毁绝钩绳而弃规矩，攦〔折断〕工倕〔传说中的能工巧匠〕之指，而天下始人有〔保有〕其巧矣。故曰："大巧若拙。"削曾、史之行，钳杨墨之口，攘〔排除〕弃仁义，而天下之德始玄同〔混同〕矣。彼人含其明，则天下不铄矣；人含其聪，则天下不累〔忧患〕矣；人含其知，则天下不惑矣；人含其德，则天下不僻矣。彼曾、史、杨、墨、师旷、工倕、离朱、皆外立其德而以爚〔音yuè，炫耀〕乱天下者也，法之所无用也。

子独不知至德之世乎？昔者容成氏、大庭氏、伯皇氏、中央氏、栗陆氏、骊畜氏、轩辕氏、赫胥氏、尊卢氏、祝融氏、伏羲氏、神农氏，当是时也，民结绳而用之，甘其食，美其服，乐其俗，安其居，邻国相望，鸡狗之音相闻，民至老死而不相往来。若此之时，则至治已。今遂〔竟〕至使民延颈举踵，曰："某所有贤者，"赢〔裹〕粮而趣〔通"趋"〕之，则内弃其亲，而外弃其主之事；足迹接乎诸侯之境，车轨结乎千里之外，则是上〔上位者〕好知之过也。上诚好知而无道，则天下大乱矣！何以知其然邪？夫弓、弩、毕弋〔音yì，系有丝绳可以回收的箭〕、机变之知多，则鸟乱于上矣；钩饵、罔罟、罾笱〔音zēng gǒu〕之知多，则鱼乱于水矣；削格、罗落、罝罘〔音jū fú，捕兽的网〕之知多，则兽乱于泽矣；知诈渐〔欺诈〕毒、颉滑〔奸黠狡猾〕坚白、解垢〔诡曲的言词〕同异之变〔权变〕多，则俗惑于辩矣。故天下每每〔犹昧昧〕大乱，罪在于好知。故天下皆知求其所不知，而莫知求其所已知者；皆知非其所不善，而莫知非其所已善者，是以大乱。故上悖〔遮掩〕日月之明，下烁〔通"铄"，销熔〕山川之精，中堕〔音huī，通"隳"，毁坏〕四时之施〔推移〕，惴耎〔音ruǎn〕之虫，肖翘〔飞在空中的小虫〕之物，莫不失其性。甚矣，夫好知之乱天下也！自三代以下者是已，舍夫种种〔淳朴的样子〕之民，而悦夫役役〔钻营狡黠的样子〕之佞，释〔放置〕夫恬淡无为，而悦夫啍啍〔喋喋不休，不停地说教的样子〕之意，啍啍已乱天下矣！

【作者简介】

庄子（约公元前 369—公元前 286 年），名周，战国时宋国蒙（今河南商丘）人。战国时哲学家，老子学说的继承者，与老子并称"老庄"。著有《庄子》。

【阅读欣赏提示】

文章从讨论各种防盗的手段最终都会被盗贼所利用入手，指出当时治天下的主张和办法，都是统治者、阴谋家的工具，从而批判了"仁义"和"礼法"的虚伪性。主张"绝圣弃知"，摒弃一切社会文化，回归原始社会。应当肯定文章对仁义的虚伪和社会的黑暗的深刻揭露，但提出"绝圣弃知"、摒弃社会文明与进步，倒退到人类的原始状态的主张是消极的。

【思考与练习】

1. 简要概述这篇文章的思想内容，谈谈你的看法与评价。
2. 借助工具书，为课文中下列词语作注：
   发 耨 方 曷 竭 称 轩冕 劝 擿 瞽 举踵

晋国天下莫强焉

孟子

梁惠王曰："晋国，天下莫强〔没有比它更强〕焉，叟之所知也。及寡人之身，东败于齐，长子死焉；西丧地于秦七百里；南辱于楚。寡人耻之，愿比〔替〕死者一〔全〕洒〔洗刷〕之，如之何则可？"

孟子对曰："地方百里而可以王。王如施仁政于民，省刑罚，薄税敛，深耕易〔快〕耨〔除草〕；壮者以暇日修其孝悌忠信，入以事其父兄，出以事其长上。可使制梃以达秦楚之坚甲利兵矣。彼夺其民时，使不得耕耨以养其父母。父母冻饿，兄弟妻子离散，彼陷溺其民，王往而征之，夫谁与王敌？故曰：'仁者无敌。'王请勿疑！"

【作者简介】

孟子（约公元前372—公元前289年），名轲，字子舆，邹（今山东邹县）人。战国时思想家、政治家、教育家，孔子学说的继承者，与孔子并称为"孔孟"。

【阅读欣赏提示】

本文选自《孟子·梁惠王上》。文章以答复梁惠王询问雪耻图强良方的方式，阐述了他的仁政思想。文章所提出的法制思想、经济政策和道德修养理论，尽管归根结底是为了维护封建统治，但它对于发展社会生产力和改善老百姓的生计，具有一定的积极意义。文章围绕中心论点进行论证，显示出早期论说文从语录体向对话体过渡的轨迹。正反论证显示出了孟子酣畅犀利的文风。

【思考与练习】

1. 在本文中，孟子是如何针对梁惠王的提问阐明自己的观点的？其中心论点是什么？
2. 将孟子的话译成现代汉语。

有为神农之言者许行

孟子

有为〔研究〕神农之言者许行，自楚之〔往、到〕滕，踵〔至〕门而告文公曰："远方之人，闻君行仁政，愿受一廛〔音chán，一夫所居之所〕而为氓〔百姓〕。"文公与之处。其徒数十人，皆衣褐〔粗布短衣〕，捆屦〔音jù，草鞋〕织席以为食。

陈良之徒陈相与其弟辛，负耒〔音 lěi〕耜〔音 sì〕而自宋之〔到〕滕，曰："闻君行圣人之政，是亦圣人也，愿为圣人氓。" 陈相见许行而大悦，尽弃其学而学焉。 陈相见孟子，道〔称引〕许行之言曰："滕君，则诚贤君也；虽然，未闻道也。贤者与民并耕而食，饔飧〔音 yōng sūn，熟食。饔指早餐，飧指晚餐。〕而治。今也，滕有仓廪府库，则是厉〔害，剥削〕民而以自养也，恶〔音 wū，何〕得贤？"

孟子曰："许子必种粟而后食乎？" 曰："然。""许子必织布而后衣乎？"曰："否！许子衣褐。""许子冠乎？" 曰："冠。"曰："奚冠？" 曰："冠素〔未染颜色的生丝〕。"曰："自织之与？"曰："否，以粟易之。"曰："许子奚为不自织？" 曰："害于耕。"曰："许子以釜甑〔釜：一种锅，甑：一种陶制炊具〕爨〔音 cuàn，炊〕，以铁耕乎？"曰："然。""自为之与？"曰："否！以粟易之。""以粟易械器者，不为厉陶冶；陶冶亦以其械器易粟者，岂为厉农夫哉？且许子何不为陶冶，舍〔同"啥"〕皆取诸其宫中而用之？何为纷纷然与百工交易？何许子之不惮烦？"曰："百工之事，固不可耕且为也。""然则治天下，独可耕且为与？有大人之事，有小人之事。且一人之身而百工之所为备，如必自为而后用之，是率天下而路〔困疲〕也。故曰：或劳心，或劳力；劳心者治人，劳力者治于人；治于人者食人，治人者食于人，天下之通义也。"

"当尧之时，天下犹未平，洪水横流，泛滥于天下；草木畅茂，禽兽繁殖，五谷不登，禽兽偪〔古"逼"字〕人，兽蹄鸟迹之道，交于中国。尧独忧之，举舜而敷〔同"辅"〕治焉。舜使益掌火，益烈山泽而焚之，禽兽逃匿。禹疏九河，瀹〔音 yuè，疏导〕济、漯，而注诸海；决汝、汉，排淮、泗，而注之江，然后中国可得而食也。当是时也，禹八年于外，三过其门而不入，虽欲耕，得乎？"

"后稷教民稼穑，树蓺〔种植〕五谷；五谷熟而民人育。人之有道也，饱食暖衣，逸居而无教，则近于禽兽。圣人有〔通"又"〕忧之，使契〔音 xiè〕为司徒，教以人伦，父子有亲，君臣有义，夫妇有别，长幼有叙，朋友有信。放勋〔尧的称号〕曰〔天天〕劳〔慰劳〕之来〔安抚〕之，匡之直之〔"匡"、"直"：纠正〕，辅之翼之〔"辅"、"翼"：帮助〕，使自得之，又从而振〔同"赈"，救济〕德之。圣人之忧民如此，而暇耕乎？"

"尧以不得舜为己忧，舜以不得禹、皋陶〔音 yáo〕为己忧。夫以百亩之不易为己忧者，农夫也。分人以财谓之惠，教人以善谓之忠，为天下得人者谓之仁。是故以天下与人易，为天下得人难，孔子曰：'大哉尧之为君！惟天为大，惟尧则之，荡荡乎，民无能名焉！君哉舜也！巍巍乎，有天下而不与焉！'尧舜之治天下，岂无所用其心哉？亦不用于耕耳。"

"吾闻用夏〔代指中原地区〕变夷〔代指边远地区〕者，未闻变于夷者也。陈良，楚产也，悦周公、仲尼之道，北学于中国。北方之学者，未能或之先也。彼所谓豪杰之士也。子之兄弟，事之数十年，师死而遂倍〔同"背"〕之！昔者，孔子没，三年之外，门人治任〔担负，这里指行李〕将归，入揖于子贡，相向而哭，皆失声，然后归。子贡反，筑室于场，独居三年，然后归。他日，子夏、子张、子游以有若似圣人，欲以所事孔子事之，强〔勉强〕曾子。曾子曰：'不可，江汉以濯之，秋阳以暴〔同"曝"〕之，皓皓〔光明洁白貌〕乎不可尚已。'今也南蛮鴃〔音 jué，伯劳鸟〕舌之人，非先王之道，子倍子之师而学之，亦异于曾子矣。吾闻'出于幽谷，迁于乔木'者，未闻下乔木而入于幽谷者。《鲁颂》曰：'戎、狄〔西周时西方和北方的部族〕是膺〔击退〕，荆、舒〔西周时南方的部族〕是惩〔制御〕。'周公方且膺之，子是之学，亦为不善变矣。"

"从许子之道，则市贾〔同"价"〕不贰，国中无伪，虽使五尺之童适市，莫之或欺。布帛长短同，则贾相若；麻缕、丝絮轻重同，则贾相若；五谷多寡同，则贾相若；屦〔鞋子〕大小同，则贾相若。"

曰："夫物之不齐，物之情也；或相倍蓰〔音 xǐ〕，或相什百，或相千万。子比而同之，是乱天下也。巨屦〔做工粗糙之屦〕小屦〔做工精致之屦〕同贾，人岂为之哉？从许子之道，相率而为伪者也，恶能治国家？"

【阅读欣赏提示】

本篇记录了孟子与农家学说的崇奉者陈相之间的一次辩论。孟子以社会分工的必然性和社会产品等价交换等理论，批驳了陈相关于"君民并耕"、"市价不贰"的主张。在整个论辩过程中，孟子居高临下，欲擒故纵，步步诘问，层层论证，一步一步将辩论引向深入，使陈相陷入自相矛盾之中。广泛引证而又深入浅出。语言咄咄逼人，气势充沛，充分表现了孟子善辩的才能。

【思考与练习】

1. 本文阐述的观点是什么？你对此有何看法？
2. 本文最具特色的论辩方法是什么？

观　　行

韩非子

古之人目短于自见，故以镜观面；智短于自知，故以道正己。故镜无见疵之罪，道无明过之怨。目失镜则无以正须眉；身失道则无以知迷惑。西门豹之性急，故佩韦〔熟皮〕以自缓；董安于之心缓，故佩弦以自急。故以有余补不足，以长绩短，之谓明主。

天下有信数三：一曰智有所有不能立，二曰力有所有不能举，三曰强有所有不能胜。故虽有尧之智而无众人之助，大功不立；有乌获之劲而不得人助，不能自举；有贲、育之强而无法术，不得长胜。故势有不可得，事有不可成。故乌获千钧而重其身，非其重于千钧也，势不便也。离朱易百步而难眉睫，非百步近而眉睫远也，道不可也。故明主不穷乌获以其不能自举，不困离朱以其不能自见。因可势，求易道，故用力寡而功名立。时有满虚，事有利害，物有生死，人主为三者发喜怒之色，则金石之士离心焉。圣贤之朴〔法术〕深矣。古明主观人，不使人观己。明于尧不能独成，乌获不能自举，贲、育之不能自胜，以法术则观行之道毕〔完备，包罗无遗〕矣。

【作者简介】

韩非子（约公元前 280—公元前 233 年），战国时哲学家，法家学说集大成者。著有《韩非子》。

【阅读欣赏提示】

本文为人君提供了观察人臣的一种方法。人的智力、性情与能力各有长短，要想有所作为，必须发扬优点，克服不足。因此人君对于臣属不应过于苛求，要遵循法术的准则，把各自的优势发挥出来，以收到"用力寡而功名立"的奇效。文章蕴涵朴素的辩证法思想，大量运用比喻与事例进行反复论证、说理透辟，文锋犀利。

【思考与练习】

1. 联系课文，分析"因可势，求易道"的含义。
2. 查阅有关资料，了解课文中所列举下列事例的具体情况，以全面深入理解原文。
（1）西门豹之性急，故佩韦以自缓。
（2）董安于之心缓，故弦统以自急。
（3）有乌获之劲而不得人助，不能自举。
（4）有贲、育之强而无法术，不得长胜。
（5）离朱易百步而难眉睫，非百步近而眉睫远也，道不可也。

古之欲明明德于天下者

《大学》

古之欲明〔彰明〕明德于天下者，先治其国；欲治其国者，先齐其家；欲齐其家者，先修其身；欲修其身者，先正其心；欲正其心者，先诚〔真诚〕其意〔意念〕；欲诚其意者，先致〔获得〕其知〔认识〕。致知在格〔推究〕物。物格而后知至，知至而后意诚，意诚而后心正，心正而后身修，身修而后家齐，家齐而后国治，国治而后天下平。自天子以至于庶人，壹是皆以修身为本。其本乱而末治者否矣，其所厚者薄，而其所薄者厚，未之有也。

【作品简介】

《大学》是"四书"之一，是阐说大学教育原则、方法、途径的理论著作，传为孔子弟子曾子所作，可能为秦汉时儒家的作品。

【阅读欣赏提示】

本文是《大学》第一章中的一段文字，总述大学总纲"平天下、治国、齐家、修身、正心、诚意、致知、格物"这"八目"及其关系。它揭示了实现教育目标的方法与途径，其核心是修身。对"八目"及其关系的阐述，先由大到小，由远而近，由果溯因逆推，再由小到大，由近及远，由因及果顺推，环环相扣，正反推论，逻辑严密，语言精简至极，字字珠玑，句句格言。

【思考与练习】

1. 谈谈你对"格物、致知、诚意、正心、修身、齐家、治国、平天下"八个方面之间关系的看法。

2. 这篇课文对当代大学生的人格塑造和品德修养有何作用？

大　同

《礼记》

大道之行也，与三代之英，丘未之逮〔赶上〕也，而有志焉。大道之行，天下为公，选贤与〔通"举"〕能，讲信修睦。故人不独亲其亲，不独子其子，使老有所终，壮有所用，幼有所长，矜〔通"鳏"，老而无妻的人〕寡〔老而无夫的人〕孤〔幼而无父的人〕独(老而无子的人)废疾者皆有所养,男有分〔职业〕,女有归〔女子出嫁〕。货恶〔憎恶〕其弃于地也,不必藏于己。力恶其不出于身也,不必为己。是故谋闭而不兴,盗窃乱贼而不作,故外户而不闭,是谓大同。

【作品简介】

《礼记》是一部秦汉以前儒家有关各种礼仪制度的论著选集,共49篇,既有礼仪制度的记述,又有关于礼的理论及其伦理道德、学术思想的论述。其中有许多关于学习、教育、生活、修养身心和为人处世的道理,精辟深刻,对今人仍有教益。

【阅读欣赏提示】

本文描述了大同世界的社会景象:全民公有的社会制度,选贤举能的管理体制,讲信修睦的人际关系,人得其所的社会保障,人人为公的社会道德,各尽其力的劳动态度,安定和谐的社会环境。世界大同是儒家的最高社会理想。由于历史和阶级的局限,儒家学者们没有(也不可能)科学地揭示人类社会发展的规律,因而仅仅系统地回答了建设大同世界的主体、方式、道路等问题。但其思之深刻与虑之长远使人敬佩,所描绘的理想社会使人向往。

【思考与练习】

1. 阅读本文会感觉到一种气势,请问这种气势主要来自哪方面?
2. 本文是如何阐述"天下为公"思想的?并思考孙中山先生为何多次题写这四个字。

察 今

《吕氏春秋》

上胡〔何〕不法〔取法〕先王之法〔法制〕,非不贤〔好〕也,为其不可得而法。

先王之法,经乎上世而来者也,人或益之,人或损之,胡可得而法?虽人弗损益,犹若不可得而法。东夏〔东夷与华夏〕之命〔名称〕,古今之法〔法典〕,言异而典殊，故古之命多不通乎今之言者，今之法多不合乎古之法者。殊俗之民，有似于此。其所为欲同，其所为异。口惛〔通"吻"〕之命不愉〔通"谕"〕，若舟车衣冠滋味声色之不同。人以自是，反以相诽。天下之学者多辩，言利辞倒〔巧言利辞〕，不求其实，务以相毁，以胜为故。先王之法，胡可得而法？虽可得，犹若不可法。

凡先王之法，有要〔切合〕于时也，时不与法俱至，法虽今而至，犹若不可法。故择先王之成法，而法其所以为法。先王之所以为法者，何也？先王之所以为法者，人也，而己亦人也。故察己则可以知人，察今则可以知古，古今一也，人与我同耳。有道之士，贵以近知远，以今知古，以所见知所不见。故审堂下之阴〔日影与月影〕，而知日月之行、阴阳〔早晚与寒暑〕之变；见瓶水之冰，而知天下之寒、鱼鳖之藏也。尝一脔〔音luán〕肉，而知一镬〔音huò，锅〕之味、一鼎之调。

荆人欲袭宋，使人先表〔标志〕澭水。澭水暴益〔同"溢"〕，荆人弗知，循表而夜涉，溺死者千有余人，军惊而坏都舍。向其先表之时可导也，今水已变而益多矣，荆人尚犹循表而导之，此其所以败也。今世之主，法先王之法也，有似于此。其时已与先王之法亏〔同"诡"〕矣，而曰此先王之法也而法之，以此为治，岂不悲哉！

故治国无法则乱，守法而弗变则悖，悖乱不可以持国〔掌握国政〕。世易时移，变法宜矣。譬之若良医，病万变，药亦万变。病变而药不变，向之寿民〔长寿的人〕，今为殇子矣。故凡举事必循法以动，变法者因时而化。若此论则无过务矣。夫不敢议法者，众庶也；以死守法者，有司〔官吏〕也；因时变法者，贤主也。

是故有天下七十一圣，其法皆不同；非务相反也，时势异也。故曰：良剑期乎断，不期乎镆邪；良马期乎千里，不期乎骥骜。夫成功名者，此先王之千里也。

楚人有涉江者，其剑自舟中坠于水，遽契〔同"锲"〕其舟，曰："是吾剑之所从坠。"舟止，从其所契者入水求之。舟已行矣，而剑不行，求剑若此，不亦惑乎？以此故法为其国与此同。时已徙矣，而法不徙，以此为治，岂不难哉！

有过于江上者，见人方引〔拉〕婴儿而欲投之江中，婴儿啼，人问其故，曰："此其父善游。"其父虽善游，其子岂遽善游哉？以此任物〔处理事物〕，亦必悖矣。荆国之为政，有似于此。

【作品简介】

《吕氏春秋》，约成书于秦王政七年（公元前239年），秦国丞相吕不韦组织属下门客们集体编纂的杂家思想著作，又名《吕览》。

【阅读欣赏提示】

本文提出的"因时变法"思想，闪耀着朴素唯物主义光辉，由此确立了该文的价值。文章一开头便提出"先王之法不可法"的观点，然后从多个方面予以论证。证明"先王之法不可法"也就是从反面证明了"因时变法"的观点。文章先破后立，边破边立，破立结合，正反论证，立论坚定有力。文章对其中心论点进行理论阐述之后，连用"荆人袭宋"、"刻舟求剑"、"引婴投江"三个寓言故事进一步批驳泥古守法的观点，嘲笑固执与保守，不仅加强了论证力量，而且增强了表达效果，使文章显得气势充沛，摇曳多姿。文章语句简短而整齐，简洁有力而活泼有致，一些富有哲理的表述已成为警句，至今仍给人们以启迪。

【思考与练习】

1. 请分析本文中三个寓言故事各自的寓意。
2. 请简析下列句子的含义：
（1）故察己则可以知人，察今则可以知古。
（2）有道之士，贵以近知远，以今知古，以所见之所不见。
（3）故审堂下之阴，而知日月之行、阴阳之变；见瓶水之冰，而知天下之寒、鱼鳖之藏也。尝一脔肉，而知一镬之味、一鼎之调。
（4）良剑期乎断，不期乎镆邪；良马期乎千里，不期乎骥骜。

过 秦 论

贾谊

秦孝公据崤〔音 yáo〕函之固，拥雍州之地，君臣固守，以窥周室；有席卷天下、包举宇内、囊括四海之意，并吞八荒〔即八方〕之心。当是时也，商君〔即商鞅〕佐之，内立法度，务耕织，修守战之备；外连衡而斗诸侯。于是秦人拱手而取西河之外。

孝公既没，惠文、武、昭蒙故业，因遗册，南取汉中，西举巴蜀，东割膏腴之地，北收要害之郡。诸侯恐惧，会盟而谋弱秦：不爱珍器、重宝、肥饶之地，以致天下之士，合从〔即合纵〕缔交，相与为一。当是之时，齐有孟尝，赵有平原，楚有春申，魏有信陵。此四君者，皆明知而忠信，宽厚而爱人，尊贤而重士，约从离衡，并韩、魏、燕、楚、齐、赵、宋、卫、中山之众。于是六国之士，有宁越、徐尚、苏秦、杜赫之属为之谋，齐明、周最、陈轸、昭滑、楼缓、翟景、苏厉、乐毅之徒通其意，吴起、孙膑、带佗、兒良、王廖、田忌、廉颇、赵奢之朋制其兵，常以十倍之地，百万之众，叩关而攻秦。秦人开关延敌，九国之师逡〔音 qūn〕巡遁逃而不敢进。秦无亡矢遗镞〔音 zú，箭头〕之费，而天下诸侯已困矣。于是纵散约解，争割地而奉秦。秦有余力制其弊，追亡逐北〔败走〕，伏尸百万，流血漂橹〔音 lǔ，大的盾牌〕。因利乘便，宰割天下，分裂河山，彊〔通"强"〕国请服，弱国入朝。延及孝文王、庄襄王，享国日浅，国家无事。

及至秦王，续六世之余烈，振长策而御宇内，吞二周而亡诸侯，履至尊而制六合，执棰〔杖〕拊以鞭笞天下，威震四海。南取百越之地，以为桂林、象郡。百越之君，俛〔同"俯"〕首系颈，委命下吏。乃使蒙恬北筑长城，而守藩篱，却匈奴七百余里。胡人不敢南下而牧马，士不敢弯弓而报怨。

于是废先王之道，焚百家之言，以愚黔首〔百姓〕。隳〔音 huī，毁坏〕名城，杀豪俊，收天下之兵聚之咸阳，销锋〔兵器〕铸鐻〔音 jù，钟鼓的架子〕，以为金人十二，以弱黔首之民。然后斩华为城，因河为津，据亿丈之城，临不测之溪以为固。良将劲弩，守要害之处，信臣精卒，陈利兵而谁何！天下已定，秦王之心，自以为关中之固，金城千里，子孙帝王万世之业也。

秦王既没，余威震于殊俗。然陈涉瓮牖〔音 yǒu，窗〕绳枢〔门上的轴〕之子，甿

〔氓〕隶〔低贱的人〕之人，而迁徙之徒也，才能不及中人，非有仲尼、墨翟之贤，陶朱、猗顿之富；蹑足行〔音 háng〕伍之间，而倔起什伯之中，率罢〔同"疲"〕散之卒，将数百之众，而转攻秦。斩木为兵，揭竿为旗，天下云集响应，赢粮而景〔同"影"〕从，山东豪俊遂并起而亡秦族矣。

且夫天下非小弱也。雍州之地，崤函之固，自若也。陈涉之位，非尊于齐、楚、燕、赵、宋、卫、中山之君也；鉏〔同"锄"〕耰〔音 yōu，古农具〕棘矜，非铦〔音 xiān，锋利〕于钩戟长铩也；適〔同"谪"〕戍之众，非抗〔同"亢"，高出〕于九国之师；深谋远虑，行军用兵之道，非及乡〔通"向"〕时之士也。然而成败异变，功业相反也。试使山东之国与陈涉度长絜〔音 xié〕大，比权量力，则不可同年而语矣。

然秦以区区之地，万乘之权，序八州而朝同列，百有余年矣。然后以六合为家，崤、函为宫。一夫作难而七庙隳，身死人手，为天下笑者，何也？仁义不施，而攻守之势异也。

【作者简介】

贾谊（公元前 200—公元前 168 年），西汉洛阳人，汉初著名政论家、学者。少时以博学能文著称，20 岁时被文帝召为博士，一年后升迁为大中大夫。他对时政多有建议，但屡遭朝中权贵周勃、灌婴、张相如等人的忌妒和排挤，被贬为长沙王太傅。3 年后被召回长安改任梁怀王太傅。梁怀王坠马而死，贾谊自伤失职，一年后忧郁而死，终年 33 岁。贾文以政论见长，代表作有《过秦论》、《论积贮疏》、《陈政事疏》等。现存文集有《贾长沙集》。

【阅读欣赏提示】

《过秦论》是贾谊的史论名篇。原文分上、中、下三篇，本文为其上篇。文章阐述了秦的兴起、灭亡及其原因，得出"仁义不施而攻守之势异也"这一深刻结论。文章中对比、排比、对偶、夸张等修辞手法的运用，力透纸背的说理，援引史实的分析，酣畅淋漓的铺张渲染，使文章具有很强的说服力和感染力。

【思考与练习】

1. 作者论述秦朝由盛而衰的原因有哪些独到的见解？
2. 分析本文是如何进行对比论证的？
3. 解释下列句子中带点的词的含义。
（1）不爱珍器重宝肥饶之地。
（2）以致天下之士。
（3）追亡逐北。
（4）因遗策。

典论·论文

曹丕

文人相轻，自古而然。傅毅之于班固，伯仲之间耳；而固小〔藐视〕之，与弟超书曰："武仲以能属文为兰台令史，下笔不能自休〔止〕。"夫人善于自见，而文非一体，鲜能备善，是以各以所长，相轻所短。里语曰："家有弊帚，享之千金。"斯不自见之患也。

今之文人：鲁国孔融文举、广陵陈琳孔璋、山阳王粲仲宣、北海徐干伟长、陈留阮瑀元瑜、汝南应玚德琏、东平刘桢公干，斯七子者，于学无所遗，于辞无所假，咸以自骋骥骤于千里，仰〔恃〕齐足而并驰。以此相服，亦良难矣！盖君子审己以度人，故能免于斯累，而作论文。

王粲长于辞赋，徐干时有齐气，然粲之匹也。如粲之《初征》、《登楼》、《槐赋》、《征思》，干之《玄猿》、《漏卮》、《圆扇》、《橘赋》，虽张、蔡不过也。然于他文，未能称是。琳、瑀之章表书记，今之隽也。应玚和而不壮；刘桢壮而不密。孔融体气高妙，有过人者；然不能持论，理不胜辞；以至乎杂以嘲戏；及其所善，扬、班俦也。

常人贵远贱近，向声背实〔崇尚虚名，不重实际〕，又患闇于自见，谓己为贤。

夫文本〔文章的共同性〕同而末〔文章的特殊性〕异，盖奏议宜雅，书论宜理，铭诔尚实，诗赋欲丽。此四科不同，故能之者偏也；唯通才能备其体。

文以气为主，气之清浊有体，不可力强而致。譬诸音乐，曲度虽均，节奏同检〔法度〕，至于引〔运行〕气不齐，巧拙有素，虽在父兄，不能以移子弟。

盖文章，经国之大业，不朽之盛事。年寿有时而尽，荣乐止乎其身，二者必至之常期，未若文章之无穷。是以古之作者，寄身于翰墨，见意于篇籍，不假良史之辞，不托飞驰之势，而声名自传于后。故西伯幽而演《易》，周旦显而制《礼》，不以隐约〔穷困〕而弗务，不以康乐而加〔移〕思。夫然则古人贱尺璧而重寸阴，惧乎时之过已。而人多不强力；贫贱则慑于饥寒，富贵则流于逸乐，遂营目前之务，而遗千载之功。日月逝于上，体貌衰于下，忽然与万物迁化〔死去〕，斯志士之大痛也！

融等已逝，唯干著论，成一家言。

【作者简介】

曹丕（187—226 年），字子桓，曹操次子，沛国谯（今安徽亳州）人。建安二十二年（217 年）立为太子，220 年即帝位，号魏文帝，在位 7 年。文学颇有建树，有辑本《魏文帝集》传世。

【阅读欣赏提示】

《典论》是曹丕撰著的专题论文集，《论文》是其中的一篇，也是唯一保存下来的一篇。它是我国现存的第一篇宏观地、多角度地论述文学理论的专著。它是文学自觉时代的自觉的文学批评的理论代表作。该文的内容及其成就是：分析了文人相轻陋习产生的原因，开辟了文学批评的道路；第一次正式提出文体分类的思想，并将本末结合起来研究文体，为文体学奠基；提出了"文气说"，探索了文学创作的规律；提出了文章不朽论，肯定了文章的社会价值。当然作为早期的文章论著，它没有（也不可能）深刻地揭示文章写作与文学创作的规律。文章显示出了早期专题论体文的特点，具有论证的过程。

【思考与练习】

1. 怎样理解"文以气为主"中的"气"？
2. 该文概述了奏议、书论、铭诔、诗赋八种文体的特征，请联系已学文章谈谈自己的认识和体会。

神　　思

刘勰

古人云：形在江海之上，心存魏阙之下。神思之谓也。文之思也，其神远矣。故寂然凝虑，思接千载；悄焉动容，视通万里；吟咏之间，吐纳珠玉之声；眉睫之前，卷舒风云之色；其思理之致〔状〕乎！故思理为妙，神〔作者的想象〕与物〔事物的形象〕游。神〔神思〕居胸臆，而志气统其关键；物沿耳目，而辞令管其枢机。枢机方通，则物无隐貌；关键将塞，则神有遁心。是以陶钧文思，贵在虚静，疏瀹五藏，澡雪精神。积学以储宝，酌理以富才，研阅以穷照，驯致以怿辞，然后使玄解之宰，寻声律而定墨；独照之匠，阚〔即"窥"〕意象而运斤；此盖驭文之首术，谋篇之大端〔要点〕。夫神思方运，万涂竞萌，规矩虚位，刻镂无形。登山则情满于山，观海则意溢于海，我才之多少，将与风云而并驱矣。方其搦翰〔拿笔〕，气倍辞前，暨乎篇成，半折心始。何则？意翻空而易奇，言徵实而难巧也。是以意授于思，言授于意，密则无际，疏则千里。或理在方寸而求之域表，或义在咫尺而思隔山河。是以秉心养术，无务苦虑；含章〔文采〕司契〔规则〕，不必劳情也。

人之禀才，迟速异分，文之制体，大小殊功：相如含笔而腐毫，扬雄辍翰而惊梦，桓谭疾感于苦思，王充气竭于思虑，张衡研京以十年，左思练都以一纪。虽有巨文，亦思之缓也。淮南崇朝而赋《骚》，枚皋应诏而成赋，子建援牍如口诵，仲宣举笔似宿构，阮瑀据案而制书，祢衡当食而草奏，虽有短篇，亦思之速也。若夫骏发之士，心总要术，敏在虑前，应机立断；覃思之人，情饶歧路，鉴在疑后，研虑方定。机敏故造次而成功，虑疑故愈久而致绩。难易虽殊，并资博练。若学浅而空迟，才疏而徒速，以斯成器，未之前闻。是以临篇缀虑，必有二患：理郁者苦贫，辞溺者伤乱，然则博见为馈贫之粮，贯一为拯乱之药，博而能一，亦有助乎心力矣。

若情数诡杂，体变迁贸，拙辞或孕于巧义，庸事或萌于新意，视布于麻，虽云未贵，杼轴献功，焕然乃珍。至于思表纤旨，文外曲致，言所不追，笔固知止。至精而后阐其妙，至变而后通其数，伊挚不能言鼎，轮扁不能语斤，其微矣乎！

赞曰：神用象通，情变所孕。物心貌求，心以理应。刻镂声律，萌芽比兴。结虑司契，垂帷制胜。

【作者简介】

刘勰（约465—537年），字彦和，东莞莒县（今属山东）人。南朝梁文学理论家，著有《文心雕龙》。《文心雕龙》是我国古代最杰出的文学理论专著，全书10卷，分上下两篇，系统地阐述了文学创作的基本理论。

【阅读欣赏提示】

本篇是《文心雕龙》创作论中的首篇，总述艺术构思这一文学创作的基本问题，具体阐述了进行创作构思的先决条件、构思中的情感因素、构思的类型、构思与语言的关系等问题，具有丰富的美学内涵和重大的学术价值。运用生动的描述、比喻和创作实践对构思理论进行阐述，使抽象的理论变得具体、好懂。

【思考与练习】

1. 将"神居胸臆，而志气统其关键；物沿耳目，而辞令管其枢机。枢机方通，则物无隐貌；关键将塞，则神有遁心"这段论述译成现代汉语。
2. 联系你自己的写作实践，谈谈对"意翻空而易奇，言徵实而难巧也"的理解。

情　采

刘勰

圣贤书辞，总称文章，非采而何？夫水性虚而沦漪结，木体实而花萼振，文附质也。虎豹无文，则鞟〔音kuò，去毛的兽皮〕同犬羊；犀兕〔类似牛的野兽〕有皮，而色资丹漆，质待文也。若乃综述性灵，敷写器象，镂心鸟迹〔指文字〕之中，织辞鱼网〔指纸〕之上，其为彪炳，缛采名矣。

故立文〔文采〕之道〔方法〕，其理有三：一曰形文，五色是也；二曰声文，五音是也；三曰情文，五性是也。五色杂而成黼黻〔音fǔ fú，古代礼服上绣的花〕，五音比而成韶夏，五性发而为辞章，神理之数〔同"术"〕也。《孝经》垂典〔传下法度〕，丧言不文；故知君子常言，未尝质也。老子疾伪，故称"美言不信〔真实〕"，而五千〔指《老子》〕精妙，则非弃美矣。庄周云"辩雕〔巧言雕绘〕万物"，谓藻饰也。韩非云"艳〔羡慕〕乎辩说"，谓绮丽也。绮丽以艳说，藻饰以辩雕，文辞之变，于斯极矣。

研味《孝》、《老》，则知文质〔偏义复词，指文〕附乎性情；详览《庄》、《韩》，则见华实〔偏义复词，指花〕过乎淫侈。若择源于泾渭之流，按辔于邪正之路，亦可以驭文采矣。夫铅黛所以饰容，而盼倩生于淑姿；文采所以饰言，而辩丽本于情性。故情者文之经，辞者理之纬；经正而后纬成，理定而后辞畅：此立文之本源也。

昔诗人什篇，为情而造文；辞人赋颂，为文而造情。何以明其然？盖风雅之兴，志思蓄愤，而吟咏情性，以讽其上，此为情而造文也；诸子之徒，心非郁陶〔音yáo，郁陶即郁积〕，苟驰夸饰，鬻声钓世〔指沽名钓誉〕，此为文而造情也。故为情者要约而写真，为文者淫丽而烦滥。而后之作者，采滥忽真，远弃风雅，近师辞赋，故体情之制日疏，逐文之篇愈盛。故有志深轩冕，而泛咏皋壤〔隐居之所〕。心缠几务，而虚述人〔人世〕外。真宰〔心〕弗存，翩其反矣。

夫桃李不言而成蹊，有实存也；男子树兰而不芳，无其情也。夫以草木之微，依情待实；况乎文章，述志为本。言与志反，文岂足征？

是以联辞结采，将欲明理，采滥辞诡，则心理愈翳。固知翠纶桂饵〔用翡翠鸟毛羽装饰钓丝，用肉桂作鱼饵〕，反所以失鱼。"言隐荣华〔指华丽的辞藻〕"，殆谓此也。是以"衣锦褧〔音jiǒng，麻布罩衣〕衣"，恶文太章；贲〔音 bì，同"彰"，卦名〕象穷白，贵乎反本。夫能设模以位理，拟地以置心，心定而后结音，理正而后摛藻，使文不灭质，博不溺心，正采〔古以青、赤、黄、白、黑为正色〕耀乎朱蓝，间色〔指红、紫、缥等杂色〕屏于红紫，乃可谓雕琢其章，彬彬君子矣。

赞曰：言以文远，诚哉斯验。心术既形〔具体表现〕，英华乃赡〔富足〕。吴锦好〔音hào，容易〕渝〔变色〕，舜英〔木槿花，朝开暮落，有花无实〕徒艳。繁采寡舜英徒艳。繁采寡情，味之必厌。

【阅读欣赏提示】

本篇论述的文章的情性与辞采的关系，亦即文章内容与形式的关系，是文章学、文艺学中的一个重大理论问题。

本文从对"文章"本义的阐释入手，引出文质并重、不可偏废的主张，引出文章的基本论点，然后从广义的"文章"（一切有形的事物），推论到狭义的"文章"（表情达意的文字），从一般事物文质相统一的规律引申出文章写作的特殊规律——情性与文采统一,可谓大处着眼,立论高卓。紧接着论述"情"和"采"在文章中的结合关系,进一步推论出"情"和"采"本末主次的关系,从而确立本文的中心论点。论点既已确立,接下来便转入文章写作实践的考察。作者在对"为情造文"与"为文造情"两种写作倾向的比较中表明其取舍态度,从而证明中心论点。经过正反论证后,文章用一连串的比喻与典故加以申说,得出结论。

本文揭示了文章写作的一条基本规律,具有重大的学术价值,其阐述文字闪耀着辩证法的光辉。在论证上既有理论依据,又有实践分析;既有正面立论,又有批判性阐述;从一般到个别,从理论到喻证,论证严密,结构严谨。

【思考与练习】

1. 概述课文的基本内容,并写出各段大意。
2. 找出文中的比喻和典故,分析其表达作用。

原　毁

韩愈

古之君子,其责〔要求〕己也重〔严格〕以周〔全面〕,其待人也轻〔宽〕以约〔少〕。重以周,故不怠〔怠慢〕;轻以约,故人乐为善。闻古之人有舜者,其为人也,仁义人也。求其所以为舜者,责于己曰:"彼,人也;予〔同"余"〕,人也。彼能是,而我乃不能是!"早夜以思,去其不如舜者,就其如舜者。闻古之人有周公者,其为人也,多才与艺人也。求其所以为周公者,责于己曰:"彼,人也;予,人也。彼能是,而我乃不能是!"早夜以思,去其不如周公者,就其如周公者。舜,大圣人也,后世无及焉;周公,大圣人也,后世无及焉。是人也,乃曰:"不如舜,不如周公,吾之病也。"是不亦责于身者重以周乎!其于人也,曰:"彼人也，能有是，是足为良人矣；能善是，是足为艺人矣。"取其一，不责其二；即其新，不究其旧：恐恐然惟惧其人之不得为善之利。一善易修〔做好〕也，一艺易能也，其于人也，乃曰："能有是，是亦足矣。"曰："能善是，是亦足矣。"不亦待于人者轻以约乎？

今之君子则不然。其责人也详〔全面〕，其待己也廉〔少〕。详，故人难于为善；廉，故自取也少。己未有善，曰："我善是，是亦足矣。"己未有能，曰："我能是，是亦足矣。"外以欺于人，内以欺于心，未少有得而止矣，不亦待其身者已廉乎？其于人也，曰："彼虽能是，其人不足称也；彼虽善是，其用〔功效〕不足称也。"举其一，不计其十；究其旧，不图其新：恐恐然惟惧其人之有闻〔名誉〕也。是不亦责于人者已详乎？夫是之谓不以众人待其身，而以圣人望于人，吾未见其尊己也。

虽然，为是者有本有原，怠与忌之谓也。怠者不能修，而忌者畏人修〔求进步〕。吾尝试之矣。尝试语于众曰："某良士，某良士。"其应〔响应〕者，必其人之与也；不然，则其所疏远不与同其利者也；不然，则其畏也。不若是，强者必怒于言，懦者必怒于色矣。又尝语于众曰："某非良士，某非良士。"其不应者，必其人之与也；不然，则其所疏远不与同其利者也；不然，则其畏也。不若是，强者〔强横的人〕必说于言，懦者必说于色矣。是故事修而谤兴，德高而毁来。呜呼！士之处此世，而望名誉之光，道德之行，难已！

将有作于上者，得吾说而存之，其国家可几而理〔治〕欤！

【作者简介】

韩愈（768—824 年），字退之，自谓郡望昌黎，唐河南河阳（今河南孟县）人。贞元八年进士及第。贞元十九年任监察御史，因上疏极言宫市之弊，贬为阳岭。宪宗元和十二年，随裴度平淮西，升刑部侍郎；因谏迎佛骨贬潮州刺史。穆宗时诏为国子监祭酒，转兵部、吏部侍郎，卒谥文。他是唐代著名政治家、文学家，尤以文章著称。名列"唐宋八大家"之首，为后世古文家所宗。有《昌黎先生集》传世。

【阅读欣赏提示】

"原"是论说文中的一种体裁，是以溯本求源的方式论证问题，从而寻求解决问题办法的论说文章。"原毁"即推原毁谤的由来，用以抨击中唐时期封建士大夫中滋生的嫉贤妒能的恶劣风气。文章从待人对己两个方面，通过古今"君子"的对比，指出他们的不同表现和态度，从而得出"怠"与"忌"是毁谤根源的结论。文章首先以一向被古人尊为圣君或圣贤的舜和周公为例，肯定"古之君子"责己、待人的正确态度，反衬"今之君子"责己待人的态度。然后集中阐述"今之君子"责人详、待己廉的态度，揭示其"不以众人待其身，而以圣人望于人"的实质。探究其本原，得出"怠"与"忌"是毁谤之源的结论。最后交代本文的写作目的并呼吁当政者纠正毁谤歪风，寄托作者对国事的期待。

本文突出的特点是对比的构思技巧与排比修辞手法。文章先古后今，以古衬今；先正后反，以正衬反，深刻揭示毁谤之源。文章成功地运用排比手法，使文章往复回环，迂曲生姿，大大增强了表达效果。

【思考与练习】

1. 文章论"古之君子"先论"责己"再论"待人"，论"今之君子"则是先论"责人"再论"待己"，其用词与论述次序的变化说明了什么？
2. 分析本文的修辞手法及其效果。
3. 读了这篇文章后，你认为应该如何正确对待人生中的毁誉得失？

敌　戒

柳宗元

皆知敌之仇，而不知为益之尤〔甚〕；皆知敌之害，而不知为利之大。秦有六国，兢兢以强；六国既除，訑訑〔音yí，骄傲自满的样子〕乃亡。晋败楚鄢〔地名〕，范文为患；厉〔晋厉公〕之不图，举国造怨。孟孙恶臧〔臧武仲，鲁国大夫〕，孟死臧恤，药石去矣，吾亡无日。智能知之，犹卒以危，矧〔音shěn，况且〕今之人，曾不是思。敌存而惧，敌去而舞，废备自盈，祇〔通"祇"〕益为瘉〔病〕。敌存灭祸，敌去招过。有能知此，道大名播。惩〔预防〕病克〔能〕寿，矜壮死暴，纵欲不戒，匪〔非〕愚伊〔语气词〕耄〔音mào，昏乱〕。我作戒诗，思者无咎〔过失〕。

【作者简介】

柳宗元（773—819年），字子厚，河东（今山西永济县）人，世称柳河东。贞元进士，曾任集贤殿正字、蓝田尉、监察御史里行等职。贞元二十一年升为礼部员外郎。参加了主张革新的王叔文政治集团，反对宦官专权和藩镇割据。王叔文失败后，被贬为邵州司马，在赴贬所途中被加贬为永州司马。元和十年调任柳州刺史。与韩愈共同倡导唐代古文运动，被列入"唐宋八大家"，并称韩柳。有《河东先生集》传世。

【阅读欣赏提示】

这是一篇不可不读的奇文，其思维逻辑看似与常人常理相悖，实则富含哲理。它启示人们培育理性。理性将使人胸襟宽广、视野开阔，将增强人坦荡面对不同意见不同境遇的勇气。文章采用四言句为基本句式，犹如《诗经》句式，显示出一种古奥风格。

【思考与练习】

1. "药石去矣，吾亡无日"，道理在哪里？

2. 解释"敌存灭祸,敌去招过。"的含义,并列举几件课文以外的事例加以说明。

三境界说

王国维

古今之成大事业、大学问者,必经过三种之境界:"昨夜西风凋碧树。独上高楼,望尽天涯路。"此第一境也。"衣带渐宽终不悔,为伊消得人憔悴。"此第二境也。"众里寻他千百度,蓦然回首,那人却在,灯火阑珊处。"此第三境也。此等语皆非大词人不能道。然遽以此意解释诸词,恐为晏欧诸公所不许也。

【作者简介】

王国维(1877-1927年),字静安,号观堂,浙江海宁人。近代著名学者,先后任学部图书局编辑,清华研究院教授。著作62种,收入《海宁王静安先生遗书》和《观堂集林》中。

【阅读欣赏提示】

作者以诗人的灵动、美学家的敏感和哲学家的参悟,将三首宋词中的三个名句连缀成"三境界说",用鲜活的文学意象展示了大事业家、大学问家的成功之路,揭示了成就事业与学问须高瞻远瞩、胸怀大志、能耐寂寞、特立独行,须献身事业、矢志不移、百折不挠、艰辛探索,如此才会获得发现真理的顿悟与成就事业的愉悦这样一个深刻的道理。用词的意象来揭示创业、治学的经验与规律也许不及理论阐述的明晰与简练,但它可以使人们在直觉的层次上更快地进入到它的核心意蕴,并且获得更多的人生领悟。

【思考与练习】

1. 查找王国维所引述诗词的全文,并熟读,细致体会原诗词的思想内容与意境。
2. 以"三境界说之我见"为主题组织班会或小组讨论。

论 毅 力

梁启超

天下古今成败之林,若是〔如此〕其〔代词,指"成败之林"〕莽然〔广大众多的样子〕不一途也。要〔概括地推究〕其何以〔为什么〕成,何以败?曰:有毅力者成,反是者败。

盖人生历程,大抵逆境居十六七,顺境亦居十三四,而〔并且〕顺逆两境又常相间〔互相穿插〕以迭乘〔交替呈现〕。无论事之大小,必有数次乃至十数次之阻力。其阻力虽或〔有的〕大或小,而〔但〕要之〔总之〕必无可逃避者也。其在志力薄弱之士,始固曰吾欲云云,吾欲云云。其意以为天下事固易易也,及〔等到〕骤尝〔很快经历〕焉,而阻力猝〔突然〕来,颓〔倒塌,指精神崩溃〕然丧〔灰心丧气〕矣;其次弱者,乘一时之意气,透过此第一关,遇再挫而退;稍强者,遇三四挫而退;更稍强者,遇五六挫而退;其事愈大者,其遇挫愈多,其不退也愈难。非至强之人,未有能善于其终者也。

夫苟其挫而不退矣,则小逆之后,必有小顺;大逆之后,必有大顺。盘根错节之既经,而随有应刃而解之一日。旁观者徒艳羡其功之成,以为是〔代词,这个人〕殆〔大概〕幸运儿,而天有以宠彼也。又以为我蹇〔跛足,引申为艰难、困厄〕于遭逢〔遭遇〕,故所就不彼若也。庸讵〔怎么〕知所谓蹇焉、幸焉者,皆彼与我之相同,其能征服此蹇焉，利用此幸焉与否，即彼成我败所由判〔区别〕也。更譬诸操舟，如以兼旬之期，行千里之地者，其间风潮之或顺或逆，常相参伍〔交相错杂〕。彼以坚苦忍耐之力，冒〔顶着〕其逆而突过之，而后得从容以进度其顺。我则或〔或者〕一日而返焉，或二三日而返焉，或五六日而返焉，故彼岸终不可达也。

孔子曰："譬如为山，未成一篑，止，吾止也；譬如平地，虽覆一篑，进，吾往也。"孟子曰："有为者，譬若掘井，掘井九仞，而不及泉，犹为弃井也。"成败之数〔规律，天数〕，视此而已。

【作者简介】

梁启超（1873—1929 年），字卓如，号任公，又号饮冰室主人，广东新会人。中国近代著名的政治活动家、思想家、史学家和文学家。清光绪举人，康有为学生，与康有为一起发动了"公车上书"、"戊戌变法"，主编过《时务报》、《清议报》、《新民丛报》等多种报刊，大量介绍西方社会政治学说。1920 年后脱离政界，先后在清华大学、南开大学任教授，专心著述。辑有《饮冰室合集》。

【阅读欣赏提示】

本文写于"百日维新"失败后，借此勉励处于逆境的同人，不要因一时受挫而灰心，鼓励他们克服困难，继续前进。文章开门见山提出中心论点"有毅力者成，反是者败"，先以人生历程的一般规律论证毅力的重要，分析志力薄弱者与志力稍强者在挫折面前的种种表现，继而阐明"非至强之人，未有能善于其终者也"的道理。而后，从挫而不退说起，辩证地阐明了进与顺的关系。作者于"蹇"与"幸"的对比中，得出"毅力"是成功关键的结论。

文章自始至终从正反两个方面比照阐发，把道理阐说得十分透彻。层递和比喻等修辞手法的运用，既增强了文章说理的逻辑性，也使说理深入浅出。

【思考与练习】

1. 本文在论证时是怎样运用正反对举方法的？请作具体分析。

2．指出本文运用层递与比喻手法的地方，分析其作用。
3．解释下列各句中带点的词：
（1）无论事之大小，必有数次乃至十数次之阻力，……
（2）成败之数，视此而已。
（3）其阻力虽或大或小，……
（4）我则或一日而返焉，或二三日而返焉，或五六日而返焉，……

战士和苍蝇

Schopenhauer〔叔本华，德国哲学家〕说过这样的话：要估定人的伟大，则精神上的大和体格上的大，那法则完全相反。后者距离愈远即愈小，前者却见得愈大。

正因为近则愈小，而且愈看见缺点和创伤，所以他就和我们一样，不是神道，不是妖怪，不是异兽。他仍然是人，不过如此。但也惟其如此，所以他是伟大的人。

战士战死了的时候，苍蝇们所首先发见的是他的缺点和伤痕，嘬着，营营地叫着，以为得意，以为比死了的战士更英雄。但是战士已经战死了，不再来挥去他们。于是乎苍蝇们即更其营营地叫，自以为倒是不朽的声音，因为它们的完全，远在战士之上。

的确的，谁也没有发见过苍蝇们的缺点和创伤。

然而，有缺点的战士终竟是战士，完美的苍蝇也终竟不过是苍蝇。

去罢，苍蝇们！虽然生着翅子，还能营营，总不会超过战士的。你们这些虫豸〔音 zhì，无脚的虫子〕们！

3月21日

【作者简介】

鲁迅（1881—1936年），原名周树人，字豫才，浙江绍兴人。中国现代伟大的文学家、思想家和革命家。先后在北京大学、北京女子师范大学、厦门大学、中山大学任教。"五四"新文化运动的主将，中国现代文学的奠基人。在小说、散文等方面取得了辉煌的创作成就，著有《鲁迅全集》。

【阅读欣赏提示】

这是鲁迅先生在孙中山逝世后第九天写作的一篇杂文。作者在同年4月3日发表的《这是这么一个意思》中说明："所谓战士者，是指中山先生和民国元年前后殉国而反受奴才们讥笑糟蹋的先烈；苍蝇则当然是指奴才们。"文章以战士和苍蝇分别比况为国奋斗乃至以身殉国的革命者和攻讦先烈的奴才们，并形成鲜明对比，表达了对革命者的深情赞颂与对奴才们的极端鄙夷之情。入木三分的描画、富有哲理的议论、鲜明强烈的爱憎倾向，与其燃烧的感情融为一体，充分体现了鲁迅所特有的如投枪如匕首的杂文风格。

【思考与练习】

1. 请分析"有缺点的战士终竟是战士，完美的苍蝇也终竟不过是苍蝇"两句话的深刻含义。
2. 本文是怎样寓褒贬于对比之中的？

赠与今年的大学毕业生

胡适

两年前的六月底，我在《独立评论》（第七号）上发表了一篇"赠与今年的大学毕业生"，在那篇文字里我曾说，我要根据我个人的经验，赠送三个防身的

药方给那些大学毕业生:

第一个方子是:"总得时时寻一个两个值得研究的问题。"一个青年人离开了做学问的环境,若没有一个两个值得解答的疑难问题在脑子里打旋,就很难保持学生时代的追求知识的热心。"可是,如果你有了一个真有趣的问题天天逗你去想他,天天引诱你去解决他,天天对你挑衅笑,你无可奈何他——这时候,你就会同恋爱一个女子发了疯一样,没有书,你自会变卖家私去买书;没有仪器,你自会典押衣服去置办仪器;没有师友,你自会不远千里去寻师访友"没有问题可以研究的人,关在图书馆里也不会用书,锁在试验室里也不会研究。

第二个方子是:"总得多发展一点业余的兴趣。"毕业生寻得的职业未必适合他所学的;或者是他所学的,而未必真是他所心喜的。最好的救济是多发展他的职业以外的正当兴趣和活动。一个人的前程往往全看他怎样用他的闲暇时间。他在业余时间做的事业往往比他的职业还更重要。英国哲人弥儿(J.S.Mill)的职业是东印度公司的秘书,但他的业余工作使他在哲学上,经济学上,政治思想上都有很重要的贡献。乾隆年间杭州魏之琇在一个当铺了做了二十年的伙计,"昼营所职,至夜篝灯读书",后来成为一个有名的诗人与画家(有柳州遗稿,岭云集)。

第三个方子是:"总得有一点信心。"我们应该信仰:今日国家民族的失败都由于过去的不努力；我们今日的努力必定有将来的大收成。一粒一粒的种，必有满仓满屋的收。成功不必在我，而功力必然不会白费。

这是我对两年前的大学毕业生说的话，今年又到各大学办毕业的时候了。前两天我在北平参加了两个大学的毕业典礼，我心里要说的话，想来想去，还只是这三句话：要寻问题，要培养业余兴趣，要有信心。

但是，我记得两年前，我发表了那篇文字之后，就有一个大学毕业生写信来说："胡先生，你错了。我们毕业之后，就失业了！吃饭的问题不能解决，那能谈到研究的问题？职业找不到，那能谈到业余？求了十几年的学，到头来不能糊自己一张嘴，如何能有信心？所以你的三个药方都没有用处！"

对于这样失望的毕业生，我要贡献第四个方子："你得先自己反省：不可专责备别人，更不必责备社会。"你应该想想：为什么同样一张文凭，别人拿了有效，你拿了就无效呢？还是仅仅因为别人有门路有援助而你没有呢？还是因为别人学到了本事而你没学到呢？为什么同叫做"大学"，他校的文凭有价值，而你的母校的文凭不值钱呢？还是仅仅因为社会只问虚名而不问实际呢？还是因为你的学校本来不够格呢？还是因为你的母校的名誉被你和你的同学闹得毁坏了，所以社会厌恶轻视你的学堂呢？——我们平心观察，不能不说今日中国的社会事业已有逐渐上轨道的趋势，公私机关的用人已渐渐变严格了。凡功课太松,管理太宽,教员不高明,学风不良的学校,每年尽管送出整百的毕业生,他们在社会上休想得着很好的位置。偶然有了位置,他们也不会长久保持的。反过来看那些认真办理而确能给学生一种良好训练的大学——尤其是新兴的清华大学与南开大学——他们的毕业生很少寻不着好位置的。我知道一两个月之前,几家大银行早就有人来北方物色经济学系的毕业人才了。前天我在清华大学,听说清华今年工科毕业的四十多人早已全被各种工业预聘去了。现在国内有许多机关的主办人真肯留心选用各大学的人才。两三年前,社会调查所的陶孟和先生对我说:"近年北大的经济系毕业生远不如清华毕业的,所以这两年我们没有用一个北大经济系毕业生。"刚巧那时我在火车上借得两本杂志,读了一篇研究,引起了我的注意;后来我偶然发现那篇文字的作者是一个北大未毕业的经济系学生,我叫他把他做的几篇研究送给陶孟和先生看看。陶先生看了大高兴,叫他去谈,后来那个学生毕业后就在社会调查所工作到如今,总算替他的母校在陶孟和先生的心目中恢复了一点已失的信用。这一件事应该使我们明白社会上已渐渐有了严格的用人标准了;在一个北大老教员主持的学术机关里,若没有一点可靠的成绩,北大的老招牌也不能帮谁寻着工作。在蔡元培先生主持的中央研究院里,去年我看见傅斯年先生在暑假前几个月就聘定了一个北大国文系将毕业的高材生。今年我又看见他在暑假前几个月就要和清华大学抢一个清华史学系将毕业的高材生。这些事都应该使我们明白，今日的中国社会已不是一张大学文凭就能骗得饭吃的了。拿了文凭而找不着工作的人们，应该要自己反省：社会需要的是人才，是本事，是学问，而我自己究竟是不是人才，有没有本领？从前在学校挑容易的功课，拥护敷衍的教员，打倒严格的教员，旷课，闹考，带夹带，种种躲懒取巧的手段到此全失了作用。躲懒取巧混来的文凭，在这新兴的严格用人的标准下，原来只是一张废纸。即使这张文凭能够暂时混得一支饭碗，分得几个钟点，终究是靠不住保不牢的，终究要被后起的优秀人才挤掉的。打不破"铁饭碗"不是父兄的势力，不是阔校长的荐书，也不是同学党派的援引，只是真实的学问与训练。能够如此，才是反省。能够如此反省，方才有救援自己的希望。

"毕了业就失业"的人们怎样才可以救援自己呢？没有别的法子，只有格外努力，自己多学一点可靠的本事。二十多岁的青年，若能自己勉力，没有不能长进的。这个社会是最缺乏人才又是需要人才的。一点点的努力往往就有十倍百倍的奖励，一分的成绩往往可以得着十分百分的虚声，社会上的奖掖只有远超过我们所应得的，决没有真正的努力而不能得着社会的承认的。没有工作机会的人，只有格外努力训练自己可以希望得着工作，有工作机会的人而嫌待遇太薄地位太低的人，也只有格外努力工作可以靠成绩来抬高他的地位。只有责己是生路，因为只有自己的努力最靠得住。

【作者简介】

　　胡适（1891－1962 年），字适之，安徽绩溪人。幼年接受封建正统教育。少年在上海求学，开始接触到资产阶级维新派和革命派的新思想。1910 年留学美国康奈尔大学、哥伦比亚大学，修习农学、哲学、文学，受赫胥黎、杜威思想影响较大。1917 年初在《新青年》杂志上发表《文学改良刍议》，对新文化运动起了积极的作用。同年回国，受聘为北京大学教授，参加编辑《新青年》杂志，成为新文化运动和文学革命中最有影响的人物之一。1938 年出任国民政府驻美大使，1942 年离职。1946 年任北京大学校长。1949 年北平新中国成立前夕离开上海去美国，后返台湾。1957 年任台湾中央研究院院长。晚年留居美国。主要著作有《尝试集》、《中国哲学史大纲》（上）、《白话文学史》（上）、《中国章回小说考证》、《胡适文存》、《胡适论学近著》、《胡适学术文集》等。

【阅读欣赏提示】

　　本文是胡适任北大校长时写给毕业生的。文章在重申两年以前赠送给毕业生的三个药方的基础上，有针对性地提出了第四个药方，针对当时有的学生毕业后几年还找不到工作的状况，告诫学生认真进行自我反省，而不必责备别人，更不必责备社会，层层说理，发人深省。作为北京大学校长，居然批评自己学校的毕业生而赞誉清华大学和南开大学的毕业生，可见他胸襟开阔。文章中并未一味地责怨学生，而是给他们指明方向，谆谆教导之情溢于言表，其大家风范令人敬佩。

【思考与练习】

　　1. 谈谈你读了文章后所受的启发，并思考自己应如何融入社会、迎接挑战、创造无悔人生？

　　2. 分析本文的写作特点与修辞技巧。

　　3. 请写作一篇读后感。

人生的意义及人生中的境界

冯友兰

　　何谓"意义"？意义发生于自觉及了解；任何事物，如果我们对它能够了解，便有意义，否则便无意义；了解越多，越有意义，了解得少，便没有多大的意义。何谓"自觉"？我们知道自己在做一种事情，便是自觉。人类与禽兽所不同的地方，就是人类能够了解，能够自觉，而禽兽则否。譬如喝水吧，我们晓得自己在喝水，并且知道喝水是怎么一回事；可是兽类喝水的时候，它却不晓得它在喝水，而且不明白喝水是一回什么事，兽类的喝水，常常是出于一种冲动。

对于任何事物，每个人了解的程度不一定相同，然而兽类对于事物，却谈不到什么了解；例如我们在礼堂演讲，忽然跑进了一条狗，狗只看见一堆东西，坐在那里，它不了解这就是演讲，因为它不了解演讲，所以我们的演讲，对于它便毫无意义。又如逃警报的时候，街上的狗每每跟着人们乱跑，它们对于逃警报，根本就不懂得是一回什么事，不过跟着人们跑跑而已。可是逃警报的人却各有各的了解，有的懂得为什么会有警报，有的懂得为什么敌人会打我们，有的却不能完全了解这些道理。

同样的，假如我们能够了解人生，人生便有意义，倘使我们不能了解人生，人生便无意义。各个人对于人生的了解多不相同，因此，人生的境界，便有分别。境界的不同，是由于认识的互异；这，有如旅行游山一样，地质学家与诗人虽同往游山，可是地质学家的观感和诗人的观感，却大不相同。

人生的境界，大体上可分为四类：（一）自然境界——最低级的，了解的程度最少，这一类人，大半是"顺才"或"顺习"。（二）功利境界——较高级的，需要进一层的了解。（三）道德境界——更高级的，需要更高深的理解。（四）天地境界——最高的境界，需要最彻底的了解。在自然境界中的人，不论干什么事情，不是依照社会习惯，便是依照其本性去做，他们从来未曾了解做某种事情的意义。往好处说，这就是"天真烂漫"，往差处说便是"糊里糊涂"。他们既不懂得为什么要这样做，又不明白做某种事情有什么意义，所以他们可说没有自觉。有时他们纵然是整天笑嘻嘻，可是却不自觉快乐。这，有如天真的婴孩，他虽然笑逐颜开，可是却一点都不觉得自己快乐，两种情况，完全相同。这一类人，对于"生""死"皆不了解，而且亦没有"我"的观念。功利境界中的人，对于人生的了解，比较进了一步，他们有"我"的观念，不论做什么事，都是为着功利，为着自己的利益打算。这一批人，大抵贪生怕死。有时他们亦会为社会服务，为国家做点事，可是他们做事的动机，是想换取更高的代价，表面上，他们虽在服务，但其最后的目的还是为着小我。在道德境界中的人，不论所做何事，皆以服务社会为目的。这一类人既不贪生，又不怕死；他们晓得除"我"以外，上面还有一个社会，一个全体。他们了解个人是社会的一部分，个人与社会是部分与全体的关系。就普通常识来说，部分的存在似乎先于全体，可是从哲学来说，应该先有全体，然后始有个体。例如房子中的支"柱"，是有了房子以后，始有所谓"柱"，假使没有房子，则柱不成为柱，它只是一件大木料而已。同样，人类在有了人伦的关系以后，始有所谓"人"，如没有人伦关系，则人便不成为人，只是一团血肉。不错，在没有社会组织以前，每个人确已先具有一团肉，可是我们之成为人，却因为是有了社会组织的缘故。道德境界中的人，很清楚地了解这一点。天地境界中的人，一切皆以服务宇宙为目的。他们对生死的见解，既无所谓生，复无所谓死；他们认为在社会之上，尚有一个更高的全体——宇宙。科学家的所谓宇宙，系指天体，太阳系及天河等，哲学家的所谓宇宙，系指一切，所以宇宙之外，不会有其他的东西，我人绝对不能离开宇宙而存在。天地境界的人能够彻底了解这些道理，所以他们所做的事，便是为宇宙服务。

中国的所谓"圣贤"，应该有一个分别，"贤"是指道德境界的人，"圣"是指天地境界的人。至于一般的芸芸众生，不是属于自然境界，便是属于功利境界。要达到自然境界或功利境界非常容易，要想进入道德境界或天地境界却需要努力，只有努力，才能了解。究竟要怎样做，才算是为宇宙服务呢？为宇宙服务所做的事，绝对不是什么离奇特别的事，与为社会服务而做的事，并无二致。不过所做的事虽然一样，了解的程度不同，其境界就不同了。我曾经看见一个文字学的教授，在指责一个粗识文字的老百姓，说他写了一个别字。那一个别字，本来可以当做古字的假借，所以当时我便代那写字的人辩护。结果，那位文字学教授这样的回答我："这一个字如果是我写的，就是假借，出自一个粗识文字的人的手笔，便是别字。"这一段话很值得寻味，这就是说，做同样的事情，因为了解程度互异，可以有不同的境界。再举一例：同样是大学教授，因为了解不同，亦有几种不同的境界：属于自然境界的，他们留学回来以后，有人请他教课，他便莫名其妙的当起教授来，什么叫做教育，他毫不理会；有些教授则属于功利境界，他们所以跑去当教授，是为着提高声望，以便将来做官，可以铨叙较高的职位；另外有些教授则属于道德境界，因为他们具有"得天下英才而教育之"的怀抱；有些教授则系天地境界，他们执教的目的，是为欲"得宇宙天才而教育之"。在客观上，这四种教授所做的事情是一样的，可是因为了解的程度不同，其境界自有差别。

《中庸》有两句话："圣人可以赞天地之化育，可以与天地参矣。"所谓"赞天地之化育"并不是帮助天地刮风或下雨，"化育"是什么？能够在天地间生长的都是化育，能够了解这一点，则我们的生活行动，都可以说是"赞天地之化育"，如果不明白这一点，那么我们的生活行动，只能说是"为天地所化育"。所谓圣人，他能够了解天地的化育，所以始能顶天立地，与天地参。草木无知

（不懂化育的原理），所以草木只能为天地所化育。

由此看来，做圣人可以说很容易，亦可以说很难。圣人固然可以干出特别的事来，但并不是干出特别的事，始能成为圣人。所谓"迷则为凡，悟则为圣"，就是指做圣人的容易，人人可为圣贤，其原因亦在于此。

总而言之，所谓人生的意义，全凭我们对于人生的了解。

【作者简介】

冯友兰（1895－1990年），字芝生，河南唐河人。著名的哲学家、哲学史家、教育家。北京大学哲学系教授，曾任中国科学院学部委员、全国政协委员。有《三松堂全集》传世。

【阅读欣赏提示】

人生的意义与人生的最高境界是人们孜孜以求的答案。本文的解答是：所谓人生的意义，全凭我们对于人生的了解。你对人生有何种了解，你就会臻于何种人生境界。围绕这两个抽象的哲学命题，作者通过生活中的常识问题以及人与动物的比较逐层论证，把抽象的道理阐述得具体明白、通俗易懂，使人在不知不觉中受到世界观、人生观的教育。

【思考与练习】

1. 本文是如何把抽象的道理说得生动明白的？请具体分析。
2. 读了本文以后，你有什么感想？写作一篇小论文。

论 快 乐

钱钟书

在旧书铺里买回来维尼（Vigny）的《诗人日记》（Journald'unpote），信手翻开，就看见有趣的一条。他说，在法语里，喜乐（bonheur）一个名词是"好"

和"钟点"两字拼成，可见好事多磨，只是个把钟头的玩意儿（Si le bonheur n'tait qu' une bonne denie !）。我们联想到我们本国话的说法，也同样的意味深永，譬如快活或快乐的快字，就把人生一切乐事的飘瞥难留，极清楚地指示出来。所以我们又慨叹说："欢娱嫌夜短！"因为人在高兴的时候，活得太快，一到困苦无聊，愈觉得日脚像跛了似的，走得特别慢。德语的沉闷（langweile）一词，据字面上直译，就"长时间"的意思。《西游记》里小猴子对孙行者说："天上一日，下界一年。"这种神话，确反映着人类的心理。天上比人间舒服欢乐，所以神仙活得快，人间一年在天上只当一日过。从此类推，地狱里比人间更痛苦，日子一定愈加难度；段成式《西阳杂俎》就说："鬼言三年，人间三日。"嫌人生短促的人，真是最快活的人；反过来说，真快活的人，不管活到多少岁死，只能算是短命夭折。所以，做神仙也并不值得，在凡间已经三十年做了一世的人，在天上还是个未满月的小孩。但是这种"天算"，也有占便宜的地方：譬如戴君孚《广异记》载崔参军捉狐妖，"以桃枝决五下"，长孙无忌说罚得太轻，崔答："五下是人间五百下，殊非小刑。"可见卖老祝寿等等，在地上最为相宜，而刑罚呢，应该到天上去受。

"永远快乐"这句话，不但渺茫得不能实现，并且荒谬得不能成立。快过的决不会永久；我们说永远快乐，正好像说四方的圆形，静止的动作同样地自相矛盾。在高兴的时候，我们空对瞬息即逝的时间喊着说："逗留一会儿罢！你太美了！"那有什么用？你要永久，你该向痛苦里去找。不讲别的，只要一个失眠的晚上，或者有约不来的下午，或者一课沉闷的听讲——这许多，比一切宗教信仰更有效力，能使你尝到什么叫做"永生"的滋味。人生的刺，就在这里，留恋着不肯快走的，偏是你所不留恋的东西。

快乐在人生里，好比引诱小孩子吃药的方糖，更像跑狗场里引诱狗赛跑的电兔子。几分钟或者几天的快乐赚我们活了一世，忍受着许多痛苦。我们希望它来，希望它留，希望它再来——这三句话概括了整个人类努力的历史。在我们追求和等候的时候，生命又不知不觉地偷度过去。也许我们只是时间消费的筹码，活了一世不过是为那一世的岁月充当殉葬品，根本不会想到快乐。但是我们到死也不明白是上了当，我们还理想死后有个天堂，在那里——谢上帝，也有这一天！我们终于享受到永远的快乐。你看，快乐的引诱，不仅像电兔子和方糖，使我们忍受了人生，而且仿佛钓钩上的鱼饵，竟使我们甘心去死。这样说来，人生虽痛苦，却不悲观，因为它终抱着快乐的希望；现在的账，我们预支了将来去付。为了快活，我们甚至于愿意慢死。

穆勒曾把"痛苦的苏格拉底"和"快乐的猪"比较。假使猪真知道快活，那么猪和苏格拉底也相去无几了。猪是否能快乐得像人，我们不知道；但是人会容易满足得像猪,我们是常看见的。把快乐分肉体的和精神的两种,这是最糊涂的分析。一切快乐的享受都属于精神的,尽管快乐的原因是肉体上的物质刺激。小孩子初生了下来,吃饱了奶就乖乖地睡,并不知道什么是快活,虽然它身体感觉舒服。缘故是小孩子时的精神和肉体还没有分化,只是混沌的星云状态。洗一个澡,看一朵花,吃一顿饭,假使你觉得快活,并非全因为澡洗得干净,花开得好,或者菜合你口味,主要因为你心上没有挂碍,轻松的灵魂可以专注肉体的感觉,来欣赏,来审定。要是你精神不痛快,像将离别时的宴席,随它怎样烹调得好,吃来只是土气息,泥滋味。那时刻的灵魂,仿佛害病的眼怕见阳光,撕去皮的伤口怕接触空气,虽然空气和阳光都是好东西。快乐时的你一定心无愧怍。假如你犯罪而真觉快乐,你那时候一定和有道德、有修养的人同样心安理得。有最洁白的良心,跟全没有良心或有最漆黑的良心,效果是相等的。

　　发现了快乐由精神来决定,人类文化又进一步。发现这个道理,和发现是非善恶取决于公理而不取决于暴力,一样重要。公理发现以后,从此世界上没有可被武力完全屈服的人。发现了精神是一切快乐的根据,从此痛苦失掉它们的可怕,肉体减少了专制。精神的炼金术能使肉体痛苦都变成快乐的资料。于是,烧了房子,有庆贺的人;一箪食,一瓢饮,有不改其乐的人;千灾百毒,有谈笑自若的人。所以我们前面说，人生虽不快乐，而仍能乐观。譬如从写《先知书》的所罗门直到做《海风》诗的马拉梅（Mallarmé），都觉得文明人的痛苦，是身体困倦。但是偏有人能苦中作乐，从病痛里滤出快活来，使健康的消失有种赔偿。苏东坡诗就说："因病得闲殊不恶，安心是药更无方。"王丹麓《今世说》也记毛稚黄善病，人以为忧，毛曰："病味亦佳，第不堪为躁热人道耳！"在着重体育的西洋，我们也可以找着同样达观的人。工愁善病的诺凡利斯（Nobalis）在《碎金集》里建立一种病的哲学，说病是"教人学会休息的女教师"。罗登巴煦（Rodenbach）的诗集《禁锢的生活》（Les Vies Encloses）里有专咏病味的一卷，说病是"灵魂的洗涤（puration）"。身体结实、喜欢活动的人采用了这个观点，就对病痛也感到另有风味。顽健粗壮的十八世纪德国诗人白洛柯斯（B.H.B rockes）第一次害病，觉得是一个"可惊异的大发现(Eine bewunderungsw rdi ge Erfindung)"。对于这种人，人生还有什么威胁？这种快乐，把忍受变为享受，是精神对于物质的最大胜利。灵魂可以自主——同时也许是自欺。能一贯抱这种态度的人，当然是大哲学家，但是谁知道他不也是个大傻子？

  是的，这有点矛盾。矛盾是智慧的代价。这是人生对于人生观开的玩笑。

【作者简介】

  钱钟书（1910－1998 年），字默存，号槐聚，笔名中书君，江苏无锡人。现代著名学者、作家。早年接受传统经史教育，1933 年毕业于清华大学外国语文系。1935 年以后，留学于英国牛津大学与法国巴黎大学。1938年归国，先后在西南联大、暨南大学、清华大学任教。1953年任北京大学文学研究所研究员。1982年任中国社会科学院副院长。在文学、哲学、训诂学、心理学等方面均有重要成就。著有长篇小说《围城》、散文集《写在人生边上》、短篇小说集《人·兽·鬼》、文论集《管锥编》、《七缀集》、《谈艺录》等。

【阅读欣赏提示】

本文选自钱钟书《人·兽·鬼》一书（有删节）。

文中所论述的快乐，是一种人生境界，也是一种人生态度。虽然快乐是短暂的，"永远快乐"也是永远不能实现的，但快乐又是由精神决定的，对快乐的"希望"是人生永不悲观的精神源泉。有了这种源泉，世界上就"没有可被武力完全屈服的人"。它对人生哲理的深刻阐发，蕴涵着深刻的社会意义。在抗日战争最困难时期，这无异于鼓动民众抗战的时代呐喊。作者用冷峻的眼光看社会，以独到的见解谈人生，充满哲理，发人深省。引述材料众多，行文跳跃性大，但操控自如，意脉贯通。浓烈的思辩色彩，生动幽默的语言，显示出鲜明的学者散文风格。

【思考与练习】

1. 人们把钱钟书这类散文称为"学者散文"，请你谈谈对"学者散文"的理解，并结合课文说明。
2. "引用"属何种论据？在论证中有什么作用？请结合课文予以说明。

拓 展 阅 读

将欲歙之，必固张之

老子

将欲歙之，必固张之；将欲弱之，必固强之；将欲废之，必固兴之；将欲取之，必固与之。是谓微明，柔弱胜刚强。鱼不可脱于渊，国之利器不可以示人。

子路从而后

《论语》

子路从而后,遇丈人,以杖荷蓧。子路问曰:"子见夫子乎?"丈人曰:"四体不勤,五谷不分。孰为夫子?"植其杖而芸。子路拱而立。止子路宿,杀鸡为黍而食之,见其二子焉。明日,子路行以告。子曰:"隐者也。"使子路反见之。至,则行矣。子路曰:"不仕无义。长幼之节,不可废也;君臣之义,如之何其废之?欲洁其身而乱大伦。君子之仕也,行其义也;道之不行,已知之矣。"

季氏将伐颛臾

《论语》

季氏将伐颛臾。冉有、季路见于孔子,曰:"季氏将有事于颛臾。"

孔子曰:"求!无乃尔是过与?夫颛臾,昔者先王以为东蒙主,且在邦域之中矣,是社稷之臣也。何以伐为?"

冉有曰:"夫子欲之,吾二臣者皆不欲也。"

孔子曰:"求!周任有言曰:'陈力就列,不能者止。'危而不持,颠而不扶,则将焉用彼相矣?且尔言过矣。虎兕出于柙,龟玉毁于椟中,是谁之过与?"

冉有曰:"今夫颛臾,固而近于费。今不取,后世必为子孙忧。"

孔子曰:"求!君子疾夫舍曰欲之而必为之辞。丘也闻有国有家者,不患寡而患不均，不患贫而患不安。盖均无贫，和无寡，安无倾。夫如是，故远人不服，则修文德以来之，既来之，则安之。今由与求也，相夫子，远人不服，而不能来也，邦分崩离析，而不能守也，而谋动干戈于邦内。吾恐季孙之忧，不在颛臾，而在萧墙之内也。"

非 攻（上）

墨子

今有一人，入人园圃，窃其桃李，众闻则非之，上为政者得则罚之。此何也？以亏人自利也。至攘人犬豕鸡豚者，其不义，又甚入人园圃窃桃李。是何故也？以亏人愈多，其不仁兹甚，罪益厚。至入人栏厩，取人马牛者，其不仁义，又甚攘人犬豕鸡豚。此何故也？以其亏人愈多。苟亏人愈多，其不仁兹甚，罪益厚。至杀不辜人也，扡其衣裘，取戈剑者，其不义又甚入人栏厩，取人牛马。此何故也？以其亏人愈多。苟亏人愈多，其不仁兹甚矣，罪益厚。当此天下之君子皆知而非之，谓之不义。今至大为攻国，则弗知非，从而誉之，谓之义，此可谓知义与不义之别乎？杀一人，谓之不义，必有一死罪矣。若以此说，往杀十人，十重不义，必有十死罪矣。杀百人，百重不义，必有百死罪矣。当此天下之君子皆知而非之，谓之不义。今至大为不义，攻国，则弗知非，从而誉之，谓之义。情不知其不义也，故书其言，以遗后世；若知其不义也，夫奚说书其不义，以遗后世哉？

今有人于此，少见黑曰黑，多见黑曰白，则以此人不知白黑之辩矣；少尝苦曰苦，多尝苦曰甘，则必以此人为不知甘苦之辩矣。今小为非，则知而非之，大为非攻国，则不知非，从而誉之，谓之义，此可谓知义与不义之辩乎？是以知天下之君子也，辩义与不义之乱也。

养 生 主

庄子

吾生也有涯，而知也无涯。以有涯随无涯，殆已！已而为知者，殆而已矣！为善无近名，为恶无近刑，缘督以为经，可以保身，可以全生，可以养亲，可以尽年。

庖丁为文惠君解牛，手之所触，肩之所倚，足之所履，膝之所踦，砉然响然，奏刀騞然，莫不中音，合于桑林之舞，乃中经首之会。

文惠君曰："嘻，善哉！技盖至此乎？"庖丁释刀对曰："臣之所好者道也，进乎技矣。始臣之解牛之时，所见无非全牛者；三年之后，未尝见全牛也；方今之时，臣以神遇而不以目视，官知止而神欲行。依乎天理，批大郤，导大窾，因其固然。技经肯綮之未尝，而况大軱乎！良庖岁更刀，割也；族庖月更刀，折也；今臣之刀十九年矣，所解数千牛矣，而刀刃若新发于硎。彼节者有间而刀刃者无厚，以无厚入有间，恢恢乎其于游刃必有余地矣。是以十九年而刀刃若新发于硎。虽然，每至于族，吾见其难为，怵然为戒，视为止，行为迟，动刀甚微，謋然已解，如土委地。提刀而立，为之四顾，为之踌躇满志，善刀而藏之。"文惠君曰："善哉！吾闻庖丁之言，得养生焉。"

公文轩见右师而惊曰："是何人也？恶乎介也？天与？其人与？"曰："天也，非人也。天之生是使独也，人之貌有与也。以是知其天也，非人也。"泽雉十步一啄，百步一饮，不蕲畜乎樊中。神虽王，不善也。

老聃死，秦失吊之，三号而出。弟子曰："非夫子之友邪？"曰："然。""然则吊焉若此可乎？"曰："然。始也吾以为其人也，而今非也。向吾入而吊焉，有老者哭之，如哭其子；少者哭之，如哭其母。彼其所以会之，必有不蕲言而言，不蕲哭而哭者。是遁天倍情，忘其所受，古者谓之遁天之刑。适来，夫子时也；适去，夫子顺也。安时而处顺，哀乐不能入也，古者谓是帝之县解。"指穷于为薪，火传也，不知其尽也。

天时不如地利

孟子

孟子曰："天时不如地利，地利不如人和。三里之城，七里之郭，环而攻之而不胜；夫环而攻之，必有得天时者矣；然而不胜者，是天时不如地利也。城非不高也，池非不深也，兵革非不坚利也，米粟非不多也；委而去之，是地利不如人和也。故曰：域民不以封疆之界，固国不以山溪之险，威天下不以兵革之利。得道者多助，失道者寡助。寡助之至，亲戚畔之，多助之至，天下顺之。以天下之所顺，攻亲戚之所畔，故君子有不战，战必胜矣。"

民 为 贵

孟子

孟子曰："民为贵，社稷次之，君为轻。是故得乎丘民而为天子，得乎天子为诸侯，得乎诸侯为大夫。诸侯危社稷，则变置。牺牲既成，粢盛既洁，祭祀以时，然而旱干水溢，则变置社稷。"

天 论 篇

荀子

天行有常，不为尧存，不为桀亡。应之以治则吉，应之以乱则凶。强本而节用，则天不能贫；养备而动时，则天不能病；修道而不贰，则天不能祸。故水旱不能使之饥，寒暑不能使之疾，祆怪不能使之凶。本荒而用侈，则天不能使之富；养略而动罕，则天不能使之全；倍道而妄行，则天不能使之吉。故水旱未至而饥，寒暑未薄而疾，祆怪未生而凶，受时与治世同，而殃祸与治世异，不可以怨天，其道然也。故明于天人之分，则可谓至人矣。不为而成，不求而得，夫是之谓天职。如是者，虽深，其人不加虑焉；虽大，不加能焉；虽精，不加察焉。夫是之谓不与天争职。天有其时，地有其财，人有其治，夫是之谓能参。舍其所以参，而愿其所参，则惑矣。

列星随旋，日月递炤，四时代御，阴阳大化，风雨博施，万物各得其和以生，各得其养以成，不见其事而见其功，夫是之谓神。皆知其所以成，莫知其无形，夫是之谓天。唯圣人为不求知天。

天职既立，天功既成，形具而神生，好恶喜怒哀乐臧焉，夫是之谓天情。耳目鼻口形，能各有接而不相能也，夫是之谓天官。心居中虚，以治五官，夫是之谓天君。财非其类，以养其类，夫是之谓天养。顺其类者谓之福，逆其类者谓之祸，夫是之谓天政。暗其天君，乱其天官，弃其天养，逆其天政，背其天情，以丧天功，夫是之谓大凶。圣人清其天君，正其天官，备其天养，顺其天政，养其天情，以全其天功。如是，则知其所为，知其所不为矣，则天地官而万物役矣。其行曲治，其养曲适，其生不伤，夫是之谓知天。

故大巧在所不为，大智在所不虑。所志于天者，已其见象之可以期者矣；所志于地者，已其见宜之可以息者矣；所志于四时者，已其见数之可以事者矣；所志于阴阳者，已其见和之可以治者矣。官人守天而自为守道也。

治、乱，天邪？曰：日月星辰瑞历，是禹、桀之所同也，禹以治，桀以乱；

治乱非天也。时邪？曰：繁启蕃长于春夏，畜积收臧于秋冬，是又禹、桀之所同也，禹以治，桀以乱，治乱非时也。地邪？曰：得地则生，失地则死，是又禹、桀之所同也，禹以治，桀以乱，治乱非地也。《诗》曰："天作高山，大王荒之。彼作矣，文王康之。"此之谓也。

天不为人之恶寒也辍冬，地不为人之恶辽远也辍广，君子不为小人之匈匈也辍行。天有常道矣，地有常数矣，君子有常体矣。君子道其常，而小人计其功。《诗》曰："礼义之不愆，何恤人之言兮！"此之谓也。

楚王后车千乘，非知也；君子啜菽饮水，非愚也；是节然也。若夫心意修，德行厚，知虑明，生于今而志乎古，则是其在我者也。故君子敬其在己者，而不慕其在天者；小人错其在己者，而慕其在天者。君子敬其在己者，而不慕其在天者，是以日进也；小人错其在己者，而慕其在天者，是以日退也。故君子之所以日进，与小人之所以日退，一也。君子小人之所以相县者，在此耳。

星队、木鸣，国人皆恐。曰是何也？曰无何也！是天地之变，阴阳之化，物之罕至者也。怪之，可也；而畏之，非也。夫日月之有蚀，风雨之不时，怪星之党见，是无世而不常有之。上明而政平，则是虽并世起，无伤也；上闇而政险，则是虽无一至者，无益也。夫星之队，木之鸣，是天地之变，阴阳之化，物之罕至者也；怪之，可也；而畏之，非也。

物之已至者，人祆则可畏也：楛耕伤稼，楛耘失岁，政险失民；田薉稼恶，籴贵民饥，道路有死人，夫是之谓人祆。政令不明，举错不时，本事不理，勉力不时，夫是之谓人祆。礼义不修，内外无别，男女淫乱，父子相疑，上下乖离，寇难并至，夫是之谓人祆。祆是生于乱。三者错，无安国。其说甚尔，其菑甚惨。勉力不时，则牛马相生，六畜作祆，可怪也，而不可畏也。传曰："万物之怪，书不说。无用之辩，不急之察，弃而不治。"若夫君臣之义，父子之亲，夫妇之别，则日切瑳而不舍也。

雩而雨，何也？曰无何也，犹不雩而雨也。日月食而救之，天旱而雩，卜筮而后决大事，非以为得求也，以文之也。故君子以为文，而百姓以为神。以为文则吉，以为神则凶也。

在天者，莫明于日月；在地者，莫明于水火；在物者，莫明于珠玉；在人者，莫明于礼义。故日月不高，则光明不赫；水火不积，则晖润不博；珠玉不睹乎外，则王公不以为宝；礼义不加于国家，则功名不白。故人之命在天，国之命在礼。君人者，隆礼尊贤而王，重法爱民而霸，好利多诈而危，权谋倾覆幽险而亡矣。

大天而思之，孰与物畜而制之！从天而颂之，孰与制天命而用之！望时而待之，孰与应时而使之！因物而多之，孰与骋能而化之！思物而物之，孰与理物而勿失之也！愿于物之所以生，孰与有物之所以成！故错人而思天，则失万物之情。

百王之无变，足以为道贯。一废一起，应之以贯，理贯不乱。不知贯不知应变。贯之大体未尝亡也。乱生其差，治尽其详。故道之所善，中则可从，畸则不可为，匿则大惑。水行者表深，表不明则陷。治民者表道，表不明则乱。礼者，表也。非礼，昏世也；昏世，大乱也。故道无不明，外内异表，隐显有常，民陷乃去。

万物为道一偏，一物为万物一偏。愚者为一物一偏，而自以为知道，无知也。慎子有见于后，无见于先。老子有见于诎，无见于信。墨子有见于齐，无见于畸。宋子有见于少，无见于多。有后而无先，则群众无门。有诎而无信，则贵贱不分。有齐而无畸，则政令不施，有少而无多，则群众不化。《书》曰："无有作好，遵王之道；无有作恶，遵王之路。"此之谓也。

历山之农者侵畔

韩非子

历山之农者侵畔，舜往耕焉，期年甽亩正。河滨之渔者争坻，舜往渔焉，期年而让长。东夷之陶者器苦窳，舜往陶焉，期年而器牢。仲尼叹曰："耕、渔与陶，非舜官也，而舜往为之者，所以救败也。舜其信仁乎！乃躬藉处苦而民从之。故曰：圣人之德化乎！"

或问儒者曰："方此时也，尧安在？"其人曰："尧为天子。"然则仲尼之圣尧奈何！圣人明察，在上位，将使天下无奸也。今耕渔不争，陶器不窳，舜又何德而化？舜之救败也，则是尧有失也。贤舜则去尧之明察，圣尧则去舜之德化，不可两得也。楚人有鬻楯与矛者，誉之曰："吾楯之坚，物莫能陷也。"又誉其矛曰："吾矛之利，于物无不陷也。"或曰："以子之矛，陷子之楯，何如？"其人弗能应也，夫不可陷之楯，与无不陷之矛，不可同世而立。今尧舜之不可两誉，矛楯之说也。

且舜救败，期年已一过，三年已三过。舜有尽，寿有尽，天下过无已者。以有尽逐无已，所止者寡矣。赏罚使天下必行之，令曰："中程者赏，弗中程者诛。"令朝至暮变，暮至朝变，十日而海内毕矣，奚待期年？舜犹不以此说，尧令从，己乃躬亲，不亦无术乎？且夫以身为苦而后化民者，尧舜之所难也；处势而骄下者，庸主之所易也。将治天下，释庸主之所易，道尧舜之所难，未可与为政也。

楚王谓田鸠

韩非子

楚王谓田鸠曰："墨子者，显学也。其身体则可，其言多而不辩，何也？"曰："昔秦伯嫁其女于晋公子，令晋为之饰装，从文衣之媵七十人。至晋，晋人爱其妾而贱公女。此可谓善嫁妾，而未可谓善嫁女也。楚人有卖其珠于郑者，为木兰之柜，熏以桂椒，缀以珠玉，饰以玫瑰，辑以翡翠。郑人买其椟而还其珠，此可谓善卖椟矣，未可谓善鬻珠也。今世之谈也，皆道辩说文辞之言，人主览其文而忘有用。墨子之说，传先王之道，论圣人之言，以宣告人。若辩其辞，则恐人怀其文，忘其直，以文害用也。此与楚人鬻珠、秦伯嫁女同类。故其言多不辩。"

博　学

《中庸》

博学之，审问之，慎思之，明辨之，笃行之。有弗学，学之弗能，弗措也。有弗问，问之弗知，弗措也。有弗思，思之弗得，弗措也。有弗辨，辨之弗明，弗措也。有弗行，行之弗笃，弗措也。人一能之，己百之。人十能之，己千之。果能此道矣，虽愚必明，虽柔必强。

大道之行也

《礼记》

昔者仲尼与于蜡宾，事毕，出游于观之上，喟然而叹。仲尼之叹，盖叹鲁也。言偃在侧曰："君子何叹？"孔子曰："大道之行也，与三代之英，丘未之逮也，而有志焉。"

"大道之行也,天下为公。选贤与能,讲信修睦。故人不独亲其亲,不独子其子,使老有所终,壮有所用,幼有所长,矜寡孤独废疾者皆有所养。男有分,女有归。货恶其弃于地也,不必藏于己;力恶其不出于身也,不必为己。是故谋闭而不兴,盗窃乱贼而不作,故外户而不闭。是谓大同。"

"今大道既隐,天下为家。各亲其亲,各子其子,货力为己。大人世及以为礼,城郭沟池以为固。礼义以为纪,以正君臣,以笃父子,以睦兄弟,以和夫妇,以设制度,以立田里,以贤勇知,以功为己。故谋用是作,而兵由此起。禹、汤、文、武、成王、周公,由此其选也。此六君子者,未有不谨于礼者也。以著其义,以考其信,著有过,刑仁讲让,示民有常。如有不由此者,在埶者去,众以为殃。是谓小康。"

去　私

《吕氏春秋》

天无私覆也,地无私载也,日月无私烛也,四时无私行也,行其德而万物得遂长焉。

黄帝言曰:"声禁重,色禁重,衣禁重,香禁重,味禁重,室禁重。"

尧有子十人,不与其子而授舜;舜有子九人,不与其子而授禹;至公也。

晋平公问于祁黄羊曰:"南阳无令,其谁可而为之?"祁黄羊对曰:"解狐可。"平公曰："解狐非子之雠邪？"对曰："君问可，非问臣之雠也。"平公曰："善。"遂用之。国人称善焉。居有间，平公又问祁黄羊曰："国无尉，其谁可而为之？"对曰："午可。"平公曰："午非子之子邪？"对曰："君问可，非问臣之子也。"平公曰："善。"又遂用之。国人称善焉。孔子闻之曰："善哉！祁黄羊之论也，外举不避雠，内举不避子。"祁黄羊可谓公矣。

墨者有巨子腹䵍，居秦，其子杀人，秦惠王曰："先生之年长矣，非有他子也，寡人已令吏弗诛矣，先生之以此听寡人也。"腹䵍对曰："墨者之法曰：'杀人者死，伤人者刑'，此所以禁杀伤人也。夫禁杀伤人者，天下之大义也。王虽为之赐，而令吏弗诛，腹䵍不可不行墨者之法。"不许惠王，而遂杀之。子，人之所私也，忍所私以行大义，钜子可谓公矣。

庖人调和而弗敢食，故可以为庖。若使庖人调和而食之，则不可以为庖矣。王伯之君亦然，诛暴而不私，以封天下之贤者，故可以为王伯；若使王伯之君诛暴而私之，则亦不可以为王伯矣。

进 学 解

韩愈

国子先生晨入太学，招诸生立馆下，诲之曰："业精于勤，荒于嬉；行成于思，毁于随。方今圣贤相逢，治具毕张。拔去凶邪，登崇畯良。占小善者率以录，名一艺者无不庸。爬罗剔抉，刮垢磨光。盖有幸而获选，孰云多而不扬？诸生业患不能精，无患有司之不明；行患不能成，无患有司之不公。"

言未既，有笑于列者曰："先生欺余哉！弟子事先生，于兹有年矣。先生口不绝吟于六艺之文，手不停披于百家之编。记事者必提其要，纂言者必钩其玄。贪多务得，细大不捐。焚膏油以继晷，恒兀兀以穷年。先生之业，可谓勤矣。抵排异端，攘斥佛老。补苴罅漏，张皇幽眇。寻坠绪之茫茫，独旁搜而远绍。障百川而东之，回狂澜于既倒。先生之于儒，可谓有劳矣。沉浸醲郁，含英咀华，作为文章，其书满家。上规姚、姒，浑浑无涯；周诰、殷《盘》，佶屈聱牙；《春秋》谨严，《左氏》浮夸；《易》奇而法，《诗》正而葩；下逮《庄》、《骚》，太史所录；子云，相如，同工异曲。先生之于文，可谓闳其中而肆其外矣。少始知学，勇于敢为；长通于方，左右具宜。先生之于为人，可谓成矣。然而公不见信于人，私不见助于友。跋前踬后，动辄得咎。暂为御史，遂窜南夷。三年博士，冗不见治。命与仇谋，取败几时。冬暖而儿号寒，年丰而妻啼饥。头童齿豁，竟死何裨。不知虑此，而反教人为？"

先生曰："吁，子来前！夫大木为杗，细木为桷，欂栌、侏儒，椳、闑、扂、楔，各得其宜，施以成室者，匠氏之工也。玉札、丹砂，赤箭、青芝，牛溲、马勃，败鼓之皮，俱收并蓄，待用无遗者，医师之良也。登明选公，杂进巧拙，纡馀为妍，卓荦为杰，校短量长，惟器是适者，宰相之方也。昔者孟轲好辩，孔道以明，辙环天下，卒老于行。荀卿守正，大论是弘，逃谗于楚，废死兰陵。是二儒者，吐辞为经，举足为法，绝类离伦，优入圣域，其遇于世何如也？今先生学虽勤而不繇其统，言虽多而不要其中，文虽奇而不济于用，行虽修而不显于众。犹且月费俸钱，岁靡廪粟；子不知耕，妇不知织；乘马从徒，安坐而食。踵常途之促促，窥陈编以盗窃。然而圣主不加诛，宰臣不见斥，兹非其幸欤？动而得谤，名亦随之。投闲置散，乃分之宜。若夫商财贿之有亡，计班资之崇庳，忘己量之所称，指前人之瑕疵，是所谓诘匠氏之不以杙为楹，而訾医师以昌阳引年，欲进其豨苓也。

朋 党 论

欧阳修

　　臣闻朋党之说，自古有之，惟幸人君辨其君子小人而已。大凡君子与君子，以同道为朋；小人与小人，以同利为朋。此自然之理也。

　　然臣谓小人无朋，惟君子则有之。其故何哉？小人所好者，利禄也；所贪者，货财也。当其同利之时，暂相党引以为朋者，伪也。及其见利而争先，或利尽而交疏，则反相贼害，虽其兄弟亲戚，不能相保。故臣谓小人无朋，其暂为朋者，伪也。君子则不然。所守者道义，所行者忠信，所惜者名节。以之修身，则同道而相益；以之事国，则同心而共济。终始如一，此君子之朋也。故为人君者，但当退小人之伪朋，用君子之真朋，则天下治矣。

尧之时，小人共工、讙兜等四人为一朋，君子八元、八恺十六人为一朋。舜佐尧，退四凶小人之朋，而进元、恺君子之朋，尧之天下大治。及舜自为天子，而皋、夔、稷、契等二十二人并列于朝，更相称美，更相推让，凡二十二人为一朋，而舜皆用之，天下亦大治。《书》曰："纣有臣亿万，惟亿万心；周有臣三千，惟一心。"纣之时，亿万人各异心，可谓不为朋矣，然纣以亡国。周武王之臣三千人为一大朋，而周用以兴。后汉献帝时，尽取天下之名士囚禁之，目为党人。及黄巾贼起，汉室大乱，后方悔悟，尽解党人而释之，然已无救矣。唐之晚年，渐起朋党之论。及昭宗时，尽杀朝之名士，或投之黄河，曰："此辈清流，可投浊流。"而唐遂亡矣。

夫前世之主，能使人人异心不为朋，莫如纣；能禁绝善人为朋，莫如汉献帝；能诛戮清流之朋，莫如唐昭宗之世。然皆乱亡其国。更相称美、推让不自疑，莫如舜之二十二臣，舜亦不疑而皆用之。然而后世不诮舜为二十二人朋党所欺，而称舜为聪明之圣者，以能辨君子与小人也。周武之世，举其国之臣三千人共为一朋，自古为朋之多且大莫如周，然周用此以兴者，善人虽多而不厌也。

嗟呼！治乱兴亡之迹，为人君者可以鉴矣！

五代史伶官传序

欧阳修

呜呼！盛衰之理，虽曰天命，岂非人事哉！原庄宗之所以得天下，与其所以失之者，可以知之矣。

世言晋王之将终也，以三矢赐庄宗，而告之曰："梁，吾仇也；燕王，吾所立，契丹与吾约为兄弟，而皆背晋以归梁。此三者，吾遗恨也。与尔三矢，尔其无忘乃父之志！"庄宗受而藏之于庙。其后用兵，则遣从事以一少牢告庙，请其矢，盛以锦囊，负而前驱，乃凯旋而纳之。方其系燕父子以组，函梁君臣之首，入于太庙，还矢先王而告以成功，其意气之盛，可谓壮哉！及仇雠已灭，天下已定，一夫夜呼，乱者四应，苍皇东出，未及见贼而士卒离散，君臣相顾，不知所归；至于誓天断发，泣下沾襟，何其衰也！岂得之难而失之易欤？抑本其成败之迹而皆自于人欤？

《书》曰："满招损，谦受益。"忧劳可以兴国，逸豫可以亡身，自然之理也。故方其盛也，举天下之豪杰莫能与之争；及其衰也，数十伶人困之，而身死国灭，为天下笑。夫祸患常积于忽微，而智勇多困于所溺，岂独伶人也哉！

作《伶官传》。

爱莲说

周敦颐

水陆草木之花，可爱者甚蕃。晋陶渊明独爱菊；自李唐来，世人盛爱牡丹；予独爱莲之出淤泥而不染，濯清涟而不妖，中通外直，不蔓不枝，香远益清，亭亭静植，可远观而不可亵玩焉。予谓菊，花之隐逸者也；牡丹，花之富贵者也；莲，花之君子者也。噫！菊之爱，陶后鲜有闻；莲之爱，同予者何人；牡丹之爱，宜乎众矣。

训俭示康

司马光

吾本寒家，世以清白相承。吾性不喜华靡，自为乳儿，长者加以金银华美之服，辄羞赧弃去之。二十忝科名，闻喜宴独不戴花。同年曰："君赐不可违也。"乃簪一花。平生衣取蔽寒，食取充腹；亦不敢服垢弊以矫俗干名，但顺吾性而已。

众人皆以奢靡为荣，吾心独以俭素为美。人皆嗤吾固陋，吾不以为病。应之曰："孔子称'与其不逊也宁固'；又曰'以约失之者鲜矣'；又曰'士志于道，而耻恶衣恶食者，未足与议也。'古人以俭为美德，今人乃以俭相诟病。嘻，异哉！"

近岁风俗尤为侈靡，走卒类士服，农夫蹑丝履。吾记天圣中，先公为群牧判官，客至未尝不置酒，或三行五行，多不过七行。酒酤于市，果止于梨、栗、枣、柿之类；肴止于脯醢、菜羹，器用瓷漆。当时士大夫家皆然，人不相非也。会数而礼勤，物薄而情厚。近日士大夫家，酒非内法，果肴非远方珍异，食非多品，器皿非满案，不敢会宾友，常数月营聚，然后敢发书。苟或不然，人争非之，以为鄙吝。故不随俗靡者盖鲜矣。嗟乎！风俗颓敝如是，居位者虽不能禁，忍助之乎！

又闻昔李文靖公为相，治居第于封丘门内，厅事前仅容旋马，或言其太隘，公笑曰："居第当传子孙，此为宰相厅事诚隘，为太祝奉礼厅事已宽矣。"参政鲁公为谏官，真宗遣使急召之，得于酒家，既入，问其所来，以实对。上曰："卿为清望官，奈何饮于酒肆？"对曰："臣家贫，客至无器皿、肴、果，故就酒家觞之。"上以无隐，益重之。张文节为相，自奉养如为河阳掌书记时，所亲或规之曰："公今受俸不少，而自奉若此。公虽自信清约，外人颇有公孙布被之讥。公宜少从众。"公叹曰："吾今日之俸，虽举家锦衣玉食，何患不能？顾人之常情，由俭入奢易，由奢入俭难。吾今日之俸岂能常有？身岂能常存？一旦异于今日，家人习奢已久，不能顿俭，必致失所。岂若吾居位去位、身存身亡，常如一日乎？"呜呼！大贤之深谋远虑，岂庸人所及哉！

御孙曰："俭，德之共也；侈，恶之大也。"共，同也，言有德者皆由俭来也。夫俭则寡欲：君子寡欲，则不役于物，可以直道而行；小人寡欲，则能谨身节用，远罪丰家。故曰："俭，德之共也。"侈则多欲：君子多欲则贪慕富贵，枉道速祸；小人多欲则多求妄用，败家丧身；是以居官必贿，居乡必盗。故曰："侈，恶之大也。"

昔正考父饘粥以糊口；孟僖子知其后必有达人。季文子相三君，妾不衣帛，马不食粟，君子以为忠。管仲镂簋朱纮、山棁藻棁，孔子鄙其小器。公叔文子享卫灵公，史䲡知其及祸；及戌，果以富得罪出亡。何曾日食万钱，至孙以骄逸倾家。石崇以奢靡夸人，卒以此死东市。近世寇莱公豪侈冠一时，然以功业大，人莫之非，子孙习其家风，今多穷困。其余以俭立名，以侈自败者多矣，不可遍数，聊举数人以训汝。汝非徒身当服行，当以训汝子孙，使知前辈之风俗云。

信近于义

洪迈

"信近于义，言可复也。恭近于礼，远耻辱也。因不失其亲，亦可宗也。"

程明道曰:"因恭信而不失其所以亲,近于礼义,故亦可宗。"伊川曰:"因不失于相近,亦可尚也。"又曰:"因其近礼义而不失其亲,亦可宗也。况于尽礼义者乎?"范纯父曰:"君子所因者本,而立爱必自亲始,亲亲必及人,故曰因不失其亲。"吕与叔分为三事。谢显道曰:"君师友三者,虽非天属,亦可以亲,舍此三者之外,吾恐不免于谄贱。惟亲不失其所亲,然后可为宗也。"杨中立曰:"信不失义,恭不悖礼,又因不失其亲焉,是亦可宗也。"尹彦明曰:"因其近,虽未足以尽礼义之本,亦不失其所宗尚也。"予窃以谓义与礼之极,多至于不亲,能至于不失其亲,斯为可宗也。然未敢以为是。

灯下漫笔

鲁迅

一

有一时,就是民国二三年时候,北京的几个国家银行的钞票,信用日见其好了,真所谓蒸蒸日上。听说连一向执迷于现银的乡下人,也知道这既便当,又可靠,很乐意收受,行使了。至于稍明事理的人,则不必是"特殊知识阶级",也早不将沉重累坠的银元装在怀中,来自讨无谓的苦吃。想来,除了多少对于银子有特别嗜好和爱情的人物之外,所有的怕大都是钞票了罢,而且多是本国的。但可惜后来忽然受了一个不小的打击。

就是袁世凯想做皇帝的那一年,蔡松坡先生溜出北京,到云南去起义。这边所受的影响之一,是中国和交通银行的停止兑现。虽然停止兑现,政府勒令商民照旧行用的威力却还有的;商民也自有商民的老本领,不说不要,却道找不出零钱。假如拿几十几百的钞票去买东西,我不知道怎样,但倘使只要买一枝笔,一盒烟卷呢,难道就付给一元钞票么?不但不甘心,也没有这许多票。那么,换铜元,少换几个罢,又都说没有铜元。那么,到亲戚朋友那里借现钱去罢,怎么会有?于是降格以求,不讲爱国了,要外国银行的钞票。但外国银行的钞票这时就等于现银,他如果借给你这钞票,也就借给你真的银元了。

我还记得那时我怀中还有三四十元的中交票,可是忽而变了一个穷人,几乎要绝食,很有些恐慌。俄国革命以后的藏着纸卢布的富翁的心情,恐怕也就这样的罢;至多,不过更深更大罢了。我只得探听,钞票可能折价换到现银呢?说是没有行市。幸而终于,暗暗地有了行市了:六折几。我非常高兴,赶紧去卖了一半。后来又涨到七折了,我更非常高兴,全去换了现银,沉垫垫地坠在怀中,似乎这就是我的性命的斤两。倘在平时,钱铺子如果少给我一个铜元,我是决不答应的。

但我当一包现银塞在怀中,沉垫垫地觉得安心,喜欢的时候,却突然起了另一思想,就是:我们极容易变成奴隶,而且变了之后,还万分喜欢。

假如有一种暴力,"将人不当人",不但不当人,还不及牛马,不算什么东西;待到人们羡慕牛马,发生"乱离人,不及太平犬"的叹息的时候,然后给与他略等于牛马的价格,有如元朝定律,打死别人的奴隶,赔一头牛,则人们便要心悦诚服,恭颂太平的盛世。为什么呢?因为他虽不算人,究竟已等于牛马了。

我们不必恭读《钦定二十四史》,或者入研究室,审察精神文明的高超。只要一翻孩子所读的《鉴略》,——还嫌烦重,则看《历代纪元编》,就知道"三千余年古国古"的中华,历来所闹的就不过是这一个小玩艺。但在新近编纂的所谓"历史教科书"一流东西里,却不大看得明白了,只仿佛说:咱们向来就很好的。

但实际上,中国人向来就没有争到过"人"的价格,至多不过是奴隶,到现在还如此,然而下于奴隶的时候,却是数见不鲜的。中国的百姓是中立的,战时连自己也不知道属于那一面,但又属于无论那一面。强盗来了,就属于官,当然该被杀掠;官兵既到,该是自家人了罢,但仍然要被杀掠,仿佛又属于强盗似的。这时候,百姓就希望有一个一定的主子,拿他们去做百姓,——不敢,是拿他们去做牛马,情愿自己寻草吃,只求他决定他们怎样跑。

假使真有谁能够替他们决定,定下什么奴隶规则来,自然就"皇恩浩荡"

了。可惜的是往往暂时没有谁能定。举其大者，则如五胡十六国的时候，黄巢的时候，五代时候，宋末元末时候，除了老例的服役纳粮以外，都还要受意外的灾殃。张献忠的脾气更古怪了，不服役纳粮的要杀，服役纳粮的也要杀，敌他的要杀，降他的也要杀：将奴隶规则毁得粉碎。这时候，百姓就希望来一个另外的主子，较为顾及他们的奴隶规则的，无论仍旧，或者新颁，总之是有一种规则，使他们可上奴隶的轨道。

"时日曷丧，予及汝偕亡！"愤言而已，决心实行的不多见。实际上大概是群盗如麻，纷乱至极之后，就有一个较强，或较聪明，或较狡猾，或是外族的人物出来，较有秩序地收拾了天下。厘定规则：怎样服役，怎样纳粮，怎样磕头，怎样颂圣。而且这规则是不像现在那样朝三暮四的。于是便"万姓胪欢"了；用成语来说，就叫作"天下太平"。

任凭你爱排场的学者们怎样铺张，修史时候设些什么"汉族发祥时代""汉族发达时代""汉族中兴时代"的好题目，好意诚然是可感的，但措辞太绕弯子了。有更其直捷了当的说法在这里——

一、想做奴隶而不得的时代；

二、暂时做稳了奴隶的时代。

这一种循环，也就是"先儒"之所谓"一治一乱"；那些作乱人物，从后日的"臣民"看来，是给"主子"清道辟路的，所以说："为圣天子驱除云尔。"

现在入了那一时代，我也不了然。但看国学家的崇奉国粹，文学家的赞叹固有文明，道学家的热心复古，可见于现状都已不满了。然而我们究竟正向着那一条路走呢？百姓是一遇到莫名其妙的战争，稍富的迁进租界，妇孺则避入教堂里去了，因为那些地方都比较的"稳"，暂不至于想做奴隶而不得。总而言之，复古的，避难的，无智愚贤不肖，似乎都已神往于三百年前的太平盛世，就是"暂时做稳了奴隶的时代"了。

但我们也就都像古人一样，永久满足于"古已有之"的时代么？都像复古家一样，不满于现在，就神往于三百年前的太平盛世么？

自然，也不满于现在的，但是，无须反顾，因为前面还有道路在。而创造这中国历史上未曾有过的第三样时代，则是现在的青年的使命！

二

但是赞颂中国固有文明的人们多起来了，加之以外国人。我常想，凡有来到中国的，倘能疾首蹙额而憎恶中国，我敢诚意地捧献我的感谢，因为他一定是不愿意吃中国人的肉的！

鹤见祐辅氏在《北京的魅力》中，记一个白人将到中国，预定的暂住时候是一年，但五年之后，还在北京，而且不想回去了。有一天，他们两人一同吃晚饭——

"在圆的桃花心木的食桌前坐定，川流不息地献着山海的珍味，谈话就从古董，画，政治这些开头。电灯上罩着支那式的灯罩，淡淡的光洋溢于古物罗列的屋子中。什么无产阶级呀，Proletariat 呀那些事，就像不过在什么地方刮风。

"我一面陶醉在支那生活的空气中，一面深思着对于外人有着'魅力'的这东西。元人也曾征服支那，而被征服于汉人种的生活美了；满人也征服支那，而被征服于汉人种的生活美了。现在西洋人也一样，嘴里虽然说着 Democracy 呀，什么什么呀，而却被魅于支那人费六千年而建筑起来的生活的美。一经住过北京，就忘不掉那生活的味道。大风时候的万丈的沙尘，每三月一回的督军们的开战游戏，都不能抹去这支那生活的魅力。"

这些话我现在还无力否认他。我们的古圣先贤既给与我们保古守旧的格言，但同时也排好了用子女玉帛所做的奉献于征服者的大宴。中国人的耐劳，中国人的多子，都就是办酒的材料，到现在还为我们的爱国者所自诩的。西洋人初入中国时，被称为蛮夷，自不免个个蹙额，但是，现在则时机已至，到了我们将曾经献于北魏，献于金，献于元，献于清的盛宴，来献给他们的时候了。出则汽车，行则保护；虽遇清道，然而通行自由的；虽或被劫，然而必得赔偿的；

孙美瑶掳去他们站在军前，还使官兵不敢开火。何况在华屋中享用盛宴呢？待到享受盛宴的时候，自然也就是赞颂中国固有文明的时候；但是我们的有些乐观的爱国者，也许反而欣然色喜，以为他们将要开始被中国同化了罢。古人曾以女人作苟安的城堡，美其名以自欺曰"和亲"，今人还用子女玉帛为作奴的赞敬，又美其名曰"同化"。所以倘有外国的谁，到了已有赴宴的资格的现在，而还替我们诅咒中国的现状者，这才是真有良心的真可佩服的人！

但我们自己是早已布置妥帖了，有贵贱，有大小，有上下。自己被人凌虐，但也可以凌虐别人；自己被人吃，但也可以吃别人。一级一级的制驭着，不能动弹，也不想动弹了。因为倘一动弹，虽或有利，然而也有弊。我们且看古人的良法美意罢——

"天有十日，人有十等。下所以事上，上所以共神也。故王臣公，公臣大夫，大夫臣士，士臣皂，皂臣舆，舆臣隶，隶臣僚，僚臣仆，仆臣台。"（《左传》昭公七年）

但是"台"没有臣，不是太苦了么？无须担心的，有比他更卑的妻，更弱的子在。而且其子也很有希望，他日长大，升而为"台"，便又有更卑更弱的妻子，供他驱使了。如此连环，各得其所，有敢非议者，其罪名曰不安分！

虽然那是古事，昭公七年离现在也太辽远了，但"复古家"尽可不必悲观的。太平的景象还在：常有兵燹，常有水旱，可有谁听到大叫唤么？打的打，革的革，可有处士来横议么？对国民如何专横，向外人如何柔媚，不犹是差等的遗风么？中国固有的精神文明，其实并未为共和二字所埋没，只有满人已经退席，和先前稍不同。

因此我们在目前，还可以亲见各式各样的筵宴，有烧烤，有翅席，有便饭，有西餐。但茅檐下也有淡饭，路傍也有残羹，野上也有饿莩；有吃烧烤的身价不资的阔人，也有饿得垂死的每斤八文的孩子（见《现代评论》二十一期）。所谓中国的文明者，其实不过是安排给阔人享用的人肉的筵宴。所谓中国者，其实不过是安排这人肉的筵宴的厨房。不知道而赞颂者是可恕的，否则，此辈当得永远的诅咒！

外国人中，不知道而赞颂者，是可恕的；占了高位，养尊处优，因此受了蛊惑，昧却灵性而赞叹者，也还可恕的。可是还有两种，其一是以中国人为劣种，只配悉照原来模样，因而故意称赞中国的旧物。其一是愿世间人各不相同以增自己旅行的兴趣，到中国看辫子，到日本看木屐，到高丽看笠子，倘若服饰一样，便索然无味了，因而来反对亚洲的欧化。这些都可憎恶。至于罗素在西湖见轿夫含笑，便赞美中国人，则也许别有意思罢。但是，轿夫如果能对坐轿的人不含笑，中国也早不是现在似的中国了。

这文明，不但使外国人陶醉，也早使中国一切人们无不陶醉而且至于含笑。因为古代传来而至今还在的许多差别，使人们各各分离，遂不能再感到别人的痛苦；并且因为自己各有奴使别人，吃掉别人的希望，便也就忘却自己同有被奴使被吃掉的将来。于是大小无数的人肉的筵宴，即从有文明以来一直排到现在，人们就在这会场中吃人，被吃，以凶人的愚妄的欢呼，将悲惨的弱者的呼号遮掩，更不消说女人和小儿。

这人肉的筵宴现在还排着，有许多人还想一直排下去。扫荡这些食人者，掀掉这筵席，毁坏这厨房，则是现在的青年的使命！

一九二五年四月二十九日

生　命

沈从文

我好像为什么事情很悲哀，我想起"生命"。

每个活人都像是有一个生命，生命是什么，居多人是不曾想起的，就是"生活"也不常想起。我说的是离开自己生活来检视自己生活这样事情，活人中就很少那么作，因为这么作不是一个哲人，便是一个傻子了。"哲人"不是生物中的人的本性，与生物本性那点兽性离得太远了，数目稀少正见出自然的巧妙与庄严。因为自然需要的是人不离动物，方能传种。虽有苦乐，多由生活小小得失而来，也可望从小小得失得到补偿与调整。一个人若尽向抽象追究，结果纵不至于违反自然，亦不可免疏忽自然，观念将痛苦自己，混乱社会。因为追究生命意义时，即不可免与一切习惯秩序冲突。在同样情形下，这个人脑与手能相互为用，或可成为一思想家、艺术家，脑与行为能相互为用，或可成为一革命者。若不能相互为用，引起分裂现象，末了这个人就变成疯子。其实哲人或疯子，在违反生物原则，否认自然秩序上，将脑子向抽象思索，意义完全相同。

我正在发疯。为抽象而发疯。我看到一些符号，一片形，一把线，一种无声的音乐，无文字的诗歌。我看到生命一种最完整的形式，这一切都在抽象中好好存在，在事实前反而消灭。

有什么人能用绿竹作弓矢，射入云空，永不落下？我之想象，犹如长箭，向云空射去，去即不返。长箭所注，在碧蓝而明静之广大虚空。

明智者若善用其明智，即可从此云空中，读示一小文，文中有微叹与沉默，色与香，爱和怨。无著者姓名。无年月。无故事。无……然而内容极柔美。虚空静寂，读者灵魂中如有音乐。虚空明蓝，读者灵魂上却光明净洁。

大门前石板路有一个斜坡，坡上有绿树成行，长干弱枝，翠叶积叠，如翠翚，如羽葆，如旗帜。常有山灵，秀腰白齿，往来其间。遇之者喑哑。爱能使人喑哑——一种语言歌呼之死亡。"爱与死为邻"。

然抽象的爱，亦可使人超生。爱国也需要生命，生命力充溢者方能爱国。至如阉寺性的人，实无所爱，对国家，貌作热诚，对事，马马虎虎，对人，毫无情感，对理想，异常吓怕。也娶妻生子，治学问教书，做官开会，然而精神状态上始终是个阉人。与阉人说此，当然无从了解。

夜梦极可怪。见一淡绿白合花，颈弱而花柔，花身略有斑点青渍，倚立门边微微动摇。在不可知地方好像有极熟习的声音在招呼：

"你看看好，应当有一粒星子在花中。仔细看看。"

于是伸手触之。花微抖，如有所怯。亦复微笑，如有所恃。因轻轻摇触那个花柄、花蒂、花瓣。近花处几片叶子全落了。

如闻叹息，低而分明。

……

雷雨刚过。醒来后闻远处有狗吠。吠声如豹。半迷糊中卧床上默想，觉得惆怅之至。因白合花在门边动摇，被触时微抖或微笑，事实上均不可能！

起身时因将经过记下，用半浮雕手法，如玉工处理一片玉石，琢刻割磨。完成时犹如一壁炉上小装饰。精美如瓷器，素朴如竹器。

一般人喜用教育身分，来测量这个人道德程度。尤其是有关乎性的道德。事实上这方面的事情，正复难言。有些人我们应当嘲笑的，社会却常常给以尊敬，如阉寺。有些人我们应当赞美的，社会却认为罪恶，如诚实。多数人所表现的观念，照例是与真理相反的。多数人都乐于在一种虚伪中保持安全或自足心境。因此我焚了那个稿件。我并不畏惧社会，我厌恶社会，厌恶伪君子，不想将这个完美诗篇，被伪君子与无性感的女子眼目所污渎。

白合花极静。在意象中尤静。

山谷中应当有白中微带浅蓝色的白合花，弱颈长蒂，无语如语，香清而淡，躯干秀拔。花粉作黄色，小叶如翠珰。

法郎士曾写一《红白合》故事，述爱欲在生命中所占地位，所有形式，以及其细微变化。我想写一《绿白合》，用形式表现意象。

时　　间

季羡林

一抬头，就看到书桌上座钟的秒针在一跳一跳地向前走动，它那里一跳，我的心就一跳。孔子说："逝者如斯夫，不舍昼夜！"这里指的是水。水永远不停地流逝，让孔夫子吃惊兴叹。我的心跳，跳的是时间。水是能看得见，摸得着的。时间却看不见，摸不着的，它的流逝你感觉不到，然而确实是在流逝。现在我眼前摆上了座钟，它的秒针一跳一跳，让我再清楚不过地看到了时间的流逝，焉能不心跳，焉能不兴叹呢？

远古的人大概是很幸福的。他们日出而作，日入而息，根据太阳的出没来规定自己的活动。即使能感到时间的流逝，也只在依稀隐约之间。后来，他们聪明了，根据太阳光和阴影的推移，把时间称作光阴。再后来，人们的聪明才智更提高了，用铜壶滴漏的办法来显示和测定时间的推移，这是用人工来抓住看不见摸不着的时间的尝试。到了近几百年，人类发明了钟表，把时间的存在与流逝清清楚楚地摆在每一个人的面前。这是人类文明进步的表现。但是，正如人们常说的那样："有一利必有一弊"，人类成了时间的奴隶，成了钟表的奴隶。现在各种各样的会极多，开会必须规定时间，几点几分，不能任意伸缩。如果参加重要的会而路上偏偏赶上堵车，任你怎样焦急，怎样频频看手表，都是白搭。这不是典型的时间的奴隶又是什么呢？然而，话又说了回来，在今天头绪纷纭杂乱有章的社会里，开会不定时间，还像古人那样"日出而作，日入而息"，悠哉悠哉，顺帝之则，今天的社会还能运转吗？不管你愿意不愿意，成为时间的奴隶就正是文明的表现。

　　不管你意识到还是没有意识到，大自然还是把虚无缥缈的时间用具体的东西暗示给了人们。比如用日出日落标志出一天，用月亮的圆缺标志出一月，用四季（在印度是六季或者两季）标志出一年。农民最关心这些问题，一年二十四个节气对他们种庄稼有重要意义。在自然科学家和哲学家眼中，时间具有另外的意义。他们说,大千世界,人类万物,都生长在时间和空间内,而时间是无头无尾的,空间是无边无际的。我既不是自然科学家,也不是哲学家,对无头无尾和无边无际实在难以理解。可是不这样又能怎样呢?如果时间有了头尾,头以前尾以后又是什么呢?因此,难以理解也只得理解,此外更没有其他途径。

生与死也属于时间范畴。一般人总是把生与死绝对对立起来。但是,中国古代的道家却主张"万物方生方死",把生与死辩证地联系在一起,而且准确无误地道出了生即是死的关系。随着座钟秒针的一跳,我自己就长了无法用言语表达出来的那么一点点儿。同时也就是向着死亡走近了那么一点点儿。不但我是这样,现在正是初夏,窗外的玉兰花,垂柳和深埋在清塘里的荷花,也都长了那么一点点儿。不久前还是冰封的湖水,现在是"风乍起,吹皱一池夏水",波光潋滟,水色接天。岸上的垂杨,从光秃秃的枝条上逐渐长出了小叶片,一转瞬间,出现了一片鹅黄;再一转瞬,就是一片嫩绿,现在则是接近浓绿了。小山上原来是一片枯草,"一夜东风送春暖,满山开遍二月兰"。今年是二月兰的大年,山上地下,只要有空隙,二月兰必然出现在那里,座钟的秒针再跳上多少万次,二月兰即将枯萎,也就是走向暂时的死亡了。所有这些东西,都是方生方死。这是自然的规律,不可逆转的。

印度人是聪明的,他们把时间和死亡视为一物。梵文 hāla,既是"时间",

又是"死亡或死神"。《罗摩衍那》的主人公罗摩,在活了极长的时间以后,hāla 走上门来,这表示他就要死亡了。罗摩泰然处之,既不"饮恨",也不"吞声"。他知道这是自然规律,人类是无能为力的。我们今天知道,不但人类是这样,世界上万事万物都有始有终,无一例外。"顺其自然"是最好的办法。我在这里顺便提一下,在梵文里,动词"死"的字根是 mn;但是此字不用 marati 来表示现在时,而是用被动式 mriyate(ti),这表示,印度人认为"死"是被动的,主动自杀者究属少数。

同印度人比较起来,中国人大概希望争取长生。越是有钱有势的人越希望活下去,在旧社会里生活在水深火热中的小百姓,决不会愿意长远活下去的。而富有天下的天子则热切希望长生。中国历史上几位有名的英主,莫不如此。秦始皇和汉武帝都寻求不死之药或者仙露什么的。连唐太宗都是服用了印度婆罗门的"仙药"而中毒身亡的。老百姓书呆子中也有寻求肉身升天的,而且连鸡犬都带了上去。我这个木头脑袋瓜真想也想不通。如果真有那么一个"天"的话,人数也不会太多。升到那里去干些什么呢?那里不会有官僚衙门,想走后门靠贿赂来谋求升官,没有这个可能。那里也不会有什么市场,什么 WTO,想发财也英雄无用武之地。想打麻将,唱卡拉 OK,唱几天,打几天,还是会有兴趣的,但让你一月月一年年永远打下去,你受得了吗?养鸡喂狗,永远喂下去，你也受不了。"不为无益之事，何以遣无涯之生！"无益之事天上没有。在天上呆长了，你一定会自杀的。苏东坡说"起舞弄清影，何似在人间！"是有见地之言。我们还是老老实实呆在人间吧。

要呆在人间，就必须受时间的制约。在时间面前，人人平等。如果想不通我在上面说的那一些并不深奥的道理，时间就变成了枷锁，让你处处感到不舒服。但是，如果真想通了，则戴着枷锁跳舞反而更能增加一些意想不到的兴趣。我自认是想通了。现在照样一抬头就看到书桌上座钟的秒针一跳一跳地向前走动了，但是我的心却不跳了。我觉得这是时间给我提醒儿，让我知道时间的价值。"一寸光阴不可轻"，朱子这一句诗对我这个年过九十的老头儿也是适用的。

每一天都去播种

毕淑敏

朋友，当我看你的信的时候，是一个阴雨绵绵的早上。我仿佛听到你在远处悠长的叹息。我认识很多这样的女人，青春已永远驶离她们的驿站，只把白帆悬挂在她们肩头。在辛劳了一辈子之后，突然发现整个世界已不再需要自己。她们堕入空前的大失落，甚至怀疑自己生存的意义。

女人，你究竟为谁生活？

当我们幼小的时候，我们是为父母而活着的。我们亲呢的呼唤，我们乖巧的举动，我们帮母亲刷锅洗碗，我们优异的成绩给父亲带来欣喜……女孩以为这就是生存的意义。

当我们青春的时候，我们是为工作和知识而活着。我们读书，我们学习，我们在自己的岗位上努力地工作着，我们得各式各样的奖状……女人以为这就是生存的意义。

当我们和人类的另一半结合在一个屋檐下的时候，我们以为太阳会在每一个早上升起，风暴会被幸福隔绝在遥远的天际。我们以丈夫的事业为自己的事业，无私地贡献出自己的一切。遵循美德，妻子以为这就是生存的意义。

当我们有了自己的孩子以后，我们视孩子胜过自己的生命。在母亲和孩子的冲突中，女人是永远的弱者。在干渴中，只要有一口水，母亲一定会把它喂给孩子。在风寒中，只要有一件衣，母亲一定会披在孩子的身上……母亲以为孩子就是自己生存的意义。

终于，丈夫先我们而去，孩子已展翅飞翔。岗位上已有了更年轻的脸庞，整个世界已把我们遗忘。

这个时候，不管你有没有勇气问自己，你都必须重新回答：为谁而生存？

丈夫孩子事业……这些沉甸甸的谷穗里，都有女人的汗水，但他们毕竟不是女人自身。女人是属于自己的，暮年的女人，象秋天的一株白杨，抖去纷繁的绿叶，露出树干上智慧的眼睛，独自探索生命的意义。

生命对于每个人，都是上苍只有一次的馈赠。女人要格外珍惜生存的机遇，因为她们的一生更多艰难。我们是为了自己而生活着，不是为其它的任何人。尽管我们曾经如此亲密，尽管我们说过不分离。但生命是单独的个体，无论怎样血肉交融，我们必须独自面临世界的风雨。

女人要学会播种，即使是在一个没有收获的季节。女人太习惯以谷穗衡量是否丰收，殊不知有时播种就是一切。开心的钥匙不是挂在山崖上，就在我们伸手可及的地方。

只要你感到是为自己而生活，世界也许就会在眼中变一个样子。写文章，为什么一定要发表？自己对自己倾诉，会使心灵平和。练书法，为什么一定要展览？凝神屏气地书写，就是与天地古今的交融。教学生，为什么一定要到学校？做善事，为什么一定要别人知晓？

他人的评判固然重要，但最重要的是我们对自己的评判，这是任何人也无法剥夺的权力。只要女人自己不嘲笑自己，只要女人不自认为自己不重要，谁又能让你低下高贵的头？

生命是朴素的，它让女人领略了风光之后，回归到原始的平静。在这种对生命本质的探讨中，女人更深刻地认识自身的价值。

在生命所有的季节播种，喜悦存在于劳动的过程中。

知识概述·论说文

  论说文，又称议论文、论辩文，指论证事理、阐明主张、发表见解的文章。在中国文章学中，论说文属于散文范畴，是古代散文中一个重要的门类。

  论说文是说理的文章，说理需要抽象思维。从人类思维发展的一般规律来说，是先有形象思维，然后才有抽象思维，形象思维发达得早，抽象思维发达得晚。因此论说文的产生晚于记叙文。我们在3000多年前的甲骨文辞和稍后的铭刻文字乃至我国第一部文章总集《尚书》中，可以读到具备时间、地点、人物、事件等基本要素的简单的记叙性文章，可是难以读到围绕观点进行系统论证的完整的论说性文章。即使是春秋战国时期产生的论说文著作《论语》、《老子》等，仍然是只言片语的表达方式。但是，必须看到，即使是甲骨文辞、铭刻文字以及《尚书》的记史记言文字，其中也有议论的要素和内容。《论语》、《老子》采用语录体表述作者的观点，《孟子》发展到对话体，增加了论辩的内容，有了论据和论证，由此标志着论说文体的产生并构成了我国论说文发展的第一个时期。以《论语》为代表的语录体与《孟子》的对话体，作为早期的论说文体式，自有其局限性，但其意蕴深厚的思想内容对后世产生了深远的影响。《论语》言简意赅、含蓄隽永、精警洒脱的语言，《孟子》气盛辞壮、明快畅达、雄辩犀利的风格，《老子》高度概括、寓理于形的表现手法与韵散结合的句式，为历代文章写作者所推崇，成为论说文乃至整个散文写作的典范。

  从战国晚期开始，论说文发展进入第二个时期——专题体时期。专题体是由作者按专题进行论述的，第一个时期已有萌芽，比如在《庄子》里便可以读到类似的篇章。但专题体至战国晚期才开始盛行，它通常以单篇的形式出现，或由作者标题，或由编者拟题。与语录体、对话体论说文相比较，专题体内容较完备，体式较恢宏，便于作者围绕一个特定的论题自由而充分地阐述见解，对提出的观点进行全面而系统的论证，这一体式成为后代论说文写作的基本形式。专题论文写作是从《墨子》开始过渡的，《尚贤》、《兼爱》、《非攻》、《明鬼》、《非乐》等篇，其标题已概括了文章的观点而不再是可有可无的任意文字。部分篇章已初具章法和论说文章规模。《荀子》已经是自成体系的专题论文，其篇章紧扣中心论点周密阐述，纲目昭然，条理明晰，结构严谨，体式宏伟，它标志着我国论说文的完善和成熟。《韩非子》以政论为主，其中有驳论有辩说，有长论有短论，丰富了论说文的体式。继先秦诸子之后，西汉贾谊的《过秦论》是专题体最早的典范之作。

由扬雄的《法言》开始,王充《论衡》继之,论说文的发展进入第三个时期——个人论著时期。个人论著是作者个人有计划、有条理的理论著作,自成体系。较之专题体,个人论著规模较大,论述全面、完整、深入,有利于写作者充分阐述个人见解,成一家之言。此后个人专著相继产生,如东汉仲长统的《昌言》,傅玄的《傅子》,还有《列子》、《抱朴子》等。到此,我国论说文体基本完成体式创立从而进入发展的时期。

我国论说文发展自战国进入秦代并没有继续战国的繁荣,"秦之文章,李斯一人而已"(鲁迅语)。李斯上书秦王的《谏逐客书》,虽然采用公文形式,就其内容而言则是不可多得的论说文章。两汉论文尤其是政论文空前发展,产生了贾谊、晁错、邹阳、枚乘、王充、王符、崔寔、仲长统等一大批著名的论说文大家。魏晋南北朝黑暗动荡的时代抑制了论说文的发展,此时期的论辩文失去了批评现实的锋芒,能引以为慰藉的是产生了《文心雕龙》这样伟大的文章理论巨著。唐宋开始了论说又一个发展繁荣的时期,产生了一大批名垂后世的论说文名家名作,如唐代魏征的政论,朱敬则、潘好礼、权德舆的史论,韩愈的《师说》、《原毁》,皮日休的《原谤》,宋代欧阳修的史论,王安石的政论,苏洵的策论,苏轼的史论与策论,李纲《论国是》,辛弃疾的《美芹十论》,叶适的《中兴论》,等等。元代实行民族压迫政策和文化专制统治,论说文又走上衰亡之路。论说文在明代有所复苏,产生了李挚的《童心说》等。明清产生了黄宗羲、顾炎武、王夫之等著名学者和思想家,产生了《原君》这样彪炳千秋的论说文力作。进入近代以后,论说文得以发展,魏源、梁启超等写出了具有新的思想气息和新的文体气息的论说文章。进入新民主主义革命时期以后,论说文作为斗争的武器抨击旧世界,出现了前所未有的新气象。

当我们回顾论说文产生、发展所走过的历程,深刻地感受到论说文体虽然几经兴衰,但整体上是从简单走向成熟,论述范围逐步扩大,论证手法愈来愈丰富,体式也变得多样化。从体式上分析,我国古代论说文可以分为论体文、辩体文、议体文、说体文、解体文、原体文,等等。论体文又称立论文,是从正面阐述事理,表明观点的论说文,《庄子》中的《逍遥游》、《齐物论》,《荀子》中的《劝学》、《天论》,《韩非子》中的《五蠹》、《说难》等,都是著名的、成熟的论体文。论体文按其论述的内容分,还可以划分为理论文、政论文、史论文、文论文等。理论文即学术论文,如荀子的《天论》,南朝梁范缜的《神灭论》。政论文是针对社会现实政治问题发表见解的论说文,如东汉崔寔的《政论》,仲长统的《昌言》,宋代欧阳修的《朋党论》,陈亮的《中兴论》。史论文是指评论历史事件和人物的文章。它通常是总结历史经验教训以为现实的借鉴。汉代贾谊的《过秦论》是最早最成熟的杰作,宋代苏洵的《六国论》也是不可多得的名作。文论文是阐述文章、文学原理的论说文,魏曹丕的《典论·论文》、梁朝刘勰的《文心雕龙》,清代刘大櫆的《论文偶记》、王国维的《人间词话》等是典范之作。辩体文即驳论文,是驳斥对方论点、明辨是非从而确立自己的观点的论说文，《孟子》是早期的辩体文，唐代韩愈的《讳辩》是典范之作。此外还有柳宗元的《辨列子》、《辩文子》，杜牧的《三子言性辩》，宋代石介的《辨惑》等。议体文是议论得失，陈述意见的论说文，如汉代萧望之的《驳入粟赎罪议》，韦玄成的《罢郡国庙议》，贾让的《治河议》，唐代韩愈的《复仇议》等。说体文是阐释事物、事理的论说文，如魏晋时代王充的《说日》，曹植的《藉田说》，唐代韩愈的《师说》，柳宗元的《天说》，明代李贽的《童心说》，清代阮元的《文言说》等。解体文是指析文解义、正名辩理的论说文，如汉代孔安国的《论语训解》，晋杜预的《春秋经传集解》，唐代韩愈的《获麟解》，清代方苞的《释言》，魏源的《释江源》等。原体文是以溯本求源方式论证事物的论说文。最早最成熟的原体文是韩愈的《原道》、《原性》、《原毁》、《原人》、《原鬼》，其后有皮日休的《十原》，欧阳修的《原弊》，王安石的《原过》，曾国藩的《原才》，而原体文的扛鼎之作当推黄宗羲的《原君》。

　　论说文是对某一事物进行阐说，提出自己的见解或主张并说明理由的文章，其目的是说服读者，使读者认可和接受自己的观点。论体文是正面阐述自己的观点。辩体文是驳斥对方的观点，是从反面证明自己的观点。议体文是议议得失，可以正面立论，也可以驳斥他人观点，最终是为了证明自己的观点。说体文对事物进行阐释，原体文探究事物的本源，最终也是为了证明自己的观点。由此可见，说服性是论说文的基本特征与本质属性。

　　论说文要说服人，首先要做到所持观点的明确性与正确性。明确性是对观点表述的要求，正确性是对观点本身的要求。其次要做到用以证明观点的论据真实、充分、有力。虚构的事实论据与缺乏科学性的理论论据不能证明其观点，片面的一般化的而非全面的、典型的论据不足以证明其观点。再次是采用科学的方法用论据来证明其观点，有一个严密的推理过程，确保论据与论点之间联系的必然性。正确的观点、有力的论据与严密的论证便构成论说文不可或缺的基本要素，也成为评判论说文的基本观测点。但是，当我们阅读欣赏古代论说文的时候，我们必须用历史的眼光去评判其看法与观点。我们既要看到其观点正确可取的一面，又要注意到它可能带有的历史的局限性。我们应当用历史的眼光去评价文章运用的论据，也许有的论据，在今天看来缺乏可信性。我们也应当用历史的眼光去评价其论证方法，在早期的论说文中，作者更多地采用比喻论证法，运用寓言故事来论证，缺少严密的逻辑推理，有的甚至只有结论而缺乏论证的过程。但是这都是一种历史的存在。当我们设身处地地想想，就会惊诧它在当时所达到的高度。论说文同样是语言的艺术，其雄辩的说服力，来自不可移易的观点、真实有力的论据和严密周详的论证，也来自语言的力量。《论语》言简意赅、含蓄隽永的语言，《孟子》至精至密的论辩艺术，《庄子》汪洋恣肆、绘声绘色的语言技巧，韩愈气盛言宜的文章风格，苏轼行云流水的文字，正是百读不厌的缘由所在。

第二章 记叙文

郑伯克段于鄢

《左传》

初〔当初〕，郑武公娶于申，曰武姜，生庄公及共叔段。庄公寤〔通"牾"，逆〕生，惊姜氏，故名曰寤生，遂恶之。爱共叔段，欲立之。亟〔音qì，屡次〕请于武公，公弗许。

及庄公即位，为之请制〔地名〕。公曰："制，岩〔险要〕邑也。虢叔死焉，佗〔同"他"〕邑唯命。"请京，使居之，谓之京城大〔同"太"〕叔。祭仲曰："都城〔城墙〕过百雉〔古代计算城墙面积的单位〕，国〔国家〕之害也。先王之制，大都不过参〔同"三"〕国〔国都〕之一；中五之一；小九之一。今京不度〔法度〕，非制也，君将不堪。"公曰："姜氏欲之，焉辟〔通"避"〕害？"对曰："姜氏何厌〔同"餍"，满足〕之有？不如早为之所〔处所〕，无使滋蔓。蔓，难图〔对付〕也。蔓草犹不可除，况君之宠弟乎？"公曰："多行不义必自毙〔倒下，摔跟头〕，子〔男子尊称〕姑待之。"

既而〔不久〕大叔命西鄙〔边邑〕、北鄙贰〔两属〕于己。公子吕曰："国不堪贰，君将若之何？欲与大叔，臣请事〔侍奉〕之；若弗与，则请除之。无〔通"毋"〕生民心〔使人民产生二心〕。"公曰："无庸〔同"用"〕，将自及〔赶上〔灾祸〕〕。"大叔又收贰为己邑，至于廪延〔邑名〕。子封曰："可矣，厚〔土地扩大〕将得众〔百姓〕。"公曰："不义不暱〔同"昵"，亲近〕，厚将崩。"

大叔完〔指修城〕聚〔指聚集百姓〕，缮〔整修〕甲兵，具〔准备〕卒乘〔兵车〕，将袭郑，夫人〔指武姜〕将启〔开城门〕之。公闻其期，曰："可矣！"命子封帅〔率领〕车二百乘〔古代军队组织单位〕以伐京。京叛大叔段。段入于鄢〔地名〕。公伐诸〔"之于"的合音〕鄢。五月辛丑，大叔出奔共〔国名〕。

遂寘〔安置〕姜氏于城颍，而誓之〔指姜氏〕曰："不及黄泉，无相见也。"既而悔之。颍考叔为颍谷封人〔管理疆界的官〕，闻之，有献于公。公赐之食。食舍肉。公问之。对曰："小人有母，皆尝小人之食矣，未尝君之羹〔带汁的肉〕，请以遗〔音wèi，赠送〕之。"公曰："尔有母遗，繄〔音yī，语气助词〕我独无！"颍考叔曰："敢〔表敬副词〕问何谓也？"公语〔告诉〕之故，且告之悔。对曰："君何患焉？若阙〔通"掘"〕地及泉，隧〔挖地道〕而相见，其谁曰不然？"公从之。公入而赋："大隧之中，其乐也融融！"姜出而赋："大隧之外，其乐也洩洩〔音yì，闲适自在的样子〕！"遂为母子如初。

君子曰：颍考叔，纯孝也。爱其母，施〔延续〕及庄公。《诗》曰："孝子不匮〔竭尽〕，永锡〔通"赐"〕尔类。"其是之谓乎！

【作品简介】

《左传》是我国第一部系统而详细的编年体历史著作，也是先秦时期重要的史传文学作品。相传为春秋晚期鲁国史官左丘明编撰，原名《左氏春秋》，西汉后改称《春秋左氏传》，简称《左传》。记事始于鲁隐公元年（公元前 722 年），终于鲁哀公二十七年（公元前 468 年），保存了大量古代史料。重细节描写和人物刻画，讲究情节结构布局，记事简明，文字优美。

【阅读欣赏提示】

本文选自《左传·隐公元年》。

文章记叙了春秋初期郑国王室内部的一场斗争，即郑庄公击败他的弟弟共叔段的反叛以及处置曾唆使共叔段作乱的母亲。通过这场兄弟、母子之间尔虞我诈、你死我活的斗争，刻画了共叔段的贪婪愚蠢和郑庄公的伪善伪孝与阴险狡诈。

文章善于选取重大事件和细节记叙历史事件，刻画人物形象。在记叙中，略写事件经过，详写事件发生前后及整个过程中各色人物的活动，将人物置于尖锐复杂的矛盾冲突之中，通过人物的言行来表现性格，揭示其内心世界。另外，注重细节描写和对比手法的运用，也是这篇文章的一个重要特色。这些表达技巧的创造性运用使《左传》首次实现了历史与文学的完美结合，开创了记叙性文章的优良传统。

【思考与练习】

1. 请分析庄公、姜氏、共叔段、颍考叔各自的性格特征。
2. 举例说明本文的细节描写对刻画人物性格的作用。
3. 找出文中的倒序句，并解释其意义。
4. 说明下列词语古今词义的不同。
   厌　毙　封　羹

子产不毁乡校

《左传》

郑人游于乡校，以论执政〔主持政事的人〕。然明〔郑国大夫䵺（音 zōng）蔑，然明是他的字〕谓子产曰："毁乡校，何如？"子产曰："何为〔干什么〕？夫人朝夕退而游焉，以议执政之善否〔好与不好〕。其所善者，吾则行之；其所恶者，吾则改之。是吾师也，若之何毁之？我闻忠善〔忠诚为善〕以损〔减少〕怨，不闻作威以防〔堵住〕怨。岂不遽〔迅速〕止？然犹防川：大决〔堤防溃决〕所犯，伤人必多，吾不克〔能够〕救也。不如小决使道〔同"导"，疏通〕，不如吾闻而药之〔以之为药〕也。"

然明曰："蔑〔自称其名，以示谦恭〕也，今而后知吾子之信〔确实〕可事也。小人实不才。若果行此，其郑国实赖〔倚靠〕之，岂唯二三臣？"

仲尼闻是〔这〕语也，曰："以是观之，人谓子产不仁，吾不信也。"

【阅读欣赏提示】

本文选自《左传·襄公三十一年》。

乡校是古时乡间的公共场所，乡人们常聚集在一起议论和抨击时政。对此然明和子产持两种截然不同的观点和态度。然明提出要毁乡校。子产则主张开通言路，以之为师，表现出了一个政治家的远见卓识和开明态度。文章短小精悍，重点突出。记叙线索分明，逻辑严密。比喻贴切，语言深刻警策。

【思考与练习】

1. 你是怎样理解"我闻忠善以损怨，不闻作威以防怨"这句话的含义的？
2. 将本文翻译成现代汉语。

召公谏厉王弭谤

《国语》

厉王虐〔暴虐〕，国人谤〔议论〕王。召公〔厉王的卿士〕告曰："民不堪命〔政令〕矣！"王怒，得卫巫〔巫师〕，使监谤者。以告，则杀之。国人莫敢言，道路以目〔以眼神示意〕。

　　王喜，告召公曰："吾能弭〔消除〕谤矣！乃不敢言。"召公曰："是障〔阻止〕之也。防民之口，甚于防川。川壅〔阻塞〕而溃，伤人必多，民亦如之。是故为〔治理〕川者，决之使导；为民者，宣〔开导〕之使言。故天子听政〔处理政务〕，使公卿至于列士献诗，瞽〔盲人乐师〕献曲，史献书〔文献典籍〕，师箴〔箴言〕，瞍〔音sǒu，没眸子的盲人〕赋〔朗读〕，矇〔有眸子而看不见东西的盲人〕诵〔诵读〕，百工〔百官〕谏，庶人〔老百姓〕传语，近臣尽规〔进谏〕，亲戚〔与国王同宗的大臣〕补察。瞽、史教诲，耆、艾〔年高有德的老臣〕修〔劝诫〕之，而后王斟酌焉。是以事行而不悖〔违背〕。民之有口，犹土之有山川也，财用〔用度〕于是乎出；犹其有原〔高而平的土地〕隰〔洼地〕衍〔低而平的土地〕沃〔有水灌溉的土地〕也，衣食于是乎生。口之宣言也，善败于是乎兴〔体现〕；行〔推行〕善而备〔防范〕败，所以阜〔增多〕财用衣食者也。夫民虑之于心，而宣之于口，成〔考虑成熟〕而行之，胡可壅也？若壅其口，其与〔亲附，赞助〕能几何？"

　　王弗听。于是国人莫敢出言。三年，乃流〔放逐〕王于彘。

【作品简介】

　　《国语》是我国第一部古代国别史，共21卷。相传为春秋末年鲁国史官左丘明所撰。后世学者则多认为是战国时期的人依据春秋各国史官记录的原始材料整理编辑而成。全书记事上起周穆王（公元前967年），下至鲁悼公（公元前453年），分别记载了周、鲁、齐、晋、郑、楚、吴、越八国故事。《国语》以记言为主，往往以人物言论和人物之间的对话反映客观事实，揭示复杂矛盾，彰显人物性格，笔调朴素而简括，具有一定的文学价值。

【阅读欣赏提示】

本文选自《国语·周语上》。

文章记述的是发生在春秋时期的一个重大历史事件：周厉王施行暴政，以刑杀为威，激起国人的不满和指责。召公劝谏周厉王"宣之使言"，不要壅民之口。而周厉王"弗听"，继续用高压政策强禁舆论，结果国人奋起反抗，把周厉王流放到彘地。文章仅用260多字就把这一重大历史事件的来龙去脉、前因后果叙述得清楚明了，文辞洗练，笔调明快。作者不满足于事件过程的一般叙述，而是通过厉王弭谤这一反面事例，深刻揭示"防民之口，甚于防川"、壅民之口必致灭亡的真理。正是基于这样的立意，文章把重点放在召公的谏词上。近200字的谏词形象贴切，论据充足，深刻精警，是全文的精华之笔，充分体现了《国语》用记言来评述人物与事件的特色。

【思考与练习】

1. 召公的谏词运用了哪些比喻，这些比喻对于表达主旨各起到了什么作用？
2. 周厉王拒谏的历史教训可以给我们哪些启示？

叔向贺贫

《国语》

叔向〔晋国大夫〕见韩宣子〔晋国的卿，即韩起〕，宣子忧贫，叔向贺之。宣子曰："吾有卿之名，而无其实〔财富〕；无以从二三子〔指同朝卿大夫〕，吾是以忧。子贺我，何故？"

对曰："昔栾武子〔晋国上卿〕无一卒之田〔百顷田地〕，其宫〔住宅〕不备其宗器〔宗庙祭器〕，宣〔发扬〕其德行，顺其宪则〔法度〕，使越〔传播〕于诸侯。诸侯亲之，戎狄怀〔归向〕之，以正晋国。行刑不疚〔通"疚"，弊病〕，以免于难。及桓子〔栾武子的儿子〕，骄泰〔过分〕奢侈，贪欲无艺〔限度〕，略则〔违法〕行志〔任意妄为〕，假贷居贿〔囤积财物〕，宜〔该当〕及于难；而赖武之德，以没其身。及怀子，改桓之行，而修武之德，可以免于难；而离〔通"罹"，遭受〕桓之罪，以亡于楚。夫郤昭子〔晋国的卿〕，其富半公室，其家半三军，恃其富宠，以泰于国。其身尸于朝，其宗灭于绛〔晋国故都〕。不然，夫八郤五大夫、三卿，其宠大矣；一朝而灭，莫之哀也，惟无德也！

今吾子有栾武子之贫，吾以为能其德矣，是以贺。若不忧德之不建，而患货之不足，将吊〔吊丧〕不暇，何贺之有？"

宣子拜，稽首焉，曰："起〔自称其名〕也将亡，赖子存之。非起也敢专承之，其自桓叔〔韩氏的祖宗〕以下，嘉〔嘉许，感激〕吾子之赐。"

【阅读欣赏提示】

本文选自《国语·晋语八》。

文章记叙的故事很简单，却表达了修身立德的大道理。身居高位安贫乐道，能消灾免难，功成德显，故可喜可贺；而为富不仁、贪欲无度则祸国殃民、灭宗亡身，"莫之哀也"。文章突出记写人物对话，首先以"一忧一贺"巧妙设问置疑，再引出叔向对"贺贫"的解释。通过正反论列、前后对照，把"君子忧道不忧贫、立德胜于聚财的观点阐述得十分清楚明白，促人警醒。全文语言异常精炼，情节生动完整，人物性格跃然纸上。

【思考与练习】

1. 解释下列语句中带点的词：
（1）宣子忧贫。
（2）宣其德行，顺其宪则。
（3）恃其富宠，以泰于国。

（4）赖武之德，以没其身。
2．把下列句子翻译成现代汉语：
（1）今吾子有栾武子之贫，吾以为能其德矣，是以贺。
（2）一朝而灭，莫之哀也。
（3）若不忧德之不建，而患货之不足，将吊不暇，何贺之有？
（4）非起也敢专承之，其自桓叔以下，嘉吾子之赐。

苏秦以连横说秦

《战国策》

苏秦始将连横说〔音shuì，游说〕秦惠王，曰："大王之国，西有巴蜀汉中之利，北有胡貉代马之用，南有巫山黔中之限〔屏障〕，东有肴〔同"殽"，山名〕函〔函谷关〕之固。田肥美，民殷〔富足〕富，战车万乘，奋击〔奋勇作战的士兵〕百万，沃野千里，蓄积饶多，地势形便，此所谓天府〔自然界的宝库〕，天下之雄国也。以大王之贤，士民之众，车骑之用，兵法之教，可以并诸侯，吞天下，称帝而治。愿大王少〔稍微〕留意，臣请奏〔陈述〕其效〔功效〕。"

秦王曰："寡人闻之：毛羽不丰满者，不可以高飞；文章〔指法令〕不成者，不可以诛罚；道德不厚者，不可以使民；政教〔政令教化〕不顺者，不可以烦〔烦劳〕大臣。今先生俨然不远千里而庭〔在厅堂〕教之，愿以异日〔其他时间〕。"

苏秦曰："臣固疑大王之不能用也。昔者神农伐补遂〔古国名〕，黄帝伐涿鹿〔古地名〕而禽〔通"擒"〕蚩尤〔传说中九黎族首领〕，尧伐驩兜〔音huān dōu，尧的大臣〕，舜伐三苗〔古部落名〕，禹伐共工〔尧的大臣，与驩兜、三苗、鲧并称四凶〕，汤伐有夏〔指夏桀〕，文王伐崇〔古国名〕，武王伐纣〔商纣王〕，齐桓任〔用〕战而伯〔称霸〕天下。由此观之，恶〔哪里〕有不战者乎？古者使车毂击驰〔碰击而争驰〕，言语相结，天下为一。约从〔同"纵"〕连横，兵革不藏。文士并饬〔同"饰"，巧为游说〕，诸侯乱惑，万端俱起，不可胜理。科条〔法律条文〕既备，民多伪态。书策〔文书策令〕稠浊〔又多又乱〕，百姓不足。上下〔君臣〕相愁，民无所聊〔依靠〕。明言章〔同"彰"，明显〕理，兵甲愈起。辩言伟〔奇异〕服，战攻不息。繁称文辞，天下不治。舌弊耳聋，不见成功。行义〔仁义〕约信〔诚信〕，天下不亲。于是乃废文任〔使用〕武，厚养死〔敢死〕士，缀甲厉〔同"砺"，磨〕兵，效胜〔效力，争胜〕于战场。夫徒处而致利，安坐而广地，虽古五帝三王五伯，明主贤君，常欲坐而致之〔指收到利益和土地〕，其势不能，故以战续之。宽〔指两军相距地带较宽〕则两军相攻，迫〔指两军相迫近〕则杖戟相橦〔冲刺〕，然后可建大功。是故兵胜于外，义强于内，威立于上，民服于下。今欲并天下，凌〔超越〕万乘，诎〔通"屈"，使……屈服〕敌国，制〔控制〕海内，子〔以……为子〕元元〔百姓〕，臣〔使……臣服〕诸侯，非兵〔武力〕不可。今之嗣主，忽〔忽略，疏忽〕于至道〔最好的治国之道〕，皆惛〔不明〕于教，乱于治，迷于言，惑于语，沈〔同"沉"〕于辩，溺于辞。以此论之，王固不能行也。"

说秦王书十上而说〔主张〕不行，黑貂之裘敝，黄金百斤尽，资用乏绝，去〔离开〕秦而归。赢〔通"缧"，缠绕〕縢〔音 téng，绑腿布〕履蹻〔音 jué，草鞋〕，负书担橐〔音tuó，行囊〕，形容枯槁，面目犁〔通"黧"，黑黄色〕黑，状有归〔应作"愧"〕色。归至家，妻不下紝〔织机〕，嫂不为炊〔做饭〕，父母不与言。苏秦喟叹曰："妻不以我为夫，嫂不以我为叔，父母不以我为子，是皆秦之罪也。"乃夜发〔打开〕书，陈〔摆开〕箧〔书箱〕数十，得太公阴符〔兵书〕之谋，伏而诵之，简〔选择要义〕练〔练习〕以为揣摩〔钻研，探索〕。读书欲睡，引锥自刺其股〔大腿〕，血流至足，曰："安有说人主不能出其金玉锦绣，取卿相之尊者乎？"期年〔同期年，满一年〕，揣摩成，曰："此真可以说当世之君矣。"于是乃摩〔切近而过〕燕乌集〔关塞名〕阙〔门楼〕，见说〔见而说之〕赵王于华屋〔宫殿〕之下，抵掌〔击掌〕而谈。赵王大悦，封为武安君，受相印。革车〔兵车〕百乘，锦绣千纯〔匹〕，白璧百双，黄金万溢〔通"镒"，量词〕，以随其后。约从散横〔拆散别的国家和秦国的联系〕，以抑强秦。故苏秦相于赵，而关〔指函谷关〕不通。

当此之时，天下之大，万民之众，王侯之威，谋臣之权，皆欲决〔取决〕于苏秦之策。不费斗粮，未烦一兵，未战一士，未绝一弦，未折一矢，诸侯相亲，贤〔犹胜〕于兄弟。夫贤人任而天下服，一人用而天下从。故曰："式〔用〕于政，不式于勇；式于廊庙〔朝廷〕之内，不式于四境之外。"当秦〔苏秦〕之隆〔显赫〕，黄金万溢为用，转毂连骑，炫煌〔仪仗光耀〕于道，山东之国，从风而服，使赵大重。

且夫苏秦，特〔不过〕穷巷掘门桑户棬〔音quān〕枢〔门轴〕之士耳，伏轼〔指乘车〕搏衔〔指骑马〕，横历天下，廷说诸侯之王，杜〔塞住〕左右之口，天下莫之能伉〔通"抗"，相比〕。

将说楚王，路过洛阳，父母闻之，清宫〔房屋〕除〔打扫〕道，张〔设置〕乐设饮，郊迎三十里。妻侧目而视，倾耳而听。嫂虵〔同"蛇"〕行匍伏，四拜自跪而谢。苏秦曰："嫂！何前倨〔傲慢〕而后卑也？"嫂曰："以季子〔苏秦的字〕位尊而多金。"苏秦曰："嗟乎！贫穷则父母不子〔当作儿子〕，富贵则亲戚畏惧。人生世上，势位富厚，盖〔通"盍"，何〕可忽乎哉？"

【作品简介】

《战国策》是一部战国时期分国记事的资料汇编，属国别体杂史。传为战国时期各国史官或策士所辑，后经刘向整理，去掉其重复部分，得33篇，按国别分为东周、西周、秦、齐、楚、赵、魏、韩、燕、宋、卫、中山12国策，定名为《战国策》，又名《国策》、《国事》等。记事起于周贞定王十四年（公元前455年），终于秦始皇三十一年（公元前216年）。书中主要记载当时谋臣策士的言论和行动，虽有部分夸大虚构之处，但其保存下来的许多珍贵史料，是研究战国历史的重要文献。

《战国策》不仅具有较高的史料价值，而且具有较高的文学价值。其文笔恣肆激越，语言犀利流畅，论事透辟周详，善用寓言故事和比喻来说明抽象的道理，描绘人物生动传神，对后世史传文和政论文的发展有很大影响。

【阅读欣赏提示】

本文选自《战国策·秦策》。

文章生动而详明地记载了苏秦游说诸侯的曲折经历。他最初主张"连横"，想帮助秦国打击六国，未被秦惠王接受，他就转而主张"合纵"，造成六国联合、共同抗秦的局面。由于苏秦勤奋攻读，勇于实践，悉心体察天下大势，使自己在烽烟四起、群雄逐鹿的战国时期发挥了重要作用。同时他那种追求名利的心理和当时世态的炎凉，在文章中也表现得淋漓尽致。本文人物形象的刻画是十分成功的。苏秦为求事业成功引锥刺股发奋读书，苏秦家人"前倨后恭"等,形象刻画栩栩如生,使人如临其境,如见其人。尤其是成功运用对比手法,造成了强烈的讽刺效果。此外,文中写苏秦的说辞,铺陈夸饰,气势充盈,可视为汉赋铺张扬厉文风的滥觞。

【思考与练习】

1. 用自己的语言叙述苏秦游说诸侯、成就事业的故事。
2. 试分析作者是如何刻画苏秦形象、突出其性格特征的?
3. 找出文章中的活用词语,并解释它们所表示的意义。

齐宣王见颜斶

《战国策》

齐宣王见颜斶〔齐国隐士〕,曰:"斶前!"斶亦曰:"王前!"宣王不说〔同"悦",高兴〕。左右曰:"王,人君也;斶,人臣也;王曰'斶前',斶亦曰'王前',可乎?"斶对曰:"夫斶前为慕势〔权势〕,王前为趋〔接近〕士。与使斶为慕势,不如使王为趋士。"王忿然作色曰:"王者贵乎,士贵乎?"对曰:"士贵耳,王者不贵!"王曰:"有说乎?"斶曰:"有。昔者秦攻齐,令曰:'有敢去柳下季垄〔坟墓〕五十步而樵采者,死不赦!'令曰:'有能得齐王头者,封万户侯,赐金千镒!'由是观之,生王之头,曾不若死士之垄也。"

宣王曰:"嗟乎,君子焉可侮哉!寡人自取病〔羞辱〕耳。愿请受为弟子。且颜先生与寡人游,食必太牢〔牛、羊、猪三牲〕,出必乘车,妻子衣服丽都〔华美〕。"颜斶辞去,曰:"夫玉生于山,制则破焉,非弗宝贵矣,然太璞〔蕴藏玉的整块石料〕不完。士生乎鄙野〔穷乡僻壤〕,推选则禄焉,非不尊遂也,然而形神不全。斶愿得归,晚食〔吃饭〕以当肉,安步以当车,无罪以当贵,清净贞正以自虞〔通"娱",快乐〕。"则再拜而辞去。

君子曰:"斶知足矣,归真反璞,则终身不辱。"

【阅读欣赏提示】

本文选自《战国策·齐策》。

文章通过记叙齐宣王见颜斶的一个场面、一席对话,表现了颜斶不畏权势、不慕富贵、洁身自爱、卓然特立的品德和性格。此文在写法上很有特点。文章前一部分写颜斶抗命拒前,引起齐王震怒;颜斶用一番言语说明自己行为的合理性。后一部分写颜斶不为利禄所动,清净贞正、甘于淡泊。起笔突兀,收得超脱,人物性格鲜明可感。

【思考与练习】

1. 从颜斶对齐宣王的态度和言语中分析颜斶的性格特征。
2. 用现代汉语叙述这个故事。
3. 具体分析颜斶所说"夫斶前为慕势,王前为趋士。与使斶为慕势,不如使王为趋士"这段话的深刻含义与作用。

晏子使楚

晏婴

其一

晏子使〔出使〕楚。楚人以晏子短〔身材矮小〕,为小门于大门之侧而延〔请〕晏子。晏子不入,曰:"使狗国者,从狗门入。今臣使楚,不当从此门入。"傧者〔接待宾客的人〕更道,从大门入。

见楚王。王曰:"齐无人耶,使子为使?"晏子对曰:"齐之临淄三百闾,张袂〔衣袖〕成阴,挥汗成雨,比肩继踵而在,何为无人?"王曰:"然则何为使子？"晏子对曰："齐命使，各有所主。其贤者使使贤主，不肖〔不贤〕者使使不肖主。婴最不肖，故宜使楚矣！"

其二

晏子将使楚。楚王闻之，谓左右曰："晏婴，齐之习辞〔善于言辞〕者也，今方〔将〕来，吾欲辱之，何以〔用什么办法〕也？"左右对曰："为其来也，臣请缚一人，过王而行。王曰：'何为者也？'对曰：'齐人也。'王曰：'何坐〔犯罪〕？'曰：'坐盗。'"

晏子至，楚王赐晏子酒。酒酣，吏二缚一人诣〔到〕王。王曰："缚者曷〔什么〕为者也？"对曰："齐人也，坐盗。"王视晏子曰："齐人固〔本来〕善盗乎？"晏子避〔离开〕席对曰："婴闻之，橘生淮南则为橘，生于淮北则为枳，叶徒〔只是〕相似，其实〔果实〕味不同。所以然〔这样〕者何？水土异也。今民生长于齐不盗，入楚则盗，得无〔莫非〕楚之水土使民善盗耶？"王笑曰："圣人非所与熙〔同"嬉"，取笑〕也，寡人反取病〔自讨没趣〕焉。"

【作者简介】

晏婴（？—公元前500年），字平仲，世称晏子。夷维（今山东高密）人，春秋时齐国大夫。是春秋后期一位重要的政治家、思想家、外交家。传世有《晏子春秋》一书，应当是战国时人搜集他的言行编辑而成。

【阅读欣赏提示】

本文选自《晏子春秋·内篇·杂下》。

晏子是齐国的大使，身材矮小，其貌不扬，为楚人所耻笑。但面对楚王的刁难和侮辱，他用自己的聪明才智从容应对，巧与周旋，使楚王无言以对，"反取病焉"，从而不辱使命，维护了国家的尊严。文章是通过言语的交锋来展开情节、刻画人物的。晏子的言辞不长，却借题发挥，针锋相对，句句设伏，步步紧逼，不愠不火，柔中有刚，充满大智大勇，充分表现了他卓越的政治才能、过人的胆识以及出众的辩才。

【思考与练习】

1. 从这两则故事中我们可以得到什么样的启示？
2. 文章是如何运用对话展开情节、刻画人物的？
3. 解释下列句子中带点的词：
(1) 比肩继踵而在。
(2) 王曰："何坐？"
(3) 晏子避席对曰……
(4) 得无楚之水土使民善盗耶？
(5) 其实味不同。
4. 翻译下列句子：
(1) 齐之临淄三百闾，张袂成阴，挥汗成雨，比肩继踵而在，何为无人？
(2) 齐命使，各有所主，其贤者使使贤主，不肖者使使不肖主。
(3) 所以然者何？水土异也。
(4) 圣人非所与熙也，寡人反取病焉。

踊贵屦贱

晏婴

景公欲更晏子之宅，曰："子之宅近市〔市场〕。湫〔低湿〕隘〔不宽敞〕嚣尘，不可以居，请更诸爽〔明亮〕垲〔高而干燥〕者。"晏子辞曰："君子先臣容〔居住〕焉，臣不足以嗣〔继承〕之，於臣侈矣。且小人近市，朝夕得所求，小人之利也。敢烦里旅〔众〕？"公笑曰："子近市，识贵贱乎？"对曰："既窃〔私下认为〕利之，敢不识乎？"公曰："何贵何贱？"是时也，公繁于刑，有鬻〔出售〕踊〔假脚〕者，故对曰："踊贵而屦贱。"公愀然改容〔面色〕。公为是省于刑。

君子曰：仁人之言，其利博〔大〕哉！晏子一言，而齐侯省刑。《诗》曰："君子如祉〔福〕，乱庶〔庶几〕遄〔快〕已〔停止，结束〕。"其是之谓乎！

【阅读欣赏提示】

本文选自《晏子春秋·内篇·杂下》。

晏子不光只具有外交才干，在处理国家内政上，亦见其杰出的才干与胆识。他明确提出"德莫高于爱民"，敢于"犯颜直谏，正国君之谬"。他的治国方略之一就是主张省刑宽禁。当时齐景公草菅人命，滥用刖刑，造成市场上鞋子便宜，假脚却很贵。为了改变这种惨酷的社会现实，晏子借景公提出为他迁府之机，机智地向景公进谏。晏子的言辞睿智机巧，藏锋不露。他以自己的住宅近市，能得"小人之利"，而引出景公"识贵贱乎"的问话，由此而正面切入，直接挑明"踊贵而屦贱"的事实。让这种极不合理的现象充分显示其极端荒谬性和残暴性，使景公"愀然改容"，从而成功地达到了讽谏省刑的目的。

【思考与练习】

1. 联系课文分析晏子劝谏的成功之处在哪里？
2. 请你举出一则机智地进行劝诫，而又不致令对方难堪的事例。
3. 为课文中的下列词语作注：
   嚣尘　里旅　屦　愀然

管晏列传

司马迁

管仲夷吾者，颍上人也。少时常与鲍叔牙游〔交游〕，鲍叔知其贤。管仲贫困，常欺鲍叔，鲍叔终善遇之，不以为言。已而鲍叔事公子小白，管仲事公子纠。及小白立为桓公，公子纠死，管仲囚焉。鲍叔遂进〔保举〕管仲。管仲既用，任政于齐，齐桓公以霸〔称霸〕。九合〔会盟〕诸侯，一匡〔纠正〕天下，管仲之谋也。

管仲曰:"吾始困时,尝〔曾经〕与鲍叔贾,分财利多自与,鲍叔不以我为贪,知我贫也。吾尝为鲍叔谋事而更穷困,鲍叔不以我为愚,知时有利不利也。吾尝三仕三见逐于君,鲍叔不以我为不肖,知我不遭时也。吾尝三战三走〔逃跑〕,鲍叔不以我为怯,知我有老母也。公子纠败,召忽死之,吾幽囚受辱,鲍叔不以我为无耻,知我不羞〔以……为羞〕小节而耻〔以……为耻〕功名不显于天下也。生我者父母,知我者鲍子也。

鲍叔既进管仲,以身下之。子孙世禄于齐,有封邑者十余世,常为名大夫。天下不多〔推重〕管仲之贤而多鲍叔能知人也。

管仲既任政相〔出任国相〕齐,以区区之齐在海滨,通货积财,富国强兵,与俗〔百姓〕同好恶。故其称曰:"仓廪实而知礼节,衣食足而知荣辱,上服〔施行〕度则六亲固〔稳固〕。""四维〔纲要〕不张,国乃灭亡。""下令如流水之源,令顺民心。"故论卑而易行。俗之所欲,因而予之;俗之所否,因而去〔废除〕之。

其为政也,善因祸而为福,转败而为功。贵轻重,慎权衡〔比较利弊得失〕。桓公实怒少姬,南袭蔡,管仲因而伐楚,责包〔裹束〕茅不入贡于周室。桓公实北征山戎,而管仲因而令燕修召公之政。于柯之会,桓公欲背曹沫之约,管仲因而信之,诸侯由是归齐。故曰:"知与〔给予〕之为取,政之宝也。"

管仲富拟于公室，有三归、反坫〔音diàn〕，齐人不以为侈〔放纵〕。管仲卒，齐国遵其政，常强于诸侯。

后百余年而有晏子焉。

晏平仲婴者，莱之夷维人也。事齐灵公、庄公、景公，以节俭力行〔努力工作〕重于齐。既相齐，食不重肉，妾不衣〔穿〕帛。其在朝，君语及之，即危言；语不及之，即危行。国有道，即顺命〔服从命令去做〕；无道，即衡命。以此三世显名于诸侯。

越石父贤，在缧绁〔拘系犯人的绳子〕中。晏子出，遭之涂〔同"途"〕，解左骖赎之，载归。弗谢〔道歉〕，入闺〔内室〕。久之，越石父请绝。晏子愳然〔惶遽的样子〕，摄〔整理〕衣冠谢曰："婴虽不仁，免子于厄〔灾难〕，何子求绝之速也？"石父曰："不然。吾闻君子诎〔通"屈"，委屈〕于不知己而信〔通"伸"，伸展〕于知己者。方吾在缧绁中，彼不知我也。夫子既已感〔感动〕寤〔通"悟"〕而赎我，是知己；知己而无礼，固不如在缧绁之中。"晏子于是延入为上客。

晏子为齐相，出，其御〔车夫〕之妻从门间而窥其夫。其夫为相御〔驾车〕，拥〔遮〕大盖，策驷马，意气扬扬，甚自得也。既而归，其妻请去。夫问其故。妻曰："晏子长不满六尺，身相齐国，名显诸侯。今者妾观其出，志念深矣，常有以自下者。今子长八尺，乃为人仆御，然子之意自以为足，妾是以求去也。"

其后夫自抑损〔谦恭、退让〕。晏子怪而问之，御以实对。晏子荐以为大夫。

太史公曰：吾读管氏《牧民》、《山高》、《乘马》、《轻重》、《九府》，及《晏子春秋》，详哉其言之也。既见其著书，欲观其行事，故次〔编次〕其传。至其书，世多有之，是以不论，论其轶事。

管仲，世所谓贤臣，然孔子小之。岂以为周道衰微，桓公既贤，而不勉之至王，乃称霸哉？语曰："将顺其美，匡〔纠正〕救其恶，故上下〔指君臣百姓〕能相亲也。"岂管仲之谓乎？

方晏子伏庄公尸哭之，成礼然后去，岂所谓"见义不为，无勇"者邪？至其谏说，犯〔冒犯〕君之颜〔脸色〕，此所谓"进思尽忠，退思补过"者哉！假令晏子而在，余虽为之执鞭，所忻〔音xīn，同"欣"〕慕焉。

【作者简介】

司马迁（约公元前145—？），字子长，夏阳龙门（今陕西韩城县）人。先辈为周代史官。少年师从董仲舒、孔安国学习古代典籍，20岁开始漫游。37岁时继其父司马谈任太史令。因同情李陵触怒武帝，获罪下狱，处以宫刑。他忍辱含垢，发愤著述，撰写了煌煌巨著《史记》。

《史记》是我国第一部纪传体通史，记载了上自传说中的黄帝，下至汉武帝太初年间共3000多年的历史，共52万余字，130篇。其中"本纪"12篇，"表"10篇，"书"8篇，"世家"30篇，"列传"70篇。各体相互配合，构成"究天人之际，通古今之变"的历史长卷，被鲁迅赞为"史家之绝唱，无韵之离骚"。

【阅读欣赏提示】

本文是春秋时期齐国名相管仲与晏婴的合传。因为两人均为齐国的名臣，两人都有出色的治国才能，虽为合传，实则同一主旨。作者通过记写管仲、晏婴的治国才干，鲍管之间感人的友谊，晏婴尚俭、严谨的生活和工作作风，不拘一格选拔人才的做法，表达了自己的政治愿望和道德理想，鞭挞了社会的现实，字里行间凝聚着个人的身世和感慨。

管仲、晏婴是齐国名相，经历的事很多，文章只选取了管仲与鲍叔牙及晏婴与越石父之间的交往、管仲为政之举、晏婴识才荐任等事件来表现人物性格的某一侧面，点面结合，重点突出，形散而神聚。作者还善于运用特定人物的动作、典型的细节、个性化的语言刻画人物的内心世界。文章语言通俗、简练，句式灵活，富于感染力。

【思考与练习】

1. 请谈谈管仲、晏婴的治国之道的借鉴意义。
2. 作者在评赞中对晏婴充满敬仰之情，为什么？请联系作者的身世加以分析。
3. 找出文中的通假字、意动用法的字及被动句，并予以说明。

苏武传（节选）

班固

武，字子卿。少以父任，兄弟并为郎〔官名〕。稍迁〔逐渐提升〕至栘〔栘园〕中厩监〔管马厩的官〕。时汉连伐胡，数通使〔派遣使者往来〕相窥观。匈奴留汉使郭吉、路充国等，前后十余辈。匈奴使来，汉亦留之，以相当〔相抵〕。

天汉元年，且鞮〔音 jū dī〕侯单于初立，恐汉袭之，乃曰："汉天子，我丈人行也。"尽归汉使路充国等。武帝嘉其义，乃遣武以中郎将使持节送匈奴使留在汉者。因厚赂〔馈送〕单于，答其善意。

武与副中郎将张胜及假吏〔临时委任〕常惠等，募士斥候〔军中担任警卫的侦察人员〕百余人俱。既至匈奴，置币遗〔音 wèi，赠送〕单于，单于益骄。非汉所望也。方欲发使送武等，会缑王〔匈奴的一个亲王〕与长水〔水名〕虞常等谋反匈奴中。

缑王者，昆邪王〔匈奴一个部落的王〕姊子也，与昆邪王俱降汉，后随浞野侯〔汉将赵破奴的封号〕没胡中。及卫律〔人名〕所将降者，阴相与谋劫单于母阏氏〔音 yān zhī，匈奴王后封号〕归汉。会武等至匈奴。虞常在汉时，素与副张胜相知，私候〔拜访〕胜，曰："闻汉天子甚怨卫律，常能为汉伏弩射杀之。吾母与弟在汉，幸蒙其赏赐。"张胜许之，以货物与常。后月余，单于出猎，独阏氏子弟在。虞常等七十余人欲发，其一人夜亡，告之。单于子弟发兵与战，缑王等皆死，虞常生得。

单于使卫律治其事。张胜闻之，恐前语发，以状语武。武曰："事如此，此必及我。见犯乃死，重负国。"欲自杀。胜、惠共止之。虞常果引张胜。单于怒，召诸贵人议，欲杀汉使者。左伊秩訾〔匈奴的王号〕曰："即谋单于，何以复加？宜皆降之。"

单于使卫律召武受辞〔受审讯〕，武谓惠等："屈节辱命，虽生，何面目以归汉？"引佩刀自刺。卫律惊，自抱持武，驰召医。凿地为坎，置煴火，覆武其上，蹈其背以出血。武气绝，半日复息。惠等哭，舆〔轿子〕归营。单于壮其节，朝夕遣人候问武，而收系张胜。

武益愈。单于使使晓武，会〔会同〕论〔判罪〕虞常，欲因此时降武。剑斩虞常已，律曰："汉使张胜谋杀单于近臣，当死，单于募降者赦罪。"举剑欲击之，胜请降。律谓武曰："副有罪，当相坐〔连带治罪〕。"武曰："本无谋，又非亲属，何谓相坐？"复举剑拟之，武不动。律曰："苏君，律前负汉归匈奴，幸蒙大恩，赐号称王，拥众数万，马畜弥山，富贵如此。苏君今日降，明日复然。空以身膏〔肥美滋润〕草野，谁复知之？"武不应。律曰："君因我降，与君为兄弟。今不听吾计，后虽欲复见我，尚可得乎？"武骂律曰："女〔音rǔ，即"汝"，下同〕为人臣子，不顾恩义，畔主背亲，为降虏于蛮夷，何以女为见？且单于信女，使决人死生，不平心持正，反欲斗〔使……斗〕两主，观祸败。南越杀汉使者，屠为九郡；宛王杀汉使者，头县北阙〔宫殿的北门〕；朝鲜杀汉使者，即时诛灭。独匈奴未耳。若知我不降明，欲令两国相攻，匈奴之祸，从我始矣。"律知武终不可胁，白单于。单于愈益欲降之。乃幽武置大窖中，绝不饮食。天雨雪，武卧啮雪与旃〔音zhān，通"毡"，毛毡〕毛并咽之，数日不死，匈奴以为神。乃徙武北海〔今贝加尔湖〕上无人处，使牧羝〔公羊〕，羝乳〔生育〕乃得归。别〔隔开〕其官属常惠等，各置他所。

　　武既至海上，廪食不至，掘野鼠去〔音jǔ，通"弆"，收藏〕中实而食之。杖汉节牧羊，卧起操持，节旄尽落。积五、六年，单于弟於靬〔音wū jiān〕王弋射海上。武能网纺缴，檠〔矫正〕弓弩，於靬王爱之，给其衣食。三岁余，王病，赐武马畜、服匿〔盛酒酪的容器〕、穹庐。王死后，人众徙去。其冬，丁令〔匈奴北边的一个部族〕盗武牛羊，武复穷厄。

初，武与李陵俱为侍中〔官名〕。武使匈奴明年，陵降，不敢求武。久之，单于使陵至海上，为武置酒设乐。因谓武曰："单于闻陵与子卿素厚，故使陵来说足下，虚心欲相待。终不得归汉，空自苦亡人之地，信义安所见乎？前长君〔指苏武长兄苏嘉〕为奉车〔官名〕，从至雍〔汉代县名〕棫阳宫〔秦时所建宫殿〕，扶辇下除〔台阶〕，触柱折辕，劾〔判罪〕大不敬〔罪名〕，伏剑自刎，赐钱二百万以葬。孺卿〔苏武弟苏贤的字〕从祠〔祭祀〕河东后土〔地神〕，宦骑与黄门驸马〔宫中掌管车辇马匹的官〕争船，推堕驸马河中溺死。宦骑亡〔逃跑〕，诏使孺卿逐捕，不得，惶恐饮药而死。来时太夫人〔指苏武的母亲〕已不幸，陵送葬至阳陵。子卿妇年少，闻已更嫁矣。独有女弟〔妹妹〕二人，两女一男，今复十余年，存亡不可知。人生如朝露，何久自苦如此？陵始降时，忽忽如狂，自痛负汉，加以老母系保宫〔囚禁犯罪大臣及其眷属之处〕。子卿不欲降，何以过陵？且陛下春秋高〔年老。春秋，指年龄〕，法令亡常，大臣亡罪夷灭者数十家，安危不可知，子卿尚复谁为乎？愿听陵计，勿复有云。"武曰："武父子亡功德，皆为陛下所成就，位列将，爵通侯，兄弟亲近，常愿肝脑涂地。今得杀身自效，虽蒙斧钺汤镬，诚甘乐之。臣事君，犹子事父也。子为父死，无所恨。愿勿复再言！"

陵与武饮数日，复曰："子卿壹听陵言。"武曰："自分〔料定〕已死久矣。王必欲降武，请毕今日之驩，效死于前。"陵见其至诚，喟然叹曰："嗟乎！义士。陵与卫律之罪，上通于天。"因泣下沾衿，与武决〔诀别〕去。陵恶〔厌恶〕自赐武，使其妻赐武牛羊数十头。

后陵复至北海上，语武："区脱〔匈奴部落名〕捕得云中生口〔活的俘虏〕，言太守以下吏民皆白服，曰上崩。"武闻之，南向号哭，欧〔通"呕"〕血。旦夕临〔哭吊〕，数月。

昭帝即位，数年，匈奴与汉和亲。汉求武等，匈奴诡言〔撒谎〕武死。后汉使复至匈奴，常惠请其守者与俱〔一起〕，得夜见汉使，具自陈道〔陈述事情的整个经过〕。教使者谓单于，言天子射上林〔上林苑〕中，得雁，足有系帛书，言武等在某泽中。使者大喜，如〔按照〕惠语以让〔责问〕单于。单于视左右而惊，谢〔道歉〕汉使曰："武等实在。"

于是李陵置酒贺武曰："今足下还归，扬名于匈奴，功显于汉室。虽古竹帛所载，丹青所画，何以过子卿！陵虽驽怯〔无能和胆怯〕，令汉且贳〔音shì，赦免〕陵罪，全其老母，使得奋大辱之积志，庶几乎曹柯之盟，此陵宿昔〔以前〕之所不忘也。收族陵家，为世大戮〔辱〕，陵尚复何顾〔留恋〕乎？已矣，令子卿知吾心耳！异域之人，壹别长绝！"陵起舞，歌曰："径万里兮度沙幕，为君将兮奋匈奴。路穷绝兮矢刃摧，士众灭兮名已隤〔败坏〕。老母已死，虽欲报恩将安归？"陵泣下数行，因与武决。单于召会武官属，前已降及物故，凡随武还者九人。

武以始元六年春至京师。诏武奉一太牢〔祭品〕谒武帝园庙。拜为典属国〔官名〕，秩〔官俸〕中二千石。赐钱二百万，公田二顷，宅一区。常惠、徐圣、赵终根皆拜为中郎，赐帛各二百匹。其余六人老，归家，赐钱人十万，复〔免除徭役〕终身。常惠后至右将军，封列侯，自有传。武留匈奴凡十九岁，始以强壮出，及还，须发尽白。

武来归明年，上官桀、子安与桑弘羊及燕王、盖主谋反。武子男元与安有谋，坐死〔以参与谋反而被判罪处死〕。初，桀、安与大将军霍光争权，数疏〔分条记录〕光过失予燕王，令上书告之。又言苏武使匈奴二十年不降，还乃为典属国。大将军长史〔大将军的辅助之官〕无功劳，为搜粟都尉〔官名〕，光颛〔通"专"〕权自恣〔自己放肆胡为〕。及燕王等反诛，穷治党与，武素与桀、弘羊有旧，数为燕王所讼〔上书为人申雪冤屈〕，子又在谋中，廷尉〔掌管刑狱的官〕奏请逮捕武。霍光寝〔搁置不理〕奏，免武官。

数年，昭帝崩。武以故二千石与计谋立宣帝，赐爵关内侯，食邑三百户。久之，卫将军张安世荐武明习故事〔熟悉朝章典故〕，奉使不辱命，先帝以为遗言。宣帝即时召武待诏宦者署。数进见，复为右曹典属国。以武著节〔节操卓著〕老臣，令朝朔〔初一〕望〔十五〕，号称祭酒〔指年高望重者〕，甚优宠之。武所得赏赐，尽以施予昆弟故人，家不余财。皇后父平恩侯、帝舅平昌侯、乐昌侯、车骑将军韩增、丞相魏相、御史大夫丙吉，皆敬重武。

武年老，子前坐事死。上闵〔同"悯"，怜悯〕之，问左右："武在匈奴久，岂有子乎？"武因平恩侯自白："前发匈奴时，胡妇适产一子通国，有声问〔音讯〕来。愿因使者致金帛赎之。"上许焉。后通国随使者至，上以为郎。又以武弟子为右曹。

武年八十余，神爵二年病卒。

赞曰：……孔子称：志士仁人，有杀身以成仁，无求生以害仁。使于四方，不辱君命。苏武有之矣。

【作者简介】

班固（32—92年），字孟坚，扶风安陵（今陕西咸阳）人。东汉著名史学家和文学家。其父班彪私撰《汉书》未成而卒。班固继承父志，继续私撰《汉书》。曾被人告发私改国史而被捕入狱，其弟班超为他上书辩白。明帝阅其书稿后颇为赞赏，诏为兰台令史，后迁为郎，奉诏继续撰写《汉书》。和帝永元四年，窦宪获罪，班固因牵连入狱，死在狱中。《汉书》部分"志"、"表"由其妹班昭和马陵续成。班固所撰《汉书》是我国古代第一部纪传体断代史，其《两都赋》是汉代京都大赋中的名篇，其《咏史》诗是最早由文人创作的完整的五言诗。

【阅读欣赏提示】

本文选自《汉书·李广苏建列传》。文章叙写了苏武出使匈奴被扣留期间身处困境不易节操的事迹，热情颂扬了他富贵不能淫、贫贱不能移、威武不能屈、饥寒压不倒、私情无所动的浩然正气和坚毅忠贞、大义凛然、视死如归的民族气节。文章以高超的剪裁技巧突出重要事件，用对比手法烘托人物，收到了强烈的艺术效果。

【思考与练习】

1. 文章记写了苏武在匈奴的哪几个典型事例？它们分别表现了什么？
2. 如何评价苏武的民族气节？

桓南郡好猎

刘义庆

桓南郡好猎。每田狩〔打猎〕，车骑甚盛，五六十里中，旌旗蔽隰〔音 xí，低而湿的地方〕。骋良马，驰击若飞；双甄〔作战时军队的左右两翼称双甄〕所指，不避陵壑。或行陈〔通"阵"〕不整，麏〔音 jūn，獐子〕兔腾逸，参佐无不被系束。桓道恭，玄之族也，时为贼曹参军〔官名〕，颇敢直言。常自带绛绵绳著腰中，玄问："此何为？"答曰："公猎，好缚人士，会当〔总有一天会〕被缚，手不能堪芒〔刺〕也。"玄自此小差。

【作者简介】

刘义庆（403—444 年），彭城（今江苏徐州）人。南朝宋武帝刘裕之侄，长沙王刘道邻之子，袭封临川王，曾任荆州刺史、江州刺史等职。编有《世说新语》、《徐州先贤传》等书。

《世说新语》是一本记人的笔记小说集，记叙汉末、魏、晋贵族、名人的言行逸事，反映了魏晋士族阶层的精神面貌和生活情趣。全书共三卷，分德行、言语、政事、文学、品藻等 36 门（类），每门包括若干则短小的故事。

【阅读欣赏提示】

本文选自《世说新语·规箴》。

这篇笔记小说记叙桓玄的猎狩场面和贼曹参军桓道恭的巧谏，揭露了当时门阀豪富穷奢极侈的生活和倚仗财势骄横暴戾的品性，赞扬了桓道恭的机智与善良。故事情节简单，人物言行却很生动。桓道恭"自带绛绵绳著腰中"的细节描写与巧言劝谏对刻画人物起到了很好的作用。

【思考与练习】

1. 试分析细节描写在本文中的作用。

2. 借阅或上网查阅《世说新语》，多读几篇故事，加深对《世说新语》思想内容与语言风格的了解。

竹头木屑

刘义庆

陶公性检厉〔仔细认真〕，勤于事〔政事〕。作荆州时，敕〔告诫，命令〕船官悉录〔全部收取〕锯木屑，不限多少。咸〔都〕不解此意。后正会〔正月初一〕，值积雪〔下雪〕始晴，听事前除〔台阶〕雪后犹〔还〕湿，于是悉用木屑覆之，都无所妨。官〔官府〕用竹，皆令录厚头〔竹蔸〕，积之如山。后桓宣武伐蜀装船〔组装船只〕，悉以作钉。又云，尝发〔曾经征发〕所在竹篙，有一官长连根取之，仍〔才〕当〔相当〕足〔够长度〕。乃超两阶〔两个等级〕用之。

【阅读欣赏提示】

本文选自《世说新语·政事》。

陶侃是东晋初年较有作为的大臣，本文记叙他收集竹头木屑的小事，非常典型地表现了他崇尚节俭、勤于政事、不尚清谈的品德。文章叙事明了，语言朴素简洁。

【思考与练习】

1. 谈谈本文的现实教育意义。
2. 以你所熟悉的一个人的节俭事例为材料，仿照此文，自拟题目，写一篇浅近的文言文。

王子坊

杨衒之

自退酤以西，张方沟以东，南临〔靠近〕洛水，北达芒山，其间东西二里，南北十五里，并〔一起〕名为寿丘里，皇宗〔皇帝的宗族〕所居也，民间号为王子坊〔住宅区的一种名称〕。

当时四海晏清〔太平〕，八荒率职〔遵循职守〕，缥囊〔盛书的口袋〕纪庆，玉烛调辰〔季节〕，百姓殷阜〔富庶〕，年登〔庄稼丰收〕俗乐〔社会风气欢乐〕。鳏寡不闻犬豕之食，茕独不见牛马之衣。于是〔在这时候〕帝族王侯、外戚公主，擅〔占有〕山海之富，居川林之饶，争修园宅，互相夸竞〔夸耀比赛〕。崇〔高〕门丰〔大〕室，洞〔深〕户连房，飞馆生风，重楼起雾。高台芳榭，家家而筑；花林曲池，园园而有。莫不桃李夏绿，竹柏冬青。

而河间王琛最为豪首，常与高阳争衡。造文柏堂，形如徽音〔美德的意思〕殿。置玉井金罐，以金五色绩为绳〔井绳〕。妓女三百人，尽皆国色。有婢朝云，善吹箎〔音 chí〕，能为团扇歌、陇上声。琛为秦州刺史，诸羌外叛，屡讨之，不降。琛令朝云假为〔装作〕贫妪，吹箎而乞。诸羌闻之，悉皆流涕〔泪〕，迭〔轮流，更替〕相谓曰："何为〔为什么〕弃坟井〔祖坟和乡里〕，在山谷为寇也？"即相率〔一个领着一个〕归降。秦民语曰："快马健儿〔士兵〕，不如老妪吹箎。"

琛在秦州，多〔很，甚〕无政绩。遣使向西域求名马，远至波斯国，得千里马，号曰"追风赤骥"。次有七百里者十余匹，皆有名字。以银为槽，金为锁环〔锁链，链子〕。诸王服其豪富。琛常语人云："晋室石崇乃是庶姓，犹能雉头狐腋

〔名贵的毛皮衣服，此处用作动词〕，**画卵雕薪**〔在吃的蛋上画画，在烧的柴上雕刻花纹〕，况我大魏天王，不为华侈？"造迎风馆于后园。牕〔同"窗"〕户之上，列钱青琐〔连环〕，玉凤衔铃，金龙吐佩。素柰〔白色的苹果〕朱李，枝条〔小枝〕入檐，伎〔通"妓"〕女楼上，坐而摘食。

琛常〔通"尝"，曾经〕会〔会合，邀集〕宗室，陈〔陈设〕诸宝器，金瓶银瓮百余口，瓯、檠、盘、盒称是〔与此相称〕。自余〔其余〕酒器，有水晶钵、玛瑙杯、琉璃碗、赤玉卮数十枚。作工奇妙，中土所无，皆从西域而来。又陈女乐〔歌女舞女〕及诸名马。复引诸王按行〔巡行〕府库，锦罽〔音 jì，毛织的毡子一类的东西〕珠玑，冰罗雾縠〔音 hú，丝织品〕，充积其内。绣、缬〔音 xié〕、紬〔音 chóu〕、绫、丝、彩、越、葛、钱、绢等，不可数计。琛忽谓章武王融曰："不恨我不见石崇，恨石崇不见我！"

融立性〔秉性，天性〕贪暴，志欲无限，见之〔指元琛的财富〕恍叹，不觉生疾。还家，卧三日不起。江阳王继来省疾〔探望病情〕，谓曰："卿之财产，应得抗衡〔匹敌，不相上下〕。何为叹羡，以至于此？"融曰："常谓〔曾经认为〕高阳一人宝货〔珍宝财物〕多于融，谁知河间，瞻之在前。"继咲〔同"笑"〕曰："卿欲作袁术之在淮南，不知世间复有刘备也？"融乃蹶〔受惊而迅速动作的样子〕起，置酒作乐〔摆设酒席，演奏音乐〕。

于时国家殷富，库藏〔音 zàng〕盈溢，钱绢露积〔没有遮盖地堆积〕于廊者，不可较数〔核计〕。及太后赐百官负〔扛〕绢，任意自取，朝臣莫不称力〔音 chèn，按照自己的力量〕而去。唯融与陈留侯李崇负绢过任〔超过自己的负担能力〕，蹶倒〔"蹶"音jué，跌倒〕伤踝。太后即不与之，令其空出，时人笑焉。侍中崔光止取两匹。太后问："侍中何少？"对曰："臣有两手，唯堪〔经得起〕两匹，所获多矣。"朝贵〔朝廷的显贵〕服其清廉。

经河阴之役，诸元歼尽。王侯第宅，多题为寺。寿丘里间，列刹〔佛寺〕相望，祇垣〔音qí yuán，指精舍，佛教徒静修之地〕郁起〔繁多的样子〕，宝塔高〔高起〕凌〔通"凌"〕。四月初八日，京师士女〔青年男女〕多至河间寺，观其廊庑绮丽，无不叹息，以为蓬莱仙室，亦不是过。入其后园，见沟渎〔沟渠，水道〕蹇产〔曲折的样子〕，石磴〔石台阶〕礁峣〔音jiāo yáo，山势高的样子〕，朱荷出池，绿萍浮水，飞梁〔凌空而起的桥〕跨阁，高树出云〔挺拔上插云端〕，咸皆啧啧。虽〔即使〕梁王兔苑，想之不如也。

【作者简介】

杨衒之（"杨"或为"阳"），生卒年不详，北平（今河北省遵化县）人。曾任北魏抚军司马，北齐期城（今河南泌阳县西北）郡守。所撰《洛阳伽蓝记》一书，记述北魏都城洛阳佛寺的兴废，全书5卷。

【阅读欣赏提示】

本文选自《洛阳伽蓝记》卷四"城西"，题目为编者所加。

文章记写王子坊皇室园宅的侈丽、王元琛的豪华奢侈，以及佛寺的豪华壮丽，揭露了统治者的奢侈无度、佞佛不已以及剥削百姓的罪行。但作者对北魏"河阴之役"以前的政治极力加以美化，对统治阶级的豪华生活流露出欣赏的情调，应该加以批判。文章骈散兼用，语言流畅华丽，表达效果非常强烈。

【思考与练习】

1. 本文对社会环境和地域环境的描写有什么特点？试作具体分析。
2. 作者是如何通过典型事例刻画人物性格的？
3. 分析本文的语言特色。

庐山草堂记

白居易

匡庐〔即庐山〕奇秀，甲〔居第一位〕天下山。山北峰曰香炉峰，北寺曰遗爱寺。介〔两者当中〕峰寺间，其境胜〔美〕绝〔极〕，又甲庐山。元和十一年秋，白乐天见而爱之，若远行客过故乡，恋恋不能去。因〔于是〕面峰腋寺，作为草堂。

明年春，草堂成。三间两柱，二室四牖。广袤〔指面积，东西为广，南北为袤〕丰〔宽大〕杀〔音 shài，狭小〕，一称心力〔完全与心意相合，与财力相称〕。洞〔开〕北户〔单扇门〕，来〔使……来〕阴〔凉爽〕风，防徂〔音 cú，盛夏的开始〕暑也；发敞〔使……高〕南甍〔音 méng，屋脊，屋栋〕，纳阳日，虞〔防备〕祁寒〔严寒〕也。木斫〔砍〕而已，不加丹〔丹砂〕；墙圬〔涂泥〕而已，不加白〔粉刷〕。砌阶用石，幂〔覆盖〕窗用纸，竹帘纻帏，率〔全部〕称〔相称〕是焉。堂中设木榻四，素屏二，漆琴一张，儒、道、佛书各三两卷。

乐天既来为主，仰观山，俯听泉，旁睨〔浏览〕竹树云石，自辰及酉，应接不暇。俄而物〔景物〕诱气〔气质〕随，外〔景物〕适内〔内心〕和〔平静和谐〕。一宿体宁，再宿心恬，三宿后嗒然不知其然而然。

自问其故,答曰:是居也,前有平地,轮广〔方圆。南北叫轮,东西叫广〕十丈;中有平台,半平地;台南有方池,倍平台。环池多山竹野卉,池中生白莲、白鱼。又南抵〔到达〕石涧,夹涧有古松、老杉,大仅十人围,高不知几百尺。修〔长〕柯〔枝条〕戛云〔上摩云霄〕,低枝拂潭,如幢〔旗幡〕竖,如盖〔车盖〕张,如龙蛇走。松下多灌丛,萝茑叶蔓,骈织〔相互交织〕承翳〔相互承接遮盖〕,日月光不到地,盛夏风气〔气候〕如八、九月时。下铺白石,为出入道。堂北五步,据〔凭借〕层崖积石〔假山〕,嵌空垤〔音dié,小土堆和土块〕䴬,杂木异草盖覆其上。绿阴蒙蒙〔浓密貌〕,朱实离离〔众多貌〕,不识其名,四时一色。又有飞泉植茗,就以烹单,好事者见,可以销永日〔长日〕。堂东有瀑布,水悬三尺,泻阶隅,落石渠,昏晓如练〔白绢〕色,夜中如环佩琴筑声。堂西倚北崖右趾,以剖竹架空,引崖上泉,脉分线悬〔泉水像脉管一样分出水流,水流如细线悬空〕,自檐注砌,累累如贯珠,霏微〔水点飘散〕如雨露,滴沥飘洒,随风远去。其四旁耳目、杖履可及者,春有锦绣谷花,夏有石门涧云,秋有虎溪月,冬有炉峰雪。阴晴显晦,昏旦含吐〔隐藏和出现〕,千变万状,不可殚纪〔详叙〕,锣缕〔原委本末,此指细说〕而言,故云甲庐山者。噫!凡人丰〔高大〕一屋,华〔精美〕一簀〔音zé,竹席〕,而起居其间,尚不免有骄矜之态;今我为是物主,物至致知〔外界景物来到,启迪人们的心志〕,各以类至〔接触什么景物就产生什么思想感情〕,又安得不外适内和,体宁心恬哉!昔永、远、宗、雷辈十

第二章　记叙文

八人同入此山，老死不返，去〔距离，离〕我千载，我知其心以是〔因为这个〕哉！

矧〔何况〕予自思：从幼迨〔音dài，等到〕老，若〔或〕白屋〔茅草盖的房子〕，若朱门，凡所止〔所居〕，虽一日二日，辄〔往往〕覆篑土〔一篑之土〕为台，聚拳石为山，环斗水为池，其喜山水病癖如此。一旦蹇剥〔命运不顺当〕，来佐江郡。郡守以优容〔宽厚〕而抚〔安慰〕我，庐山以灵胜〔神奇的美景〕待我，是天与我时，地与我所，卒获所好，又何以求焉〔于此〕！尚以〔因〕冗员〔没有专职的散官〕所羁〔束缚，牵制〕，余累〔牵累〕未尽，或往或来，未遑〔闲暇〕宁处。待予异时，弟妹婚嫁毕，司马岁秩〔做官的任期〕满，出处〔指外出做官〕行止〔指在家隐居〕，得以自遂〔遂愿〕，则必左手引妻子，右手抱琴书，终老于斯，以成就我平生之志。清泉白石，实〔确实〕闻此言！

时三月二十七日，始居新堂。四月九日，与河南元集虚、范阳张允中、南阳张深之、东西二林长老凑、朗、满、晦、坚等凡二十有二人，具〔准备〕斋〔斋食〕施茶果以落〔举行落成仪式〕之。因为《草堂记》。

【作者简介】

白居易（772—846年），字乐天，号香山居士，原籍太原，祖上迁居下邽（今陕西渭南市）。贞元进士，授秘书省校书郎，后迁左拾遗及左赞善大夫，因触怒权贵，被贬为江州司马，后转任杭州、苏州等地刺史。晚年任刑部侍郎、河南尹、太子少傅，官终刑部尚书。是我国古代伟大的现实主义诗人，辑有《白氏长庆集》传世。

【阅读欣赏提示】

白居易被贬到江州后，在庐山营造草堂，写下此文。

文章描写了朴实简陋的草堂，雅致惬意的陈设，以及草堂周围山清水秀的景致，抒写了安适恬静的心情，流露出士大夫在政治上失意后乐天安命的消极思想。文章叙事简明扼要，写景细密有致，文笔流畅，语言清丽。

【思考与练习】

1. 文章于草堂描绘中注入了一种什么样的情思？请予以具体分析。
2. 解释下列句子中带点的词：
（1）介峰寺间，其境胜绝。
（2）墙圬而已，不加白。
（3）率称是焉。
（4）自檐注砌，累累如贯珠。
（5）盛夏风气如八、九月时。
3. 熟读课文后，用自己的语言描述白居易庐山草堂的构造、室内陈设及周围环境。

张中丞传后叙

韩愈

元和二年四月十三日夜，愈与吴郡张籍阅家中旧书，得李翰所为《张巡传》。翰以文章自名，为此传颇详密。然尚恨〔遗憾〕有缺者，不为许远立传，又不载雷万春事首尾〔始末〕。

远虽材〔才能〕若不及巡者，开门纳〔接纳〕巡，位本在巡上，授之柄〔权柄〕而处其下，无所疑忌，竟与巡俱守死，成功名。城陷而虏，与巡死先后异耳。两家子弟材智下，不能通知〔通晓，理解〕二父志，以为巡死而远就虏〔受俘〕，疑畏死而辞服〔说了屈服的话〕于贼。远诚〔果真〕畏死，何苦守尺寸之地，食其所爱之肉，以与贼抗而不降乎？当其围守时，外无蚍蜉蚁子〔形容极微小的援助〕之援，所欲忠者，国与主耳。而贼语以国亡主灭。远见救援不至，而贼来益〔更加〕众，必以其言为信。外无待而犹死守，人相食且尽，虽愚人亦能数日〔计算日期〕而知死处矣，远之不畏死亦明矣。乌有〔哪里有〕城坏、其徒俱死，独蒙愧耻求活，虽至愚者不忍为。呜呼！而谓远之贤而为之耶？

说者又谓远与巡分城而守，城之陷，自远所分始，以此诟〔辱骂，诽谤〕远。此又与儿童之见〔见识〕无异。人之将死，其脏腑必有先受其病者；引〔拉扯〕绳而绝〔断〕之，其绝必有处。观者见其然〔这样〕，从而尤〔责备〕之，其亦不达于理〔不明事理〕矣。小人之好议论，不乐成人之美如是哉！如巡、远之所成就，如此卓卓〔特出于一般人的样子〕，犹不得免，其它则又何说！

当二公之初守也，宁能〔岂能，哪能〕知人之卒〔终于〕不救，弃城而逆遁〔预先逃跑〕？苟〔假使〕此不能守，虽避之他处何益？及其无救而且穷〔困窘〕也，将〔带领〕其创残饿羸之余，虽欲去，必不达。二公之贤，其讲〔考虑〕之精〔精密，周到〕矣。守一城，捍天下，以千百就〔接近，趋向〕尽之卒，战百万日滋之师，蔽遮〔掩护〕江淮，沮遏其势，天下之不亡，其谁之功也？当是时，弃城而图存者，不可一二数；擅〔拥有〕强兵坐而观者，相环〔四周都是〕也。不追议〔追究议论〕此，而责二公以死守，亦见其自比〔并列〕于逆乱，设淫辞〔制造夸大失实的邪说〕而助之攻也。

愈尝从事〔任职〕于汴、徐二府〔幕府〕，屡道〔经过，来往〕于两府间，亲祭于其所谓双庙者。其老人往往说巡、远时事，云：南霁云之乞救于贺兰也，贺兰嫉巡、远之声威功绩出己上〔超过自己〕，不肯出师救。爱霁云之勇且壮，不听其语，强留之，具〔备办〕食与乐，延霁云坐。霁云慷慨语曰："云来时，睢阳之人不食月余日矣！云虽欲独食，义不忍；虽食，且不下咽！"因拔所佩刀断一指，血淋漓，以示贺兰。一座大惊，皆感激〔感动，激发〕为云泣下。云知贺兰终无为云出师意，即驰去。将出城，抽矢射佛寺浮图〔佛塔〕，矢著其上砖半箭，曰："吾归破贼，必灭贺兰！此矢所以志〔作标记〕也。"愈贞元中过泗州，船上人犹指以相语。城陷，贼以刃胁降巡，巡不屈，即牵去，将斩之；又降霁云，云未应。巡呼云曰："南八，男儿死耳，不可为不义屈！"云笑曰："欲将以有为也；公有言，云敢〔岂敢〕不死！"即不屈。

张籍曰：有于嵩者，少依于巡，及巡起事，嵩常〔尝〕在围中〔围城之中〕。籍大历中于和州乌江县见嵩，嵩时年六十余矣。以巡，初尝得临涣县尉，好学，无所不读。籍时尚小，粗闻巡、远事，不能细也。云巡长七尺余，须髯若神。尝见嵩读《汉书》，谓嵩曰："何为久读此？"嵩曰："未熟也。"巡曰："吾于书读不过三遍，终身不忘也。"因诵嵩所读书，尽卷不错一字。嵩惊，以为巡偶熟此卷，因乱抽他帙〔书套〕以试，无不尽然。嵩又取架上诸书试以问巡，巡应口诵无疑。嵩从巡久，亦不见巡常读书也。为文章，操纸笔立书，未尝起草。初守睢阳时，士卒仅〔将近〕万人，城中居人户亦且〔将近〕数万，巡因一见问姓名，其后无不识者。巡怒，须髯辄〔即，就〕张。及城陷，贼缚巡等数十人，坐，且将戮。巡起旋〔转身〕，其众见巡起，或起或泣。巡曰："汝勿怖！死，命也。"众泣不能仰视。巡就戮时，颜色不乱〔脸色不变〕，阳阳〔安详的样子〕如平常。远宽厚长者，貌如其心；与巡同年生，月日后于巡，呼巡为兄，死时年四十九。嵩贞元初死于亳、宋间。或传嵩有田在亳、宋间，武人夺而有之，嵩将诣〔到，往〕州讼理，为所杀。嵩无子。张籍云。

【阅读欣赏提示】

　　张中丞，即张巡，邓州南阳人。开元进士，由太子通事舍人出任清河令，后迁真源令，安禄山反，张巡起兵抗击，同睢阳（今河南商丘）太守许远共同守护睢阳。被拜为御史中丞，故称其张中丞。

　　李翰作《张巡传》后，韩愈作此文，补充有关材料，并澄清史实。文章记叙许远、张巡、南霁云的事迹，澄清了历史事实，赞美了安史之乱中抗击叛军的英雄，斥责了安史叛军、畏敌怕死的将领以及诬蔑英雄的小人。文章善于通过生动的细节描写和人物间的相互衬托展示人物性格，叙议结合的笔调加强了人物性格的刻画和作者情感的表达。

【思考与练习】

1. 找出文章中描写的细节，分析这些细节各表现了人物何种性格特征。
2. 联系课文分析议论在记叙文中所起的作用。

钴鉧潭西小丘记

柳宗元

　　得西山后八日，寻〔通"循"，沿着〕山口西北道〔行走〕二百步，又得钴鉧潭。潭西二十五步，当湍而浚〔深〕者，为鱼梁〔水坝〕。梁之上有丘焉，生竹树。其石之突怒偃蹇〔石头高耸的样子〕，负土而出争为奇状者，殆〔几乎，差不多〕不可数。其欹〔音qīn，高峻〕然相累〔相互重叠，彼此挤压〕而下者，若牛马之饮于溪；其冲然角列〔争取排到前面去〕而上者，若熊罴之登于山。

丘之小不能〔不足〕一亩，可以笼而有之。问其主，曰："唐氏之弃地，货〔卖〕而不售〔卖不出去〕。"问其价，曰："止四百。"余怜而售〔买〕之。李深源、元克己时同游，皆大喜，出自意外。即更〔轮番〕取器用，铲刈秽草，伐去恶木，烈火而焚之。嘉木立，美竹露，奇石显。由其中以〔而〕望，则山之高，云之浮，溪之流，鸟兽之遨游，举〔全〕熙熙〔和悦〕然回巧〔呈现巧妙的姿态〕献技〔指景物姿态各异的特点〕，以效〔效力〕兹〔这〕丘之下。枕席而卧，则清泠〔清澈明净〕之状与目谋〔接触〕，潆潆〔音yíng，水回旋的声音〕之声与耳谋，悠然而虚者与神谋，渊然而静者与心谋。不匝旬〔周旬〕而得异地者二，虽〔即使〕古好事〔爱好山水〕之士，或未能至焉。

噫！以兹丘之胜〔美景〕，致之沣、镐、鄠、杜，则贵游之士争买者，日增千金而愈不可得。今弃是〔这个〕州也，农夫渔父过而陋〔鄙视〕之，贾四百，连岁不能售〔卖出去〕。而我与深源、克己独喜得之，是其〔难道〕果有遭〔运气〕乎！书于石，所以贺兹丘之遭也。

【阅读欣赏提示】

柳宗元被贬永州写下了著名的"永州八记",本篇是其中的第三篇。

文章记写钴鉧潭西小丘景色的奇异和它为人所弃的遭遇,含蓄地抒发了作者的身世感慨。文章极力描写小丘经过"铲刈秽草,伐去恶木"后所显露出来的美,并用自己陶醉其中的感受来衬托这种难得的特异之美,是为了借这块"唐氏之弃地"自况,暗寓自己被唐王朝放逐远州,不能施展才能的抑郁之情;并以小丘价廉而"连岁不能售",比况自己不被人知、久贬不迁的遭遇。篇末感奋小丘终被人识,既反衬自伤不遇,也蕴蓄着欣羡与期待。作者运用以乐言忧的手法委婉曲折地表现自己的心情,使全篇笔致幽冷,寄慨深远。成功地运用比拟手法,化静为动,把无生命的石头写得栩栩如生,把天色、水声、空灵的境界、幽静的气氛都赋予灵性,使之与自己的耳目心神默契相会,从而写出了难以言传的心境。此外,在章法上的埋伏照应,布置自然,浑化无迹,都值得反复体味。

【思考与练习】

1. 有人评价柳宗元的山水游记是"借山水写离骚",你是否同意?说说你的理由。
2. 阅读"以兹丘之胜……所以贺兹丘之遭也"这段文字,并思考下列问题:
(1) 这段文字主要运用了怎样的写作方法?其用意何在?
(2) 作者最后何以要"贺"小丘?

段太尉逸事状

柳宗元

太尉始为泾州刺史时,汾阳王〔郭子仪〕以副元帅居蒲〔地名〕。王子晞为尚书,领〔兼任〕行营节度使,寓军〔驻军〕邠〔音 bīn〕州,纵士卒无赖〔横行〕。邠人偷嗜暴恶者,率以货〔财物,这里指贿赂〕窜名军伍中,则肆志,吏不得问。日群行丐取于市,不嗛〔音 qiè,满足〕,辄奋击折人手足,椎釜鬲瓮盎盈道上,袒臂徐去,至撞杀孕妇人。邠宁节度使白孝德以王故,戚不敢言。

太尉自州以状〔一种陈述事实的文书〕白〔禀告〕府,愿计事。至则曰:"天子以生人〔生民，百姓〕付公理〔治〕，公见人被暴害，因恬然；且大乱，若何？"孝德曰："愿奉教。"太尉曰："某为泾州，甚适，少事；今不忍人无寇暴死，以乱天子边事。公诚以都虞候〔军队中的执法官〕命某者，能为公已乱，使公之人不得害。"孝德曰："幸甚！"如太尉请。

既署一月，晞军士十七人入市取酒，又以刃刺酒翁，坏酿器，酒流沟中。太尉列卒取十七人，皆断头注槊上，植市门外。晞一营大噪，尽甲。孝德震恐，召太尉曰："将奈何？"太尉曰："无伤也！请辞于军。"孝德使数十人从太尉，太尉尽辞去。解佩刀，选老躄〔音 bì，跛脚〕者一人持马，至晞门下。甲者出，太尉笑且入曰："杀一老卒，何甲也？吾戴吾头来矣！"甲者愕。因谕曰："尚书固负若属耶？副元帅固负若属耶？奈何欲以乱败郭氏？为白尚书，出听我言。"

晞出见太尉。太尉曰："副元帅勋塞天地，当务始终。今尚书恣卒为暴，暴且乱。乱天子边，欲谁归罪？罪且及副元帅。今邠人恶子弟以货窜名军籍中，杀害人，如是不止，几日不大乱？大乱由尚书出，人皆曰尚书倚副元帅，不戢〔音 jí，管束〕士。然则郭氏功名，其与存者几何？"言未毕，晞再拜曰："公幸教晞以道，恩甚大，愿奉军以从。"顾叱左右曰："皆解甲散还火伍中，敢哗者死！"太尉曰："吾未哺食〔晚餐〕，请假设草具。"既食，曰："吾疾作，愿留宿门下。"命持马者去，旦日来。遂卧军中。晞不解衣，戒候卒击柝〔音 tuò，古代巡夜打更用的梾子〕卫太尉。旦，俱至孝德所，谢不能，请改过。邠州由是无祸。

先是，太尉在泾州，为营田官。泾大将焦令谌取人田，自占数十顷，给与农，曰："且熟，归我半。"是岁大旱，野无草，农以告谌。谌曰："我知入数而已，不知旱也。"督责益急，农且饥死，无以偿，即告太尉。

太尉判状，辞甚巽〔通"逊"，委婉〕，使人求谕谌。谌盛怒，召农者曰："我畏段某耶？何敢言我！"取判铺背上，以大杖击二十，垂死，舆来庭中。太尉大泣曰："乃我困汝！"即自取水洗去血，裂裳衣疮，手注善药，旦夕自哺农者，然后食。取骑马卖，市谷代偿，使勿知。

淮西寓军帅尹少荣，刚直士也。入见谌，大骂曰："汝诚人耶？泾州野如赭，人且饥死；而必得谷，又用大杖击无罪者。段公，仁信大人也，而汝不知敬。今段公唯一马，贱卖市谷入汝，汝又取不耻。凡为人傲天灾、犯大人、击无罪者，又取仁者谷，使主人出无马，汝将何以视天地，尚不愧奴隶耶！"谌虽暴抗，然闻言则大愧流汗，不能食，曰："吾终不可以见段公！"一夕，自恨死。

及太尉自泾州以司农征，戒其族："过岐〔州名〕，朱泚幸致货币〔物品和钱币〕，慎勿纳。"及过，泚固致大绫三百匹。太尉婿韦晤坚拒，不得命。至都，太尉怒曰："果不用吾言！"晤谢曰："处贱无以拒也。"太尉曰："然终不以在吾第。"以如司农治事堂，栖之梁木上。泚反，太尉终，吏以告泚，泚取视，其故封识

〔标记〕具存。

太尉逸事如右。

元和九年月日，永州司马员外置同正员柳宗元谨上史馆〔国家修史机构〕。今之称太尉大节者，出入〔大抵，不外乎〕以为武人一时奋不虑死，以取名天下，不知太尉之所立如是。宗元尝出入岐周邠斄〔音 tái，同"邰"〕间，过真定，北上马岭，历亭鄣堡戍，窃好问老校〔中下级军官〕退卒，能言其事。太尉为人姁姁〔音 xǔ，和好貌〕，常低首拱手行步，言气卑弱，未尝以色〔脸色〕待物〔人〕；人视之，儒者也。遇不可，必达其志，决非偶然者。会州刺史崔公来，言信行直，备得太尉遗事，覆校无疑，或恐尚逸坠，未集太史氏，敢以状私于执事〔史官韩愈自指〕。谨状。

【阅读欣赏提示】

段太尉（719—783 年），唐汧阳（今陕西省千阳县）人，名秀实，字成公。官至泾州刺史兼泾原郑颍节度使。德宗建中四年（783 年），泾原士兵在京哗变，德宗仓皇出奔，叛军遂拥戴原卢龙节度使朱泚为帝。时段在朝中，以狂贼斥之，并以朝笏廷击朱泚面额，被害，追赠太尉。

本文记叙段太尉的逸事。作者选取段太尉一生中勇服郭晞、仁愧焦令谌、节显志士堂三件逸事，侧面地表现了人物外柔内刚、勇毅见于平易的个性特征，塑造了一位不畏强暴，关心人民，临财而不苟取的封建时代正直官吏的形象，同时对当时骄兵悍将的飞扬跋扈和人民被任意欺虐的现实有所揭露，具有一定的认识意义。全文不着一字议论，纯用冷静从容的写实手法，在客观的叙述中隐含着深沉的赞颂之情。繁简得当的剪裁，倒叙手法的运用，以形传神的描写，有力地加强了艺术效果。

【思考与练习】

1. 课文写了段太尉的几件逸事？各表现了他怎样的性格？
2. 本文在叙述、描写以及结构布局上运用了哪些技巧？请予以分析。

3. 解释"状"、"注"、"甲"、"辞"、"以"、"信"、"市"、"固"等词语在不同句子中所表示的意义。

（1）状
- 太尉自州以状白府。
- 太尉判状，辞甚巽。
- 敢以状私于执事，谨状。

（2）注
- 太尉列卒取十七人，皆断头注槊上。
- 即自取水洗去血，裂裳衣疮，手注善药。

（3）甲
- 晞一营大噪，尽甲。
- 皆解甲。

（4）辞
- 无伤也，请辞于军。
- 孝德使数十人从太尉，太尉尽辞去。
- 太尉判状，辞甚巽。

（5）以
- 汾阳王以副元帅居蒲。
- 白孝德以王故，戚不敢言。
- 天子以生人付公理。
- 又以刃刺酒翁。

（6）信
- 仁信大人也。
- 言信行直。

（7）市
- 晞军士十七人入市取酒。
- 市谷代偿。

（8）固
- 尚书固负若属耶。
- 泚固致大凌三百匹。

4. 辨析下面句子中有下划线的词古今词义的异同：

（1）纵士卒<u>无赖</u>。

(2) 率以货窜名军伍中。
(3) 折人手足。
(4) 天子以生人付公理。
(5) 请假设草具。
(6) 段公，仁信大人也。
(7) 一夕自恨死。
(8) 朱泚幸致货币。

相州昼锦堂记

欧阳修

仕宦而至将相，富贵而归故乡，此人情之所荣，而今昔之所同也。盖士方穷时，困厄闾里〔乡里〕，庸人孺子〔小孩〕，皆得易而侮之。若季子〔苏秦〕不礼于其嫂，买臣〔朱买臣〕见弃于其妻。一旦高车驷马，旗旄〔旗帜〕导前，而骑卒拥后，夹道之人，相与骈肩累迹〔肩碰肩，脚踏脚〕，瞻望咨嗟〔赞叹〕。而所谓庸夫愚妇者，奔走骇汗，羞愧俯伏，以自悔罪于车尘马足之间。此一介之士，得志于当时，而意气之盛，昔人比之衣锦之荣者也。

惟大丞相魏国公则不然。公，相〔相州〕人也。世有令德〔美好的德行〕，为时名卿。自公少时，已擢高科〔中进士〕、登显仕。海内之士，闻下风而望余光者，盖亦有年矣。所谓将相而富贵，皆公所宜素有，非如穷厄之人，侥幸得志于一时，出于庸夫愚妇之不意，以惊骇而夸耀之也。然则高牙大纛〔高大的旗帜〕，不足为公荣；桓圭衮冕〔名贵的玉圭和礼服礼帽〕，不足为公贵。惟德被〔施与〕生民而功施社稷，勒之金石，播之声诗，以耀后世而垂无穷，此公之志，而士亦以此望于公也。岂止夸一时而荣一乡哉！

公在至和中，尝以武康之节来治于相，乃作昼锦之堂于后圃，既又刻诗于石，以遗相人。其言以快〔以……为快〕恩仇、矜〔以……为骄傲〕名誉为可薄，盖不以昔人所夸者为荣，而以为戒。于此见公之视富贵为如何，而其志岂易量哉？故能出入将相，勤劳王家，而夷〔太平〕险〔与"夷"相对〕一节。至于临大事，决大议，垂绅〔衣带整齐〕正笏〔执笏端正〕，不动声色，而措〔置放〕天下于泰山之安，可谓社稷之臣矣。其丰功盛烈，所以铭彝鼎〔庙堂礼器〕而被弦歌者，乃邦家之光，非闾里之荣也。

余虽不获登公之堂，幸尝窃诵公之诗，乐公之志有成，而喜为天下道也。于是乎书。尚书吏部侍郎、参知政事欧阳修记。

【作者简介】

欧阳修（1007—1072年），字永叔，号醉翁，晚号六一居士。吉州永丰（今江西吉安）人。北宋政治家、文学家。曾任枢密副使、参知政事等职。北宋古文运动的代表人物，为散文"唐宋八大家"之一。与宋祁合修《新唐书》，自撰《新五代史》，有《欧阳文忠公文集》。

【阅读欣赏提示】

文章记写韩琦身居显位却不炫耀富贵，建昼锦堂引为鉴戒，志在留清名于后世，显真人格于人间的事迹。以极写衣锦还乡之辈的意气之盛，反衬韩琦轻富贵的品格节操，表达了对韩琦的由衷赞美敬佩之情，同时贬斥了那些追求名利富贵，以衣锦还乡为荣的庸俗之辈。文章虽为记事，但议论极多，语言简练晓畅。

【思考与练习】

1. 本文虽为记事，但大部分文字是议论，请问这些议论有什么作用？如何认识记叙与议论的关系？

2. 解释下列句子中带点的词：
(1) 盖士方穷时，困厄闾里。
(2) 买臣见弃于其妻。
(3) 矜名誉为可薄。
(4) 措天下于泰山之安。

3. 指出下面句子中"于"字的不同用法和含义。
(1) 季子不礼于其嫂，买臣见弃于其妻。
(2) 以自悔罪于车尘马足之间。
(3) 此一介之士得志于当时，所谓将相而富贵，皆公所宜素有，非如穷厄之人侥幸得志于一时，出于庸夫愚妇之不意。
(4) 尝以武康之节，来治于相，乃昼锦之堂于后圃。
(5) 不动声色而措天下于泰山不安。

越州赵公救灾记

曾巩

熙宁八年夏，吴越大旱。九月，资政殿大学士、右谏议大夫知越州赵公，前民之未饥，为书问属县：灾所被者几乡，民能自食者有几，当廪〔粮仓，此为官方供给粮食〕于官者几人，沟防构筑，可僦〔雇佣〕民使治之者几所，库钱仓粟可发者几何，富人可募出粟者几家，僧道士食之羡粟书于籍者其几具存，使各书以对〔汇报〕而谨其备。

州县吏录民之孤老疾弱不能自食者二万一千九百余人以告。故事，岁廪穷人，当给粟三千石而止。公敛富人所输〔交纳〕及僧道士食之羡者，得粟四万八千余石，佐其费。使自十月朔，人受粟日一升，幼小半之。忧其众相蹂也，使受粟者男女异日，而人受二日之食。忧其且流亡也，于城市郊野为给粟之所，凡五十有七，使各以便受之，而告以去其家者勿给。计官为不足用也，取吏之不在职而寓于境者，给其食而任以事。不能自食者，有是具也；能自食者，为之告富人，无得闭〔停止营业〕粜〔卖出米粮〕。又为之出官粟，得五万二千余石，平其价予民。为粜粟之所，凡十有八，使籴者自便，如受粟。又僦民完城四千一百丈，为工三万八千，计其佣与钱，又与粟再倍之。民取息钱者，告富人纵予〔放手借钱〕之而待熟，官为责其偿。弃男女者，使人得收养之。

明年春，大疫，为病坊，处疾病之无归者。募僧二人，属〔委托〕以视医药饮食，令无失所恃。凡死者，使在处随收瘗〔音yì，掩埋〕之。

法：廪穷人，尽三月当止，是岁尽五月而止。事有非便文者，公一以自任，不以累其属。有上请者，或便宜〔不需请示灵活处置〕多辄行。公于此时，蚤夜惫心力不少懈，事细钜必躬亲。给病者药食，多出私钱。民不幸罹〔遭遇〕旱疫，得免于转死；虽死，得无失敛埋，皆公力也。

是时，旱疫被吴越，民饥馑疾疠，死者殆半，灾未有钜〔通"巨"〕于此也。天子东向忧劳，州县推布上恩，人人尽其力。公所拊循〔抚慰〕，民尤以为得其依归。所以经营〔谋划〕绥辑〔安顿〕先后终始之际，委曲纤悉，无不备者。其施虽在越，其仁足以示天下；其事虽行于一时，其法足以传后。盖灾沴〔音 lì，灾气〕之行，治世不能使之无，而能为之备。民病而后图之，与夫先事而为计者，则有间〔差距〕矣；不习而有为，与夫素得之者，则有间矣。予故采于越，得公所推行，乐为之识〔记载〕其详，岂独以慰越人之思，将使吏之有志于民者，不幸而遇岁之灾，推公之所已试，其科条可不待顷而具，则公之泽岂小且近乎！

公元丰二年以大学士加太子少保致仕，家于衢。其直道正行在于朝廷，岂弟之实在于身者，此不著。著其荒政可师者，以为《越州赵公救灾记》云。

【作者简介】

曾巩（1019—1083年），字子固，建昌南丰（今属江西）人。宋嘉祐进士，曾奉召编校史馆书籍，官至中书舍人。北宋著名散文家，为"唐宋古文八大家"之一。有《元丰类稿》传世。

【阅读欣赏提示】

赵公名抃，字阅道，衢州西宁（今浙江衢县）人。曾任殿中侍御使，为官正直无私，弹劾不避权贵，有"铁面御史"之称。

本文记叙了赵抃在越州救灾的始末：先叙其周详考虑，继而叙其救灾措施，最后以议论作结。作者完全按事情发展的逻辑顺序来写，如行云流水般自然，毫无雕琢之迹，呈现出自然淳朴的文风。恰到好处的议论与数据的运用，增强了文章的史传感。

【思考与练习】

1. 请分析赵抃的性格特征，并谈谈我们应从他身上学习些什么。
2. 将下列语句译成现代汉语：
（1）知越州赵公。
（2）灾所被者几乡。
（3）再倍之。

（4）佐其费。
（5）计官为不足用也。
（6）属以视医药饮食。
（7）或便宜多辄行。
（8）所以经营绥辑先后终始之际。
3．区别下列句子中"为"字的不同意义与用法。
（1）官为责其偿。
（2）为书问属县。
（3）于城市郊野为给粟之所。
（4）为工三万八千。
（5）为之告富人。

喜雨亭记

苏轼

亭以雨名，志〔记〕喜也。古者有喜，则以名物〔给物取名〕，示不忘也。周公得禾，以名其书；汉武得鼎，以名其年；叔孙胜敌，以名其子。其喜之大小不齐，其示不忘一也。

予至扶风〔即凤翔府〕之明年，始治官舍。为亭于堂之北，而凿池其南，引流种木，以为休息之所。是岁之春，雨〔像雨一样落下〕麦于岐山之阳，其占为有年〔丰年〕。既而弥〔满〕月不雨，民方以为忧。越〔过〕三月，乙卯乃雨，甲子又雨，民以为未足。丁卯大雨，三日乃止。官吏相与庆于庭，商贾相与歌于市，农夫相与忭〔音biàn，欢欣〕于野，忧者以乐，病者以愈，而吾亭适成。

于是举酒于亭上，以属〔同"嘱"〕客而告之曰："五日不雨可乎？"曰："五日不雨，则无麦。"曰："十日不雨可乎？"曰："十日不雨则无禾。"无麦无禾，岁且荐〔重〕饥，狱讼繁兴，而盗贼滋炽。则吾与二三子，虽欲优游以乐于此亭，其可得耶？今天不遗斯民，始旱而赐之以雨。使吾与二三子，得相与优游而乐于此亭者，皆雨之赐也。其又可忘耶？"

既以名亭，又从而歌之，歌曰：使天而雨珠，寒者不得以为襦〔音 rú，短衣〕；使天而雨玉，饥者不得以为粟。一雨三日，繄谁之力？民曰太守，太守不有。归之天子，天子曰不然；归之造物，造物不自以为功；归之太空，太空冥冥〔渺茫不清貌〕，不可得而名。吾以名吾亭。

【作者简介】

苏轼（1037—1101年），字子瞻，号东坡居士，宋眉州眉山（今四川眉山县）人。嘉祐二年（1057年）进士，历官翰林学士，礼部尚书，追谥文忠。是我国文学史上杰出的有多方面才能的文学家，与父苏洵、弟苏辙合称"三苏"。辑有《苏东坡集》。

【阅读欣赏提示】

文章作于宋仁宗嘉祐七年，当时苏轼在凤翔府（治所在今陕西省凤翔县）任签书判官。时官舍旁新筑一亭，因久旱得雨，即名喜雨亭，苏轼为之题记。

文章为建亭作记，记述了凤翔县久旱得雨一事，赞美了关心人民疾苦、与百姓同忧乐的官吏和哺育生灵万物而不居功的自然。整篇文章奔腾着作者不可抑制的喜雨之情与忧民之情。如果说"雨"是文章的纽带的话，"喜"便是作品的基调，而隐藏于"喜"后面的深深的忧民之情则是作品的深厚的民本思想。文章从亭名落笔，紧扣"喜"、"雨"、"亭"三字推出，由历史转入现实，有分有合，进层有致，夹叙夹议，虚实结合，曲尽其意，富于变化。

【思考与练习】

1. 分析本文所表现的作者的思想感情。

2. "喜"、"雨"、"亭"三字是全文的核心，作者是如何抓住这三字分层次叙写的。

徐文长传

袁宏道

余一夕坐陶太史楼，随意抽架上书，得《阙编》诗一帙〔音zhì，卷册〕，恶楮〔音chǔ，树名，树皮可造纸〕毛书，烟煤败黑，微有字形。稍就灯间读之，读未数首，不觉惊跃，急呼周望："《阙编》何人作者，今邪古邪？"周望曰："此余乡徐文长先生书也。"两人跃起，灯影下读复叫，叫复读，僮仆睡者皆惊起。盖不佞〔谦词，不才〕生三十年，而始知海内有文长先生。噫，是何相识之晚也！因以所闻于越人士者，略为次第〔次序〕，为徐文长传。

徐渭，字文长，为山阴诸生，声名藉甚〔名声很大〕。薛公蕙校越时，奇其才，有国士〔国中才能出众的人〕之目。然数〔命运〕奇〔音jī，坎坷，遭遇不顺〕，屡试辄蹶〔总是失败〕。中丞胡公宗宪闻之，客〔指聘为客卿、幕僚〕诸幕。文长每见，则葛衣乌巾，纵谈天下事。胡公大喜。是时公督数边兵，威镇东南。介胄之士，膝语〔跪着说话〕蛇行〔爬着走路〕，不敢举头，而文长以部下一诸生傲之。议者方之刘真长、杜少陵云。会得白鹿，属文长作表〔一种臣下呈于君主的文体〕。表上，永陵〔嘉靖皇帝〕喜。公以是益奇之，一切疏〔奏章〕记〔计策〕，皆出其手。文长自负才略，好奇计，谈兵多中。视一世事，无可当意者。然竟不偶〔不遇〕。

文长既已不得志于有司，遂乃放浪曲蘖〔音niè，酒母，代指酒〕，恣情山水，走齐、鲁、燕、赵之地,穷览朔漠。其所见山奔海立,沙起雷行,雨鸣树偃,幽谷大都,人物鱼鸟,一切可惊可愕之状,一一皆达之于诗。其胸中又有勃然不可磨灭之气,英雄失路托足无门之悲,故其为诗,如嗔〔发怒〕如笑,如水鸣峡,如种出土,如寡妇之夜哭,羁人〔旅客〕之寒起。虽其体格时有卑者,然匠心独出,有王者气,非彼巾帼而事人〔像妇人似的跟随顺从于人〕者所敢望也。文有卓识,气沉而法严,不以模拟损才,不以议论伤格,韩、曾之流亚〔匹配〕也。文长既雅〔向来〕不与时调〔指当时盛行于文坛的拟古风气〕合,当时所谓骚坛主盟者,文长皆叱而怒之,故其名不出于越。悲夫!喜作书,笔意奔放如其诗,苍劲中姿媚跃出,欧阳公所谓妖韶〔美艳〕女老自有馀态者也。间〔有时〕以其馀〔余力〕,旁溢为花鸟,皆超逸有致。

　　卒以疑杀其继室,下狱论死。张太史元汴力解,乃得出。晚年愤益深,佯狂益甚。显者至门,或拒不纳。时携钱至酒肆,呼下隶〔衙门差役〕与饮。或自持斧击破其头,血流被面,头骨皆折,揉之有声。或以利锥锥其两耳,深入寸余,竟不得死。周望言晚岁诗文益奇。无刻本,集藏于家。余同年〔同科考中的人〕有官越者,托以钞录,今未至。余所见者《徐文长集》、《阙编》二种而已。

　　然文长竟以不得志于时,抱愤而卒。石公曰:先生数奇不已,遂为狂疾。狂疾不已,遂为囹圄。古今文人牢骚困苦,未有若先生者也。虽然,胡公间世

〔间隔几世〕豪杰，永陵英主。幕中礼数异等，是胡公知有先生矣。表上，人主悦，是人主知有先生矣。独身未贵耳。先生诗文崛起，一扫近代芜秽〔杂乱、繁冗〕之习，百世而下，自有定论，胡为不遇哉？

梅客生尝寄予书曰："文长吾老友，病奇于人，人奇于诗。"余谓文长无之而不奇者也。无之而不奇，斯无之而不奇也，悲夫！

【作者简介】

袁宏道（1568—1610年），字中郎，号石公，湖广公安（今湖北省公安县）人。万历进士，曾任吴县知县、顺天府教授、国子监助教、礼部主事、吏部郎中。明代文学家，公安派创始者。与其兄袁宗道、弟袁中道并称"三袁"。有《袁中郎集》传世。

【阅读欣赏提示】

文章记述徐文长（名渭）的生平、遭遇和在诗文、戏曲、书法、绘画等方面的成就，抓住了一个"奇"字来写，通过"奇"的事情，"奇"的衣着，"奇"的言行，"奇"的作品的记写，生动地表现出徐文长怀才不遇、"英雄失路"的极度悲愤和漠视一切、放荡不羁的性格，也写出了他悲惨的遭遇，从中表现出作者对他的钦佩和同情。同时文章也表达了对志士受屈、人才埋没社会现实的不满，对徐文长个人的自负和孤傲之"病"也表示了深切的痛惜和悲悯之情。文章形象生动，比喻新颖贴切，措辞准确得体。

【思考与练习】

1. 文章写了哪些"奇"事？这些"奇"事表现了徐文长怎样的性格特点？
2. 作者在文中感叹徐文长"无之而不奇，斯无之而不奇也"，表明了作者怎样一种感情？
3. 解释下面句子中带点的词：
（1）然数奇。
（2）议者方之刘真长、杜少陵云。
（3）然竟不偶。
（4）血流被面。

4. 区别下列句子中带点的词的不同含义和用法：
(1) 气沉而法严。
(2) 独学而无友，则孤陋而寡闻。
(3) 呼下隶与饮。
(4) 旦日，客从外来，与坐谈。
(5) 遂乃放浪曲糵。
(6) 今其智乃反不能及。

芋老人传

周容

芋老人者，慈水祝渡人也。子佣出〔外出做雇工〕，独与妪居渡口。一日，有书生避雨檐下，衣湿袖单，影〔体形〕乃益瘦。老人延〔邀请〕入坐，知从郡城就童子〔童生，秀才〕试归。老人略知书，与语久，命妪煮芋以进；尽一器，再进。生为之饱，笑曰："他日不忘老人芋也。"雨止，别去。

十馀年，书生用〔因〕甲第〔科举第一等〕为相国，偶命厨者进芋，辍箸叹曰："何向〔先前，原来〕者祝渡老人之芋之香而甘也！"使人访其夫妇，载以来。丞、尉闻之，谓老人与相国有旧〔旧谊、旧交〕，邀见，讲钧〔通"均"，平等〕礼。子不佣矣。

至京，相国慰劳曰："不忘老人芋，今乃烦尔妪一煮芋也。"已而妪煮芋进，相国亦辍箸曰："何向者之香而甘也！"老人前曰："犹是〔此〕芋也，而向者之香且甘者，非调和〔烹调〕之有异，时、位之移人〔使人发生变化〕也。相公昔自郡城走数十里，困于雨，不择食矣；今者堂有炼珍〔精美的食品〕，朝分尚食〔供御用的食品〕，张筵〔宴席〕列鼎〔食器〕，尚何芋是甘乎？老人犹喜相公之止于芋〔只是食芋时味觉有了改变〕也。老人老矣，所闻实多：村南有夫妇守贫者，织纺井〔汲水〕臼〔舂米〕，佐读勤苦；幸获名成，遂宠妾媵，弃其妇，致郁郁死。是芋视〔视之如芋〕乃〔其〕妇也。城东有甲、乙同学者，一砚、一灯、一窗、一榻，晨起不辨衣履；乙先得举〔科举及第〕，登仕路，闻甲落魄，笑不顾，交以绝。是芋视乃友也。更闻谁氏子，读书时，愿他日得志，廉干〔耿直〕如古人某，忠孝如古人某；及为吏，以污贿不饬〔谨慎〕罢，是芋视乃学也。是犹可言也。老人邻有西塾，闻其师为弟子说前代事，有将、相、有卿、尹，有刺史、守、令，或绾〔系〕黄〔指金印〕纡〔系结〕紫〔紫色绶带〕，或揽辔褰〔揭起〕帷，一旦事变中起，衅〔事端〕孽〔灾祸〕外乘〔从外部乘机发生〕，辄屈膝叩首迎款〔迎降归顺〕，唯恐或后，竟以宗庙、社稷、身名、君宠，无不同于芋焉。然则世之以今日而忘其昔日者，岂独一箸间哉！"

老人语未毕，相国遽惊谢曰："老人知道者！"厚资而遣之。于是芋老人之名大著。

赞曰：老人能于倾盖不意〔于无意中发生了交往〕，作缘〔结缘〕相国，奇已！不知相国何似，能不愧老人之言否。然就其不忘一芋，固已贤夫并〔连带〕老人而芋视之者。特怪老人虽知书，又何长于言至是，岂果知道者欤？或传闻之过实耶？嗟夫！天下有缙绅〔指上层官僚人物〕士大夫所不能言，而野老鄙夫能言之者，往往而然。

【作者简介】

　　周容（1619－1679年），字茂三，鄞县（今浙江宁波）人。明清之际文学家。明诸生，明灭后曾出家为僧，后以母在还俗，誓死不肯仕清。通诗文书画，有《春酒堂诗集》、《春酒堂文集》传世。

【阅读欣赏提示】

　　文章通过芋老人与一位相国交往的经历，而寓道德、节义之炯戒。作者叙述先是书生后为相国两次食芋而味感不同之事，引起芋老人的一番议论，再推及富而弃妻、贵而绝交、为吏而背学、为官而失节等社会现象，由小到大，由轻到重，表现出作者对富贵忘义世俗人情的鄙弃之愤、对国破家亡的切肤之痛和对卖国求荣者的切齿之恨。文章前后密合，结构严谨，伏笔的埋设增强了内容的连贯性，反复、排比等修辞手法的运用增强了语言的气势。文章后面提到野老鄙夫往往比缙绅士大夫高明、有德操，是很有积极意义的。

【思考与练习】

1. 《芋老人传》揭示了怎样的人生哲理？
2. 请谈谈你对"缙绅士大夫所不能言，而野老鄙夫能言之者"这句话的理解和感悟。
3. 解释下列各句中带点的词：
（1）老人延入坐。
（2）书生用甲第为相国。
（3）厚资而遣之。
（4）谓老人与相国有旧。
4. 区别下列句子中"之"字的不同意义与用法：
（1）犹是芋也，而向之香而甘者。
（2）厚资而遣之。
（3）然则世之以今日而忘其昔日者。
（4）非调和之有异，时、位之移人也。

（5）老人犹喜相公之止于芋也。

左忠毅公逸事

方苞

先君子〔尊称已故的父亲〕尝言，乡先辈左忠毅公视学京畿〔国都及附近地区〕。一日，风雪严寒，从数骑出微行，入古寺。庑下一生伏案卧，文方成草。公阅毕，即解貂覆生，为掩户。叩之寺僧，则史公可法也。及试，吏呼名至史公，公瞿然〔音 jù，瞪眼惊视的样子〕注视；呈卷，即面署〔当面签署意见〕第一。召入，使拜夫人，曰："吾诸儿碌碌，他日继吾志事，惟此生耳。"

及左公下厂〔明朝特务机关〕狱，史朝夕狱门外。逆阉〔大逆不道的太监〕防伺甚严，虽家仆不得近。久之，闻左公被炮烙，旦夕且死。持五十金，涕泣谋于禁卒。卒感焉。一日，使史更敝衣草屦，背筐，手长镵〔音 chán，一种犁头〕，为除不洁者，引入，微指左公处。则席地倚墙而坐，面额焦烂不可辨，左膝以下，筋骨尽脱矣。史前跪，抱公膝而呜咽。公辨其声而目不可开，乃奋臂以指拨眦〔音 zī，眼眶〕，目光如炬，怒曰："庸奴！此何地也？而汝来前！国家之事糜烂至此，老夫已矣，汝复轻身而昧大义，天下事谁可支柱者！不速去，无俟〔不用等到〕奸人构陷〔设计陷人以罪〕，吾今即扑杀汝！"因摸地上刑械，作投击势。史噤不敢发声，趋而出。后常流涕述其事以语人，曰："吾师肺肝，皆铁石所铸造也！"

崇祯末，流贼张献忠出没蕲、黄、潜、桐间。史公以凤庐道奉檄守御。每有警,辄数月不就寝,使将士更休,而自坐幄幕外。择健卒十人,令二人蹲踞而背倚之,漏〔古时计时器〕鼓〔更鼓〕移则番代。每寒夜起立,振衣裳,甲上冰霜迸落,铿然有声。或劝以少休,公曰:"吾上恐负朝廷,下恐愧吾师也。"

史公治兵,往来桐城,必躬造〔亲自登门。造:至,到〕左公第,候太公、太母〔指左光斗的父母〕起居,拜夫人于堂上。

余宗老涂山,左公甥也,与先君子善〔友好〕,谓狱中语乃亲得之于史公云。

【作者简介】

方苞(1668—1749年),字灵皋,号望溪。桐城(今属安徽)人。康熙进士,累官翰林院侍讲学士、内阁学士兼礼部侍郎。清代散文家,桐城派创始人。有《方望溪先生全集》传世。

【阅读欣赏提示】

题中的左忠毅公,指的是左光斗。左光斗(1575—1625年),字遗直,号浮丘,桐城人。明万历进士,官至御史。天启四年,因参与杨涟参劾魏忠贤,被魏忠贤罗织罪名下狱,受酷刑死于狱中。该文记写了左光斗的逸事。

逸事一般比较琐碎,但本文记述的视学京畿奖掖后学和身陷牢狱训勉报国两件事颇具典型性,鲜明而集中地表现了左光斗的爱国精神和高洁情操。作者记写左光斗却通篇以史可法作陪衬,左公、史公交叉叙写,以史可法寒寺苦读突出左光斗的善识英才;通过史可法乔装探狱,衬托左光斗威武不屈、不避艰险的崇高品质;史可法在左光斗死后恪尽职守,体现了左光斗的言传身教的精神力量。这种明暗双线贯穿全文的布局,使文章结构甚为严密。此外,细节描写极为生动传神,用语十分精当、准确。

【思考与练习】

1. 课文记叙了左光斗逸事两则,这两则逸事表现了左光斗怎样的品格?两件事之间有什么内在联系?
2. 本文仅500来字,却写活了两个人物,奥妙何在?请具体分析。
3. 文章是怎样运用侧面烘托的?

观巴黎油画记

薛福成

　　光绪十六年春闰二月甲子,余游巴黎蜡人馆。见所制腊人,悉〔皆〕仿生人,形体态度,发肤颜色,长短〔高矮〕丰瘠,无不毕肖。自王公卿相以至工艺杂流,凡有名者,往往留像于馆。或立或卧,或坐或俯,或笑或哭,或饮或博〔赌博〕,骤视之,无不惊为生人者,余亟〔音qì,屡次〕叹其技之奇妙。译者称西人绝技,尤莫逾油画,盍〔何不〕弛往油画院,一观《普法交战图》乎?

　　其法为一大圜〔圆〕室,以巨幅悬之四壁,由屋顶放光明入室。人在室中,极目四望,则见城堡、冈峦、溪涧、树林,森然〔繁密貌〕布列,两军人马杂沓〔纷乱貌〕,驰者,伏者,奔者,追者,开枪者,燃炮者,搴大旗者,挽炮车者,络绎相属〔音zhǔ〕。每一巨弹堕地,则火光迸裂,烟焰迷漫。其被轰击者,则断壁危楼,或黔其庐,或赭其垣,而军士之折臂断足、血流殷〔音yān,黑红色〕地、偃仰僵仆者,令人目不忍睹。仰视天,则明月斜挂,云霞掩映;俯视地,则绿草如茵,川原无际。几自疑身外即战场,而忘其在一室中者。迨〔音dài 等到〕以手扪之,始知其为壁也,画也,皆幻也。

　　余闻法人好胜,何以自绘败状,令人丧气若此?译者曰:"所以昭炯戒〔提供鲜明的鉴戒〕,激众愤,图报复也。"则其意深长矣。

夫普法之战，迄今虽为陈迹，而其事信而有征〔根据〕。然则此画果真邪？幻邪？幻者而同于真邪？真者而托于幻邪？斯二者盖〔大概〕皆有之。

【作者简介】

薛福成（1838—1894年），字叔耘，号庸庵，江苏无锡人。近代著名的外交家、散文家。清同治年间曾任曾国藩幕僚；光绪年间成为李鸿章的幕僚，办理外交事务。光绪十五年（1889年）以左副都御史出使英、法、比、意四国，致力介绍西方科技政俗，主张变法维新。归国后升任右副都御史。有《庸盦全集》传世。

【阅读欣赏提示】

《观巴黎油画记》是薛福成出使西欧、参观巴黎油画院、观看法国名画《普法交战图》的有感之作。全文由观巴黎蜡人馆写到观油画，重点描绘《普法交战图》所画战场景象的逼真，文笔细腻，叙写生动。而作者的真正用意在于赞赏法国人"自绘败状"、敢于正视历史、以史为鉴的勇气和卓识。文章熔记叙、描写、议论于一炉，层次清楚，语言简洁。末段生发的议论，颇有意味。

【思考与练习】

1. 读了这篇课文，你有什么感想？请简要说明之。
2. 请说明下列句中的词类活用现象，要求：（1）说明活用词原有的词性；（2）说明是哪一类活用；（3）说明活用后所表示的意义。
   - 其被轰击者，则断壁危楼，或黔其庐，或赭其垣。（《观巴黎油画记》）
   - 军士之折臂断足、血流殷地、偃仰僵仆者，令人目不忍睹。（《观巴黎油画记》）
   - 五日平明，良往，父已先在，怒曰："与老人期，后，何也？"（《史记·留侯世家》）
   - 今吾以十倍之地，请广于君，而君逆寡人者，轻寡人与？（《唐雎不辱使命》）
3. 本文的"文眼"在哪里？请试分析说明。

笑

冰心

雨声渐渐的住了，窗帘后隐隐的透进清光来。推开窗户一看，呀！凉云散了，树叶上的残滴，映着月儿，好似萤光千点，闪闪烁烁的动着。——真没想到苦雨孤灯之后，会有这么一幅清美的图画！

凭窗站了一会儿，微微的觉得凉意侵人。转过身来，忽然眼花缭乱，屋子里的别的东西，都隐在光云里；一片幽辉，只浸着墙上画中的安琪儿。——这白衣的安琪儿，抱着花儿，扬着翅儿，向着我微微的笑。

"这笑容仿佛在那儿看见过似的，什么时候，我曾——"我不知不觉的便坐在窗口下想，——默默的想。

严闭的心幕，慢慢的拉开了，涌出五年前的一个印象，——一条很长的古道。驴脚下的泥，兀自滑滑的。田沟里的水，潺潺的流着。近村的绿树，都笼在湿烟里，弓儿似的新月，挂在树梢。一边走着，似乎道旁有一个孩子，抱着一堆灿白的东西。驴儿过去了，无意中回头一看。——他抱着花儿，赤着脚儿，向着我微微的笑。

"这笑容又仿佛是哪儿看见过似的！"我仍是想——默默的想。

又现出一重心幕来，也慢慢的拉开了，涌出十年前的一个印象，——茅檐下的雨水，一滴一滴的落到衣上来。土阶边的水泡儿，泛来泛去的乱转。门前的麦垄和葡萄架子，都濯得新黄嫩绿的非常鲜丽。——一会儿好容易雨晴了，连忙走下坡儿去。迎头看见月儿从海面上来了，猛然记得有件东西忘下了，站住了，回过头来。这茅屋里的老妇人——她倚着门儿,抱着花儿,向着我微微的笑。

这同样微妙的神情,好似游丝一般,飘飘漾漾的合了拢来,绾在一起。

这时心下光明澄静,如登仙界,如归故乡。眼前浮现的三个笑容,一时融化在爱的调和里看不分明了。

【作者简介】

冰心(1900—1999年),原名谢婉莹,祖籍福建长乐,生于福州。从小受传统文化熏陶。移居北京后受"五四"运动影响,很早就开始创作"问题小说",是中国现代文学史上创作"问题小说"最多、影响最大的作家。她创作的"冰心体"小诗清新自然,为人称道。其作品尤以散文见长,充分体现了其蕴涵着母爱、童心和自然的"爱的哲学",文笔清丽,意蕴隽永,具有独特的艺术风格。代表作品有小说集《超人》,诗集《繁星》、《春水》,散文集《寄小读者》、《往事》、《樱花赞》、《小桔灯》、《再寄小读者》等。

【阅读欣赏提示】

这是一篇画面感很强的散文。作者以精巧的构思描绘了三幅"笑"的画面,并将自己丰富而细腻的情感融入其中,叙述、描写、抒情浑然一体,构成一种优美深邃的意境,鲜明地表达出作者对"美"和"爱"的追求。文章用词精致,语句优美而富于诗意。

【思考与练习】

1. 作者描写的优美意境,其内涵是什么?
2. 请具体分析文章优美而富于诗意的语言特征。

故都的秋

郁达夫

秋天,无论在什么地方的秋天,总是好的;可是啊,北国的秋,却特别地来得清,来得静,来得悲凉。我的不远千里,要从杭州赶上青岛,更要从青岛赶上北平来的理由,也不过想饱尝一尝这"秋",这故都的秋味。

江南，秋当然也是有的；但草木凋得慢，空气来得润，天的颜色显得淡，并且又时常多雨而少风；一个人夹在苏州上海杭州，或厦门香港广州的市民中间，浑浑沌沌地过去，只能感到一点点清凉，秋的味，秋的色，秋的意境与姿态，总看不饱，尝不透，赏玩不到十足。秋并不是名花，也并不是美酒，那一种半开、半醉的状态，在领略秋的过程上，是不合适的。

不逢北国之秋，已将近十余年了。在南方每年到了秋天，总要想起陶然亭的芦花，钓鱼台的柳影，西山的虫唱，玉泉的夜月，潭柘寺的钟声。在北平即使不出门去罢，就是在皇城人海之中，租人家一椽破屋来住着，早晨起来，泡一碗浓茶，向院子一坐，你也能看得到很高很高的碧绿的天色，听得到青天下驯鸽的飞声。从槐树叶底，朝东细数着一丝一丝漏下来的日光，或在破壁腰中，静对着象喇叭似的牵牛花（朝荣）的蓝朵，自然而然地也能够感觉到十分的秋意。说到了牵牛花，我以为以蓝色或白色者为佳，紫黑色次之，淡红色最下。最好，还要在牵牛花底，教长着几根疏疏落落的尖细且长的秋草，使作陪衬。

北国的槐树，也是一种能使人联想起秋来的点缀。象花而又不是花的那一种落蕊，早晨起来，会铺得满地。脚踏上去，声音也没有，气味也没有，只能感出一点点极微细极柔软的触觉。扫街的在树影下一阵扫后，灰土上留下来的一条条扫帚的丝纹，看起来既觉得细腻，又觉得清闲，潜意识下并且还觉得有点儿落寞，古人所说的梧桐一叶而天下知秋的遥想,大约也就在这些深沉的地方。

秋蝉的衰弱的残声,更是北国的特产;因为北平处处全长着树,屋子又低,所以无论在什么地方,都听得见它们的啼唱。在南方是非要上郊外或山上去才听得到的。这秋蝉的嘶叫,在北平可和蟋蟀耗子一样,简直象是家家户户都养在家里的家虫。

还有秋雨哩,北方的秋雨,也似乎比南方的下得奇,下得有味,下得更象样。

在灰沉沉的天底下,忽而来一阵凉风,便息列索落地下起雨来了。一层雨过,云渐渐地卷向了西去,天又青了,太阳又露出脸来了;著着很厚的青布单衣或夹袄的都市闲人,咬着烟管,在雨后的斜桥影里,上桥头树底下去一立,遇见熟人,便会用了缓慢悠闲的声调,微叹着互答着的说:

"唉,天可真凉了——"(这了字念得很高,拖得很长。)

"可不是么?一层秋雨一层凉了!"

北方人念阵字,总老象是层字,平平仄仄起来,这念错的歧韵,倒来得正好。

北方的果树,到秋来,也是一种奇景。第一是枣子树;屋角,墙头,茅房边上,灶房门口,它都会一株株地长大起来。象橄榄又象鸽蛋似的这枣子颗儿,在小椭圆形的细叶中间,显出淡绿微黄的颜色的时候,正是秋的全盛时期;等枣树叶落,枣子红完,西北风就要起来了,北方便是尘沙灰土的世界,只有这枣子、柿子、葡萄，成熟到八九分的七八月之交，是北国的清秋的佳日，是一年之中最好也没有的 Golden Days。

有些批评家说，中国的文人学士，尤其是诗人，都带着很浓厚的颓废色彩，所以中国的诗文里，颂赞秋的文字特别的多。但外国的诗人，又何尝不然？我虽则外国诗文念得不多，也不想开出账来，做一篇秋的诗歌散文抄，但你若去一翻英德法意等诗人的集子，或各国的诗文的 Anthology 来，总能够看到许多关于秋的歌颂与悲啼。各著名的大诗人的长篇田园诗或四季诗里，也总以关于秋的部分，写得最出色而最有味。足见有感觉的动物，有情趣的人类，对于秋，总是一样的能特别引起深沉，幽远，严厉，萧索的感触来的。不单是诗人，就是被关闭在牢狱里的囚犯，到了秋天，我想也一定会感到一种不能自已的深情；秋之于人，何尝有国别，更何尝有人种阶级的区别呢？不过在中国，文字里有一个"秋士"的成语，读本里又有着很普遍的欧阳子的秋声与苏东坡的赤壁赋等，就觉得中国的文人，与秋的关系特别深了。可是这秋的深味，尤其是中国的秋的深味，非要在北方，才感受得到的。

南国之秋，当然是也有它的特异的地方的，比如廿四桥的明月，钱塘江的秋潮，普陀山的凉雾，荔枝湾的残荷等等，可是色彩不浓，回味不永。比起北国的秋来，正象是黄酒之与白干，稀饭之与馍馍，鲈鱼之与大蟹，黄犬之与骆驼。

秋天，这北国的秋天，若留得住的话，我愿把寿命的三分之二折去，换得一个三分之一的零头。

1934 年 8 月，在北平

【作者简介】

郁达夫（1896—1945 年），原名郁文，字达夫，浙江富阳人。1913 年赴日留学，1921 年参与发起组织创造社，是创造社重要作家之一。1922 年回国，主要从事文学创作和刊物编辑工作。抗战中，积极参加抗日救亡工作。1938 年后到香港和东南亚从事文艺和抗日活动。1945 年 8 月 29 日被日本宪兵秘密杀害于新加坡。中国现代文学开创时期的重要作家，在中短篇小说、散文和旧体诗创作上都取得了很高的成就，并具有独特的艺术特色。有《郁达夫文集》传世。

【阅读欣赏提示】

文章着力描绘了故都北京特异的蕴涵深长的秋色、秋味与秋韵，表达了作者敏锐而细腻的感觉、感悟和感慨。全文围绕着"色彩浓，回味永"这一线索，着力渲染故都秋天"清"、"静"、"悲凉"的特点，同时用南国之秋的色淡、味浅来反衬北京秋天的色浓和深味，给人极鲜明、深刻的印象和丰富、隽永的美的享受。这故都的秋之赞，所抒发的是炽烈浓郁的爱国之情和对生活、对生命的热望与眷恋。文章叙议相融，形神俱备，以情驭景，以景显情，情景、色味浑然一体，意境深邃而悠长。

【思考与练习】

1．文章描绘秋色在取材上有何特点？作者的意图何在？
2．课文是如何表现故都的秋"清"、"静"、"悲凉"的特点的？
3．分析文章中反衬手法的运用及其效果。
4．以"家乡的秋"为题，写一篇抒情散文。

秋　夜

巴金

窗外"荷荷"地下着雨，天空黑得像一盘墨汁，风从窗缝吹进来，写字桌上的台灯像闪眼睛一样忽明忽暗地闪了几下。我刚翻到《野草》的最后一页。我抬起头，就好像看见先生站在面前。

仍旧是矮小的身材，黑色的长袍，浓浓的眉毛，厚厚的上唇须，深透的眼光和慈祥的微笑，右手两根手指夹着一支香烟。他深深地吸一口烟，向空中喷着烟雾。

他在房里踱着，在椅子上坐下来，他抽烟，他看书，他讲话，他俯在他那张书桌上写字，他躺在他那把藤躺椅上休息，他突然发出来爽朗的笑声……

这一切都是那么自然，那么平易近人。而且每一个动作里仿佛都有先生的特殊的东西。你一眼就可以认出他来。

不管窗外天空漆黑，只要他抬起眼睛，整个房间就马上亮起来，他的眼光仿佛会看透你的心，你在他面前想撒谎也不可能。不管院子里暴雨下个不停，只要他一开口，你就觉得他的每个字都很清楚地进到你心底。他从不教训人，他鼓励你，安慰你，慢慢地使你的眼睛睁大，牵着你的手徐徐朝前走去，倘使有绊脚石，他会替你踢开。

他一点也没有改变。他还是那么安静，那么恳切，那么热心，那么慈祥。他坐在椅子上，好像从他身上散出来一股一股的热气。我觉得屋子里越来越温暖了。

风在震摇窗户，雨在狂流，屋子里灯光黯淡。可是从先生坐的地方发出来眩目的光。我不转眼地朝那里看。透过黑色长袍我看见一颗燃得通红的心。先生的心一直在燃烧，成了一个鲜红的、透明的、光芒四射的东西。我望着这颗心，我浑身的血都烧起来，我觉得我需要把我身上的热发散出去，我感到一种献身的欲望。这不是第一回了。过去跟先生本人接近，或者翻阅先生著作的时候，我接触到这颗燃烧的心，我常常有这样一种感觉；其实不仅是我，当时许多年青人都曾从这颗心得到温暖，受到鼓舞，找到勇气，得到启发。

他站起来，走到窗前，发光的心仍然在他的胸膛里燃烧，跟着他到了窗前。我记起了，多少年来这颗心就一直在燃烧，一直在给人们指路。他走到哪里，他的心就在哪里发光，生热。我知道多少年青人带着创伤向他要求帮助，他细心地治好他们的伤，让他们恢复了精力和勇气，继续走向光明的前途。

"不要离开我们！"我又一次听见了这个要求，这是许多人的声音，尤其是许多年青人的声音。我听见一声响亮的回答："我决不离开你们！"这是多年来听惯了的声音。我看见他在窗前，向窗外挥一下手，好像他又在向谁吐出这一句说过多少次的话。

雨住了，风也消逝了。天空不知在什么时候露出一点点灰色。夜很静。连他那颗心"必必剥剥"地燃烧的声音也听得见。他拿一只手慢慢地压在胸前，我觉得他的身子似乎微微地在颤动，我听见他激动地、带感情地说：

"忘记我，管自己生活。可是我永远忘不了你们。"

"难道为了你们，我还有什么不可以拿出来的？"

"难道为了你们，我还有过什么顾虑？"

"难道我曾经在真理面前退却？在暴力面前低头？"

"为了追求真理我不是敢说，敢做，敢骂，敢恨，敢爱？"

"我所预言的'将来的光明'不是已经出现在你们的眼前？"

"那么仍然要记住：为了真理，要敢爱，敢恨，敢说，敢做，敢追求！"

"勇敢地继续向着更大的光明前进！"

静寂的夜让他的声音冲破了。仿佛整个空间都骚动起来。从四面八方送过来响应的声音。声音渐渐地凝结在一起，愈凝愈厚，好像成了一大块实在的东西。不知道从哪里送来了火，它一下子就燃烧起来，愈燃愈亮，于是整个房间，整个夜都亮起来了，就像在白天一样。

那一块东西继续在燃烧，愈烧愈小，终于成了一块像人心一样的东西。它愈燃愈往上升，渐渐地升到了空中，就挂在天空，像一轮初升的红日。

我再看窗前鲁迅先生的身形，它不知道在什么时候不见了。

我连忙跑到窗前。我看出来：像初日那样挂在天空里的就是先生燃烧的心。我第一眼只看到一颗心。可是我仰起头仔细再看，先生的慈祥的脸庞不是就在那儿?他笑得多么快乐!真是我从未见过的表示衷心愉快的笑脸!

我笑了,我也衷心愉快地笑了。

我知道鲁迅先生并没有死,而且也永不会死!

我回到写字桌前,把《野草》阖上,我吃惊地发现那一颗透明的红心也在书上燃烧。……

原来我俯在摊开的先生的《野草》上做了一个秋夜的梦。

窗外还有雨声,秋夜的雨滴在芭蕉叶上的声音,滴在檐前石阶上的声音。

可是在先生的书上,我的确看到了他那颗发光的燃烧的心。

1956年9月

【作者简介】

巴金(1904-2005年),原名李尧棠,字芾甘,笔名佩竿、余一、王文慧等。祖籍浙江嘉兴,生于四川成都一个官宦家庭。我国"五四"新文化运动以来最有影响的文学大师之一,举世公认的杰出的小说家、散文家和出色的翻译家,卓越的编辑家、出版家。2003年荣获国务院授予的"人民作家"称号。辑有《巴金全集》。

【阅读欣赏提示】

本文是作者为纪念鲁迅先生逝世20周年而作。文章通过对秋夜中一个梦境的描述,歌颂了鲁迅先生对青年一代无比关怀的高尚品格,表达了作者对鲁迅先生由衷景仰、无限怀念的深厚感情。通过梦境来写人抒情,构思已见奇特。蒙太奇、象征、肖像勾勒、环境烘托等多种艺术手法的运用,更增添了文章的艺术魅力。

【思考与练习】

1. 本文是如何做到前后呼应的?请予以说明。
2. 试分析本文梦境描写的作用。

3. 文中"燃得通红的心"、"发光的燃烧的心"具有怎样深刻的含义？

国 子 监

汪曾祺

为了写国子监，我到国子监去逛了一趟，不得要领。从首都图书馆抱了几十本书回来，看了几天，看得眼花气闷，而所得不多。后来，我去找了一个"老"朋友聊了两个晚上，倒像是明白了不少事情。我这朋友世代在国子监当差，"侍候"过翁同和、陆润庠、王垿等祭酒，给新科状元打过"状元及第"的旗，国子监生人，今年七十三岁，姓董。

国子监，就是从前的大学。

这个地方原先是什么样子，没法知道了（也许是一片荒郊）。立为国子监，是在元代迁都大都以后，至元二十四年（1288年），距今约已七百年。

元代的遗迹，已经难于查考。给这段时间作证的，有两棵老树：一棵槐树，一棵柏树。一在彝伦堂前，一在大成殿阶下。据说，这都是元朝的第一任国立大学校长——国子监祭酒许衡手植的。柏树至今仍颇顽健，老干横枝，婆娑弄碧，看样子还能再活个几百年。那棵槐树，约有北方常用二号洗衣绿盆粗细，稀稀疏疏地披着几根细瘦的枝条，干枯僵直，全无一点生气，已经老得不成样子了，很难断定它是否还活着。传说它老早就已经死过一次，死了几十年，有一年不知道怎么又活了。这是乾隆年间的事，这年正赶上是慈宁太后的六十"万寿",嗬,这是大喜事!于是皇上、大臣赋诗作记,还给老槐树画了像,全都刻在石头上,着实热闹了一通。这些石碑,至今犹在。

国子监是学校,除了一些大树和石碑之外,主要的是一些作为大学校舍的建筑。这些建筑的规模大概是明朝的永乐所创建的(大体依据洪武帝在南京所创立的国子监,而规模似不如原来之大),清朝又改建或修改过。其中修建最多的,是那位站在大清帝国极盛的峰顶,喜武功亦好文事的乾隆。

一进国子监的大门——集贤门,是一个黄色琉璃牌楼。牌楼之里是一座十分庞大华丽的建筑。这就是辟雍。这是国子监最中心,最突出的一个建筑。这就是乾隆所创建的。辟雍者,天子之学也。天子之学,到底该是个什么样子,从汉朝以来就众说纷纭,谁也闹不清楚。照现在看起来,是在平地上开出一个正圆的池子,当中留出一块四方的陆地,上面盖起一座十分宏大的四方的大殿,重檐,有两层廊柱,盖黄色琉璃瓦,安一个巨大的镏金顶子,梁柱檐饰,皆朱漆描金,透刻敷彩,看起来像一顶大花轿子似的。辟雍殿四面开门,可以洞启。池上围以白石栏杆,四面有石桥通达。这样的格局是有许多讲究的,这里不必说它。辟雍,是乾隆以前的皇帝就想到要建筑的,但都因为没有水而作罢了(据说天子之学必得有水)。到了乾隆,气魄果然要大些,认为"北京为天下都会,教化所先也,大典缺如,非所以崇儒重道,古与稽而今与居也"(《御制国学新建辟雍圜水工成碑记》)。没有水，那有什么关系！下令打了四口井，从井里把水汲上来，从暗道里注入，通过四个龙头（螭首），喷到白石砌就的水池里，于是石池中涵空照影，泛着潋滟的波光了。二、八月里，祀孔释奠之后，乾隆来了。前面钟楼里撞钟，鼓楼里擂鼓，殿前四个大香炉里烧着檀香，他走入讲台，坐上宝座，讲《大学》或《孝经》一章，叫王公大臣和国子监的学生跪在石池的桥边听着，这个盛典，叫做"临雍"。

这"临雍"的盛典，道光、嘉庆年间，似乎还举行过，到了光绪，据我那朋友老董说，就根本没有这档子事了。大殿里一年难得打扫两回，月牙河（老董管辟雍殿四边的池子叫做四个"月牙河"）里整年是干的，只有在夏天大雨之后，各处的雨水一齐奔到这里面来。这水是死水，那光景是不难想象的。

然而辟雍殿确实是个美丽的、独特的建筑。北京有名的建筑，除了天安门、天坛祈年殿那个蓝色的圆顶、九梁十八柱的故宫角楼，应该数到这项四方的大花轿。

辟雍之后，正面一间大厅，是彝伦堂，是校长——祭酒和教务长——司业办公的地方。此外有"四厅六堂"，敬一亭，东厢西厢。四厅是教职员办公室。六堂本来应该是教室，但清朝另于国子监斜对门盖了一些房子作为学生住宿进修之所，叫做"南学"（北方戏文动辄说"一到南学去攻书"，指的即是这个地方），六堂作为考场时似更多些。学生的月考、季考在此举行，每科的乡会试也要先在这里考一天,然后才能到贡院下场。

六堂之中原来排列着一套世界上最重的书,这书一页有三、四尺宽,七、八尺长,一尺许厚,重不知几千斤。这是一套石刻的十三经,是一个老书生蒋衡一手写出来的。据老董说,这是他默出来的!他把这套书献给皇帝,皇帝接受了,刻在国子监中,作为重要的装点。这皇帝,就是高宗纯皇帝乾隆陛下。

国子监碑刻甚多,数量最多的,便是蒋衡所写的经。著名的,旧称有赵松雪临写的"黄庭"、"乐毅","兰亭定武本";颜鲁公"争座位",这几块碑不晓得现在还在不在,我这回未暇查考。不过我觉得最有意思、最值得一看的是明太祖训示太学生的一通敕谕:

恁学生每听着:先前那宗训做祭酒呵,学规好生严肃,秀才每循规蹈矩,都肯向学,所以教出来的个个中用,朝廷好生得人。后来他善终了,以礼送他回乡安葬,沿路上著有司官祭他。

近年著那老秀才每做祭酒呵,他每都怀着异心,不肯教诲,把宗讷的学规都改坏了,所以生徒全不务学,用著他呵,好生坏事。

如今著那年纪小的秀才官人每来署学事,他定的学规,恁每当依著行。敢有抗拒不服、撒泼皮、违犯学规的,若祭酒来奏著恁呵,都不饶!全家发向烟瘴地面去,或充军,或充吏,或做首领官。

今后学规严紧，若有无籍之徒，敢有似前贴没头帖子，诽谤师长的，许诸人出首，或绑缚将来，赏大银两个。若先前贴了票子，有知道的，或出首，或绑缚将来呵，也一般赏他大银两个。将那犯人凌迟了，枭令在监前，全家抄没，人口发往烟瘴地面。钦此！

这里面有一个血淋淋的故事：明太祖为了要"人才"，对于办学校非常热心。他的办学的政策只有一个字：严。他所委任的第一任国子监祭酒宗讷，就秉承他的意旨，订出许多规条。待学生非常的残酷，学生曾有饿死吊死的。学生受不了这样的迫害和饥饿，曾经闹过两次学潮。第二次学潮起事的是学生赵麟，出了一张壁报（没头帖子）。太祖闻之，龙颜大怒，把赵麟杀了，并在国子监立一长竿，把他的脑袋挂在上面示众（照明太祖的语言，是"枭令"）。隔了十年，他还忘不了这件事，有一天又召集全体教职员和学生训话。碑上所刻，就是训话的原文。

这些本来是发生在南京国子监的事，怎么北京的国子监也有这么一块碑呢？想必是永乐皇帝觉得他老大人的这通话训得十分精彩，应该垂之久远，所以特地在北京又刻了一个复本。是的，这值得一看。他的这篇白话训词比历朝皇帝的"崇儒重道"之类的话都要真实得多，有力得多。

这块碑在国子监仪门外侧右手，很容易找到。碑分上下两截，下截是对工役膳夫的规矩，那更不得了："打五十竹篦"！"处斩"！"割了脚筋"……

历代皇帝虽然都似乎颇为重视国子监，不断地订立了许多学规，但不知道为什么，国子监出的人才并不是那样的多。

《戴斗夜谈》一书中说，北京人已把国子监打入"十可笑"之列：

京师相传有十可笑：光禄寺茶汤，太医院药方，神乐观祈禳，武库司刀枪，营缮司作场，养济院衣粮，教坊司婆娘，都察院宪纲，国子监学堂，翰林院文章。

国子监的课业历来似颇为稀松。学生主要的功课是读书、写字、作文。国子监学生——监生的肄业、待遇情况各时期都有变革。到清朝末年，据老董说，是每隔六日作一次文，每一年转堂（升级）一次，六年毕业，学生每月领助学金（膏火）八两。学生毕业之后，大部分发作为县级干部，或为县长（知县）、副县长（县丞），或为教育科长（训导）。另外还有一种特殊的用途，是调到中央去写字（清朝有一个时期光禄寺的面袋都是国子监学生的仿纸做的）。从明朝起就有调国子监善书学生去抄录《实录》的例。明朝的一部大丛书《永乐大典》，清朝的一部更大的丛书《四库全书》的底稿，那里面的端正严谨（也毫无个性）的馆阁体楷书，有些就是出自国子监高材生的手笔。这种工作，叫做"在誊桌上行走"。

国子监监生的身分不十分为人所看重。从明景泰帝开生员纳粟纳马入监之例以后，国子监的门槛就低了。尔后捐监之风大开，监生就更不值钱了。

国子监是个清高的学府，国子监祭酒是个清贵的官员——京官中，四品而掌印的，只有这么一个。作祭酒的，生活实在颇为清闲，每月只逢六逢一上班，去了之后，当差的在门口喝一声短道，沏上一碗盖碗茶，他到彝伦堂上坐了一阵，给学生出出题目，看看卷子；初一、十五带着学生上大成殿磕头，此外简直没有什么事情。清朝时他们还有两桩特殊任务：一是每年十月初一，率领属官到午门去领来年的黄历；一是遇到日蚀、月蚀，穿了素服到礼部和太常寺去"救护"，但领黄历一年只一次，日蚀、月蚀，更是难得碰到的事。戴璐《藤阴杂记》说此官"清简恬静"，这几个字是下得很恰当的。

但是，一般做官的似乎都对这个差事不大发生兴趣。朝廷似乎也知道这种心理，所以，除了特殊例外，祭酒不上三年就会迁调。这是为什么？因为这个差事没有油水。

查清朝的旧例，祭酒每月的俸银是一百零五两，一年一千二百六十两；外加办公费每月三两，一年三十六两，加在一起，实在不算多。国子监一没人打官司告状，二没有盐税河工可以承揽，没有什么外快。但是毕竟能够养住上上下下的堂官皂役的，赖有相当稳定的银子，这就是每年捐监的手续费。

据朋友老董说，纳监的监生除了要向吏部交一笔钱，领取一张"护照"外，还需向国子监交钱领"监照"——就是大学毕业证书。照例一张监照，交银一两七钱。国子监旧例，积银二百八十两，算一个"字"，按"千字文"数，有一个字算一个字，平均每年约收入五百字上下。我算了算，每年国子监收入的监照银约有十四万两，即每年有八十二三万不经过入学和考试只花钱向国家买证书而取得大学毕业资格——监生的人。原来这是一种比乌鸦还要多的东西！这十四万两银子照国家的规定是不上缴的，由国子监官吏皂役按份摊分，祭酒每一字分十两，那么一年约可收入五千银子，比他的正薪要多得多。其余司业以下各有差。据老董说，连他一个"字"也分五钱八分，一年也从这一项上收入二百八九十两银子！

老董说，国子监还有许多定例。比如，像他，是典籍厅的刷印匠，管给学生"做卷"——印制作文用的红格本子，这事包给了他，每月例领十三两银子。他父亲在时还会这宗手艺，到他时则根本没有学过，只是到大栅栏口买一刀毛边纸，拿到琉璃厂找铺子去印，成本共花三两，剩下十两，是他的。所以，老董说，那年头，手里的钱花不清——烩鸭条才一吊四百钱一卖！至于那几位"堂皂"，就更不得了了！单是每科给应考的举子包"枪手"（这事值得专写一文），就是一笔大财。那时候，当差的都兴喝黄酒，街头巷尾都是黄酒馆，跟茶馆似的，就是专为当差的预备着的。所以，像国子监的差事也都是世袭。这是一宗产业，可以卖，也可以顶出去！

老董的记性极好，我的复述倘无错误，这实在是一宗未见载录的珍贵史料。

我所以不惮其烦地缕写出来，用意是在告诉比我更年轻的人，封建时代的经济、财政、人事制度，是一个多么古怪的东西！

国子监，现在已经作为首都图书馆的馆址了。首都图书馆的老底子是头发胡同的北京市图书馆，即原先的通俗图书馆——由于鲁迅先生的倡议而成立，鲁迅先生曾经襄赞其事，并捐赠过书籍的图书馆；前曾移到天坛，因为天坛地点逼仄，又挪到这里了。首都图书馆藏书除原头发胡同的和建国后新买的以外，主要为原来孔德学校和法文图书馆的藏书。就中最具特色，在国内搜藏较富的，是鼓词俗曲。

选自《蒲桥集》。作家出版社，1989年3月版

【作者简介】

汪曾祺（1920—1997年），江苏高邮人，著名作家。1939年考入西南联大中国文学系，师从沈从文等名家学习写作。当过教师、编辑等。是跨越几个时代的作家，在小说、散文、戏剧文学与艺术研究上都卓有建树。辑有《汪曾祺文集》。

【阅读欣赏提示】

国子监本是封建时代的国家最高学府，是一个庄严神圣、令人肃然起敬的地方，按理是有很多伟绩可言的。但作者只从小处着眼，通过描写大树、建筑、石碑、故事、打油诗等来介绍国子监的历史沿革、建筑特色以及管理体制。文章娓娓道来，显得非常从容潇洒，语言虽然很平实，却能把人带入一种回味历史的意境，唤起读者一种厚重的沧桑感，引发人们深刻的反思。

【思考与练习】

1．读了这篇文章以后，你有何体会？作者煞费苦心地描写国子监的建筑、布局、碑刻、掌故等，用意何在？

2．文章中穿插的历史典故对表现主题有什么作用？

3．本文在布局谋篇上有何特点？

拓展阅读

介之推不言禄

《左传》

晋侯赏从亡者，介之推不言禄；禄亦弗及。

推曰："献公之子九人，唯君在矣。惠、怀无亲，外内弃之。天未绝晋，必将有主。主晋祀者，非君而谁?天实置之，而二三子以为己力，不亦诬乎？窃人之财，犹谓之盗；况贪天之功以为己力乎？下义其罪，上赏其奸，上下相蒙，难与处矣。"其母曰："盍亦求之？以死谁怼？"对曰："尤而效之，罪又甚焉。且出怨言，不食其食。"其母曰"亦使知之，若何？"对曰："言，身之文也。身将隐，焉用文之？是求显也。"其母曰"能如是乎？与汝偕隐。"遂隐而死。

晋侯求之不获，以绵上为之田。曰："以志吾过，且旌善人。"

季札观周乐

《左传》

吴公子札来聘，请观于周乐。

使工为之歌《周南》、《召南》，曰："美哉！始基之矣，犹未也。然勤而不怨矣！"

为之歌《邶》、《鄘》、《卫》，曰："美哉，渊乎！忧而不困者也。吾闻卫康叔、武公之德如是,是其卫风乎?"

为之歌《王》,曰:"美哉!思而不惧,其周之东乎?"

为之歌《郑》,曰:"美哉!其细已甚,民弗堪也,是其先亡乎?"

为之歌《齐》,曰:"美哉!泱泱乎,大风也哉!表东海者,其大公乎?国未可量也。"

为之歌《豳》,曰:"美,!荡乎!乐而不淫,其周公之东乎?"

为之歌《秦》,曰:"此之谓夏声!夫能夏则大,大之至也!其周之旧乎?"

为之歌《魏》,曰:"美哉!沨沨乎!大而婉,险而易行。以德辅此,则明主也!"

为之歌《唐》,曰:"思深哉!其有陶唐氏之遗民乎?不然,何忧之远也?非令德之后,谁能若是!"

为之歌《陈》,曰:"国无主,其能久乎?"自《郐》以下,无讥焉。

为之歌《小雅》,曰:"美哉!思而不贰,怨而不言,其周德之衰乎?犹有先王之遗民焉!"

为之歌《大雅》,曰:"广哉,熙熙乎!曲而有直体,其文王之德乎?"

为之歌《颂》,曰:"至矣哉!直而不倨,曲而不屈;迩而不逼,远而不携;迁而不淫,复而不厌;哀而不愁,乐而不荒;用而不匮,广而不宣;施而不费，取而不贪；处而不底，行而不流。五声和，八风平；节有度，守有序。盛德之所同也。"

见舞《象箾》、《南籥》者，曰："美哉！犹有憾。"见舞《大武》者，曰："美哉！周之盛也，其若此乎！"见舞《韶濩》者，曰："圣人之弘也，而犹有惭德！圣人之难也。"见舞《大夏》者，曰："美哉！勤而不德，非禹其谁能修之！"见舞《韶箾》者，曰："德至矣哉！大矣！如天之无不帱也，如地之无不载也！虽甚盛德，其蔑以加于此矣。观止矣！若有他乐，吾不敢请已！"

里革断罟匡君

《国语》

宣公夏滥于泗渊，里革断其罟而弃之，曰："古者大寒降，土蛰发，水虞于是乎讲罛罶，取名鱼，登川禽，而尝之寝庙，行诸国人，助宣气也。鸟兽孕，水虫成，兽虞于是乎禁罝罗，矠鱼鳖以为夏槁，助生阜也。鸟兽成，水虫孕，水虞于是乎禁麗，设阱鄂，以实庙庖，畜功用也。且夫山不槎蘖，泽不伐夭，鱼禁鲲鲕，兽长麑䴠，鸟翼鷇卵，虫舍蚳蝝，蕃庶物也，古之训也。今鱼方别孕，不教鱼长，又行网罟，贪无艺也。"

公闻之曰："吾过而里革匡我，不亦善乎！是良罟也，为我得法。使有司藏之，使吾无忘谂。"师存侍曰："藏罟，不如置里革于侧之不忘也。"

唐雎不辱使命

《战国策》

秦王使人谓安陵君曰:"寡人欲以五百里之地易安陵,安陵君其许寡人!"安陵君曰:"大王加惠,以大易小,甚善。虽然,受地于先王,愿终守之,弗敢易!"秦王不说。安陵君因使唐雎使于秦。

秦王谓唐雎曰:"寡人以五百里之地易安陵,安陵君不听寡人,何也?且秦灭韩亡魏,而君以五十里之地存者,以君为长者,故不错意也。今吾以十倍之地,请广于君,而君逆寡人者,轻寡人与?"唐雎对曰:"否,非若是也。安陵君受地于先王而守之,虽千里不敢易也,岂直五百里哉?"

秦王怫然怒,谓唐雎曰:"公亦尝闻天子之怒乎?"唐雎对曰:"臣未尝闻也。"秦王曰:"天子之怒,伏尸百万,流血千里。"唐雎曰:"大王尝闻布衣之怒乎?"秦王曰:"布衣之怒,亦免冠徒跣,以头抢地耳。"唐雎曰:"此庸夫之怒也,非士之怒也。夫专诸之刺王僚也,彗星袭月;聂政之刺韩傀也,白虹贯日;要离之刺庆忌也,苍鹰击于殿上。此三子皆布衣之士也,怀怒未发,休祲降于天,与臣而将四矣。若士必怒,伏尸二人,流血五步,天下缟素,今日是也!"挺剑而起。

秦王色挠,长跪而谢之,曰:"先生坐!何至于此!寡人谕矣:夫韩、魏灭亡，而安陵以五十里之地存者，徒以有先生也。"

留侯世家（节选）

司马迁

良尝闲从容步游下邳圯上。有一老父，衣褐，至良所，直堕其履圯下。顾谓良曰："孺子，下取履！"良愕然，欲殴之；为其老，强忍，下取履。父曰："履我！"良业为取履，因长跪履之。父以足受，笑而去。良殊大惊，随目之。父去里所，复还，曰："孺子可教矣。后五日平明，与我会此！"良因怪之，跪曰："诺。"五日平明，良往。父已先在，怒曰："与老人期，后，何也？"去，曰："后五日早会。"五日鸡鸣，良往。父又先在，复怒曰："后，何也？"去，曰："后五日复早来。"五日，良夜未半往。有顷，父亦来，喜曰："当如是。"出一编书，曰："读此，则为王者师矣。后十年，兴。十三年，孺子见我济北，谷城山下黄石即我矣。"遂去，无他言。不复见。旦日，视其书，乃《太公兵法》也。良因异之，常习诵读之。

晋文公得言

刘向

晋文公逐麋而失之，问农夫老古，曰："吾麋何在？"老古以足指，曰："如是往。"公曰："寡人问，子以足指，何也？"老古振衣而起，曰："一不意人君如此也！虎豹之居也，厌闲而近人，故得；鱼鳖之居也，厌深而之浅，故得；诸侯厌众而亡其国。《诗》云：'维鹊有巢，维鸠居之。'君放不归，人将君之矣。"于是文公恐，归，遇栾武子。栾武子曰："猎得兽乎？而有悦色。"文公曰："寡人逐麋而失之，得善言，故有悦色。"栾武子曰："其人安在乎？"曰："吾未与来也。"栾武子曰："居上位而不恤其下，骄也；缓令急诛，暴也；取人之言而弃其身，盗也。"文公曰："善。"还，载老古与俱归。

螳螂捕蝉

刘向

吴王欲伐荆，告其左右曰："敢有谏者，死！"舍人有少孺子者欲谏，不敢，则怀丸操弹，游于后园，露沾其衣，如是者三旦。吴王曰："子来！何苦沾衣如此？"对曰："园中有树，其上有蝉。蝉高居悲鸣、饮露，不知螳螂在其后也；螳螂委身曲附欲取蝉，而不知黄雀在其旁也；黄雀延颈欲啄螳螂，而不知弹丸在其下也。此三者皆务欲得其前利，而不顾其后之有患也。"吴王曰："善哉！"乃罢其兵。

蔡伦传

《后汉书》

蔡伦，字敬仲，桂阳人也。以永平末始给事宫掖，建初中为小黄门。及和帝即位，转中常侍，豫参帷幄。伦有才学，尽心敦慎，数犯严颜，匡弼得失。每至休沐，辄闭门绝宾、暴体田野。后加位尚方令。

永元九年，监作秘剑及诸器械，莫不精工坚密，为后世法。

自古书契多编以竹简，其用缣帛者谓之为纸。缣贵而简重，并不便于人。伦乃造意用树肤、麻头及敝布、鱼网以为纸。元兴元年奏上之，帝善其能，自是莫不从用焉，故天下咸称"蔡侯纸"。

元初元年，邓太后以伦久宿卫，封为龙亭侯，邑三百户。后为长乐太仆。四年，帝以经传之文多不正定，乃选通儒谒者刘珍及博士良史诣东观，各雠校家法，令伦监典其事。

伦初受窦后讽旨，诬陷安帝祖母宋贵人。及太后崩，安帝始亲万机，勅使自致廷尉。伦耻受辱，乃沐浴整衣冠，饮药而死。国除。

刘伶病酒

刘义庆

刘伶病酒。渴甚，从妇求酒。妇捐酒毁器，涕泣谏曰："君饮太过，非摄生之道，必宜断之！"伶曰："甚善。我不能自禁，唯当祝鬼神，自誓断之耳！。便可具酒肉。"妇曰："敬闻命。"供酒肉于神前，请伶祝誓。伶跪而祝曰："天生刘伶，以酒为名。一饮一斛，五斗解酲。妇人之言，慎不可听！"便引酒进肉，隗然已醉矣。

许允妇丑

刘义庆

　　许允妇是阮卫尉女、德如妹，奇丑。交礼竟，允无复入理，家人深以为忧。会允有客至，妇令婢视之，还，答曰："是桓郎。"桓郎者，桓范也。妇云："无忧！桓必劝入。"桓果语许云：阮家既嫁丑女与卿，故当有意，卿宜察之。许便回，入内，既见妇，即欲出。妇料其此出，无复入理，便捉裾停之。许因谓曰："妇有四德，卿有其几？"妇曰："新妇所乏，唯容尔。然士有百行，君有几？"许云："皆备。"妇曰："夫百行以德为首。君好色不好德，何谓皆备？"允有惭色，遂相敬重。

小石城山记

柳宗元

　　自西山道口径北，逾黄茅岭而下，有二道：其一西出，寻之无所得；其一少北而东，不过四十丈，土断而川分，有积石横当其垠。其上为睥睨梁欐之形，其旁出堡坞，有若门焉。窥之正黑，投以小石，洞然有水声，其响之激越，良久乃已。环之可上，望甚远。无土壤而生嘉树美箭，益奇而坚。其疏数偃仰，类智者所施设也。

噫！吾疑造物者之有无久矣。及是，愈以为诚有。又怪其不为之于中州，而列是夷狄。更千百年不得一售其伎，是固劳而无用。神者倘不宜如是，则其果无乎？或曰："以慰夫贤而辱于此者。"或曰："其气之灵，不为伟人，而独为是物，故楚之南，少人而多石。"是二者，余未信之。

柳敬亭说书

张岱

南京柳麻子，黧黑，满面疤癗，悠悠忽忽，土木形骸。善说书。一日说书一回，定价一两。十日前先送书帕下定，常不得空。南京一时有两行情人，王月生、柳麻子是也。

余听其说景阳冈武松打虎白文，与本传大异。其描写刻画，微入毫发，然又找截干净，并不唠叨。哱夬声如巨钟。说至筋节处，叱咤叫喊，汹汹崩屋。武松到店沽酒，店内无人，謈地一吼，店中空缸空甓，皆瓮瓮有声。闲中著色，细微至此。主人必屏息静坐，倾耳听之，彼方掉舌，稍见下人呫哔耳语，听者欠伸有倦色，辄不言，故不得强。每至丙夜，拭桌剪灯，素瓷静递，款款言之。其疾徐轻重，吞吐抑扬，入情入理，入筋入骨，摘世上说书之耳而使之谛听，不怕其齰舌死也。

柳麻子貌奇丑，然其口角波俏，眼目流利，衣服恬静，直与王月生同其婉娈，故其行情正等。

故乡的野菜

周作人

我的故乡不止一个，凡我住过的地方都是故乡。故乡对于我并没有什么特别的情分，只因钓于斯游于斯的关系，朝夕会面，遂成相识，正如乡村里的邻舍一样，虽然不是亲属，别后有时也要想念到他。我在浙东住过十几年，南京东京都住过六年，这都是我的故乡；现在住在北京，于是北京就成了我的家乡了。

日前我的妻往西单市场买菜回来，说起有荠菜在那里卖着，我便想起浙东的事来。荠菜是浙东人春天常吃的野菜，乡间不必说，就是城里只要有后园的人家都可以随时采食，妇女小儿各拿一把剪刀一只"苗篮"，蹲在地上搜寻，是一种有趣味的游戏的工作。那时小孩们唱道："荠菜马兰头，姊姊嫁在后门头。"后来马兰头有乡人拿来进城售卖了，但荠菜还是一种野菜，须得自家去采。关于荠菜向来颇有风雅的传说，不过这似乎以吴地为主。《西湖游览志》云："三月三日男女皆戴荠菜花。谚云：三春戴荠花，桃李羞繁华。"顾禄的《清嘉录》上亦说，"荠菜花俗呼野菜花，因谚有三月三蚂蚁上灶山之语，三日人家皆以野菜花置灶陉上，以厌虫蚁。清晨村童叫卖不绝。或妇女簪髻上以祈清目，俗号眼亮花。"但浙东人却不很理会这些事情，只是挑来做菜或炒年糕吃罢了。

黄花麦果通称鼠曲草，系菊科植物，叶小微圆互生，表面有白毛，花黄色，簇生梢头。春天采嫩叶，捣烂去汁，和粉作糕，称黄花麦果糕。小孩们有歌赞美之云：

黄花麦果韧结结，关得大门自要吃，半块拿弗出，一块自要吃。

清明前后扫墓时，有些人家大约是保存古风的人家——用黄花麦果作供，但不作饼状，做成小颗如指顶大，或细条如小指，以五六个作一攒，名曰茧果，不知是什么意思，或因蚕上山时设祭，也用这种食品，故有是称，亦未可知。自从十二三岁时外出不参与外祖家扫墓以后，不复见过茧果，近来住在北京，也不再见黄花麦果的影子了。日本称作"御形"，与荠菜同为春的七草之一，也采来做点心用，状如艾饺，名曰"草饼"，春分前后多食之，在北京也有，但是吃去总是日本风味，不复是儿时的黄花麦果糕了。

扫墓时候所常吃的还有一种野菜，俗称草紫，通称紫云英。农人在收获后，播种田内，用作肥料，是一种很被贱视的植物，但采取嫩茎瀹食，味颇鲜美，似豌豆苗。花紫红色，数十亩接连不断，一片锦绣，如铺着华美的地毯，非常好看，而且花朵状若蝴蝶，又如鸡雏，尤为小孩所喜，间有白色的花，相传可以治痢。很是珍重，但不易得。日本《俳句大辞典》云："此草与蒲公英同是习见的东西，从幼年时代便已熟识。在女人里边，不曾采过紫云英的人，恐未必有罢。"中国古来没有花环，但紫云英的花球却是小孩常玩的东西，这一层我还替那些小人们欣幸的。浙东扫墓用鼓吹，所以少年常随了乐音去看"上坟船里的娇娇"；没有钱的人家虽没有鼓吹，但是船头上篷窗下总露出些紫云英和杜鹃的花束，这也就是上坟船的确实的证据了。

13 年 2 月

背　　影

朱自清

我与父亲不相见已二年余了，我最不能忘记的是他的背影。那年冬天，祖母死了，父亲的差使也交卸了，正是祸不单行的日子，我从北京到徐州，打算跟着父亲奔丧回家。到徐州见着父亲，看见满院狼藉的东西，又想起祖母，不禁簌簌地流下眼泪。父亲说，"事已如此，不必难过，好在天无绝人之路！"

回家变卖典质，父亲还了亏空；又借钱办了丧事。这些日子，家中光景很是惨澹，一半为了丧事，一半为了父亲赋闲。丧事完毕，父亲要到南京谋事，我也要回北京念书，我们便同行。

到南京时，有朋友约去游逛，勾留了一日；第二日上午便须渡江到浦口，下午上车北去。父亲因为事忙，本已说定不送我，叫旅馆里一个熟识的茶房陪我同去。他再三嘱咐茶房，甚是仔细。但他终于不放心，怕茶房不妥帖；颇踌躇了一会。其实我那年已二十岁，北京已来往过两三次，是没有甚么要紧的了。

他踌躇了一会,终于决定还是自己送我去。我两三回劝他不必去;他只说,"不要紧,他们去不好!"

我们过了江,进了车站。我买票,他忙着照看行李。行李太多了,得向脚夫行些小费,才可过去。他便又忙着和他们讲价钱。我那时真是聪明过分,总觉他说话不大漂亮,非自己插嘴不可。但他终于讲定了价钱;就送我上车。他给我拣定了靠车门的一张椅子;我将他给我做的紫毛大衣铺好坐位。他嘱我路上小心,夜里要警醒些,不要受凉。又嘱托茶房好好照应我。我心里暗笑他的迂;他们只认得钱,托他们真是白托!而且我这样大年纪的人,难道还不能料理自己吗?唉,我现在想想,那时真是太聪明了!

我说道,"爸爸,你走吧。"他望车外看了看,说,"我买几个橘子去。你就在此地,不要走动。"我看那边的月台栅栏外有几个卖东西的等着顾客。走到那边月台,须穿过铁道,须跳下去又爬上去。父亲是一个胖子,走过去自然要费事些。我本来要去的,他不肯,只好让他去。我看见他戴着黑布小帽,穿着黑布大马褂,深青布棉袍,蹒跚地走到铁道边,慢慢探身下去,尚不大难。可是他穿过铁道,要爬上那边月台,就不容易了。他用两手攀着上面,两脚再向上缩;他肥胖的身子向左微倾,显出努力的样子。这时我看见他的背影,我的泪很快地流下来了。我赶紧拭干了泪,怕他看见,也怕别人看见。我再向外看时,他已抱了朱红的橘子望回走了。过铁道时，他先将橘子散放在地上，自己慢慢爬下，再抱起橘子走。到这边时，我赶紧去搀他。他和我走到车上，将橘子一股脑儿放在我的皮大衣上。于是扑扑衣上的泥土，心里很轻松似的，过一会说，"我走了；到那边来信！"我望着他走出去。他走了几步，回过头看见我，说，"进去吧，里边没人。"等他的背影混入来来往往的人里，再找不着了，我便进来坐下，我的眼泪又来了。

近几年来，父亲和我都是东奔西走，家中光景是一日不如一日。他少年出外谋生，独力支持，做了许多大事。那知老境却如此颓唐！他触目伤怀，自然情不能自已。情郁于中，自然要发之于外；家庭琐屑便往往触他之怒。他待我渐渐不同往日。但最近两年的不见，他终于忘却我的不好，只是惦记着我，惦记着我的儿子。我北来后，他写了一信给我，信中说道，"我身体平安，惟膀子疼痛利害，举箸提笔，诸多不便，大约大去之期不远矣。"我读到此处，在晶莹的泪光中，又看见那肥胖的，青布棉袍，黑布马褂的背影。唉！我不知何时再能与他相见！

1925 年 10 月在北京

雅　舍

梁实秋

到四川来，觉得此地人建造房屋最是经济。火烧过的砖，常常用来做柱子，孤零零的砌起四根砖柱，上面盖上一个木头架子，看上去瘦骨嶙嶙，单薄得可怜；但是顶上铺了瓦，四面编了竹篦墙，墙上敷了泥灰，远远的看过去，没有人能说不像是座房子。我现在住的"雅舍"正是这样一座典型的房子。不消说，这房子有砖柱，有竹篦墙，一切特点都应有尽有。讲到住房，我的经验不算少，什么"上支下摘"，"前廊后厦"，"一楼一底"，"三上三下"，"亭子间"，"茆草棚"，"琼楼玉宇"和"摩天大厦"，各式各样，我都尝试过。我不论住在哪里，只要住得稍久，对那房子便发生感情，非不得已我还舍不得搬。这"雅舍"，我初来时仅求其能蔽风雨，并不敢存奢望，现在住了两个多月，我的好感油然而生。虽然我已渐渐感觉它是并不能蔽风雨，因为有窗而无玻璃，风来则洞若凉亭，有瓦而空隙不少，雨来则渗如滴漏。纵然不能蔽风雨，"雅舍"还是自有它的个性。有个性就可爱。

　　"雅舍"的位置在半山腰，下距马路约有七八十层的土阶。前面是阡陌螺旋的稻田。再远望过去是几抹葱翠的远山，旁边有高粱地，有竹林，有水池，有粪坑，后面是荒僻的榛莽未除的土山坡。若说地点荒凉，则月明之夕，或风雨之日，亦常有客到，大抵好友不嫌路远，路远乃见情谊。客来则先爬几十级的土阶，进得屋来仍须上坡，因为屋内地板乃依山势而铺，一面高，一面低，坡度甚大，客来无不惊叹，我则久而安之，每日由书房走到饭厅是上坡，饭后鼓腹而出是下坡，亦不觉有大不便处。

"雅舍"共是六间，我居其二。篦墙不固，门窗不严，故我与邻人彼此均可互通声息。邻人轰饮作乐，咿唔诗章，喁喁细语，以及鼾声，喷嚏声，吮汤声，撕纸声，脱皮鞋声，均随时由门窗户壁的隙处荡漾而来，破我岑寂。入夜则鼠子瞰灯，才一合眼，鼠子便自由行动，或搬核桃在地板上顺坡而下，或吸灯油而推翻烛台，或攀援而上帐顶，或在门框桌脚上磨牙，使得人不得安枕。但是对于鼠子，我很惭愧的承认，我"没有法子"。"没有法子"一语是被外国人常常引用着的，以为这话最足代表中国人的懒惰隐忍的态度。其实我的对付鼠子并不懒惰。窗上糊纸，纸一戳就破；门户关紧，而相鼠有牙，一阵咬便是一个洞洞。试问还有什么法子？洋鬼子住到"雅舍"里，不也是"没有法子"？比鼠子更骚扰的是蚊子。"雅舍"的蚊风之盛，是我前所未见的。"聚蚊成雷"真有其事！每当黄昏时候，满屋里磕头碰脑的全是蚊子，又黑又大，骨骼都像是硬的。在别处蚊子早已肃清的时候，在"雅舍"则格外猖獗，来客偶不留心，则两腿伤处累累隆起如玉蜀黍，但是我仍安之。冬天一到，蚊子自然绝迹，明年夏天——谁知道我还是住在"雅舍"！

"雅舍"最宜月夜——地势较高，得月较先。看山头吐月，红盘乍涌，一霎间，清光四射，天空皎洁，四野无声，微闻犬吠，坐客无不悄然！舍前有两株梨树，等到月升中天，清光从树间筛洒而下，地上阴影斑斓，此时尤为幽绝。直到兴阑人散，归房就寝，月光仍然逼进窗来，助我凄凉。细雨濛濛之际，"雅舍"亦复有趣。推窗展望，俨然米氏章法，若云若雾，一片弥漫。但若大雨滂沱，我就又惶悚不安了，屋顶湿印到处都有，起初如碗大，俄而扩大如盆，继则滴水乃不绝，终乃屋顶灰泥突然崩裂，如奇葩初绽，砉然一声而泥水下注，此刻满室狼藉，抢救无及。此种经验，已数见不鲜。

"雅舍"之陈设，只当得简朴二字，但洒扫拂拭，不使有纤尘。我非显要，故名公巨卿之照片不得入我室；我非牙医，故无博士文凭张挂壁间；我不业理发，故丝织西湖十景以及电影明星之照片亦均不能张我四壁。我有一几一椅一榻，酣睡写读，均已有着，我亦不复他求。但是陈设虽简，我却喜欢翻新布置。西人常常讥笑妇人喜欢变更桌椅位置，以为这是妇人天性喜变之一征。诬否且不论，我是喜欢改变的。中国旧式家庭，陈设千篇一律，正厅上是一条案，前面一张八仙桌，一旁一把靠椅，两旁是两把靠椅夹一只茶几。我以为陈设宜求疏落参差之致，最忌排偶。"雅舍"所有，毫无新奇，但一物一事之安排布置俱不从俗。人入我室，即知此是我室。笠翁《闲情偶寄》之所论，正合我意。

"雅舍"非我所有，我仅是房客之一。但思"天地者万物之逆旅"，人生本来如寄，我住"雅舍"一日，"雅舍"即一日为我所有。即使此一日亦不能算是我有,至少此一日"雅舍"所能给予之苦辣酸甜,我实躬受亲尝。刘克庄词:"客里似家家似寄。"我此时此刻卜居"雅舍","雅舍"即似我家。其实似家似寄,我亦分辨不清。

长日无俚,写作自遣,随想随写,不拘篇章,冠以"雅舍小品"四字,以示写作所在,且志因缘。

秋天的况味

林语堂

秋天的黄昏,一人独坐在沙发上抽烟,看烟头白灰之下露出红光,微微透露出暖气,心头的情绪便跟着那蓝烟缭绕而上,一样的轻松,一样的自由。不转眼缭烟变成缕缕的细丝,慢慢不见了,而那雾时,心上的情绪也跟着消沉于大千世界,所以也不讲那时的情绪,而只讲那时的情绪的况味。待要再划一根洋火,再点起那已点过三四次的雪茄,却因白灰已积得太多,点不着,乃轻轻地一弹,烟灰静悄悄的落在铜炉上,其静寂如同我此时用毛笔写在中纸上一样,一点的声息也没有。于是再点起来,一口一口的吞云吐露,香气扑鼻,宛如偎红倚翠温香在抱的情调。于是想到烟,想到这烟一股温煦的热气,想到室中缭绕暗淡的烟霞,想到秋天的意味。这时才忆起,向来诗文上秋的含义,并不是这样的,使人联想的是萧杀,是凄凉,是秋扇,是红叶,是荒林,是菱草。然而秋确有另一意味,没有春天的阳气勃勃,也没有夏天的炎烈迫人,也不像冬天之全入于枯槁凋零。我所爱的是秋林古气磅礴气象。有人以老气横秋骂人,可见是不懂得秋林古色之滋味。在四时中,我于秋是有偏爱的,所以不妨说说。秋是代表成熟,对于春天之明媚娇艳,夏日之茂密浓深,都是过来人,不足为奇了,所以其色淡,叶多黄,有古色苍茏之慨,不单以葱翠争荣了。这是我所谓秋的意味。大概我所爱的不是晚秋,是初秋,那时暄气初消,月正圆,蟹正肥,桂花皎洁,也未陷入凛烈萧瑟气态,这是最值得赏乐的。那时的温和,如我烟上的红灰,只是一股熏熟的温香罢了。或如文人已排脱下笔惊人的格调,而渐趋纯熟练达,宏毅坚实,其文读来有深长意味。这就是庄子所谓"正得秋而万宝成"结实的意义。在人生上最享乐的就是这一类的事。比如酒以醇以老为佳。烟也有和烈之辨。雪茄之佳者,远胜于香烟,因其气味较和。倘是烧得得法,慢慢的吸完一支,看那红光炙发,有无穷的意味。鸦片吾不知,然看见人在烟灯上烧,听那微微哗剥的声音,也觉得有一种诗意。大概凡是古老,纯熟,熏黄,熟练的事物,都使我得到同样的愉快。如一只熏黑的陶锅在烘炉上用慢火炖猪肉时所发出的锅中徐吟的声调,是使我感到同观人烧大烟一样的兴趣。或如一本用过二十年而尚未破烂的字典,或是一张用了半世的书桌,或如看见街上一块熏黑了老气横秋的招牌,或是看见书法大家苍劲雄深的笔迹,都令人有相同的快乐,人生世上如岁月之有四时,必须要经过这纯熟时期,如女人发育健全遭遇安顺的,亦必有一时徐娘半老的风韵,为二八佳人所绝不可及者。使我最佩服的是邓肯的佳句:"世人只会吟咏春天与恋爱,真无道理。须知秋天的景色,更华丽,更恢奇,而秋天的快乐有万倍的雄壮,惊奇,都丽。我真可怜那些妇女识见褊狭,使她们错过爱之秋天的宏大的赠赐。"若邓肯者,可谓识趣之人。

1941年1月

箱 子 岩

沈从文

十五年以前,我有机会独坐一只小篷船,沿辰河上行,停船在箱子岩脚下。一列青黛崭削的石壁,夹江高矗,被夕阳炙成为一个五彩屏障。石壁半腰约百米高的石缝中,有古代巢居者的遗迹,石罅隙间横横的悬撑起无数巨大横梁,暗红色长方形大木柜尚依然好好的搁在木梁上。岩壁断折缺口处,看得见人家茅棚同水码头,上岸喝酒下船过渡人也得从这缺口通过。那一天正是五月十五,河中人过大端阳节(注:农历五月十五为大端阳节)。箱子岩洞窟中最美丽的三只龙船,早被乡下人拖出浮在水面上。船只狭而长,船舷描绘有朱红线条,全船坐满了青年桨手,头腰各缠红布。鼓声起处,船便如一支没羽箭,在平静无波的长潭中来去如飞。河身大约一里路宽,两岸皆有人看船,大声呐喊助兴。

且有好事者，从后山爬到悬岩顶上去，把"铺地锦"百子鞭炮从高岩上抛下，尽鞭炮在半空中爆裂，形成一团团五彩碎纸云尘，嘭嘭嘭嘭的鞭炮声与水面船中锣鼓声相应和，引起人对于历史回溯发生一种幻想，一点感慨。

　　当时我心想：多古怪的一切！两千年前那个楚国逐臣屈原，若本身不被放逐，疯疯癫癫来到这种充满了奇异光彩的地方，目击身经这些惊心动魄的景物，两千年来的读书人，或许就没有福分读《九歌》那类文章，中国文学史也就不会如现在的样子了。在这一段长长岁月中，世界上多少民族皆堕落了，衰老了，灭亡了。即如号称东亚大国的一片土地，也已经有过多少次被从西北方沙漠中远来的蛮族，骑了膘壮的马匹，手持强弓硬弩，长枪大戟，到处践踏蹂躏！（辛亥革命前夕，在这苗蛮杂处的一个边镇上，向土民最后一次大规模施行杀戮的统治者，就是一个北方清朝的宗室！辛亥以后，老袁梦想做皇帝时，又有两师北老在这里和滇军作战了大半年。）然而这地方的一切，虽在历史中照样发生不断的杀戮，争夺，以及一到改朝换代时，派人民担负种种不幸命运，死的因此死去，活的被逼迫留发，剪发，在生活上受新朝代种种限制与支配。然而细细一想，这些人根本上又似乎与历史毫无关系。从他们应付生存的方法与排泄感情的娱乐看上来，竟好象今古相同，不分彼此。这时节我所眼见的光景，或许就和两千年前屈原所见的完全一样。

那次我的小船停泊在箱子岩石壁下，附近还有十来只小渔船，大致打渔人也有玩龙船竞渡的，所以渔船上妇女小孩们，精神无不十分兴奋，各站在尾梢上或船篷上锐声呼喊。其中有几个小孩子，我只担心他们太快乐兴奋了些，会把住家的小船跳沉。

日头落尽云影无光时，两岸渐渐消失在温柔暮色里。两岸看船人吆喝声越来越少，河面被一片紫雾笼罩，除了从锣鼓声中尚能辨别那些龙船方向，此外已别无所见。然而岩壁缺口处却人声嘈杂，且闻有小孩子哭声，有妇女们尖锐叫唤声，综合给人一种悠然不尽的感觉。天已经夜了，吃饭是正经事。我原先尚以为再等一会儿，那龙船一定就会傍近岩边来休息，被人拖进石窟里，在快乐呼喊中结束这个节日了。谁知过了许久，那种锣鼓声尚在河面飘荡着，表示一班人还不愿意离开小船，回转家中。待到我把晚饭吃过后，爬出舱外一望，呀，天上好一轮圆月。月光下石壁同河面，一切如镀了银，已完全变换了一种调子。岩壁缺口处水码头边，正有人用废竹缆或油柴燃着火燎，火光下只见许多穿白衣人的影子移动。问问船上水手，方知道那些人正把酒食搬移上船，预备分派给龙船上人。原来这些青年人白日里划了一整天船，看船的已慢慢散尽了，划船的还不尽兴，并且谁也不愿意扫兴示弱，先行上岸，因此三只长船还得在月光下玩个上半夜。

提起这件事,使我重新感到人类文字语言的贫俭。那一派声音,那一种情调,真不是用文字语言可以形容的事情。要一个长年身在城市里住下,以读读《楚辞》就"神往意移"的人,来描绘那月下竞舟的一切,更近于徒然的努力。我可以说的,只是自从我把这次水上所领略的印象保留到心上后,一切书本上的动人记载,全看得平平常常,不至于发生任何惊讶了。这正象我另外一时,看过人类许多不同花样的愚蠢杀戮,对于其余书上叙述到这件事情时,同样不能再给我如何感动。

十五年后我又有了机会乘坐小船沿辰河上行,应当经过箱子岩。我想温习温习那地方给我的印象,就要管船的不问迟早,把小船在箱子岩下停泊。这一天是十二月七号,快要过年的光景。没有太阳的阴沉酿雪天,气候异常寒冷。停船时还只下午三点钟左右,岩壁上藤萝草木叶子多已萎落,显得那一带斑驳岩壁十分瘦削。悬岩高处红木柜,只剩下三四具,其余早不知到哪儿去了。小船最先泊在岩壁下洞窟边,冬天水落得太多,洞口已离水面两三丈以上。我从石壁裂罅爬上洞口,到搁龙船处看了一下,旧船已不知坏了还是早被水冲去了,只见有四只新船搁在石梁上,船头还贴有鸡血同鸡毛,一望就明白是今年方下水的。出得洞口时,见岩下左边泊定五只渔船,有几个老渔婆缩颈敛手在船头寒风中修补渔网。上船后觉得这样子太冷落了,可不是个办法,就又要船上水手为我把小船撑到岩壁断折处有人家地方去，就便上岸，看看乡下人过年以前是什么光景。

四点钟左右，黄昏已逐渐腐蚀了山峦与树石轮廓，占领了屋角隅。我独自坐在一家小饭铺柴火边烤火。我默默的望着那个火光煜煜的枯树根，在我脚边很快乐的燃着，爆炸出轻微的声音。铺子里人来来往往，有些说两句话又走了，有些就来镶在我身边长凳上，坐下吸他的旱烟。有些来烘烘脚，把穿着湿草鞋的脚去热灰里乱搅。看看每一个人的脸子，我都发生一种奇异的乡情。这里是一群会寻快乐的正直善良乡下人，有捕鱼的，打猎的，有船上水手和编制竹缆工人。若我的估计不错，那个坐在我身旁，伸出两只手向火，中指节有个放光顶针的，肯定还是一位乡村里的成衣人。这些人每到大端阳时节，都得下河去玩一整天的龙船。平常日子特别是隆冬严寒天气，却在这个地方，按照一种分定，很简单的把日子过下去。每日看过往船只摇橹扬帆来去，看落日同水鸟。虽然也同样有人事上的得失，到恩怨纠纷成一团时，就陆续发生庆贺或仇杀。然而从整个说来，这些人生活却仿佛同"自然"已相融合，很从容的各在那里尽其性命之理，与其他无生命物质一样，惟在日月升降寒暑交替中放射、分解。而且在这种过程中，人是如何渺小的东西，这些人比起世界上任何哲人，也似乎还更知道的多一些。

听他们谈了许久，我心中有点忧郁起来了。这些不辜负自然的人，与自然妥协，对历史毫无担负，活在这无人知道的地方。另外尚有一批人，与自然毫不妥协，想出种种方法来支配自然，违反自然的习惯，同样也那么尽寒暑交替，看日月升降。然而后者却在慢慢改变历史，创造历史。一份新的日月，行将消灭旧的一切。我们用甚么方法，就可以使这些人心中感觉一种对"明天"的"惶恐"，且放弃过去对自然和平的态度，重新来一股劲儿，用划龙船的精神活下去？这些人在娱乐上的狂热，就证明这种狂热能换个方向，就可使他们还配在世界上占据一片土地，活得更愉快更长久一些。不过有什么办法，可以改造这些人的狂热到一件新的竞争方面去，可是个费思索的问题。

一个跛脚青年人，手中提了一个老虎牌新桅灯，灯罩光光的，洒着摇着从外面走进屋子。许多人见了他都同声叫唤起来："什长，你发财回来了！好个灯！"

那跛子年纪虽很轻，脸上却刻画了一种兵油子的油气与骄气，在乡下人中仿佛身分特高一层。把灯搁在木桌上，大洋洋的坐近火边来，拉开两腿摊出两只大手烘火，满不高兴的说："碰鬼，运气坏，什么都完了。"

"船上老八说你发了财，瞒我们。怕我们开借。"

"发了财，哼。用得着瞒你们？本钱去七角，桃源行市只一块零，除了上下开销，二百两货有什么捞头，我问你。"

这个人接着且连骂带唱的说起桃源后江娘儿们种种有趣的情形，使得一般人活泼兴奋起来。话说得正有兴味时，一个人来找他，说"什长，猪蹄膀炖好了，酒已热好了，"他搓搓手，说声有偏各位，提起那个新桅灯就走了。

原来这个青年汉子，是个打鱼人的独生子。三年前被省城里募兵委员看中了招去，训练了三个月，就开到江西边境去同共产党打仗。打了半年仗，一班兄弟中只剩下他一个人好好的活着，奉令调回后防招募新军补充时，他因此升了班长。第二次又训练三个月，再开到前线去打仗。于是碎了一只腿，抬回省中军医院诊治，照规矩这只腿得用锯子锯去。一群同乡都以为从辰州地方出来的家乡人，"辰州符"比截割高明得多了，信他个洋办法象话吗？就把他从医院中抢出，在外边用老办法找人敷水药治疗。说也古怪，不到三个月，那只腿居然不必截割，全好了。战争是个甚么东西他也明白了。取得了本营证明，领得了些伤兵抚恤费后，于是回到家乡来，用什长名义受同乡恭维，又用伤兵名义做点特别生意。这生意也就正是有人可以赚钱，有人可以犯法，政府也设局收税，也制定法律禁止，又可以杀头，又可以发财那种从各方面说来都似乎极有出息的生意。我想弄明白那什长的年龄，从那个当地唯一成衣人口中，方知道这什长今年还只二十一岁。那成衣人还说：

"这小子看事有眼睛，做事有魄力，蹶了一只腿，还会一月一个来回下常德府，吃喝玩乐发财走好运。若两只腿全弄坏，那就更好了。"

有个水手插口说："这是什么话。"

"什么画，壁上挂。穷人打光棍，一只腿打坏了不顶事。如两只腿全打坏了，他就不会卖烟土走私赚了钱，再到桃源县后江玩花姑娘了！"

成衣人末后一句打趣话，把大家都弄笑了。

回船时，我一个人坐在灌满冷气的小小船舱中，屈指计算那什长年龄，二十一岁减十五，得到个数目是六。我记起十五年前那个夜里一切光景，那落日返照，那狭长而描绘朱红线条的船只，那锣鼓与热情兴奋的呼喊，……尤其是临近几只小渔船上欢乐跳掷的小孩子，其中一定就有一个今晚我所见到的跛脚什长。唉，历史，多么古怪的事物。生恶性痈疽的人，照旧式治疗方法，可用一星一点毒药敷上，尽它溃烂，到溃烂净尽时，再用药物使新的肌肉生长，人也就恢复健康了。这跛脚什长，我对他的印象虽异常恶劣，想起他就是一个可以溃烂这乡村居民灵魂的人物，不由人不寄托一种幻想……

二十年前澧州镇守使王正雅部队一个平常马夫，姓贺名龙，兵乱时，一菜刀切下了一个散兵的头颅，二十年后就得惊动三省集中十万军队来解决这马夫。谁个人会注意这小小节目，谁个人想象得到人类历史是用什么写成的！

公寓生活记趣

张爱玲

谈到"我欲乘风归去，又恐琼楼玉宇，高处不胜寒"的两句词，公寓房子上层的居民多半要感到毛骨悚然。屋子越高越冷。自从煤贵了之后，热水汀早成了纯粹的装饰品。构成浴室的图案美，热水龙头上的 H 字样自然是不可少的一部分；实际上呢，如果你放冷水而开错了热水龙头，立刻便有一种空洞而凄怆的轰隆轰隆之声从九泉之下发出来，那是公寓里特别复杂，特别多心的热水管系统在那里发脾气了。即使你不去太岁头上动土，那雷神也随时地要显灵。无缘无故，只听见不怀好意的"嗡……"拉长了半晌之后接着"訇訇"两声，活像飞机在顶上盘旋了一会，掷了两枚炸弹。在战时香港吓细了胆子的我，初回上海的时候，每每为之魂飞魄散。若是当初它认真工作的时候，艰辛地将热水运到六层楼上来，便是咕噜两声，也还情有可原。现在可是雷声大，雨点小，难得滴下两滴生锈的黄浆……然而也说不得了，失业的人向来是肝火旺的。

梅雨时节，高房子因为压力过重，地基陷落的原故，门前积水最深。街道上完全干了，我们还得花钱雇黄包车渡过那白茫茫的护城河。雨下得太大的时候，屋子里便闹了水灾。我们轮流抢救，把旧毛巾、麻袋、褥单堵住了窗户缝；障碍物湿濡了，绞干，换上，污水折在脸盆里，脸盆里的水倒在抽水马桶里。

忙了两昼夜，手心磨去了一层皮，墙根还是汪着水，糊墙的花纸还是染了斑斑点点的水痕与霉迹子。

风如果不朝这边吹的话，高楼上的雨倒是可爱的。有一天，下了一黄昏的雨，出去的时候忘了关窗户，回来一开门，一房的风声雨味，放眼望出去，是碧蓝的潇潇的夜，远处略有淡灯摇曳，多数的人家还没点灯。

常常觉得不可解，街道上的喧声，六楼上听得分外清楚，仿佛就在耳根底下，正如一个人年纪越高，距离童年渐渐远了，小时的琐屑的回忆反而渐渐亲切明晰起来。

我喜欢听市声。比我较有诗意的人在枕上听松涛，听海啸，我是非得听见电车响才睡得着觉的。在香港山上，只有冬季里，北风彻夜吹着常青树，还有一点电车的韵味。长年住在闹市里的人大约非得出了城之后才知道他离不了一些什么。城里人的思想，背景是条纹布的幔子，淡淡的白条子便是行驶着的电车——平行的，匀净的，声响的河流，汩汩流入下意识里去。

我们的公寓靠近电车厂，可是我始终没弄清楚电车是几点钟回家。"电车回家"这句子仿佛不很合适——大家公认电车为没有灵魂的机械，而"回家"两个字有着无数的情感洋溢的联系。但是你没看见过电车进厂的特殊情形吧？一辆衔接一辆，像排了队的小孩，嘈杂、叫嚣，愉快地打着哑嗓子的铃："克林，克赖,克赖,克赖!"吵闹之中又带着一点由疲乏而生的驯服,是快上床的孩子,等着母亲来刷洗他们。车里的灯点得雪亮。专做下班的售票员的生意的小贩们曼声兜售着面包。有时候,电车全进了厂了,单剩下一辆,神秘地,像被遗弃了似的,停在街心。从上面望下去,只见它在半夜的月光中坦露着白肚皮。

　　这里的小贩所卖的吃食没有多少典雅的名色。我们也从来没有缒下篮子去买过东西。(想起《侬本痴情》里的顾兰君了。她用丝袜结了绳子,缚住了纸盒,吊下窗去买汤面。袜子如果不破,也不是丝袜了!在节省物资的现在,这是使人心惊肉跳的奢侈。)也许我们也该试着吊下篮子去。无论如何,听见门口卖臭豆腐干的过来了,便抓起一只碗来,蹬蹬奔下六层楼梯,跟踪前往,在远远的一条街上访到了臭豆腐干担子的下落,买到了之后,再乘电梯上来,似乎总有点可笑。

　　我们的开电梯的是个人物,知书达理,有涵养,对于公寓里每一家的起居他都是一本清帐。他不赞成他儿子去做电车售票员——嫌那职业不很上等。再热的天,任凭人家将铃揿得震天响,他也得在汗衫背心上加上一件熨得溜平的纺绸小褂,方肯出现。他拒绝替不修边幅的客人开电梯。他的思想也许缙绅气太重,然而他究竟是个有思想的人。可是他离了自己那间小屋,就踏进了电梯的小屋——只怕这一辈子是跑不出这两间小屋了。电梯上升,人字图案的铜栅栏外面，一重重的黑暗往下移，棕色的黑暗，红棕色的黑暗，黑色的黑暗……衬着交替的黑暗，你看见司机人的花白的头。

没事的时候他在后天井烧个小风炉炒菜烙饼吃。他教我们怎样煮红米饭：烧开了，熄了火，停个十分钟再煮，又松，又透，又不塌皮烂骨，没有筋道。

托他买豆腐浆，交给他一只旧的牛奶瓶。陆续买了两个礼拜，他很简单地报告道："瓶没有了。"是砸了还是失窃了，也不得而知。再隔了些时，他拿了一只小一号的牛奶瓶装了豆腐浆来，我们问道："咦？瓶又有了？"他答道"有了。"新的瓶是赔给我们的呢还是借给我们的，也不得而知。这一类的举动是颇有点社会主义风的。

我们的新闻报每天早上他要循例过目一下方才给我们送来。小报他读得更为仔细些，因此要到十一二点钟才轮得到我们看。英文、日文、德文、俄文的报他是不看的，因此大清早便卷成一卷插在人家弯曲的门钮里。

报纸没有人偷，电铃上的钢板却被撬去了。看门的巡警倒有两个，虽不是双生子，一样都是翻领里面竖起了木渣渣的黄脸，短裤与长统袜之间露出木渣渣的黄膝盖；上班的时候，一般都是横在一张藤椅上睡觉，挡住了信箱。每次你去看看信箱的时候总得殷勤地凑到他面颊前面，仿佛要询问："酒刺好了些吧？"

恐怕只有女人能够充分了解公寓生活的特殊优点：佣人问题不那么严重。

生活程度这么高，即使雇得起人，也得准备着受气。在公寓里"居家过日子"是比较简单的事。找个清洁公司每隔两星期来大扫除一下，也就用不着打杂的了。没有佣人，也是人生一快，抛开一切平等的原则不讲，吃饭的时候如果有个还没吃过饭的人立在一边眼睁睁望着，等着为你添饭，虽不至于使人食不下咽，多少有些讨厌。许多身边杂事自有它们的愉快性质。看不到田园里的茄子，到菜场上去看看也好——那么复杂的，油润的紫色；新绿的豌豆，熟艳的辣椒，金黄的面筋，像太阳里的肥皂泡。把菠菜洗过了，倒在油锅里，每每有一两片碎叶子粘在莨篓底上，抖也抖不下来；迎着亮，翠生生的枝叶在竹片编成的方格子上招展着，使人联想到篱上的扁豆花。其实又何必"联想"呢？莨篓子的本身的美不就够了么？我这并不是效忠于国社党，劝诱女人回到厨房里去。不劝便罢，若是劝，一样的得劝男人到厨房里去走一遭。当然，家里有厨子而主人不时地下厨房，是会引起厨子最强烈的反感的。这些地方我们得寸步留心，不能太不识眉眼高低。

有时候也感到没有佣人的苦处。米缸里出虫，所以掺了些胡椒在米里——据说米虫不大喜欢那刺激性的气味，淘米之前先得把胡椒拣出来。我捏了一只肥白的肉虫的头当做胡椒，发现了这错误之后，不禁大叫起来，丢下饭锅便走。在香港遇见了蛇，也不过如此罢了。那条蛇我只见到它的上半截，它钻出洞来矗立着，约有二尺来长，我抱了一叠书匆匆忙忙下山来。正和它打了个照面。它静静地望着我，我也静静地望着它，望了半晌，方才哇呀呀叫出声来，翻身便跑。

提起虫豸之类，六楼上苍蝇几乎绝迹，蚊子少许有两个。如果它们富于想像力的话，飞到窗口往下一看，便会晕倒了罢？不幸它们是像英国人一般地淡漠与自足——英国人住在非洲的森林里也照常穿上了燕尾服进晚餐。

公寓是最合理想的逃世的地方。厌倦了大都会的人们往往记挂着和平幽静的乡村，心心念念盼望着有一天能够告老归田，养蜂种菜，享点清福。殊不知在乡下多买半斤腊肉便要引起许多闲言闲语，而在公寓房子的最上层你就是站在窗前换衣服也不妨事！

然而一年一度，日常生活的秘密总得公布一下。夏天家家户户都大敞着门，搬一把藤椅坐在风口里。这边的人在打电话，对过一家的仆欧一面熨衣裳，一面便将电话上的对白译成了德文说给他的小主人听。楼底下有个俄国人在那里响亮地教日文。二楼的那位太太和贝多芬有着不共戴天的仇恨，一拶十八敲，咬牙切齿打了他一上午；钢琴上倚着一辆脚踏车。不知道哪一家在煨牛肉汤，又有哪一家泡了焦三仙。

人类天生的是爱管闲事。为什么我们不向彼此的私生活里偷偷的看一眼呢，既然被看者没有多大损失而看的人显然得到了片刻的愉悦？凡事牵涉到快乐的授受上，就犯不着斤斤计较了。计较些什么呢？——长的是磨难，短的是人生。

屋顶花园里常常有孩子们溜冰，兴致高的时候，从早到晚在我们头上咕滋咕滋锉过来又锉过去，像瓷器的摩擦，又像睡熟的人在那里磨牙，听得我们一粒粒牙齿在牙龈里发酸如同青石榴的子，剔一剔便会掉下来。隔壁一个异国绅士气势汹汹上楼去干涉。他的太太提醒他道："人家不懂你的话，去也是白去。"他揎拳捋袖道："不要紧，我会使他们懂得的！"隔了几分钟他偃旗息鼓嗒然下来了。上面的孩子年纪都不小了，而且是女性，而且是美丽的。

谈到公德心，我们也不见得比人强。阳台上的灰尘我们直截了当地扫到楼下的阳台上去。"啊，人家栏杆上晾着地毯呢——怪不过意的，等他们把地毯收了进去再扫吧！"一念之慈，顶上生出了灿烂圆光。这就是我们的不甚彻底的道德观念。

（原刊 1943 年 12 月《天地》月刊第 3 期）

秦　腔

贾平凹

山川不同，便风俗区别，风俗区别，便戏剧存异；普天之下人不同貌，剧不同腔，京，豫，晋，越，黄梅，二簧，四川高腔，几十种品类；或问：历史最悠久者，文武最正经者，是非最汹汹者?曰：秦腔也。正如长处和短处一样突出便见其风格，对待秦腔，爱者便爱得要死，恶者便恶得要命。外地人——尤其是自夸于长江流域的纤秀之士——最害怕秦腔的震撼，评论说得婉转的是：唱得有劲，说得直率的是：大喊大叫。于是，便有柔弱女子，常在戏台下以绒堵耳，又或在平日教训某人：你要不怎么怎么样，今晚让你去看秦腔！秦腔成了惩罚的代名词。所以，别的剧种可以各省走动，唯秦腔则如秦人一样，死不离窝；严重的乡土观念，也使其离不了窝：可能还在西北几个地方变腔走调的有些市场，却绝对冲不出往东南而去的潼关呢。

但是，几百年来，秦腔却没有被淘汰，被沉沦，这使多少人在大惑而不得其解。其解是有的，就在陕西这块土地上。如果是一个南方人，坐车轰轰隆隆往北走，渡过黄河，进入西岸，八百里秦川大地，原来竟是：一抹黄褐的平原；辽阔的地平线上，一处一处用木椽夹打成一尺多宽墙的土屋，粗笨而庄重；冲天而起的白杨，苦楝，紫槐，枝杆粗壮如桶，叶却小似铜钱，迎风正反翻覆……你立即就会明白了：这里的地理构造竟与秦腔的旋律惟妙惟肖的一统！再去接触一下秦人吧，活脱脱的一群秦始皇兵马俑的复出：高个，浓眉，眼和眼间隔略远，手和脚一样粗大，上身又稍稍见长于下身。当他们背着沉重的三角形状的犁铧，赶着山包一样团块组合式的秦川公牛，端着脑袋般大小的耀州瓷碗，蹲在立的卧的石碌子碌碡上吃着牛肉泡馍，你不禁又要改变起世界观了：啊，这是块多么空旷而实在的土地，在这块土地挖爬滚打的人群是多么"二愣"的民众!那晚霞烧起的黄昏里,落日在地平线上欲去不去的痛苦的妊娠,五里一村,十里一镇,高音喇叭里传播的秦腔互相交织,冲撞,这秦腔原来是秦川的天籁,地籁,人籁的共鸣啊!于此,你不渐渐感觉到了南方戏剧的秀而无骨吗?不深深地懂得秦腔为什么形成和存在而占却时间、空间的位置吗?

八百里秦川,以西安为界,咸阳,兴平,武功,周至,凤翔,长武,岐山,宝鸡,两个专区几十个县为西府,三原,泾阳,高陵,户县,合阳,大荔,韩城,白水,一个专区十几个县为东府。秦腔,就源于西府。在西府,民性敦厚,说话多用去声,一律咬字沉重,对话如吵架一样,哭丧又一呼三叹,呼喊远人更是特殊:前声拖十二分地长,末了方极快地道出内容。声韵的发展,使会远道喊人的人都从此有了唱秦腔的天才。老一辈的能唱,小一辈的能唱,男的能唱,女的能唱;唱秦腔成了做人最体面的事,任何一个乡下男女,只有唱秦腔,才有出人头地的可能,大凡有出息的,是个人才的,哪一个何曾未登过台,起码不能吼一阵乱弹呢?!

农民是世上最劳苦的人,尤其是在这块平原上,生时落草在黄土炕上,死了被埋在黄土堆下;秦腔是他们大苦中的大乐,当老牛木犁疙瘩绳,在田野已经累得筋疲力尽,立在犁沟里大喊大叫来一段秦腔,那心胸肺腑,关关节节的困乏便一尽儿涤荡净了。秦腔与他们,是和"西凤"白酒,长线辣子,大叶卷烟，牛肉泡馍一样成为生命的五大要素。若与那些年长的农民聊起来，他们想象的伟大的共产主义生活，首先便是这五大要素。他们有的是吃不完的粮食，他们缺的是高超的艺术享受，他们教育自己的子女，不会是那些文豪们讲的，幼年不是祖母讲着动人的迷丽的童话，而是一字一板传授着秦腔。他们大都不识字，但却出奇地能一本一本整套背诵出剧本，虽然那常常是之乎者也的字眼从那一圈胡子的嘴里吐出来十分别扭。有了秦腔，生活便有了乐趣，高兴了，唱"快板"，高兴得像被烈性炸药爆炸了一样，要把整个身心粉碎在天空！痛苦了，唱"慢板"，揪心裂肠的唱腔却表现了多么有情有味的美来，美给了别人的享受，美也熨平了自己心中愁苦的皱纹。当他们在收获时节的土场上，在月在中天的庄院里大吼大叫唱起来的时候，那种难以想象的狂喜，激动，雄壮，与那些献身于诗歌的文人，与那些有吃有穿却总感空虚的都市人相比，常说的什么伟大的永恒的爱情是多么渺小，有限和虚弱啊！

我曾经在西府走动了两个秋冬，所到之处，村村都有戏班，人人都会清唱。在黎明或者黄昏的时分，一个人独独地到田野里去，远远看着天幕下一个一个山包一样隆起的十三个朝代帝王的陵墓，细细辨认着田埂上、荒草中那一截一截汉唐时期石碑上的残字，高高的土屋上的窗口里就飘出一阵冗长的二胡声，几声雄壮的秦腔叫板，我就痴呆了，感觉到那村口的土尖里，一头叫驴的打滚是那么有力，猛然发现了自己心胸中一股强硬的气魄随同着胳膊上的肌肉疙瘩一起产生了。

每到农闲的夜里，村里就常听到几声锣响：戏班排演开始了。演员们都集合起来，到那古寺庙里去。吹，拉，弹，奏，翻，打，念，唱，提袍甩袖，吹胡瞪眼，古寺庙成了古今真乐府，天地大梨园。导演是老一辈演员，享有绝对权威，演员是一家几口，夫妻同台，父子同台，公公儿媳也同台。按秦川的风俗：父和子不能不有其序，爷和孙却可以无道，弟与哥嫂可以嬉闹无常，兄与弟媳则无正事不能多言。但是，一到台上，秦腔面前人人平等，兄可以拜弟媳为帅为将，子可以将老父绳绑索捆。寺庙里有窗无扇，屋梁上蛛丝结网，夏天蚊虫飞来，成团成团在头上旋转，薰蚊草就墙角燃起，一声唱腔一声咳嗽。冬天里四面透风，柳木疙瘩火当中架起，一出场一脸正经，一下场凑近火堆，热了前怀，凉了后背。排演到什么时候，什么时候都有观众，有抱着二尺长的烟袋的老者，有凳子高、桌子高趴满窗台的孩子。庙里一个跟斗未翻起，窗外就哇地一声叫倒好，演员出来骂一声：谁说不好的滚蛋!他们抓住窗台死不滚去，倒要连声讨好：翻得好!翻得好!更有殷勤的，跑回来偷拿了红薯、土豆，在火堆里煨熟给演员作夜餐，赚得进屋里有一个安全位置。排演到三更鸡叫，月儿偏西，演员们散了，孩子们还围了火堆弯腰踢腿，学那一招一式。

一出戏排成了，一人传出，全村振奋，扳着指头盼那上演日期。一年十二月，正月元宵日，二月龙抬头，三月三，四月四，五月五日过端午，六月六晒丝绸，七月过半，八月中秋，九月初九，十月一日，再是那腊月五豆，腊八，二十三……月月有节，三月一会，那戏必是上演的。戏台是全村人的共同的事业，宁肯少吃少穿也要筹资积款，买上好的木石，请高强的工匠来修筑。村子富不富，就比这戏台阔不阔。一演出，半下午人就扛凳子去占地位了，未等戏开，台下坐的、站的人头攒拥，台两边阶上立的卧的是一群玩童。那锣鼓就叮叮咣咣地闹台，似乎整个世界要天翻地覆了。各类小吃趁机摆开，一个食摊上一盏马灯，花生，瓜子，糖果，烟卷，油茶，麻花，烧鸡，煎饼，长一声短一声叫卖不绝。锣鼓还在一声儿敲打，大幕只是不拉，演员偶尔从幕边往下望望，下边就喊：开演呀，场子都满了！幕布放下，只说就要出场了，却又叮叮咣咣不停。台下就乱了，后边的喊前边的坐下，前边的喊后边的为什么不说最前边的立着；场外的大声叫着亲朋子女名字，问有坐处没有，场内的锐声回应快进来；有要吃煎饼的喊熟人去买一个，熟人买了站在场外一扬手，"日"地一声隔人头甩去，不偏不倚目标正好；左边的喊右边的踩了他的脚，右边的叫左边的挤了他的腰，一个说：狗年快完了，你还叫啥哩？一个说：猪年还没到，你便拱开了！言语伤人，动了手脚；外边的趁机而入，一时四边向里挤，里边向外扛，人的旋涡涌起，如四月的麦田起风，根儿不动，头身一会儿倒西，一会儿倒东，喊声，骂声，哭声一片；有拼命挤将出来的，一出来方觉世界偌大，身体胖肿，但差不多却光了脚，乱了头发。大幕又一挑，站出戏班头儿，大声叫喊要维持秩序，立即就跳出一个两个所谓"二干子"人物来。这类人物多是头脑简单，四肢发达，却十二分忠诚于秦腔，此时便拿了树条儿，哪里人挤，哪里打去，如凶神恶煞一般。人人恨骂这些人，人人又都盼有这些人，叫他们是秦腔宪兵。宪兵者越发忠于职责，虽然彻夜不得看戏，但大家一夜满足了，他们也就满足了一夜。

终于台上锣鼓停了，大幕拉开，角色出场。但不管男的女的，出来偏不面对观众，一律背身掩面，女的就碎步后移，水上漂一样，台下就叫：瞧那腰身，那肩头，一身的戏哟!是男的就摇那帽翎，一会双摇，一会单摇，一边上下飞闪，一边纹丝不动，台下便叫：绝了!绝了!等到那角色儿猛一转身，头一高扬，一声高叫，声如炸雷豁啷啷直从人们头顶碾过，全场一个冷颤，从头到脚，每一个手指尖儿，每一根头发梢儿都麻酥酥的了。如果是演《救裴生》，那慧娘站在台中往下蹲，慢慢地，慢慢地，慧娘蹲下去了，全场人头也矬下去了半尺，等那慧娘往起站，慢慢地，慢慢地，慧娘站起来了，全场人的脖子也全拉长了起来。他们不喜欢看生戏，最欢迎看熟戏，那一腔一调都晓得，哪个演员唱得好，就摇头晃脑跟着唱，哪个演员走了调，台下就有人要纠正。说穿了，看秦腔不为求新鲜，他们只图过过瘾。

在这样的地方，这样的环境，这样的气氛，面对着这样的观众，秦腔是最逞能的，它的艺术的享受，是和拥挤而存在，是有力气而获得的。如果是冬天，那风在刮着，像刀子一样，如果是夏天，人窝里热得如蒸笼一般，但只要不是大雪，冰雹，暴雨，台下的人是不肯撤场的。最可贵的是那些老一辈的秦腔迷，他们没有力气挤在台下，也没有好眼力看清演员，却一溜一排地蹲在戏台两侧的墙根，吸着草烟，慢慢将唱腔品赏。一声叫板，便可以使他们坠入艺术之宫，"听了秦腔，肉酒不香"，他们是体会得最深。那些大一点的，脾性野一点的孩子，却占领了戏场周围所有的高空，杨树上，柳树上，槐树上，一个枝杈一个人。他们常常乐而忘了险境，双手鼓掌时竟从树杈上掉下来，掉下来自不会损伤，因为树下是无数的人头，只是招致一顿臭骂罢了。更有一些爬在了场边的麦秸积上，夏天四面来风，好不凉快，冬日就扒个草洞，将身子缩进去，露一个脑袋。也正是有闲阶级享受不了秦腔吧，他们常就瞌睡了，一觉醒来，月在西天，戏毕人散，只好苦笑一声悄然没声儿地溜下来回家敲门去了。

当然，一次秦腔演出，是一次演员亮相，也是一次演员受村人评论的考场。每每角色一出场，台下就一片喊喊喳喳：这是谁的儿子，谁的女子，谁家的媳妇，娘家何处?于是乎，谁有出息，谁没能耐，一下子就有了定论。有好多外村的人来提亲说媒，总是就在这个时候进行。据说有一媒人将一女子引到台下，相亲台上一个男演员，事先夸口这男的如何俊样，如何能干，但戏演了过半，那男的还未出场，后来终于出来，是个国民党的伪兵，还持枪未走到中台，扮游击队长的演员挥枪一指，"叭"的一声，那伪兵就倒地而死，爬着钻进了后幕。那女子当下哼了一声，闭了嘴，一场亲事自然了了。这是喜中之悲一例。据说还有一例，一个老头在脖子上架了孙孙去看戏，孙孙吵着要回家，老头好说好劝只是不忍半场而去，便破费买了半斤花生，他眼盯着台上，手在下边剥花生，然后一颗一颗扬手喂到孙孙嘴里，但喂着喂着，竟将一颗塞进孙孙鼻孔，吐不出，咽不下，口鼻出血，连夜送到医院动手术，花去了七十元钱。但是，以秦腔引喜的事却不计其数。每个村里，总会有那么个老汉，夜里看戏，第二天必是头一个起床往戏台下跑。戏台下一片石头，砖头，一堆堆瓜子皮，糖果纸，烟屁股，他掀掀这块石头，踢踢那堆尘土，少不了要捡到一角两角甚至三元四元钱币来，或者一只鞋，或者一条手帕。这是村里刁钻人干的营生，而馋嘴的孩子们有的则夜里趁各家锁门之机。去地里摘那香瓜来吃，去谁家院里将桃杏装在背心兜里回来分红。自然少不了有那些青春妙龄的少男少女，则往往在台下混乱之中眼送秋波，或者就悄悄退出，相依相偎到黑黑的渠畔树林子里去了……

　　秦腔在这块土地上，有着神圣的不可动摇的基础。凡是到这些村庄去下乡，到这些人家去做客，他们最高级的接待是陪着看一场秦腔，实在不逢年过节，他们就会要合家唱一会乱弹，你只能点头称好，不能耻笑，甚至不能有一点不入神的表示。他们一生最崇敬的只有两种人，一是国家领导人，一是当地的秦腔名角。既是在任何地方，这些名角没有在场，只要发现了名角的父母，去商店买油是不必排队的，进饭馆吃饭是会有座位的，就是在半路上挡车，只要喊一声：我是某某的什么，司机也便要嘎地停车。但是，谁要侮辱一下秦腔，他们要争死争活地和你论理，以至大打出手，永远使你记住教训。每每村里过红白丧喜之事，那必是要包一台秦腔的，生儿以秦腔迎接，送葬以秦腔致哀，似乎这个人生的世界，就是秦腔的舞台，人只要在舞台上，生，旦，净，丑，才各显了真性，恶的夸张其丑，善的凸现其美，善使他们获得了美的教育，恶的也使丑的化作了美的艺术。

　　广漠旷远的八百里秦川，只有这秦腔，也只能有这秦腔，八百里秦川的劳作农民只有也只能有这秦腔使他们喜怒哀乐。秦人自古是大苦大乐之民众，他们的家乡交响乐除了大喊大叫的秦腔还能有别的吗？

1983 年 5 月 2 日草于五味村

知识概述·记叙文

  我们现在可以读到的最早的、成系统的可识文字，是殷商时期的甲骨文辞以及稍后的铭刻文字，被称为我国第一部文章总集的《尚书》，则有了一定规模的文章。尽管它们还不是严格意义上的文章，但可视为文章的萌芽。阅读这些文字给我们留下的鲜明印象是，这些早期的文章，从功能上说是以实用为主，从表达方式上说则是以记叙为主。

  这种以记叙为基本表达方式的文章体式，最早在人们的社会交往中形成，随着社会生活的不断推进与不断丰富，从而形成了我国文章史上的基本文体。并且产生了浩如烟海的作品。

  记叙性文章的第一个高峰是先秦的历史散文，主要有《左传》、《战国策》和《国语》。此时的记叙文以记史记言为主，总体风格以平实见长。进入秦汉，主要是汉代，记叙性文章有了新发展，产生了雄视百代的史传文章，被誉为"史家之绝唱，无韵之离骚"的《史记》和稍后的《汉书》，不仅创造了编撰史书的范式，也提供了记叙文章的写作经验。魏晋南北朝是一个文学自觉逐步形成的时期。记叙文章突破了先前叙史的局限，涉及的社会生活范围更为宽广，表现手法更为丰富多样，产生了曲折自如表达人生理想和语言清新朴素的《桃花源记》，产生了生动描述生活琐事的《世说新语》，产生了描绘河山、记写史迹、叙述人物活动的《水经注》、《洛阳伽蓝记》等。唐宋是记叙文章的又一个繁荣期，史传文大量涌现，山水游记更加成熟，亭台记异军突起，书斋记等蓬勃发展。韩愈的《张中丞传后叙》、柳宗元的"永州八记"、欧阳修的《醉翁亭记》等是此时期的代表作。元代以后记叙文日趋衰落，只有明清间有过短暂的繁荣与局部的拓新，产生了归有光的《项脊轩志》、钟惺的《浣花溪记》，方苞的《狱中杂记》，姚鼐的《登泰山记》等佳篇。进入近代以后，特别是1919年"五四"运动之后，伟大的社会革命以及文学革命催生了记叙文的大发展。鲁迅的《朝花夕拾》、朱自清的《背影》、沈从文的《湘西》等数不胜数的记叙精品相继问世。新中国成立后，记叙文进入空前繁荣的时代。

  当我们纵览中国3000年记叙文发展历程时，我们可以得到一种基本的认识。这就是，我国古代记叙文的产生与发展，是从简单的记史、记言起步的。尔后逐步发展到记人、记事、记游、记物等。随着记叙文的发展，其记叙的范围越来越宽广，其记叙的手法越丰富，其体裁类型也越来越多。为了认识各类型记叙文的独特性，有必要将其划分类型。

  中国古代的记叙文，可按记写对象不同而划分为记人、记事、记游、记物四类。记人记叙文是据实记叙人物的生平事迹。可以记人的一生大略，也可以记人的生活片断。《史记》中的《廉颇蔺相如列传》以记写廉颇、蔺相如为主，还记写了赵奢、赵括、李牧三人的事迹。尔后的《汉书》等史书中的记传体都属于记人文体。除史传外，还有自传、家传、小传、别传、杂传、行状、逸事状等史外传体裁，如晋初傅玄撰《傅子》中记叙名工巧匠马钧的传记，唐代李商隐的《李贺小传》、韩愈的《赠太傅董公行状》、柳宗元的《段太尉逸事状》。宋代苏轼的《方山子传》，明代宋濂的《王冕传》，清代方苞的《左忠毅公逸事》。

记事记叙文是据实记写历史上和现实中发生的事件，可以是重大事件，也可以是生活琐事；可以记写事件发生发展的全过程，也可以记写事件的片断。我国最早的历史散文集《左传》、《国语》、《战国策》中就有了记事名篇，如《左传》中的《秦晋殽之战》、《国语》中的《勾践灭吴》、《战国策》中的《邹忌讽齐王纳谏》等。尔后有宋代曾巩的《越州赵公救灾记》、《资治通鉴》中的《淝水之战》等记事典范之作。记游记叙文，简称游记，是记叙文中一个独特类型，它也是记事，但专记旅游之事。记游也就必然要记山水风光，记名胜古迹，记风土人情，这是游记不同于一般记事记叙文的地方。最早的游记可以追溯到东汉马策伯的《封禅仪记》，尔后有东晋慧远的《庐山记》等。成熟的游记产生于唐代，柳宗元的"永州八记"是其经典之作。尔后有宋代王安石的《游褒禅山记》、苏轼的《石钟山记》、陆游的《入蜀记》、明代袁宏道的《晚游六桥待月记》、张岱的《湖心亭看雪》、清徐霞客的《徐霞客游记》、姚鼐的《登泰山记》等，都是游记中的上乘之作。记物记叙文是指摹写山川景物、亭台楼阁、书斋、器物、书画等的文章。这类记叙文产生较晚，约始于中唐，较为著名的有韩愈的《画记》、柳宗元的《邕州柳中丞作马退山茅亭记》、白居易的《庐山草堂记》、杜牧的《杭州新造亭子记》等。记物记叙文的成熟与繁荣在宋代，范仲淹的《岳阳楼记》、欧阳修的《醉翁亭记》、王禹偁的《黄冈竹楼记》、曾巩的《墨池记》、苏轼的《喜雨亭记》、《文与可画筼筜谷偃竹记》、苏辙的《黄州快哉亭记》等，都是千古传诵的名篇。尔后有明代宋濂的《阅江楼记》、归有光的《项脊轩志》、刘基的《松风阁记》、魏学洢的《核舟记》、清宋起凤的《核工记》等名作。

我国的记叙文从最简单的记史记言发展到写景、抒情、记叙人物活动和重大事件的文体，其长盛不衰的生命力表明它始终作为一个基本文体而存在着，它以其鲜明的特征区别于议论文和实用文。记叙文把人物活动与事件发展的过程作为记写对象，其最基本的要求是，把用以表示人物活动和事件发展的基本要素时间、地点、人物、事件、原因、结果一一交代清楚，给人以完整、清晰的印象，这种记叙必须是真实的，如此才能使人信服。但是，记叙文对人与事的记写又不可能是对社会生活的照搬，它必须作出处理，于是就有详述略述之分。为了写出人物活动与事件发展的现场感，并表达出作者的爱憎情感，记叙文不满足于叙述这一单一表现手法，而将叙述与描写、说明、抒情、议论等表现手法结合起来。因为人物活动与事件发展总是在一定的时间与空间中进行的，为了清晰显示出人物的活动与事件的发展过程，记叙文通常采用时间顺序或空间顺序的结构形式。尽管有的记叙文章为了表达感情的需要而对文章结构作出某种处理，如倒装式、抒情式等，但其基本结构仍以时空为序。记叙文不同于论说文语言精确有力、论证严密完整和实用文语言简明、平易、结构模式化的语体风格，而显示出语言简洁而洒脱、清新而自然、朴素而优美，手法多样，结构多变的语体风格。

第三章　实　用　文

尧典（节选）

《尚书》

帝曰："夔〔音kuí，人名〕！命汝典〔主持〕乐，教胄〔未成年者〕子，直而温，宽而栗〔战栗，谨慎〕，刚而无虐，简〔简约〕而无傲。诗言志，歌永〔通"咏"〕言，声依永，律和声。八音〔八种乐器〕克谐，无相夺伦〔次序〕，神人以和。"

【作品简介】

《尚书》是现存我国古代最早的一部历史文献汇编。最先被称为《书》，到了汉代叫《尚书》，意思是"上古之书"。汉代以后，《尚书》成为儒家的经典作之一，所以又称为《书经》。这部书的作者、写作与编辑年代已很难确定，但在汉朝以前就已有了定本。《尚书》所记载的历史，上起传说中的尧舜时代，下至春秋中期，约1500年。作为我国最早的"政事之纪"，记载了虞、夏、商、周的许多重要史实，反映了这一历史时期的天文、地理、哲学、教育、刑法和典章制度等，对后世产生过重要影响，是我们了解古代社会的珍贵史料。

【阅读欣赏提示】

本文是《尚书·尧典》中一段舜帝的命辞。上古时统治者就特别重视礼乐教化。舜的这段命辞，把以乐施教的观念阐述得非常清楚。通过音乐和谐来教育贵族后代持正守中，不违背社会伦理。其中对诗歌表达功能与艺术特征的概括非常经典，是我国诗话的滥觞。文辞简练精要、整饬严密。

【思考与练习】

1. 请分析这段命辞的内在逻辑。
2. 背诵全文。

无　逸

《尚书》

　　周公曰："呜呼！君子所〔居官〕，其无逸〔安逸享乐〕。先知稼穑之艰难，乃逸，则知小人之依〔隐痛，苦衷〕。相〔看〕小人，厥〔其〕父母勤劳稼穑，厥子乃不知稼穑之艰难，乃逸乃谚〔通"喭"，粗野不恭〕。既诞〔放肆〕，否则〔乃至于〕侮厥父母，曰：'昔之人无闻知。'"

　　周公曰："呜呼！我闻曰：昔在殷王中宗，严〔庄正〕恭寅〔敬〕畏〔惶恐〕，天命自度〔法度〕，治民祗惧〔敬畏〕，不敢荒宁。肆〔因此〕中宗之享国〔在位〕七十有〔又〕五年。"

　　"其在高宗，时〔是〕旧〔久〕劳于外，爰〔于是〕暨〔通"惄"，惠爱〕小人。作〔等到〕其即位，乃或〔又〕亮阴〔听信不言〕，三年不言。其惟不言，言乃雍〔和顺得体〕。不敢荒宁，嘉靖〔安定〕殷邦。至于小〔小民〕大〔群臣〕，无时〔此人〕或〔有〕怨。肆高宗之享国五十有九年。其在祖甲，不义惟〔为〕王，旧〔久〕为小人。作其即位，爰知小人之依，能保〔安定〕惠〔爱〕于庶民，不敢侮鳏寡。肆祖甲之享国三十有三年。"

　　"自时厥后，立王生则逸。生则逸，不知稼穑之艰难，不闻小人之劳，惟耽乐之从〔追求〕。自时〔这〕厥后，亦罔〔无〕或克寿。或十年，或七、八年，或五、六年，或四、三年。"

周公曰："呜呼！厥亦惟我周太王、王季，克自抑〔谦下〕畏〔敬畏〕。文王卑服〔事〕，即康功田功。徽柔懿恭，怀保〔和睦安定〕小民，惠鲜〔善〕鳏寡。自朝至于日中昃，不遑暇食，用咸和万民。文王不敢盘〔乐〕于游田〔打猎〕，以庶邦惟正之供〔进献〕。文王受命惟中身〔中年〕，厥享国五十年。"

周公曰："呜呼！继自今嗣王，则其无淫〔过度〕于观〔观赏〕、于逸、于游、于田，以万民惟正之供。无皇曰：'今日耽乐。'乃非民攸训〔所顺〕，非天攸若〔善〕，时人丕则〔于是〕有愆〔过错〕。无若殷王受之迷乱，酗〔酒醉发怒〕于〔为〕酒德哉！"

周公曰："呜呼！我闻曰：'古之人犹胥〔互相〕训告，胥保惠，胥教诲，民无或胥诪张为幻〔诈惑〕。'此厥不听，人乃训之，乃变乱先王之正刑〔政策法令〕，至于小大。民否则〔于是〕厥心违怨，否则厥口诅祝〔诅咒〕。"

周公曰："呜呼！自殷王中宗及高宗及祖甲及我周文王，兹四人迪〔指导〕哲。厥或告之曰：'小人怨汝詈〔骂〕汝。'则皇〔更加〕自敬德。厥愆，曰：'朕之愆允〔确实〕若时'，不啻〔不但〕不敢含怒。此厥不听，人乃或诪张为幻，曰小人怨汝詈汝，则信之，则若时：不永念厥辟，不宽绰〔放宽〕厥心，乱罚无罪，杀无辜。怨有同〔会同〕，是丛〔聚集〕于厥身。"

周公曰："呜呼！嗣王其监〔同"鉴"〕于兹。"

【阅读欣赏提示】

本文选自《尚书·周书》。相传周武王死后，子成王年幼，由武王弟姬旦周公摄政治理天下。待周王朝天下巩固，周公便还政于成王。《无逸》便是周公归政时对成王的一番告诫。全文据题抒论，以史为鉴，深刻地指出"无逸"必须"先知稼穑之艰难"，强调统治者要"保惠于庶民"，这些思想具有一定的进步性。文章表现的"忧患意识"，至今发人深思，促人警醒。

【思考与练习】

1. 请指出文章中引用了哪些史实来说明"无逸"的重要性？
2. 将课文第三段翻译成现代汉语。

报燕惠王书

乐毅

臣不佞〔有才智〕，不能奉承先王之教，以顺左右之心，恐抵斧质〔古刑具〕之罪，以伤先王之明，而又害于足下之义，故遁逃奔赵。自负以不肖之罪，故不敢为辞说。今王使使者数〔音 shǔ，数说〕之罪，臣恐侍御者〔侍侯国君的人，实际上指惠王〕之不察先王之所以畜幸〔宠幸〕臣之理，而又不白于臣之所以事先王之心，故敢以书对。

臣闻贤圣之君不以禄私其亲，功多者赏之；不以官随其爱，能当者处之。故察能而授官者，成功之君也；论行而结交者，立名之士也。臣窃观先王之举也，见有高世之心，故假节〔凭借符节〕于魏，以身得察于燕。先王过举，擢〔提拔〕之乎宾客之中，而立之乎群臣之上，不谋于父兄，而使臣为亚卿〔官名〕。臣自以为奉令承教，可幸无罪矣，故受命而不辞。先王命之曰："我有积怨深怒于齐，不量轻弱，而欲以齐为事。"臣对曰："夫齐，霸国之遗教也，而骤〔屡〕胜之遗事也。闲〔通"娴"〕于兵甲，习于战攻。王若欲攻之，则必举天下而图之。举天下而图之，莫径于结赵矣。且又淮北、宋地，楚、魏之所同愿也，赵若许，约楚、赵、宋尽力，四国攻之，齐可大破也。"先王曰："善"。臣乃口受令，具符节，南使臣于赵。顾反命，起兵随而攻齐。以天之道，先王之灵，河北之地，随先王举而有之于济上。济上之军受命击齐，大胜之。轻卒锐兵，长驱至国〔指齐国国都临淄〕。齐王逃遁走莒，仅以身免。珠玉财宝，车甲珍器，尽收入燕。齐器设于宁台〔燕国的台名〕，大吕陈于元英〔燕国的宫名〕，故鼎〔齐国从燕国收去的鼎〕反〔同"返"〕乎历室〔燕国宫名〕，蓟丘之植植于汶篁〔汶水流域的竹田〕，自五伯〔同"霸"〕以来，功未有及先王者也。先王以为谦于志，以臣为不顿命〔败坏使命〕，故裂地而封之，使之得比乎小国诸侯。臣不佞，自以为奉令承教，可以幸无罪矣，是以受命而弗辞。

臣闻贤明之君，功立而不废，故著于春秋〔书名〕；蚤〔通"早"〕知之士，名成而不毁，故称于后世。若先王之报怨雪耻，夷万乘之强国，收八百岁之蓄积，及至弃群臣之日，余令诏后嗣之遗义，执政任事之臣，所以能循法令，顺〔通"慎"，预防〕庶孽〔庶子〕者，施及萌〔通"氓"，百姓〕隶，皆可以教于后世。

臣闻善作者不必善成，善始者不必善终。昔者伍子胥说听于阖闾〔吴王〕，故吴王远迹至于郢；夫差弗是也，赐之鸱夷〔皮袋〕而浮之江。吴王不悟先论之可以立功，故沉子胥而不悔；子胥不蚤见主之不同量，故入江而不改。夫免身全功，以明先王之迹者，臣之上计也。离〔通"罹"，遭受〕毁辱之诽谤，堕先王之名者，臣之所大恐也。临不测之罪，以幸为利者，义之所不敢出也。

臣闻古之君子，交绝不出恶声；忠臣去国，不洁其名。臣虽不佞，数奉教于君子矣。恐侍御者之亲左右之说，而不察疏远之行也，故敢献书以闻，唯君王之留意焉。

【作者简介】

乐毅，生卒年不详，战国时魏国中山国灵寺（今河北平山县）人。自魏使燕，被燕昭王任为上将，联赵、楚、韩、魏，总领五国兵伐齐，攻占70余城，以功封于昌国（今山东淄博市东南），号昌国君。燕惠王即位，中齐国反奸计，使骑劫代乐毅。乐毅惧诛，出奔赵国，被封于观津（今河北省武邑县东南），号望诸君。后死在赵国。

【阅读欣赏提示】

乐毅奔赵后，齐起兵伐燕，夺回燕国攻占的70余城。燕惠王悔，恐赵国用乐毅伐燕，派人责备乐毅，于是乐毅给燕惠王写了这封信。燕惠王后来又致书乐毅为谢，乐毅复通燕，往来燕赵间。

乐毅既已亡命赵国，写此信给燕惠王，旨在说明自己亡命赵国的缘由，以消除惠王的误解。书信反复表白自己亡命赵国，是为了保全先王知人善任的名声，为了维护惠王继承先王遗训的名声。陈述自己受昭王赏识，率兵攻齐大获全胜有功于燕又获封命和遗诏事，说明昭王知人善任和远见卓识。袒露出对燕国两代君王的赤诚，并表示决不助赵伐燕，行不义之举。但书信通过对贤明君王的议论与伍子胥遭遇的陈述，也传达出作者立功被诬的深沉忧愤之情。书信用语慷慨悲切，理切情深，深挚感人。

【思考与练习】

1. 试分析本文的语言特点。
2. 找出课文中的通假字、古今字，并解释它们在句子里所表达的意义。
3. 熟读全文。

谏逐客书

李斯

臣闻吏议逐客，窃以为过矣。

昔穆公求士，西取由余于戎，东得百里奚于宛，迎蹇叔于宋，求丕豹、公孙支于晋。此五子者，不产〔生长〕于秦，而穆公用之，并〔兼并〕国二十，遂霸西戎。孝公用商鞅之法，移风易俗，民以〔因〕殷盛，国以富强，百姓乐用，诸侯亲服，获楚、魏之师，举〔攻下〕地千里，至今治〔安定〕强。惠王用张仪之计，拔〔攻取〕三川之地，西并巴、蜀，北收上郡，南取汉中，包〔囊括〕九夷，制〔控制〕鄢、郢，东据成皋之险，割膏腴之壤，遂散〔拆散〕六国之纵，使之西面事〔侍奉〕秦，功施〔延续〕到今。昭王得范雎，废穰侯，逐华阳，强公室〔王室〕，杜私门〔贵族的家族〕，蚕食诸侯，使秦成帝业。此四君者，皆以客之功。由此观之，客何负于秦哉！向〔当初〕使〔假使〕四君却〔拒绝〕客而不内〔通"纳"〕，疏士而不用，是使国无富利之实，而秦无强大之名也。

今陛下致〔得到〕昆山之玉，有随〔同"隋"，古国名〕、和之宝，垂明月之珠，服太阿之剑，乘纤离〔古良马名〕之马，建〔树立〕翠凤之旗，树〔设置〕灵鼍〔鳄鱼的一种〕之鼓。此数宝者，秦不生一焉，而陛下说〔通"悦"〕之，何也？必秦国之所生而然后可，则是夜光之璧不饰朝廷，犀象之器不为玩好，郑、卫之女不充后宫，而骏马駃騠〔骏马名〕不实外厩，江南金锡不为用，西蜀丹青不为采。所以饰后宫、充下陈、娱心意、说耳目者，必出于秦然后可，则是宛珠之簪、傅〔通"附"〕玑之珥、阿缟之衣、锦绣之饰不进于前，而随俗雅化、佳冶窈窕赵女不立于侧也。夫击瓮叩缶、弹筝搏髀，而歌呼呜呜快耳者，真秦之声也。郑卫、桑间，韶虞、武象者，异国之乐也。今弃击瓮而就郑卫，退弹筝而取韶虞，若是者何也？快意当前，适观而已矣。今取人则不然，不问可否，不论曲直，非秦者去〔离开〕，为客者逐。然则是所重者在乎色乐珠玉，而所轻者在乎人民也。此非所以跨〔统一〕海内制〔制服〕诸侯之术也。

　　臣闻地广者粟多，国大者人众，兵强则士勇。是以泰山不让土壤，故能成其大；河海不择细流，故能就〔达到〕其深；王者不却众庶，故能明〔显示〕其德。是以地无四方，民无异国，四时充美〔富裕美好〕，鬼神降福，此五帝三王之所以无敌也。今乃〔竟然〕弃黔首以资〔资助〕敌国，却〔推辞〕宾客以业〔成就其功业〕诸侯，使天下之士退而不敢西向，裹足不入秦，此所谓藉寇兵〔兵器〕而赍〔送物给人〕盗〔盗贼〕粮者也。

　　夫物不产于秦，可宝者多；士不产于秦，而愿忠者众。今逐客以资敌国，损民以益仇，内自虚而外树怨〔仇恨〕于诸侯，求国之无危，不可得也。

【作者简介】

李斯（？—公元前208年），战国末期楚国上蔡（今属河南）人，秦代著名政治家。青年时从荀子学。以六国皆弱，不足有为，乃入秦，为秦相吕不韦舍人。因说秦王并六国，拜为客卿。其时，韩国派水工郑国入秦，助修水渠，借以耗秦国力，使秦无力对韩用兵。此事被发觉后，秦王接受宗室大臣建议，下令逐客，李斯亦在其中。李斯上书谏止，被秦王采纳。秦灭六国后，李斯官至丞相。秦二世时，李斯为新贵赵高所陷，被腰斩于咸阳，夷灭三族。

【阅读欣赏提示】

"书"在古代既用于公务又用于私事，是一种用途很广的应用文体。本文作于秦王嬴政十年。作者上书秦王的目的是劝谏秦王不要驱逐客卿。因而文章开门见山直陈观点。然后以秦国历史上四位君王因用客卿强国的事实为依据，说明客卿有功；陈说秦王喜爱非秦之物却要驱逐非秦之人，其重物轻人决非明主所为。这样反复申说纳客与逐客的利害关系，以此证明逐客是极不明智的。

这封书信能够说服自奋己智、难信人言的秦王嬴政，能够成为千古传诵的名文，究其因，一是识高，二是辞巧。作者论证秦王逐客的错误与危害，没有在逐客这个具体问题上就事论事，也没有涉及个人的进退与得失，而是站在完成统一大业的高度来分析逐客的利害得失，反映了作者的远见卓识，体现了他顺应历史潮流的进步的政治主张与用人方略。以统一天下大业这一战略问题为出发点立论，便抓住了问题的实质，便击中了秦王的兴奋点与思想要害，同时也造成文章高屋建瓴之势与撼人心魄之力。识高必然理正，但尚需辞巧。文章开门见山提出观点，然后逐层论述，最后总括，前后照应，一气贯通，结构曲折多变而又谨严有序。说理时正反论证，利害并举，逻辑严密，紧扣要旨。事实材料选用精当而丰富，极具说服力。比喻、反复、排比等修辞手法的成功运用，加上语言的整齐错落，音节的抑扬顿挫，造成文章飞扬的文采和夺人的气势。

【思考与练习】

1. 举例说明本文采用了哪些说理方法。
2. 通过熟读全文，理清文章的层次结构，并写出各层次的大意。

入关告谕

刘邦

父老苦秦苛法久矣，诽谤〔诽谤朝廷〕者族〔灭族〕，偶语〔相聚谈话〕者弃市〔在闹市处死〕。吾与诸侯约，先入关者王〔使……为王〕之，吾当王关中〔函谷关以西秦地〕。与父老约法三章耳：杀人者死〔处死〕，伤人及盗抵〔当，判决〕罪〔治罪〕。余悉〔全部〕除去秦法，诸吏〔官吏〕人〔庶民〕皆案〔安〕堵〔墙，指家庭〕如故。凡吾所以来，为父老除害，非有所侵暴，无〔通"毋"〕恐！且吾所以还军霸上，待诸侯至而定约束耳。

【作者简介】

刘邦（公元前256—公元前195年），字季，汉高祖，沛县（今江苏沛县）人。曾任亭长。秦二世元年（公元前209年），他起兵响应陈胜起义，以后与项羽一同成为反秦主力。公元前206年，他首先攻下秦都咸阳，项羽封他为汉王。再经4年征战，刘邦灭掉项羽，统一全国，建立汉朝。刘邦在位12年。

【阅读欣赏提示】

"谕"是古代皇帝告谕臣民的一种下行公文文种。三代时已有使用"谕"的记载。汉代"谕"的使用频率很高。以后各朝均使用这一文体，但其名称与使用范围有所变化。

这篇"谕"是刘邦攻入咸阳之后颁发，意在争取民心。文章落笔直陈秦法之严酷，既而躬行王命，约法三章，最后表明驻军霸上、发号施令的原因与目的，安抚了关中乃至天下人心，争取了民意。全文不满百字却阐明了基本纲领，可谓言简意赅。文章语言简洁浅近，风格质朴明快。

【思考与练习】

1. 本文的语言表达技巧与文章风格对我们今天的公文写作有哪些启示？

2. 翻译全文。

求贤诏

刘邦

盖闻王者莫高于周文，伯〔音 bà，通"霸"〕者莫高于齐桓，皆待贤人而成名。今天下贤者智能，岂特古之人乎？患在人主不交故也，士奚由进？今吾以天之灵、贤士大夫定有天下，以为一家。欲其长久，世世奉宗庙亡〔通"无"〕绝也。贤人已与我共平之矣，而不与吾共安利之，可乎？贤士大夫有肯从我游者，吾能尊显之。布告天下，使明知朕意。御史大夫昌下〔下达〕相国，相国酂侯下诸侯王，御史中执法下郡守，其有意称明德者，必身劝，为之驾，遣诣相国府，署行、义〔通"仪"〕、年。有而弗言，觉，免。年老癃病，勿遣。

【阅读欣赏提示】

"诏"是我国古代最早的下行公文文种，系皇帝颁发的命令或文告。周以前已使用"诏"，此后历朝沿袭，直至清代。期间诏的名称与使用范围有所变化。

这是一篇颇为典范的诏体文书。文书主旨是"求贤"，内容分为两大层。第一大层阐述选贤任能对于创业守成的重要性，此是颁诏的缘由。第二大层规定施行的措施，为颁布的事项。作为179字的短制，能把求贤的意旨和举措阐述得如此鲜明而集中，得力于作者的远见卓识和雄才大略。诏书落笔便写古代英君贤主任用贤良成就霸业，以古证今说明求贤的重要，在广阔的历史背景下阐述求贤的意义而不是局限当前就事论事，可见作者眼光之远大，胸襟之开阔。在阐述贤士辅佐帝业之功劳时委婉地表示对平日简慢诸生的自省，但行文却以无疑而问的反诘句出之，加强了正面阐述，且不失其君王身份。陈述施行措施仅50余字，交代了颁行的次第、选拔的标准、推举的办法以及对违令者的处罚方式，交代清楚明了，语言质朴而简练。

【思考与练习】

1. 本文在立意和写法上有何突出特点？
2. 刘邦在这份诏书里对求贤采取了哪些具体举措？

令二千石修职诏

刘启

雕文刻镂，伤农事者也；锦绣纂组，害女红〔音gōng，通"工"〕者也。农事伤则饥之本也，女红害则寒之原〔即"源"〕也。夫饥寒并至，而能无为非者寡矣。朕亲耕，后〔皇后〕亲桑〔采桑〕，以奉宗庙粢〔音zī〕盛祭服，为天下先；不受献，减太官〔掌管宫廷膳食的官员〕，省繇赋，欲天下务农蚕，素有畜〔通"蓄"〕积，以备灾害。彊毋攘弱，众毋暴寡，老耆以寿终，幼孤得遂长。今岁或不登〔庄稼成熟〕，民食颇寡，其咎安在？或诈伪为吏，吏以货赂〔指钱财〕为市〔交易〕，渔夺百姓，侵牟〔通"蛑"，害虫，引申为损害〕万民；县丞，长吏也，奸〔通"干"，触犯〕法与盗盗〔助盗为盗〕，甚无谓也。其令二千石〔音dàn，以俸禄代称职级，二千石俸禄为郡守职级〕各修〔检查〕其职；不事官职耗〔音mào，通"眊"，昏昧〕乱者，丞相以闻，请〔责问〕其罪。

布告天下，使明知朕意。

【作者简介】

刘启（公元前188—公元前141年），汉文帝刘恒的太子，于文帝后元七年（公元前157年）继位，称为景帝，执政16年。在位期间，继续施行休养生息政策，薄赋轻徭，奖励农桑，促进了农业生产；施行"削藩"之举，平定吴、楚七国之乱，巩固中央集权，保持了社会稳定。史学家班固把景帝与文帝统治时期并称为"文景之治"。

【阅读欣赏提示】

这份诏书是汉景帝于后元二年（公元前142年）为整刷吏治而颁发。

此诏以议论入题，直陈追求奢华的危害，继而作出了身体力行、亲自农桑、简省繇赋的表白，号召各级官吏勤政为民。接下来痛斥官商勾结、徇私枉法、鱼肉百姓的现象，明令高级官员自我查检，警告昏庸失职者将严惩不贷。尾段为结语。

【思考与练习】

1. 概括本文内容要点，阐述其现实意义。
2. 将下列语句译成现代汉语：
 （1）农事伤则饥之本也，女红害则寒之原也。
 （2）彊毋攘弱，众毋暴寡，老耆以寿终，幼孤得遂长。
 （3）今岁或不登，民食颇寡，其咎安在？

论积贮疏

贾谊

管子曰："仓廪实而知礼节。"民不足而可治者，自古及今，未之尝闻。古之人曰："一夫不耕，或受之饥；一女不织，或受之寒。"生之有时，而用之亡〔通"无"〕度，则物力必屈〔枯竭〕。古之治天下，至孅〔通"纤"，细致〕至悉〔详密〕也，故其畜〔同"蓄"，指农业〕积足恃。今背本而趋末〔指工商业〕，食者甚众，是天下之大残〔损伤〕也；淫侈之俗，日日以长，是天下之大贼〔危害〕也。残贼公行，莫之或止；大命〔社稷命运〕将泛〔通"覂"，音fěng，倾覆〕，莫之振救。生之者甚少而靡〔耗费〕

之者甚多，天下财产何得不蹶〔竭尽〕？汉之为汉几四十年矣，公私之积，犹可哀痛〔还少得使人痛心〕。失时不雨〔下雨〕，民且狼顾〔惊疑不定〕；岁恶不入〔纳税〕，请卖爵子〔官爵，儿女〕。既闻耳矣，安有为〔治理〕天下阽〔音yán〕危者若是而上不惊者！

世之有饥穰〔丰年〕，天之行〔常道〕也，禹、汤被〔遭遇〕之矣。即〔如果〕不幸有方二三千里之旱，国胡以相恤〔周济〕？卒〔音cù,同"猝"〕然边境有急，数千百万之众，国胡以馈〔供给〕之？兵旱相乘，天下大屈，有勇力者聚徒而衡击〔横行劫击〕，罢〔通"疲"〕夫羸〔音léi,瘦弱〕老易子而咬其骨。政治未毕〔完全〕通也，远方之能疑〔通"拟"，与皇帝比拟〕者并举而争起矣，乃骇〔惊扰〕而图之，岂将有及乎？

夫积贮者，天下之大命也。苟粟多而财有余，何为而不成？以攻则取，以守则固，以战则胜。怀敌附远〔使敌人归顺，使远方的人来依附〕，何招而不至？今驱民而归之农，皆著〔附着〕于本，使天下各食其力，末技游食之民〔指工商业者〕转而缘〔环绕〕南亩，则畜积足而人乐其所矣。可以为富安天下，而直〔特〕为〔造成〕此廪廪〔即"懔懔"，危惧貌〕也。窃为陛下惜之。

【阅读欣赏提示】

疏是一个上行公文文种，它起于秦末，行于汉代，尔后历代使用，民国时废止。疏用于臣僚上书皇帝以陈述下情，包括对政事的建议，对朝廷的匡谏，以及弹劾官员等。《论积贮疏》便是贾谊针对当时"背本趋末"、储备不足的严重社会弊端而向文帝所呈的一封上疏。

在本文中，作者针对当时社会生产力因秦末连年战乱遭到严重破坏，建立汉朝近40年未得到完全恢复的社会现实，和"背本趋末"、储备不足的严重社会弊端，提出了自己的看法和主张。文章阐明了发展农业对于治国安邦的重要意义，强调积储以备兵、旱的重要性，痛陈"残贼公行"，靡财者多，国家时有财力枯竭，粮食匮乏的危险，力劝文帝重视农业，重视积储。文章观点鲜明而富于政治远见，紧扣意旨，层层深入，正反论证，结构精严而文气酣畅。语言率直急切，论锋凌厉逼人，表现出作者对所持见解的自信和敢言敢为的气概。

【思考与练习】

1. 试分析本文的论证特点。
2. 找出文章中有使动用法的语句，并说明它们所表达的意思。
3. 指出下列语句在语序上有何特殊性：
（1）民不足而可治者，自古及今，未之尝闻。
（2）残贼公行，莫之或止；大命将泛，莫之振救。
（3）即不幸有方二三千里之旱，国胡以相恤？
（4）苟粟多而财有余，何为而不成？
（5）怀敌附远，何招而不致？

喻巴蜀檄

司马相如

告巴蜀太守：蛮夷自擅〔独断专行〕，不讨〔整治〕之日久矣。时侵犯边境，劳〔使……忧患〕士大夫。陛下即位，存抚天下，安集〔安定〕中国。然后兴师出兵，北征匈奴，单于怖骇，交臂受事〔接受处置〕，屈膝请和。康居〔西域国名〕西域，重译〔辗转翻译〕纳贡，稽首来享〔进献〕。移师东指，闽越相诛〔征讨〕。右吊〔至〕番禺，太子入朝。南夷之君，西僰〔音bó，古代西南少数民族〕之长，常效贡职〔进献贡品〕，不敢怠堕〔通"惰"〕，延颈举踵喁喁然〔仰慕貌〕，皆向风慕义，欲为臣妾

〔指臣民〕，道里〔道路〕辽远，山川阻深，不能自致〔至〕。夫不顺者已诛，而为善者未赏，故遣中郎将往宾〔迎接引导〕之，发巴蜀之士各五百人，以奉〔奉送〕币帛，卫使者不然〔不曾料想的变故〕，靡〔无〕有兵革之事，战斗之患。今闻其乃发军兴制，惊惧子弟，忧患长老，郡又擅为转粟运输，皆非陛下之意也。当行者或亡逃自贼杀，亦非人臣之节也。

夫边郡之士，闻〔犹看到〕烽举燧燔，皆摄〔安上〕弓而驰，荷〔扛着〕兵而走，流汗相属，唯恐居后，触白刃，冒流矢，义不反顾，计不旋踵，人怀怒心，如报私仇。彼岂乐死恶生，非编列之民，而与巴蜀异主哉？计虑深远，急国家之难而乐尽人臣之道也。故有剖符之封，析圭之爵。位为通侯〔爵位〕，处〔住宅〕列东第。终则遗显号于后世，传土地于子孙，行事甚忠敬，居位甚安逸，名声施于无穷，功烈著〔著名〕而不灭。是以贤人君子，肝脑涂中原，膏液润野草而不辞也。今奉币役〔役使之人〕至南夷，即自贼杀，或亡逃抵〔以至〕诛，身死无名〔无好名声〕，谥〔犹言"称为"〕为至愚，耻及父母，为天下笑。人之度量〔思虑〕相越〔越轨〕，岂不远哉！然此非独行者之罪也。父兄之教不先，子弟之率不谨，寡耻鲜廉，而俗不长〔音 zhǎng，崇尚〕厚也。其被刑戮，不亦宜乎！

陛下患使者有司之若彼，悼〔担心〕不肖愚民之如此，故遣信使晓谕百姓以发卒之事，因〔同时〕数〔责备〕之以不忠死亡之罪，让〔指责〕三老孝悌以不教诲之过。方今田时〔农忙之时〕，重〔音 zhòng〕烦百姓，已亲见近县，恐远所溪谷山泽之民不遍闻，檄到，亟下县道，使咸喻陛下之意，无忽〔疏忽〕。

【作者简介】

司马相如（公元前179－公元前118年），字长卿，汉成都人。汉景帝时任武骑常侍。汉武帝即位后封为郎，官至中郎将，曾通使邛、筰有功。西汉著名文学家，以辞赋见长，代表作有《子虚赋》、《上林赋》、《大人赋》等。

【阅读欣赏提示】

檄是古代君臣用以征召、晓谕臣民和声讨敌方的一种下行公文文种。檄滥觞于虞舜，成型于战国，自秦汉至清代一直使用。《喻巴蜀檄》是现存最早的完整的檄文，也是晓喻型檄文的代表作品之一。

这篇檄文是司马相如受命出使巴蜀时作。此前，汉武帝遣唐蒙率巴蜀民千人去开通西南夷。唐蒙既有巴蜀民千人相随，又发动一万余名巴蜀民转运粮食，违抗者即以军情制裁，巴蜀民大为惊恐，或逃亡或自杀。武帝恐巴蜀民变，命司马相如出使巴蜀去责备唐蒙，安抚民众。司马相如受命前往，作此檄代武帝立言，喻告巴蜀民众。

司马相如发布此檄，旨在传达上意，安抚民众，制止民变。檄文紧扣意旨，从"晓谕百姓以发卒之事，数之以不忠死亡之罪，让三老孝悌以不教诲之过"三个方面进行阐述，层层深入，析理精微，语言质朴而刚健，行文骈散结合，气势强盛。该檄文文辞可资写作借鉴，但其内容自有其历史与阶级的局限。

【思考与练习】

1. 分析本檄是怎样围绕主旨而文的。
2. 诵读全文，找出自己所不理解的字词，查阅《古代汉语字典》及相关工具书，加以解释。

封燕然山铭并序

班固

惟永元元年秋七月，有汉元舅〔君主长舅〕曰车骑将军窦宪，寅亮〔敬信〕圣皇，登翼〔登用辅翼〕王室，纳〔用〕于大麓〔同"录"，大麓，指总理万机之政〕，维清缉熙〔光明〕。乃与执金吾耿秉，述职〔犹言奉命〕巡御，理〔用，率〕兵于朔方。鹰扬之校，螭〔音chī，蛟龙〕虎之士，爰该〔率领〕六师，暨南单于、东胡乌桓、西戎氐羌、侯王君长之群，骁骑十万。元戎〔大兵车〕轻武〔兵车〕，长毂〔兵车〕四分〔分为四队〕，云辎〔兵车如云〕蔽路，万有三千馀乘。勒〔统率〕以八阵，莅以威神，玄甲〔铁甲〕耀日，朱旗绛〔用作动词，使天空变成红色〕天。遂凌〔登〕高阙，下鸡鹿，经碛〔戈壁〕卤〔咸水湖〕，绝〔越过〕大漠，斩温禺〔匈奴王号〕以衅鼓〔以血涂鼓〕，血尸逐〔匈奴王号〕以染锷。然后四校横徂，星流彗扫，萧条万里，野无遗寇。于是域灭区殚，反旆〔犹言返师〕而旋，考传〔记载〕验图，穷览其山川。遂逾涿邪，跨安侯，乘〔登〕燕〔音yān〕然，蹑〔踏〕冒顿〔音mò dú〕之区落，焚老上〔单于〕之龙庭〔即龙城〕。上以摅〔同"抒"〕高、文之宿愤，光祖宗之玄灵；下以安固后嗣，恢〔大〕拓境宇，振大汉之天声〔犹言声威〕。兹可谓一劳而久逸，暂费而永宁也。乃遂封〔在山上筑土为坛祭天〕山刊〔刻〕石，昭铭盛德。其辞曰：

铄〔光辉美盛貌〕王师兮征荒裔，剿凶虐兮截〔整治〕海外，夐其邈〔远〕兮亘〔穷尽〕地界，封神丘〔指燕然山〕兮建隆〔高〕嵑〔同"碣"，指碑石〕，熙〔广，光大〕帝载〔事业〕兮振万世。

【阅读欣赏提示】

铭是一种记功德、表警诫的应用文体，因书刻在碑版或器物上而得名。史载先秦即有铭文，但已失传。现存最早的铭文是秦代李斯所写的刻石铭文。早期铭文多以简短古奥的韵文写成，到了汉代发展为铭文前加长序，形成前序后铭的体制。序用散体为主，铭以押韵为常，其散体部分虽名为"序"，实为铭颂主体，后面所缀铭辞反而不怎么重要了。

这篇铭是班固奉窦宪之命而创作的。汉和帝永元元年（89年），归附汉朝的南匈奴单于请兵讨伐北匈奴，汉朝以窦宪为车骑将军率军出征，班固以中护军随行，参与谋议。汉军大败北匈奴，窦宪等登上去塞北的三千里的燕然山（今蒙古国杭爱山）刻石记功，命班固撰写此铭并序。

铭文的序通常要交代时间、人物，记写事件，颂扬功德，其铭则颂扬功德。《封燕然山铭并序》虽然也采用这一常用范式，但却写得十分出色。此文的成功，其一是于叙事之中生动地描绘了激战场面，渲染了汉军强大的军容军威，在慷慨淋漓的描述中，洋溢着作者的民族自豪感，在磅礴的气势里充满着爱国主义激情。其二是在生动描述战争的基础上深刻阐述了这场战争的历史意义，高度评价了这次战争的不朽功勋，述而有论，论而有力。其三是文字精粹干练，用语温润博约，文气畅达扬厉，序铭呼应，散骈结合，声情并茂，融为一体，富于文学性。

【思考与练习】

1. 熟读课文，用自己的语言对这篇铭与序逐句进行解说。
2. 解释带点的词语在句子里的含义。
（1）乃与执金吾耿秉，述职巡御，理兵于朔方。
（2）于是域灭区殚，反旆而旋，考传验图，穷览其山川。
（3）上以摅高、文之宿愤，光祖宗之玄灵。
（4）兹可谓一劳而久逸，暂费而永宁也。

与朝歌令吴质书

曹丕

季重无恙！途路虽局〔近〕，官守有限，愿言之怀，良不可任〔胜，能忍耐〕。

足下所治僻左〔偏〕，书问致简，益用增劳。

每念昔日南皮〔县名〕之游，诚不可忘！既妙思六经，逍遥百氏，弹棋闲设，终以博弈。高谈娱心，哀筝顺耳。驰骛北场，旅食南馆。浮甘瓜于清泉，沉朱李于寒水。白日既匿〔隐藏〕，继以朗月，同乘并载，以游后园。舆轮徐动，宾从无声，清风夜起，悲笳微吟。乐往哀来，凄然伤怀！余顾而言，兹乐难常，足下之徒，咸以为然。余果分别，各在一方。元瑜长逝，化为异物，每一念至，何时可言！

方今蕤宾〔古乐律十二律中第七律，代指七月〕纪时，景风〔夏天的风〕扇物，天气和暖，众果具繁。时驾而游，北遵河曲〔地名〕，从者鸣笳而启路，文学〔官名〕托乘于后车。节同时异，物是人非，我劳〔忧思〕如何，今遣骑到邺〔古县名〕，故使枉道相过〔拜访〕。行矣自爱！丕白。

【阅读欣赏提示】

此信约写于建安十七年（212年）至二十二年（217年）之间，当时作者在孟津小城，吴质则出任朝歌令。

吴质（177—230年），字季重，济阴（今山东定陶县）人。才学渊博，是曹丕争夺太子的谋士。曹丕称帝后，官至振威将军，封列候。

这是曹丕以朋友的口吻写的一封书信，落笔便直抒胸臆，表达对远在避所任职的旧友的思念。然后笔锋一转，由"每念"引出对往昔朋友欢聚美好时光的深情回忆。然后再转笔锋，写眼下朋友云散各地，有的甚至长眠九泉，倍增伤感。收尾处祝颂友人保重。全篇叙旧抒情，娓娓道来，亲切动听，温馨的诗情与淡淡的感伤交织在一起，充分反映了在人的自觉的时代，士人对个体生存的依恋，对友情的珍重以及对生活的热爱。文辞清丽典雅，散体中兼用骈语，已显示出文章向骈俪方向发展的倾向。

【思考与练习】

1. 本文作者是怎样表达与吴质的深厚情谊的？
2. 文章中所畅叙的南皮之游表现了怎么样的生活情景与情怀？
3. "枉道相过"的"过"表示"拜访"的意思，请从你所熟悉的古文中再找出三个这样的用例。

诫 子 书

诸葛亮

夫君子之行，静以修身，俭以养德。非澹泊无以明志，非宁静无以致远。夫学，欲静也；才，须学也。非学无以广才，非静无以成学。慆慢〔浮泛〕则不能研精，险躁则不能理〔陶冶〕性。

年与时驰，意与日去，遂成枯落〔老而无用〕，多不接〔吻合〕世，悲守穷庐，将复何及！

【作者简介】

诸葛亮（181—234 年），字孔明，琅琊阳都（今山东沂南县）人。三国时代杰出的政治家和军事家。早年随叔父避乱到荆州，隐居襄阳隆中。他留心世事，自比管仲、乐毅，号称"卧龙"。后刘备三顾茅庐，他被刘备的志向和诚意所打动，辅助刘备联吴拒曹，建立蜀国，担任丞相。刘备死后，辅佐刘禅，屡次北伐，立志收复中原。最后病死在五丈原军营中。有《诸葛亮集》传世。

【阅读欣赏提示】

这封家信旨在训诫子女如何修身治学，通篇以议论出之。首段正反交替阐述俭以立身，静以治学的道理，尾段告诫其珍惜光阴，跟上时代，以实现广才成学的理想。文章立言高远，说理透彻，字字珠玑，遂成千古箴言。

【思考与练习】

1. 背诵第一段。
2. 学习本篇训诫之辞后有何感悟？请写一篇体会文章。

前出师表

诸葛亮

臣亮言：先帝〔刘备〕创业未半，而中道崩殂〔帝王死亡〕；今天下三分，益州疲弊〔贫弱〕，此诚危急存亡之秋也。然侍卫之臣不懈于内〔朝廷〕、忠志之士忘身于外〔朝廷外〕者，盖追先帝之殊遇，欲报之陛下也。诚宜开张圣听，以光先帝遗德，恢弘〔发扬〕志士之气；不宜妄自菲薄，引喻失义〔合宜的道理〕，以塞忠谏之路也。宫〔宫廷〕中府〔相府〕中，俱为一体；陟〔音zhì，升迁〕罚臧〔表扬〕否〔音pǐ，批评〕，不宜异同〔偏义于"异"〕。若有作奸犯科及为忠善者，宜付有司论其刑赏，以昭陛下平明之理；不宜偏私，使内外异法也。

侍中、侍郎郭攸之、费祎、董允等，此皆良实，志虑忠纯，是以先帝简〔选择〕拔以遗陛下。愚以为宫中之事，事无大小，悉以咨〔询问〕之，然后施行，必得裨补阙〔通"缺"〕漏，有所广益〔启发〕。将军向宠，性行淑〔善良〕均〔公正〕，晓畅军事，试用于昔日，先帝称之曰能，是以众议举宠为督。愚以为营中之事，悉以咨之，必能使行阵〔指军队〕和睦，优劣得所。亲贤臣，远小人，此先汉所以兴隆也；亲小人，远贤臣，此后汉所以倾颓〔衰落〕也。先帝在时，每与臣论此事，未尝不叹息痛恨〔遗憾〕于桓灵〔桓帝灵帝〕也。侍中、尚书、长史、参军，此悉贞亮死节〔死于节义〕之臣，愿陛下亲之信之，则汉室之隆，可计日而待也。

臣本布衣，躬耕于南阳，苟〔苟且〕全性命于乱世，不求闻达于诸侯。先帝不以臣卑鄙〔出身低微〕，猥〔辱〕自枉屈，三顾臣于草庐之中，谘臣以当世之事，由是感激〔感动奋发〕，遂许先帝以驱驰〔奔赴效劳〕。后值倾覆〔兵败〕，受任于败军之际，奉命于危难之间，尔来二十有一年矣。先帝知臣谨慎，故临崩寄臣以大事也。受命以来，夙夜忧叹，恐付托不效〔奏效〕，以伤先帝之明；故五月渡泸，深入不毛。今南方已定，甲兵已足，当奖率三军，北定中原，庶〔希望〕竭〔用尽〕驽钝〔自谦之词，喻才能平庸〕，攘除奸凶，兴复汉室，还于旧都，此臣所以报先帝而忠陛下之职分〔职责与本分〕也。

至于斟酌损益，进尽忠言，则攸之、祎、允等之任也。愿陛下托臣以讨贼兴复之效〔功效〕，不效则治臣之罪，以告先帝之灵。若无兴德〔发扬圣德〕之言，则责攸之、祎、允等之慢〔怠慢〕，以彰〔揭露〕其咎〔过错〕。陛下亦宜自谋，以谘诹〔音 zī zōu，征询〕善道，察〔考虑〕纳雅言。深追先帝遗诏，臣不胜受恩感激。今当远离，临表涕零，不知所言。

【阅读欣赏提示】

表起源于汉代，是臣僚向君主陈述政事、表达情感的上行文种。表在三国两晋时广泛应用于论谏、劝请、陈乞、进献、推荐、庆贺、慰安、讼理、弹劾等，但唐宋以后仅用于陈谢、庆贺、进献之类，明清时代则只用于对皇帝的歌功颂德了。

此表是诸葛亮出师伐魏临行之前所写并呈献给刘禅的。因他还写有《后出师表》，故世称此表为《前出师表》。

此表分析当时蜀汉的内外形势，追述创业的艰辛，旨在激励刘禅继承父志，恢复汉室，统一天下。主体内容则是对刘禅的三条规劝：一是"开张圣听，察纳雅言"，作出正确决策；二是"陟罚臧否"，遵循法度，用好执政大权；三是"亲贤臣，远小人"，任人唯德唯贤。这显然是作者对刘禅的缺点早有察觉有感而发。这种规劝出自作者的一片忠心，发自肺腑，晓之以理，动之以情，语言晓畅而又质朴无华，读来感人至深。

此表千百年来传诵不衰，但阅读者各有所重。历代君王往往着眼其忠贞不二，士大夫文人往往因其知遇之感而生发共鸣，老百姓则敬佩其清廉爱民、鞠躬尽瘁的高风亮节。

【思考与练习】

1. 此表公认为情真意切之文，请分析其打动人的主要因素是什么？
2. 反复阅读自"臣本布衣"至"而忠陛下之职分也"这段文字，试分析其语言特色。
3. 解释下列词语在句子中的意义，并说出这些词语在现代汉语中的日常用义。
   疲弊　简　卑鄙　感激　倾覆　慢

让开府表

羊祜

臣祜言：臣昨出，伏闻恩诏，拔〔提拔〕臣使同台司。臣自出身〔出仕〕已来，适十数年，受任外内〔指朝廷内外〕，每〔都是〕极显重之地，常以智力不可强进，恩宠不可久谬〔错误，引申为错爱〕，夙夜战栗，以荣为忧。臣闻古人〔指管仲〕之言，德未为众所服，而受高爵，则使才臣不进〔进取〕；功未为众所归〔归附信服〕，而荷厚禄，则使劳臣不劝〔激励〕。今臣身讬外戚〔皇帝母家、妻家〕，事〔事机〕遭运会，诚在宠过〔过分〕，不患见遗〔遗忘〕，而猥〔谦词〕超然〔高高地〕降发中〔内心〕

之诏〔诏书〕,加非次〔不按次序〕之荣,臣有何功可以堪〔担当〕之?何心可以安之?以身误陛下,辱高位,倾复亦寻〔不久〕而至。愿复守先人弊庐,岂可得哉!违命诚忤〔冒犯〕天威,曲从即复若此。盖闻古人申〔明白〕于见知,大臣之节〔道理〕,不可则止。臣虽小人,敢缘〔因为〕所蒙,念〔铭记〕存斯义〔道理〕。

今天下自服化〔教化〕已来,方渐〔进〕八年,虽侧席求贤,不遗幽贱。然臣等不能推〔推让〕有德,进〔荐举〕有功,使圣听知胜臣者多,而未达〔进用〕者不少。假令有遗德于板筑〔用夹板打墙垒土〕之下,有隐〔隐居〕才于屠钓〔屠牛垂钓〕之间,而令朝议用臣不以为非,臣处之不以为愧,所失岂不大哉!

且臣忝窃〔忝列窃居官位〕虽久,未若今日兼文武之极宠,等宰辅之高位也。臣所见虽狭,据今光禄大夫李喜,秉节高亮,正身在朝。光禄大夫鲁芝,洁身寡欲,和而不同。光禄大夫李胤,莅〔临〕政弘〔同"宏",有远见〕简〔抓住大纲〕,在公正色。皆服〔办〕事华发,以礼终始。虽历内外之宠,不异寒贱之家,而犹未蒙此选〔指开府仪同三司的名位〕,臣更越之,何以塞〔应付〕天下之望,少〔稍〕益〔增加〕日月。是以誓心守节,无苟进〔不正当升官〕之志。

今道路未通,方隅〔边境〕多事,乞留前恩〔恩命〕,使臣得速还屯,不尔〔这样〕留连,必于外虞〔安全〕有阙。臣不胜忧惧,谨触冒〔触怒冒犯〕拜表。惟陛下察匹夫之志,不可以夺。

【作者简介】

羊祜（221—278年），字叔子，泰山南城（今山东费县）人。他外祖父是东汉大文学家蔡邕，他的姐姐是晋武帝司马炎的伯母。魏末，先后任中书侍郎，秘书监、相国从事中郎。晋武帝司马炎伐魏称帝后，升任尚书左仆射、卫将军，尊为弘训太后。泰始五年（270年）出任荆州都督，镇守襄阳。他安抚民众，平定边境，功勋卓著，且以清德闻名于世。旋诏加车骑将军，开府仪同三司，即按太尉、司徒、司空三司的待遇成立府署，自选僚属，他上表固让。临终遗嘱不将官印入柩，不修陵寝。其亲属将其遗嘱秉奏武帝，武帝不准，在洛阳城外辟地建陵，并颁诏表彰。

【阅读欣赏提示】

本文如题所示，旨在辞让开府。文章一方面自谦德未为众所服而受高爵，功未为众所归而荷厚禄，不宜受此高信；另一方面强调推有德、进有功于国有利，以申述辞让的理由。文辞谦谨恳切，质朴无华，字里行间洋溢忠贞之情，可谓情真词切之作。东晋文学家李充在《翰林论》中称"羊公之让开府，可谓德音矣"。晋文学家孙楚则赞称羊祜"文为辞宗，行为世表"。评价极高，并非溢美之词。所谓文如其人，诚可信矣。

【思考与练习】

1. 这份"表"中表现作者怎样的思想境界和人生态度？作者辞让开府的用意何在？
2. 本文大量使用了谦词，请一一指出来。
3. 将文章首段翻译成现代汉语。

陈 情 表

李密

臣密言：臣以险衅〔命运坎坷〕，夙〔早，指幼年〕遭闵〔通"悯"，忧患〕凶。生孩六月，慈父见背〔离开，指去世〕。行〔将要〕年四岁，舅夺母志〔强夺母亲守节之志，即逼母亲改嫁〕。祖母刘愍〔怜悯〕臣孤弱，躬亲抚养。臣少多疾病，九岁不行〔不能走路〕，零丁孤苦，至于成立〔成人自立〕。既无伯叔，终鲜〔音xiǎn,少〕兄弟。门衰祚〔音zuò,福分〕薄，晚有儿息〔子女〕。外无期功〔指近亲〕强近之亲，内无应〔照应〕门五尺之僮，茕茕孑立，形影相吊〔慰问〕。而刘夙婴〔缠绕〕疾病，常在床蓐；臣侍汤药，未尝废〔停止〕离。

逮〔到〕奉圣朝，沐浴清〔清明〕化〔教化〕。前太守臣逵，察〔举荐〕臣孝廉；后刺史臣荣，举臣秀才，臣以供养无主〔主持的人〕，辞不赴命。诏书特下，拜〔授官〕臣郎中；寻〔不久〕蒙国恩，除〔免去旧职授新官〕臣洗马。猥〔谦词〕以微贱，当侍东宫〔借指太子〕，非臣陨〔坠〕首所能上报。臣具以表闻，辞不就职。诏书切峻〔急切而严厉〕，责臣逋慢〔轻慢〕；州司临门，急于星火。臣欲奉诏奔驰，则刘病日笃〔严重〕；欲苟徇私情，则告诉不许。臣之进退，实为狼狈。

伏〔俯伏〕惟〔想〕圣朝，以孝治天下。凡在故老，犹蒙矜〔怜悯〕育；况臣孤苦，特为尤甚。且臣少事伪朝〔指前朝蜀汉〕，历职郎署，本图宦达，不矜〔顾惜〕名节。今臣亡国贱俘，至微至陋。过蒙拔擢〔提拔〕，宠命优渥〔优厚〕，岂敢盘桓，有所希冀？但以刘日薄西山，气息奄奄，人命危浅，朝不虑夕。臣无祖母，无以至今日；祖母无臣，无以终余年。祖孙二人，更相为命。是以区区〔拳拳〕不能废〔废弃〕远〔远离〕。

臣密今年四十有四，祖母刘今年九十有六；是臣尽节于陛下之日长，报刘之日短也。乌鸟之情，愿乞终养。臣之辛苦，非独蜀之人士及二州牧伯所见明知；皇天后土，实所共鉴。愿陛下矜愍〔怜悯〕愚诚〔愚拙的诚心〕，听臣微志，庶〔或许〕刘侥幸，保卒余年。臣生当陨首，死当结草〔典故，意指死后报恩〕。臣不胜犬马怖惧之情，谨拜表以闻。

【作者简介】

李密（224—287年），又名虔，字令伯，武阳（今四川彭山县）人。年幼丧父，母改嫁，由祖母抚养成人。以文学见称。曾仕蜀汉，任尚书郎，累次出使东吴，有辩才。蜀亡，晋武帝征为太子洗马，诏书累下，以祖母年老多病无人奉养，上《陈情表》固辞，武帝阅后赐他奴婢两人及赡养费用。祖母死，出为河内温县令，有政绩，官至汉中太守。后因赋诗获罪免官。

【阅读欣赏提示】

李密辞不应诏自有其难言的苦衷，但最终获得晋武帝的谅解，答应了他的请求，并赐以奴婢与奉膳，足以说明此表非同一般的说服力与感染力。上表本于宗法伦常观念，标举圣朝以孝治天下，正合统治者的口味。作者在不得不尽孝的困苦境遇上大做文章，巧妙地提出先尽孝后尽忠的两全办法，使终养祖母的请求立于有理、有节、有利之地。但文章并未宣讲孝义，而是反复陈述和渲染无法解脱的困境，以情动人。文章落笔于个人悽苦的身世，叙事之中言诚意切已能感人。继而陈述祖孙俩相依为命的深厚感情，其酸楚悲切足以动人。继而诉说进退两难、不能应诏的苦衷，陈情委婉隐曲。最后恳请终养祖母也就水到渠成。文章于叙事中传情，于陈情中说理，与其说是所讲孝义起了作用，还不如说是一片真情感动了晋武帝。与细腻有据的说理与委婉诚挚的抒情相适应，文章语言十分优美。四字句联翩，简洁清亮；对偶句迭出，情意酣畅；长短句交错，琅琅上口。文情、语意、辞气、音韵浑然一体，无愧为天下至情至美之文。

【思考与练习】

1. 清人李兆洛评点此表"言外尚有沉忧"，请作出具体分析。

2. 你认为本文的感人之处主要体现在哪些地方？
3. 试分析本文的修辞特色。

与韩荆州书

李白

白闻天下谈士相聚而言曰："生不用封万户侯，但愿一识韩荆州。"何令人之景慕，一至于此耶！岂不以有周公之风，躬〔亲自实行〕吐握〔用周公典〕之事，使海内豪俊，奔走而归之。一登龙门，则声誉十倍。所以龙蟠凤逸〔喻杰出人才〕之士，皆欲收名定价于君侯。君侯不以富贵而骄〔傲视〕之，寒贱而忽之，则三千宾中有毛遂，使〔假使〕白得颖脱而出，即其人焉。

白陇西布衣，流落楚汉。十五好剑术，遍干〔求见〕诸侯；三十成文章，历抵〔拜谒〕卿相。虽长不满七尺，而心雄万夫。皆王公大人许与〔赞许〕气义。此畴曩〔往日〕心迹，安敢不尽于君侯哉！

君侯制作〔功业〕侔〔等同〕神明，德行动天地，笔参〔阐述〕造化，学究天人。幸愿开张心颜，不以长揖见拒。必若接之以高宴，比值之以清谈，请日试万言，倚马可待。今天下以君侯为文章之司命，人物之权衡，一经品题，便作佳士；而君侯何惜阶前盈尺之地，不使白扬眉吐气，激昂青云耶！

昔王子师为豫州，未下车〔到任〕即辟〔征召〕荀慈明，既下车又辟孔文举。山涛作冀州，甄拔三十余人，或为侍中、尚书，先代所美。而君侯亦一荐严协律，入为秘书郎。中间崔宗之、房习祖、黎昕、许莹之徒，或以才名见知，或以清白见赏。白每观其衔恩抚躬，忠义奋发，以此感激，知君侯推赤心于诸贤腹中，所以不归他人，而愿委身国士。倘急难有用，敢效微躯。

且人非尧、舜，谁能尽善。白谟猷〔计谋〕筹画，安能自矜〔自负〕？至于制作〔创作〕，积成卷轴，则欲尘秽〔玷污〕视听，恐雕虫小技，不合大人。若赐观刍荛〔向人陈述意见的谦词〕，请给纸笔，兼之书人。然后退扫闲轩，缮写呈上。庶青萍、结绿，长价于薛、卞之门。幸惟〔推荐〕下流，大开奖饰，惟君侯图之！

【作者简介】

李白（701－762年），字太白，号青莲居士。祖籍陇西成纪（今甘肃天水），其先辈隋末流寓西域。李白出生于安西都护府（今属哈萨克），神龙初年李白5岁时迁居蜀中绵州彰明县青莲乡。曾寓居山东。李白少年即显露文学才华，博学广览，怀有远大抱负。从25岁起漫游天下，广交名士，写下不少诗篇。天宝元年入长安，供奉翰林。以蔑视权贵，一年后遭谗出京，游历江湖，纵情诗酒。安史之乱中坐永王李璘之乱流放夜郎，中途遇赦东还，不久卒于当涂（今属安徽）。李白是我国文学史上最伟大的诗人之一，其诗风豪放俊逸，气势雄伟，历代誉为"诗仙"。有《李太白全集》传世。

【阅读欣赏提示】

本文约写于唐玄宗开元二十一年（733年）左右。此时李白寓居安州（今湖北安陆），漫游湖北湖南，广事交游，渴望获得仕进机会，施展抱负，因此写了这封信给韩荆州。韩荆州即韩朝宗，此时正任荆州大都督府长官。他乐于识拔后进，为时人推重，所以李白写了这封自荐信给他，希望得到援引。

此信的写作意图是自荐。文章一方面颂扬对方，一方面称述自己，二者相互衬托，很好地表达了写作意图。其突出特色是作者自负与傲岸性格的充分表露。作者自我介绍以毛遂自比；称述自己的文章力抵卿相，心雄万夫；希望得到达官贵人的援引，并以平等之礼结交,要求君侯予阶前盈尺之地,使他扬眉吐气,激昂青云。与自负不凡的高昂气概相适应,书信的语言夸张而奔放,如同作者的诗风:豪放而浪漫,不受羁束。

【思考与练习】

1. 作者开篇引用"生不用封万户侯,但愿一识韩荆州。"有何深意和用途?
2. 分析作者的自荐之辞的内容与表达特点,其中有哪些方面值得我们借鉴?

祭十二郎文

韩愈

年月日〔具体日期待填〕,季父〔最小的叔父〕愈闻汝丧之七日,乃能衔〔含〕哀致诚,使建中远具〔准备〕时羞〔即馐,美味〕之奠〔祭品〕,告汝十二郎之灵。

呜呼!吾少孤,及长,不省〔音 xǐng,知道〕所怙〔音 hù,倚仗〕,惟兄嫂是依。中年,兄殁南方,吾与汝俱幼,从嫂归丧河阳。既又与汝就食〔谋生〕江南,零丁孤苦,未尝一日相离也。吾上有三兄,皆不幸早世,承先人后者,在孙惟汝,在子惟吾,两世一身〔儿孙两代都只剩一个男丁〕,形单影只。嫂尝抚汝指吾而言曰:"韩氏两世,惟此而已!"汝时尤小,当不复记忆。吾时虽能记忆,亦未知其言之悲也!

吾年十九,始来京城〔长安,今西安〕。其后四年,而归视汝。又四年,吾往河阳省〔音 xǐng,察看〕坟墓,遇汝从嫂丧来葬。又二年,吾佐董丞相于汴州,汝来省吾,止一岁,请归取〔接取〕其孥〔音 nú,妻子与子女〕。明年,丞相薨〔音 hōng,古代诸侯死亡叫薨〕,吾去汴州,汝不果〔实现〕来。是年,吾佐戎徐州,使取汝者始行，吾又罢去〔罢职〕，汝又不果来。吾念汝从于东，东亦客〔客居〕也，不可以久，图久远者，莫如西归，将成〔安置〕家而致〔接取〕汝。呜呼！孰谓汝遽去〔离开〕吾而殁乎！吾与汝俱少年，以为虽暂相别，终当久相与处，故舍汝而旅食〔寄居〕京师，以求斗斛之禄。诚知其如此，虽万乘之公相，吾不以一日辍〔指离开〕汝而就〔就任〕也！

去年，孟东野往，吾书与汝曰："吾年未四十，而视茫茫，而发苍苍，而齿牙动摇。念诸父与诸兄，皆康强而早世，如吾之衰者，其〔难道〕能久存乎？吾不可去，汝不肯来，恐旦暮死，而汝抱无涯之戚也。"孰谓少者殁而长者存，强者夭而病者全乎？呜呼！其信然邪？其梦邪？其传之非其真邪？信也，吾兄之盛德而夭其嗣乎？汝之纯明而不克蒙其泽乎？少者强者而夭殁，长者衰者而存全乎？未可以为信也。梦也，传之非其真也，东野之书，耿兰之报，何为而在吾侧也？呜呼！其〔可能〕信然矣！吾兄之盛德而夭其嗣矣！汝之纯明宜业〔继承〕其家者，不克蒙其泽矣！所谓天者诚难测，而神者诚难明矣！所谓理者不可推〔推究〕，而寿者不可知矣！虽然，吾自今年来，苍苍者或化而为白矣；动摇者或脱而落矣。毛血〔体质〕日益衰，志气日益微，几何不从汝而死也！死而有知，其几何离〔离几何〕；其无知，悲不几时，而不悲者无穷期矣。汝之子始十岁，吾之子始五岁，少而强者不可保，如此孩提者，又可冀其成立耶？呜呼哀哉！呜呼哀哉!

汝去年书云:"比〔近来〕得软脚病,往往而剧〔加重〕。"吾曰:"是疾也,江南之人,常常有之。"未始以为忧也。呜呼!其竟以此而殒其生乎?抑别有疾而至斯乎? 汝之书,六月十七日也。东野云,汝殁以六月二日。耿兰之报无月日。盖东野之使者,不知问家人以月日,如耿兰之报,不知当言月日。东野与吾书,乃〔方才〕问使者,使者妄称以应之耳。其然乎?其不然乎?

今吾使建中祭汝,吊汝之孤与汝之乳母。彼有食可守以待终丧,则待终丧而取以来;如不能守以终丧,则遂〔立即〕取以来。其余奴婢,并令守汝丧。吾力能改葬,终葬汝于先人之兆〔墓地〕,然后惟其所愿。

呜呼!汝病吾不知时,汝殁吾不知日,生不能相养以共居,殁不能抚汝以尽哀。敛〔通"殓"〕不得凭其棺,窆〔音biǎn,下葬〕不得临其穴。吾行负神明,而使汝夭,不孝不慈,而不得与汝相养以生,相守以死。一在天之涯,一在地之角,生而影不与吾形相依,死而魂不与吾梦相接,吾实为之,其又何尤〔归咎〕!彼苍者天,曷其有极!自今已往,吾其无意于人世矣!当求数顷之田于伊颍之上,以待余年。教吾子与汝子,幸〔希望〕其成;长吾女与汝女,待其嫁,如此而已!呜呼!言有穷而情不可终,汝其知也邪?其不知也邪?呜呼哀哉!尚飨〔希望享用祭品〕。

【阅读欣赏提示】

祭文是旧时代一种吊唁文体。本文是韩愈悼念侄儿韩老成（排行十二）而写的。韩愈三兄弟，长兄韩会，仲兄韩介。逝者"十二郎"韩老成是韩介次子，出嗣给韩会为子。韩愈三岁丧父，从小由长兄嫂抚养，与十二郎生活在一起，叔侄感情甚笃。十二郎逝世时年不满四十。韩愈得知他去世的消息后，以十分悲痛的心情哭成此文。

祭文通常以铺陈逝者生平、赞颂逝者功德为主。本文一反传统写法，以作者与逝者共同经历的人生坎坷和个人的不幸作为参照物，反复诉说与逝者的骨肉之情与对逝者的痛惜之情。祭文从追思年少时家道变故、叔嫂母子相依为命的凄苦往事开始，诉说成年后叔侄几度离合的情况以及终至永无聚日的哀痛，描状"我"的衰老之态，抒写少者殁而长者存、强者夭而病者全的悲叹，抒写对稚嫩后代生命的疑惧，诉说人生艰难与生命无常的惊恐与感叹，诉说自我责备之苦情与肝肠寸断的哀思，一气贯注，一任情感宣泄，读来回肠荡气，真可谓"祭文中千年绝调。"祭文"恸极后人"的力量，从根本上说来自引人共鸣的感情内力，同时也得力于作者高超的表达技巧。作者选材上多取家常琐事，且不避细琐，絮絮叨叨，从寻常事中见出极不平常之情。构思上选择叔侄关系的角度，倾力诉说唇齿相依的亲情与相守以死的心迹，为文章所抒发的深恶剧痛构筑了坚实的情理基础。散文的笔调，对话的形式，长短错落、奇偶参差的语言，疑问、感叹、陈述等多种句式以及反复、重叠、排比、呼告等多种修辞手法的运用，营造了行云流水的语言气势和如闻咳謦的感情气氛。

【思考与练习】

1. 古人说"情真自然成至文"，请以本文为例，谈谈你的体会。
2. 细细品味自"汝去年书云"至"其不然乎"一段文字，领会作者的深情、深意。
3. 反复阅读自"死而有知，其几何离"至"呜呼哀哉"五句话，请谈谈其中的深刻含义。

柳子厚墓志铭

韩愈

子厚，讳宗元。七世祖庆，为拓跋魏侍中，封济阴公。曾伯祖奭，为唐宰相，与褚遂良、韩瑗俱得罪武后，死高宗朝。皇考讳镇，以事母弃太常博士，求为县令江南；其后以不能媚权贵，失御史；权贵人死，乃复拜侍御史。号为刚直，所与游皆当世名人。

子厚少精敏，无不通达。逮其父时，虽少年，已自成人，能取进士第，崭然〔高峻貌〕见〔现〕头角，众谓柳氏有子矣。其后以博学宏词授集贤殿正字。俊杰廉悍，议论证据今古，出入经史百子，踔厉风发，率常屈其座人，名声大振，一时皆慕与之交，诸公要人争欲令〔使〕出我门下，交口荐誉之。

贞元十九年，由蓝田尉拜监察御史。顺宗即位，拜礼部员外郎。遇用事者〔犹言当权者，指王叔文〕得罪，例出为刺史。未至，又例贬永州司马。居闲益自刻苦，务记览，为词章，泛滥停蓄，为深博无涯涘〔边际〕，而自肆〔放纵〕于山水间。

元和中，尝例召至京师，又偕出为刺史，而子厚得柳州。既至，叹曰："是岂不足为政邪？"因〔按照〕其土俗，为设教禁，州人顺赖〔信赖〕。其俗以男女质〔抵押〕钱，约不时〔按时〕赎，子〔利息〕本相侔〔相等〕，则没〔没收〕为奴婢。子厚与设方计，悉令赎归。其尤贫力不能者，令书其佣，足相当，则使归其质〔抵押的人〕。观察使下其法于他州，比〔及〕一岁，免而归者且〔近〕千人。衡、湘以南为进士者，皆以子厚为师，其经承〔接受〕子厚口讲指画为文词者，悉有法度可观。

其召至京师而复为刺史也，中山刘梦得禹锡亦在遣中，当诣播州。子厚泣曰："播州非人所居，而梦得亲在堂，吾不忍梦得之穷，无辞以白〔禀明〕其大人，且万无母子俱往理。"请于朝，将〔准备〕拜疏〔向朝廷上奏疏〕，愿以柳易播，虽重得罪，死不恨。遇有以梦得事白上者，梦得于是改刺〔任〕连州。呜呼！士穷乃见节义。今夫平居里巷相慕悦，酒食游戏相征逐，诩诩强〔勉强〕笑语以相取下〔谦下〕，握手出肺肝相示，指天日涕泣，誓生死不相背负，真若可信。一旦临小利害，仅如毛发比，反眼若不相识；落陷阱，不一引手救，反挤之又下石焉者，皆是也。此宜禽兽夷狄所不忍为，而其人自视以为得计。闻子厚之风，亦可以少〔稍微〕愧矣。

子厚前时少年，勇于为〔帮助〕人，不自贵重顾藉，谓功业可立就，故坐〔获罪〕废退。既退，又无相知有气力〔权力〕得位者推挽，故卒死于穷裔〔荒凉边远之地〕，材不为世用，道〔理想〕不行于时也。使子厚在台〔御使台〕、省〔尚书省〕时，自持〔约束〕其身已能如司马、刺史时，亦自不斥〔被贬谪〕；斥时有人力能举之，且〔将〕必复用不穷。然子厚斥不久，穷不极，虽有出于人，其文学辞章，必不能自力以致必传于后如今，无疑也。虽使子厚得所愿，为将相于一时，以彼易此，孰得孰失，必有能辨之者。

子厚以〔于〕元和十四年十一月八日卒，年四十七。以十五年七月十日归葬万年先人墓侧。子厚有子男二人，长曰周六，始四岁；季曰周七，予厚卒乃生。

女子二人，皆幼。其得归葬也，费皆出观察使河东裴君行立。行立有节概，重然诺，与子厚结交，子厚亦为之尽，竟〔终于〕赖其力。葬子厚于万年之墓者，舅弟〔表弟〕卢遵。遵，涿人，性谨慎，学问不厌。自子厚之斥，遵从而家〔安家〕焉，逮其死不去。既往葬子厚，又将经纪〔料理〕其家，庶几有始终者。

铭曰：是惟子厚之室，既固既安，以利其嗣人。

【阅读欣赏提示】

墓志铭是古代的一种应用文体，通常分"志"和"铭"两个部分，"志"记述逝者的生平事迹，用散文，"铭"赞颂或悼念逝者，用韵文。

韩愈与柳宗元同朝为官，政治见解颇有分歧，柳宗元参与王伾、王叔文集团，韩愈对二王则深恶痛绝。但两人为文同调，共倡古文运动，相交相知，结为挚友。柳宗元去世，韩愈极其悲伤，写下《祭柳子厚文》、《柳州罗池庙碑》以及《柳子厚墓志铭》，以示悼念。

本文是墓志铭的通用格式。主体部分"志"依次叙写逝者家世与生平遭际等，铭辞言墓穴坚固安静，有利后人，以告慰逝者。文章的成功之处在于，作者面对既不能回避与逝者政治上的分歧，又不能对亡友泄愤挞伐的写作困境，以坦诚的襟怀，巧妙的手法作出令人叫绝的处理，写成这篇古今传诵的佳作。其手法之巧，一是突出作者与逝者友情的主线。文章标题不依惯例称官爵而直呼其字，行文也以子厚相称，沿用"朋友相呼以字"的规矩，为文章定下友情为重的基调。文章叙事、评议，字里行间充溢着挚友之情。二是巧于剪裁。叙逝者生平，侧重道德文章，涉及政事不作全面评价和正面评议，以典型事例凸显其政治才能和高风亮节。对于政治分歧，文章也不回避，但用语极委婉。述逝者参与二王集团及至贬官，用"遇用事者得罪"一句轻轻带过，既写出了事实，又未损逝者形象。经过巧妙的剪裁，既突出了逝者的人格大节，又不影响表达作者的敬佩与悼念之情。三是表达方式创新。墓志铭通常以叙事为主，不宜于作者发表议论，但作者一反传统手法，行文夹叙夹议，表述淋漓酣畅。且文章语言质朴，又饱含深情。

【思考与练习】

1. 试分析本文的取材方法，并说明这种取材处理的妙处。
2. 文章对柳宗元的德才与成就有哪些表述和评价，请在阅读时逐一列举或标注出来。

箕 子 碑

柳宗元

凡大人〔高尚德行之人〕之道〔立身处世之道〕有三：一曰正〔坚持正义〕蒙难，二曰法〔法则〕授圣，三曰化〔教化〕及民。殷有仁人曰箕子，实具兹道以〔而〕立于世。故孔子述六经之旨，尤殷勤〔情意恳切深厚〕焉。当纣之时，大道悖〔违反〕乱，天威〔指大风大雷大雨等〕之动不能戒，圣人之言无所用。进死以并〔通"屏"，舍弃〕命，诚仁矣，无益吾祀〔指宗族〕，故不为。委身以存祀，诚仁矣，与〔通"预"〕亡〔逃亡〕吾国，故不忍。具是二道，有行之者矣。是用保其明哲，与之俯仰〔周旋〕；晦〔韬晦〕是谟范〔谋略与法则〕，辱于囚奴。昏〔黑暗〕而无邪，隤〔音tuí，丧败〕而不息。故在《易》曰："箕子之明夷〔犹言明智没有显露出来〕"，正蒙难也。及天命〔上天意志〕既改，生人〔即"民"〕以正，乃出大法，用〔因此〕为圣师。周人得以序〔排序〕彝〔常道〕伦〔伦理〕，而立大典。故在《书》曰："以〔由于〕箕子归"，作《洪〔大〕范〔法则〕》，法授圣也。及封朝鲜〔古地名〕，推〔推行〕道训俗，惟德无陋〔浅陋〕，惟人无远。用广〔推广〕殷祀〔犹言文化〕，俾〔使〕夷为华，化及民也。率〔遵循〕是大道，从〔集〕于厥〔其〕躬，天地变化，我得其正。其〔大概〕大人欤！

呜呼！当其周时〔时机〕未至，殷祀未殄〔音tiǎn，断绝〕，比干已死，微子已去，向〔当初〕使〔假使〕纣恶未稔而自毙，武庚念〔思考〕乱以图存，国无其人，谁与兴理〔即"治"〕！是固〔本来〕人事之或然者也。然则先生隐忍而为此，其有志于斯乎？

唐某年，作庙汲郡，岁时致祀。嘉先生独列于《易》象，作是颂〔原文有颂，此从略〕云。

【阅读欣赏提示】

在碑上刻字，用以记事颂德以传之后世，秦已流行，汉尤为盛，遂成一种实用文体。其后历代都有刻石文辞，归纳起来有纪功碑、建筑碑和墓碑三大类。唐为箕子建庙于汲郡，柳宗元作此碑文。

箕子，名胥馀，商纣王叔父，封于箕，为子爵，故称箕子。纣王时官太师。纣王暴虐，箕子谏不听，乃披发佯狂为奴，为纣所囚。周武王灭商，释放箕子，访箕子以天道。箕子遂陈《洪范》，封之朝鲜而不臣。这篇碑文即记写了此事。

为先人建庙而撰写的碑文，通常要叙写先人的生平事迹，颂扬其功绩，同时交代建庙事。本文舍弃了对先人生平的具体陈述，对其建庙事也只在末段一笔带过，笔墨集中颂扬箕子之德行，主旨极其突出。运用议论方式于记叙之中，叙议结合，凸显了对箕子的赞颂。文章以立论入题，全文围绕中心论点逐层展开，结构紧凑而谨严。

【思考与练习】

1. 作者对箕子持何种看法？你对此事有何评价？
2. 作者是从哪方面赞颂箕子之德的？

祭欧阳文忠公文

苏轼

呜呼哀哉！公之生于世，六十有〔通"又"〕六年。民有父母，国有蓍龟〔蓍草与龟甲，用于占卜，犹言决策〕；斯文〔指儒道与文章〕有传，学者有师；君子有所恃而不恐，小人有所畏而不为。譬如大川乔岳〔犹言高山〕，不见其运动，而功利之及于物者，盖不可以数计而周知。今公之没也，赤子无所仰庇〔通"庇"〕，朝廷无所稽疑；斯文化为异端，而学者至于用夷〔古时称外国人为夷，此处指外来的佛教〕；君子以为无为为善，而小人沛然〔行动迅速貌〕自以为得时。譬如深渊大泽，龙亡而虎逝，则变怪杂出，舞鳅鳝而号狐狸。昔其未用也，天下以为病〔错误〕；而其既用也，则又以为迟。及其释位而去也，莫不冀〔希望〕其复用。至其请老而归也，莫不惆怅失望，而犹庶几于万一者，幸公之未衰。孰谓公无复有意于斯世也，奄〔忽然〕一去而莫予追！岂厌世混浊，洁身而逝乎？将民之无禄〔犹言福〕，而天莫之遗？

昔我先君怀宝〔满腹经纶〕遁世，非公则莫能致〔罗致重用〕。而不肖无状〔不像样子〕，因缘〔靠机缘〕出入，受教于门下者，十有六年于兹。闻公之丧，义当匍匐往吊，而怀禄不去，愧古人以忸怩。缄词〔封寄祭文〕千里，以寓一哀而已矣！盖上以为天下恸，而下以哭其私。呜呼哀哉！

【阅读欣赏提示】

本文所祭之人欧阳修是北宋著名的政治家、史学家、文学家。苏轼与他交谊甚笃，怀有知遇之恩。欧阳修去世，苏轼封寄此篇祭文，以寄哀思。

这篇祭文的写作意图是"上以为天下恸"，"下以哭其私"。祭文先从天下民众利益的角度叹惜欧阳修的逝世，再追念欧阳修对苏家两代知遇之恩，对其逝世深感悲痛。祭文大刀阔斧削砍呼告逝者的客套和对生平的陈述，集中笔墨赞扬逝者功德业绩，表达自己的悲伤感情。大处落笔，胸襟阔大，言虽简而意犹深。祭文述逝者事，诉祭者情，切人切事又切情。于叙事中抒情，千回百折，倾诉衷肠，不求文辞华丽，但以朴实之语出之。文章字字含情，感人肺腑，绝无半点矫饰。

【思考与练习】

1. 作者是怎样评价欧阳修的？
2. 试述本文的语言特点。

3．熟读全文。

复王七峰琼山知县

海瑞

承不遐弃，赐之华翰，捧诵之下，感激倍之。

琼山百姓日就憔悴，正以数十年来未见一好县官也。执事满怀经济〔经世济民〕，小试割鸡（"割鸡焉用牛刀"的省语），顾此僻邑，何幸！何幸！生亦与焉。用是日日南望台下〔尊称对方〕，切瞻仰也。今人居官，且莫说大有手段，为百姓兴其利，除其弊，止是不染一分一文，禁左右人不得为害，便出时套〔俗套〕中高高者矣。此不足为执事道，因有感触，姑一质〔评论〕之。

人便，谨此奉候。外《条约》二册尘〔同"呈"〕览，亦冀执事有以教之，有以取之也！诸不及尽者，惟台鉴！

【作者简介】

海瑞（1514—1587年），字汝贤，号刚峰，琼山（今属海南省）人。明代著名法官，人称"海青天"。

【阅读欣赏提示】

王七峰就任琼山知县，给海瑞去信，海瑞以此信回复。

此信前段为收读来信的表情语，尾段为希冀语，这是书信的固定程式。复信的意旨表达集中在中间主体段。起段便说"琼山百姓日就憔悴，数十年来未见一个好县官"，定下规劝廉政为民的基调。对王七峰履职予以热情鼓励，是在情理之中。点睛之笔于规劝其居官不要空说为百姓兴利除弊的大话，能做到"不染一分一文，禁左右人不得为害"就难能可贵了。着重强调廉政之紧要，激愤之情溢于言表。

【思考与练习】

1. 认真领会复信的意旨，试述其现实意义。
2. 熟读全文，并将第二段抄写一遍。

答湖广巡抚朱谨吾辞建亭书

张居正

承示欲为不谷〔谦称〕作三诏亭，以彰天眷〔皇上恩宠〕，垂永久，意甚厚。但数年以来，建坊营作，损上储〔国家储备〕，劳乡民，日夜念之，寝食弗宁。今幸诸务已就，庶几疲民少得休息；乃无端又兴此大役，是重困乡人，益吾不德也。且古之所称不朽者三〔立德、立功、立言〕，若夫恩宠之隆，阀阅〔指府第〕之盛，乃流俗之所艳〔羡慕〕，非不朽之大业也。

吾平生学在师心，不蕲〔求〕人知。不但一时之毁誉，不关于虑；即万世之是非，亦所弗计也，况欲侈〔放纵〕恩席〔倚仗〕宠以夸耀流俗乎。张文忠近时所称贤相，然其声施于后世者，亦不因三诏亭而后显也。不谷虽不德，然其自计，似不在文忠之列。使后世诚有知我者，则所为不朽，固自有在，岂藉建亭而后传乎？露台百金之费，中人十家之产，汉帝犹且惜之，况千金百家之产乎！当此岁饥民贫之时，计一金可活一人，千金当活千人矣！何为举百家之产，千人之命，弃之道旁，为官吏往来游憩之所乎？

且盛衰荣瘁，理之常也。时异势殊，陵谷迁变，高台倾，曲池平，虽吾宅第，且不能守，何有于亭？数十年后，此不过十里铺前一接官亭耳，乌睹所谓三诏亭乎？此举比之建坊表宅〔表封门第〕，尤为无益；已寄书敬修儿达意官府，即檄已行，工作已兴，亦必罢之。万望俯谅！

【作者简介】

张居正（1525—1582 年），字叔大，号太岳，湖北江陵人。明嘉靖间进士，隆庆元年入阁主持朝政，实行过一些进步的改革措施。湖广（辖地相当于今湖北、湖南二省）巡抚朱谨吾要为他在家乡建造三诏亭，致信请示，张居正答以此信，坚决制止。

【阅读欣赏提示】

此复信的意旨十分明确，就是辞建三诏亭。文章反复阐述了辞建的理由：一则劳民伤财，不可建亭；再则传名后世不在于亭；三则土木砖石也无以传世。更主要的是，对于作者，"不但一时之毁誉，不关于虑；即万世之是非，亦所弗计也"。可见作者心胸之豁达，今天读来仍觉掷地有声。

【思考与练习】

1. 认真诵读此信，深刻领会其思想内涵。
2. 作者陈述辞建三诏亭的理由有哪些？请一一列举。

劝诫州县四条

曾国藩

上而道府，下而佐杂，以此类推。

一曰治署内以端本。

宅门以内曰上房，曰官亲，曰幕友，曰家丁；头门以内曰书办，曰差役。

此六项者，皆署内之人也。为官者欲治此六项人，须先自治其身。凡银钱一分一毫，一出一入，无不可对人言之处，则身边之人不敢妄取，而上房、官亲、幕友、家丁四者皆治矣。凡文书案牍，无一不躬亲检点，则承办之人不敢舞弊，而书办、差役二者皆治矣。

二曰明刑法以清讼。

管子、荀子、文中子〔王通，隋代人〕之书，皆以严刑为是，以赦宥〔宽〕为非。子产治郑，诸葛治蜀，王猛〔前秦丞相〕治秦，皆用严刑，以致乂〔太平〕安。为州县者，苟尽心于民事，是非不得不剖辨，谳〔音 yàn，审理〕结不得不迅速。既求迅结，不得不刑恶人，以伸善人之气；非虐也，除莠所以爱苗也，惩恶所以安良也。若一案到署，不讯不结，不分是非，不用刑法，名为宽和，实糊涂耳，懒惰耳，纵好恶以害善良耳。

三曰重农事以厚生。

军兴以来，士与工商，生计或未尽绝。惟农夫则无一人不苦，无一处不苦。农夫受苦太久，则必荒田不耕。军无粮，则必扰民；民无粮，则必从贼；贼无粮，则必变流贼，而大乱无了日矣。故今日之州县，以重农为第一要务。病〔侵害〕商之钱可取，病农之钱不可取。薄敛〔征收〕以纾〔集结〕其力，减役以安其身。无牛之家，设法购买；有水之田，设法疏消。要使农夫稍有生聚之乐，庶不至逃徙一空。

四曰崇俭朴以养廉。

近日州县廉俸〔养廉银加正俸〕，入款皆无着落，而出款仍未尽裁，是以艰窘异常。计惟有节用之一法，尚可公私两全。节用之道，莫先于人少。官亲少，则无需索酬应之繁；幕友家丁少，则减薪工杂支之费。官厨少一双之箸，民间宽一分之力。此外衣服饮食，事事俭约，声色洋烟，一一禁绝；不献上司，不肥家产。用之于己者有节，则取之于民者有制矣。

【作者简介】

曾国藩（1811－1872年），字涤生，号伯涵，清湖南湘乡（今湖南双峰县）人。清朝理学家、军事家、湘军首领。道光进士，历官两江总督、直隶总督、钦差大臣、礼部侍郎、兵部侍郎。曾诰授光禄大夫、太子太保、武英殿大学士、世袭一等毅勇侯。卒追赠为太傅，谥文正。为官恪守"清、慎、勤"三字古箴。论学主张义理、考据、辞章并重。湖南岳麓书社刊有《曾国藩全集》。

【阅读欣赏提示】

道光十八年（1838年），曾国藩点了翰林，任京官。尔后十年七迁而为礼部侍郎，由四品骤升至二品，尊荣已极。他很想有所作为，针对当时清朝廷政治危机与吏治弊端，拟从整顿吏治入手，实施行政改革。于咸丰十一年（1861年）制定系列条例，约以规章，教以"浅语"，刻印成《劝诫浅语十六条》，广为传布。《劝诫州县四条》是其中一部分。

《劝诫州县四条》是曾国藩为州县官员制定的为官行政准则，反映了他得人与治事并重，制度约束与思想教导结合的为政之道。四条规定内容具体，操作性强，文辞浅显，易懂易记。但正如标题所示，此条例重于劝诫，法规特色不突出。

【思考与练习】

1. 《劝诫州县四条》有哪些具体规定？它与我们今天的廉政建设有哪些异同？
2. 试评析本文的语言特色。
3. 请将本文"四条"标题翻译成现代汉语。

致宋庆龄

毛泽东

庆龄先生：

　　重庆违〔离开〕教，忽〔迅速〕近四年。仰望之诚，与日俱积。兹者〔现在〕全国革命胜利在即，建议大计，亟待商筹，特派邓颖超同志趋前致候，专诚欢迎先生北上。敬希命驾〔命人驾车，即动身前往〕莅〔来〕平〔北平，今北京〕，以便就近请教，至祈勿却为盼！专此。敬颂

大安！

毛泽东
一九四九年六月十九日

【作者简介】

　　毛泽东（1893－1976年），字润之，湖南湘潭人。中国无产阶级革命家、政治家和军事家，中国共产党、中国人民解放军和中华人民共和国的主要缔造者和领导人，毛泽东思想的主要创立者。同时又是伟大的诗人和书法家，著有《毛泽东选集》、《毛泽东诗词集》。

【阅读欣赏提示】

　　这封信是开国之前毛泽东主席写给宋庆龄的邀请信。宋庆龄是孙中山夫人，著名的民主人士。

　　1949年6日，中共中央派邓颖超赴上海迎接宋庆龄来北平参加新政协会议。临行时毛泽东将这封亲笔信托邓颖超带给宋庆龄。此信纸短情深，对宋庆龄的敬仰之情与欢迎北上议政的诚意洋溢于字里行间。行文散骈相兼，文辞清丽典雅。

【思考与练习】

1. 分析此信的语言风格。
2. 作者在文章中使用了哪些表示敬意和诚意的词语？请找出并加以解释。

致蒋经国先生信

廖承志

经国吾弟：

咫尺之隔，竟成海天之遥。南京匆匆一晤，瞬逾三十六载。幼时同胞，苏京〔苏联首都〕把晤，往事历历在目。惟长年未通音问，此诚憾事。近闻政躬〔身体〕违和〔和谐〕，深为悬念。人过七旬，多有病痛。至盼善自珍摄。

三年以来，我党一再倡议贵我两党举行谈判，同捐前嫌，共竟祖国统一大业。惟弟一再声言"不接触，不谈判，不妥协"，余期期〔副词〕以为不可。世交深情，于公于私，理当进言，敬希诠察。

祖国和平统一，乃千秋功业，台湾终必回归祖国，早日解决对各方有利。台湾同胞可安居乐业，两岸各族人民可解骨肉分离之痛，在台诸前辈及大陆去台人员亦可各得其所，且有利于亚太地区局势稳定和世界和平。吾弟尝以"计利当计天下利，求名应求万世名"自勉，倘能于吾弟手中成此伟业，必为举国尊敬，世人推崇，功在国家，名留青史。所谓"罪人"之说，实相悖谬。局促东隅，终非久计。明若吾弟，自当了然。如迁延不决，或委之异日，不仅徒生困扰，吾弟亦将难辞其咎。再者，和平统一纯属内政。外人巧言令色〔讨好的表情〕，意在图我台湾，此世人所共知者。当断不断，必受其乱。愿弟慎思。

孙先生手创之中国国民党，历尽艰辛，无数先烈前仆后继，终于推翻帝制，建立民国。光辉业迹，已成定论。国共两度合作，均对国家民族作出巨大贡献。首次合作，孙先生领导，吾辈虽幼，亦知一二。再次合作，老先生主其事，吾辈身在其中，应知梗概。事虽经纬万端，但纵观全局，合则对国家有利，分则必伤民族元气。今日吾弟在台主政，三次合作，大责难谢。双方领导，同窗挚友，彼此相知，谈之更易。所谓"投降"、"屈事"、"吃亏"、"上当"之说，实难苟同。评价历史，展望未来，应天下为公，以国家民族利益为最高准则，何发党私之论！至于"以三民主义统一中国"云云，识者皆以为太不现实，未免自欺欺人。三民主义之真谛，吾辈深知，毋须争辩。所谓台湾"经济繁荣，社会民主，民生乐利"等等，在台诸公，心中有数，亦毋庸赘言。试为贵党计，如能依时顺势，负起历史责任，毅然和谈，达成国家统一，则两党长期共存，互相监督，共图振兴中华之大业。否则，偏安之局，焉能自保。有识之士，虑已及此。事关国民党兴亡绝续，望弟再思。

近读大作，有"切望父灵能回到家园与先人同在"之语，不胜感慨系之。今老先生仍厝（停放棺材或浅埋待葬）于慈湖，统一之后，即当迁安故土，或奉化，或南京，或庐山，以了吾弟孝心。吾弟近曾有言："要把孝顺的心，扩大为民族感情，去敬爱民族，奉献于国家。"旨〔味道美，引申为好〕哉斯言，盍不实践于统一大业！就国家民族而论，蒋氏两代对历史有所交代；就吾弟个人而言，可谓忠孝两全。否则，吾弟身后事何以自了。尚望三思。

吾弟一生坎坷，决非命运安排，一切操之在己。千秋功罪，系于一念之间。当今国际风云变幻莫测，台湾上下众议纷纭。岁月不居〔停止〕，来日苦短，夜长梦多，时不我与。盼弟善为抉择，未雨绸缪。"寥廓海天，不归何待？"

人到高年，愈加怀旧，如弟方便，余当束装就道，前往台北探望，并面聆诸长辈教益。"度尽劫波兄弟在，相逢一笑泯恩仇"。遥望南天，不禁神驰，书不尽言，诸希珍重，伫候复音。

老夫人前请代为问安。方良、纬国及诸侄不一。

顺祝

近祺！

廖承志

一九八二年七月二十四日

【作者简介】

廖承志（1908—1983年），广东惠阳人。国民党革命元勋廖仲恺之子。无产阶级革命家，杰出的社会活动家，党和国家卓越领导人。

【阅读欣赏提示】

这封信写于1982年7月24日，7月26日《人民日报》据新华社7日25日电全文发表此信,称"7月24日,廖承志致蒋经国先生信,已用电报发往台北。"

蒋经国(1911-1988年),浙江奉化人,是蒋介石之子,1978年就任台湾总统。

此信首段叙别忆思,收尾祝颂致意,乃书信常用礼仪与格式。书信的主旨是规劝对方决断和谈,实现祖国统一。书信用三个层次分别阐述和平统一于国于民有利、于国民党有利,于对方家庭有利,是国之大幸、民之大幸、党之大幸、家之大幸,说理深透,有情有理。行文谦恭尚礼,文辞优美典雅。

【思考与练习】

1. 请分析、概括这封信的主旨与写作意图。
2. 作者是如何表情达意的?我们从中能学到哪些东西?

拓 展 阅 读

梓　材

《尚书》

王曰:"封,以厥庶民暨厥臣达大家,以厥臣达王惟邦君,汝若恒。"

"越曰我有师师、司徒、司马、司空、尹旅。曰:'予罔厉杀人。'亦厥君先敬劳,肆徂厥敬劳!"

"肆往,奸宄、杀人、历人,宥;肆亦见厥君事、戕败人,宥。"

"王启监,厥乱为民。曰:'无胥戕,无胥虐,至于敬寡,至于属妇,合由以容。'王其效邦君越御事,厥命曷以?'引养引恬。'自古王若兹监,罔攸辟!"

"惟曰:若稽田,既勤敷菑,惟其陈修,为厥疆畎。若作室家,既勤垣墉,惟其涂塈茨。若作梓材,既勤朴斫,惟其涂丹雘。"

"今王惟曰：先王既勤用明德，怀为夹，庶邦享作，兄弟方来。亦既用明德，后式典集，庶邦丕享。"

"皇天既付中国民越厥疆土于先王，肆王惟德用，和怿先后迷民，用怿先王受命已！若兹监，惟曰欲至于万年，惟王子子孙孙永保民。"

牧　　誓

《尚书》

时甲子昧爽，王朝至于商郊牧野，乃誓。王左杖黄钺，右秉白旄以麾，曰"逖矣，西土之人！"王曰："嗟！我友邦冢君御事，司徒、司马、司空，亚旅、师氏，千夫长、百夫长，及庸、蜀、羌、髳、微、卢、彭、濮人。称尔戈，比尔干，立尔矛，予其誓。"

王曰："古人有言曰：'牝鸡无晨；牝鸡之晨，惟家之索。'今商王受惟妇言是用，昏弃厥肆祀弗答，昏弃厥遗王父母弟不迪，乃惟四方之多罪逋逃，是崇是长，是信是使，是以为大夫卿士。俾暴虐于百姓，以奸宄于商邑。今予发惟恭行天之罚。今日之事，不愆于六步、七步，乃止齐焉。夫子勖哉！不愆于四伐、五伐、六伐、七伐，乃止齐焉。勖哉夫子！尚桓桓，如虎如貔、如熊如罴，于商郊。弗迓克奔以役西土，勖哉夫子！尔所弗勖，其于尔躬有戮！"

求茂材异等诏

刘彻

盖有非常之功,必待非常之人。故马或奔踶而致千里,士或有负俗之累而立功名。夫泛驾之马,跅弛之士,亦在御之而已。其令州郡察吏民有茂材异等可为将相及使绝国者。

论贵粟疏

晁错

圣王在上而民不冻饥者,非能耕而食之,织而衣之也,为开其资财之道也。故尧、禹有九年之水,汤有七年之旱,而国亡捐瘠者,以畜积多而备先具也。今海内为一,土地人民之众不避汤、禹,加以亡天灾数年之水旱,而畜积未及者,何也?地有遗利,民有余力,生谷之土未尽垦,山泽之利未尽出也,游食之民未尽归农也。民贫,则奸邪生。贫生于不足,不足生于不农,不农则不地著,不地著则离乡轻家,民如鸟兽,虽有高城深池,严法重刑,犹不能禁也。

夫寒之于衣,不待轻暖;饥之于食,不待甘旨;饥寒至身,不顾廉耻。人情,一日不再食则饥,终岁不制衣则寒。夫腹饥不得食,肤寒不得衣,虽慈母不能保其子,君安能以有其民哉!明主知其然也,故务民于农桑,薄赋敛,广畜积,以实仓廪,备水旱,故民可得而有也。

民者，在上所以牧之，趋利如水走下，四方亡择也。夫珠玉金银，饥不可食，寒不可衣，然而众贵之者，以上用之故也。其为物轻微易藏，在于把握，可以周海内而亡饥寒之患。此令臣轻背其主，而民易去其乡，盗贼有所劝，亡逃者得轻资也。粟米布帛生于地，长于时，聚于力，非可一日成也；数石之重，中人弗胜，不为奸邪所利，一日弗得而饥寒至。是故明君贵五谷而贱金玉。

今农夫五口之家，其服役者不下二人，其能耕者不过百亩。百亩之收不过百石。春耕夏耘，秋获冬藏，伐薪樵，治官府，给繇役；春不得避风尘，夏不得避暑热，秋不得避阴雨，冬不得避寒冻，四时之间亡日休息。又私自送往迎来，吊死问疾，养孤长幼在其中。勤苦如此，尚复被水旱之灾，急政暴虐，赋敛不时，朝令而暮改。当具有者半贾而卖，亡者取倍称之息，于是有卖田宅鬻子孙以偿债者矣。而商贾大者积贮倍息，小者坐列贩卖，操其奇赢，日游都市，乘上之急，所卖必倍。故其男不耕耘，女不蚕织，衣必文采，食必粱肉；亡农夫之苦，有阡陌之得。因其富厚，交通王侯，力过吏势，以利相倾；千里游敖，冠盖相望，乘坚策肥，履丝曳缟。此商人所以兼并农人，农人所以流亡者也。今法律贱商人，商人已富贵矣；尊农夫，农夫已贫贱矣。故俗之所贵，主之所贱也；吏之所卑，法之所尊也。上下相反，好恶乖迕，而欲国富法立，不可得也。

方今之务，莫若使民务农而已矣。欲民务农，在于贵粟；贵粟之道，在于使民以粟为赏罚。今募天下入粟县官，得以拜爵，得以除罪。如此，富人有爵，农民有钱，粟有所渫。夫能入粟以受爵，皆有余者也；取于有余以供上用，则贫民之赋可损，所谓损有余补不足，令出而民利者也。顺于民心，所补者三：一曰主用足，二曰民赋少，三曰劝农功。今令民有车骑马一匹者，复卒三人。车骑者，天下武备也，故为复卒。神农之教曰："有石城十仞，汤池百步，带甲百万，而亡粟，弗能守也。"以是观之，粟者，王者大用，政之本务。令民入粟受爵至五大夫以上，乃复一人耳，此其与骑马之功相去远矣。爵者，上之所擅，出于口而亡穷；粟者，民之所种，生于地而不乏。夫得高爵与免罪，人之所甚欲也。使天下人入粟于边，以受爵免罪，不过三岁，塞下之粟必多矣。

狱中上梁王书

邹阳

臣闻"忠无不报，信不见疑"，臣常以为然，徒虚语耳。昔荆轲慕燕丹之义，白虹贯日，太子畏之；卫先生为秦画长平之事，太白食昴，昭王疑之。夫精变天地而信不谕两主，岂不哀哉！今臣尽忠竭诚，毕议愿知，左右不明，卒从吏讯，为世所疑。是使荆轲、卫先生复起，而燕、秦不寤也。愿大王熟察之。昔玉人献宝，楚王诛之；李斯竭忠，胡亥极刑。是以箕子阳狂，接舆避世，恐遭此患也。

愿大王察玉人、李斯之意，而后楚王、胡亥之听，毋使臣为箕子、接舆所笑。臣闻比干剖心，子胥鸱夷，臣始不信，乃今知之。愿大王熟察，少加怜焉！

语曰："白头如新，倾盖如故"。何则？知与不知也。故樊于期逃秦之燕，藉荆轲首以奉丹事；王奢去齐之魏，临城自刭以却齐而存魏。夫王奢、樊于期非新于齐、秦而故于燕、魏也，所以去二国死两君者，行合于志而慕义无穷也。是以苏秦不信于天下，为燕尾生；白圭战亡六城，为魏取中山。何则？诚有以相知也。苏秦相燕，人恶之于燕王，燕王按剑而怒，食以駃騠；白圭显于中山，人恶之于魏文侯，文侯赐以夜光之璧。何则？两主二臣，剖心析肝相信，岂移于浮辞哉！

故女无美恶，入宫见妒；士无贤不肖，入朝见嫉。昔司马喜膑脚于宋，卒相中山；范雎拉胁折齿于魏，卒为应侯。此二人者，皆信必然之画，捐朋党之私，挟孤独之交，故不能自免于嫉妒之人也。是以申徒狄蹈雍之河，徐衍负石入海。不容于世，义不苟取比周于朝，以移主上之心。故百里奚乞食于道路，缪公委之以政；宁戚饭牛车下，而桓公任之以国。此二人者，岂素宦于朝，借誉于左右，然后二主用之哉？感于心，合于行，坚如胶漆，昆弟不能离，岂惑于众口哉！故偏听生奸，独任成乱。昔鲁听季孙之说逐孔子，宋信子冉之计囚墨翟。夫以孔、墨之辩，不能自免于谗谀，而二国以危。何则？众口铄金，积毁销骨也。是以秦用戎人由余而霸中国，齐用越人子臧而彊威、宣。此二国岂拘于俗、牵于世、系奇偏之辞哉？公听并观，垂明当世。故意合则胡越为昆弟，由余、子臧是矣；不合则骨肉为雠敌，朱、象、管、蔡是矣。今人主诚能用齐、秦之明，后宋、鲁之听，则五伯不足侔，而三王易为也。

是以圣王觉寤，捐子之之心，而不说田常之贤，封比干之后，修孕妇之墓，故功业覆于天下。何则？欲善亡厌也。夫晋文亲其雠，彊伯诸侯；齐桓用其仇，而一匡天下。何则？慈仁殷勤，诚加于心，不可以虚辞借也。至夫秦用商鞅之法，东弱韩、魏，立彊天下，卒车裂之。越用大夫种之谋，禽劲吴而霸中国，遂诛其身。是以孙叔敖三去相而不悔，于陵子仲辞三公为人灌园。今人主诚能去骄傲之心，怀可报之意，披心腹，见情素，堕肝胆，施德厚，终与之穷达，无爱于士，则桀之犬可使吠尧，跖之客可使刺由，何况因万乘之权，假圣王之资乎！然则荆轲湛七族，要离燔妻子，岂足为大王道哉！

臣闻明月之珠，夜光之璧，以暗投人于道，众莫不按剑相眄者。何则？无因而至前也。蟠木根柢，轮囷离奇，而为万乘器者，何则？以左右先为之容也。故无因而至前，虽出随侯之珠，夜光之璧，只怨结而不见德；故有人先游，则枯木朽株，树功而不忘。今夫天下布衣穷居之士，身在贫羸，虽蒙尧、舜之术，挟伊、管之辩，怀龙逢、比干之意，而素无根柢之容，虽竭精思，欲开忠于当世之君，则人主必袭按剑相眄之迹矣。是使布衣之士不得为枯木朽株之资也。是以圣王制世御俗，独化于陶钧之上，而不牵乎卑乱之语，不夺乎众多之口。故秦皇帝任中庶子蒙嘉之言，以信荆轲，而匕首窃发；周文王猎泾渭，载吕尚归，以王天下。秦信左右而亡，周用乌集而王。何则？以其能越挛拘之语，驰域外之议，独观乎昭旷之道也。今人主沉于谄谀之辞，牵于帷廧之制，使不羁之士与牛骥同皂，此鲍焦所以愤于世也。

臣闻盛饰入朝者，不以私污义；砥厉名号者，不以利伤行。故里名胜母，曾子不入；邑号朝歌，墨子回车。今欲使天下寥廓之士笼于威重之权，胁于位势之贵，回面污行，以事谄谀之人，而求亲近于左右，则士有伏死堀穴岩薮之中耳，安有尽忠信而趋阙下者哉！

报任安书

司马迁

少卿足下：曩者辱赐书，教以慎于接物，推贤进士为务，意气勤勤恳恳，若望仆不相师，而用流俗人之言，仆非敢如是也。仆虽罢驽，亦尝侧闻长者之遗风矣。顾自以为身残处秽，动而见尤，欲益反损，是以独抑郁而谁与语？谚曰："谁为为之？孰令听之？"盖钟子期死，伯牙终身不复鼓琴。何则？士为知己者用，女为说己者容。若仆大质已亏缺矣，虽才怀随和，行若由夷，终不可以为荣，适足以见笑而自点耳。书辞宜答，会东从上来，又迫贱事，相见日浅，卒卒无须臾之间得竭志意。今少卿抱不测之罪，涉旬月，迫季冬，仆又薄从上雍，恐卒然不可为讳。是仆终已不得舒愤懑以晓左右，则长逝者魂魄，私恨无穷。请略陈固陋。阙然久不报，幸勿为过。

仆闻之：修身者，智之府也；爱施者，仁之端也；取予者，义之表也；耻辱者，勇之决也；立名者，行之极也。士有此五者，然后可以托于世，而列于君子之林矣。故祸莫憯于欲利，悲莫痛于伤心，行莫丑于辱先，而诟莫大于宫刑。刑余之人，无所比数，非一世也，所从来远矣。昔卫灵公与雍渠同载，孔子适陈；商鞅因景监见，赵良寒心；同子参乘，袁丝变色：自古而耻之。夫以中材之人，事有关于宦竖，莫不伤气，而况于慷慨之士乎！如今朝廷虽乏人，奈何令刀锯之余荐天下豪俊哉！仆赖先人绪业，得待罪辇毂下，二十余年矣。所以自惟：上之，不能纳忠效信，有奇策材力之誉，自结明主；次之，又不能拾遗补阙，招贤进能，显岩穴之士；外之，不能备行伍，攻城野战，有斩将搴旗之功；下之，不能积日累劳，取尊官厚禄，以为宗族交游光宠。四者无一遂，苟合取容，无所短长之效，可见于此矣。向者，仆亦尝厕下大夫之列，陪外廷末议。不以此时引纲维，尽思虑，今已亏形为扫除之隶，在闟茸之中，乃欲仰首伸眉，论列是非，不亦轻朝廷，羞当世之士邪！嗟乎！嗟乎！如仆，尚何言哉！尚何言哉！

　　且事本末未易明也。仆少负不羁之才，长无乡曲之誉，主上幸以先人之故，使得奏薄技，出入周卫之中。仆以为戴盆何以望天，故绝宾客之知，忘室家之业，日夜思竭其不肖之才力，务一心营职，以求亲媚于主上。而事乃有大谬不然者。

　　夫仆与李陵俱居门下，素非能相善也，趣舍异路，未尝衔杯酒接殷勤之余欢。然仆观其为人，自守奇士。事亲孝，与士信，临财廉，取与义，分别有让，恭俭下人，常思奋不顾身以徇国家之急。其素所畜积也，仆以为有国士之风。夫人臣出万死不顾一生之计，赴公家之难，斯已奇矣。今举事一不当，而全躯保妻子之臣随而媒孽其短，仆诚私心痛之。且李陵提步卒不满五千，深践戎马之地，足历王庭，垂饵虎口，横挑强胡，仰亿万之师，与单于连战十有余日，所杀过当。虏救死扶伤不给，旃裘之君长咸震怖。乃悉征其左右贤王，举引弓之民，一国共攻而围之。转斗千里，矢尽道穷，救兵不至，士卒死伤如积。然陵一呼劳军，士无不起，躬自流涕，沫血饮泣，更张空弮，冒白刃，北向争死敌者。陵未没时，使有来报，汉公卿王侯皆奉觞上寿。后数日，陵败书闻，主上为之食不甘味，听朝不怡。大臣忧惧，不知所出。仆窃不自料其卑贱，见主上惨怆怛悼，诚欲效其款款之愚，以为李陵素与士大夫绝甘分少，能得人之死力，虽古之名将不能过也。身虽陷败，彼观其意，且欲得其当而报于汉。事已无可奈何,其所摧败,功亦足以暴于天下矣。仆怀欲陈之,而未有路。适会召问,即以此指推言陵之功,欲以广主上之意,塞睚眦之辞。未能尽明,明主不晓,以为仆沮贰师,而为李陵游说,遂下于理。拳拳之忠,终不能自列。因为诬上,卒从吏议。家贫,货赂不足以自赎,交游莫救,左右亲近不为壹言。身非木石,独与法吏为伍,深幽囹圄之中,谁可告愬者!此真少卿所亲见,仆行事岂不然乎?李陵既生降,隤其家声,而仆又茸之蚕室,重为天下观笑。悲夫!悲夫!事未易一二为俗人言也。

仆之先,非有剖符丹书之功,文史星历近乎卜祝之间,固主上所戏弄,倡优畜之,流俗之所轻也。假令仆伏法受诛,若九牛亡一毛,与蝼蚁何以异?而世又不与能死节者比,特以为智穷罪极,不能自免,卒就死耳。何也?素所自树立使然也。人固有一死,或重于泰山,或轻于鸿毛,用之所趋异也。太上不辱先,其次不辱身,其次不辱理色,其次不辱辞令,其次诎体受辱,其次易服受辱,其次关木索被箠楚受辱,其次剔毛发、婴金铁受辱,其次毁肌肤、断肢体受辱,最下腐刑极矣。传曰"刑不上大夫",此言士节不可不勉励也。猛虎在深山,百兽震恐,及在槛阱之中,摇尾而求食,积威约之渐也。故士有画地为牢,势不可入,削木为吏,议不可对,定计于鲜也。今交手足,受木索,暴肌肤,受榜箠,幽于圜墙之中。当此之时,见狱吏则头枪地,视徒隶则心惕息。

何者？积威约之势也。及以至是，言不辱者，所谓强颜耳，曷足贵乎！且西伯，伯也，拘于羑里；李斯，相也，具于五刑；淮阴，王也，受械于陈；彭越、张敖，南面称孤，系狱抵罪；绛侯诛诸吕，权倾五伯，囚于请室；魏其，大将也，衣赭衣，关三木；季布为朱家钳奴；灌夫受辱于居室。此人皆身至王侯将相，声闻邻国，及罪至罔加，不能引决自裁。在尘埃之中，古今一体，安在其不辱也！由此言之，勇怯，势也；强弱，形也。审矣，何足怪乎！夫人不能早自裁绳墨之外，已稍陵迟，至于鞭箠之间，乃欲引节，斯不亦远乎！古人所以重施刑于大夫者，殆为此也。夫人情莫不贪生恶死，念父母，顾妻子，至激于义理者不然，乃有所不得已也。今仆不幸，早失父母，无兄弟之亲，独身孤立，少卿视仆于妻子何如哉？且勇者不必死节，怯夫慕义，何处不勉焉！仆虽怯懦，欲苟活，亦颇识去就之分矣，何至自沉溺缧绁之辱哉！且夫臧获婢妾，犹能引决，况仆之不得已乎！所以隐忍苟活，幽于粪土之中而不辞者，恨私心有所不尽，鄙陋没世而文采不表于后世也。

古者富贵而名摩灭，不可胜记，唯倜傥非常之人称焉。盖文王拘而演《周易》；仲尼厄而作《春秋》；屈原放逐，乃赋《离骚》；左丘失明，厥有《国语》；孙子膑脚，《兵法》修列；不韦迁蜀，世传《吕览》；韩非囚秦，《说难》、《孤愤》。《诗》三百篇，大底圣贤发愤之所为作也。此人皆意有所郁结，不得通其道，故述往事，思来者。乃如左丘无目，孙子断足，终不可用，退论书策以舒其愤，思垂空文以自见。仆窃不逊，近自托于无能之辞，网罗天下放失旧闻，略考其行事，综其终始，稽其成败兴坏之纪，上记轩辕，下至于兹，为十表，本纪十二，书八章，世家三十，列传七十，凡百三十篇。亦欲以究天人之际，通古今之变，成一家之言。草创未就，会遭此祸，惜其不成，是以就极刑而无愠色。仆诚已著此书，藏之名山，传之其人，通邑大都，则仆偿前辱之责，虽万被戮，岂有悔哉！然此可为智者道，难为俗人言也。

且负下未易居，下流多谤议。仆以口语遇遭此祸，重为乡党所笑，以污辱先人，亦何面目复上父母丘墓乎？虽累百世，垢弥甚耳！是以肠一日而九回，居则忽忽若有所亡，出则不知其所往。每念斯耻，汗未尝不发背沾衣也。身直为闺阁之臣，宁得自引深藏于岩穴邪！故且从俗浮沉，与时俯仰，以通其狂惑。今少卿乃教以推贤进士，无乃与仆之私心剌谬乎？今虽欲自雕琢，曼辞以自饰，无益，于俗不信，适足取辱耳。要之，死日然后是非乃定。书不能悉意，略陈固陋。

登大雷岸与妹书

鲍照

吾自发寒雨，全行日少，加秋潦浩汗，山溪猥至，渡溯无边，险径游历，栈石星饭，结荷水宿，旅客贫辛，波路壮阔，始以今日食时，仅及大雷。途登千里，日逾十晨，严霜惨节，悲风断肌，去新为客，如何如何！

　　向因涉顿，凭观川陆；遨神清渚，流睇方曛；东顾五洲之隔，西眺九派之分；窥地门之绝景，望天际之孤云。长图大念，隐心者久矣！南则积山万状，负气争高，含霞饮景，参差代雄，凌跨长陇，前后相属，带天有匝，横地无穷。东则砥原远隰，亡端靡际。寒蓬夕卷，古树云平。旋风四起，思鸟群归。静听无闻，极视不见。北则陂池潜演，湖脉通连。苎蒿攸积，菰芦所繁。栖波之鸟，水化之虫，智吞愚，强捕小，号噪惊聒，纷乎其中。西则回江永指，长波天合。滔滔何穷，漫漫安竭！创古迄今，舳舻相接。思尽波涛，悲满潭壑。烟归八表，终为野尘。而是注集，长写不测，修灵浩荡，知其何故哉！西南望庐山，又特惊异。基压江潮，峰与辰汉相接。上常积云霞，雕锦缛。若华夕曜，岩泽气通，传明散彩，赫似绛天。左右青霭，表里紫霄。从岭而上，气尽金光，半山以下，纯为黛色。信可以神居帝郊，镇控湘、汉者也。若潨洞所积，溪壑所射，鼓怒之所豗击，涌澓之所宕涤，则上穷荻浦，下至狶洲，南薄燕派，北极雷淀，削长埤短，可数百里。其中腾波触天，高浪灌日，吞吐百川，写泄万壑。轻烟不流，华鼎振涾。弱草朱靡，洪涟陇蹙。散涣长惊，电透箭疾。穿溢崩聚，坻飞岭覆。回沫冠山，奔涛空谷。磴石为之摧碎，碕岸为之䪒落。仰视大火，俯听波声，愁魄胁息，心惊慓矣！至于繁化殊育，诡质怪章，则有江鹅、海鸭、鱼鲛、水虎之类，豚首、象鼻、芒须、针尾之族，石蟹、土蚌、燕箕、雀蛤之俦，折甲、曲牙、逆鳞、返舌之属。掩沙涨，被草渚，浴雨排风，吹涝弄翻。夕景欲沈，晓雾将合，孤鹤寒啸，游鸿远吟，樵苏一叹，舟子再泣。诚足悲忧，不可说也。

风吹雷飙，夜戒前路。下弦内外，望达所届。寒暑难适，汝专自慎。夙夜戒护，勿我为念。恐欲知之，聊书所睹。临途草蹙，辞意不周。

与陈伯之书

丘迟

迟顿首：陈将军足下无恙，幸甚幸甚。将军勇冠三军，才为世出，弃燕雀之小志，慕鸿鹄以高翔。昔因机变化，遭遇明主；立功立事，开国称孤。朱轮华毂，拥旄万里，何其壮也！如何一旦为奔亡之虏，闻鸣镝而股战，对穹庐以屈膝，又何劣邪！

寻君去就之际，非有他故，直以不能内审诸己，外受流言，沉迷猖獗，以至于此。圣朝赦罪责功，弃瑕录用，推赤心于天下，安反侧于万物；将军之所知，不假仆一二谈也。朱鲔喋血于友于，张绣剚刃于爱子，汉主不以为疑，魏君待之若旧。况将军无昔人之罪，而勋重于当世。夫迷涂知反，往哲是与；不远而复，先典攸高。主上屈法申恩，吞舟是漏；将军松柏不翦，亲戚安居，高台未倾，爱妾尚在，悠悠尔心，亦何可言！今功臣名将，雁行有序。佩紫怀黄，赞帷幄之谋；乘轺建节，奉疆埸之任。并刑马作誓，传之子孙。将军独靦颜借命，驱驰毡裘之长，宁不哀哉！

夫以慕容超之强，身送东市；姚泓之盛，面缚西都。故知霜露所均，不育异类；姬汉旧邦，无取杂种。北虏僭盗中原，多历年所，恶积祸盈，理至燋烂。况伪孽昏狡，自相夷戮；部落携离，酋豪猜贰。方当系颈蛮邸，悬首藁街，而将军鱼游于沸鼎之中，燕巢于飞幕之上，不亦惑乎！

暮春三月，江南草长，杂花生树，群莺乱飞。见故国之旗鼓，感平生于畴日，抚弦登陴，岂不怆悢。所以廉公之思赵将，吴子之泣西河，人之情也；将军独无情哉！想早励良规，自求多福。

当今皇帝盛明，天下安乐。白环西献，楛矢东来。夜郎滇池，解辫请职；朝鲜昌海，蹶角受化。唯北狄野心，掘强沙塞之间，欲延岁月之命耳。中军临川殿下，明德茂亲，总兹戎重。吊民洛汭，伐罪秦中。若遂不改，方思仆言，聊布往怀，君其详之。丘迟顿首。

谏太宗十思疏

魏征

臣闻求木之长者，必固其根本；欲流之远者，必浚其泉源；思国之安者，必积其德义。源不深而望流之远，根不固而求木之长，德不厚而思国之安，臣虽下愚，知其不可，而况于明哲乎？人君当神器之重，居域中之大，不念居安思危，戒奢以俭，斯亦伐根以求木茂，塞源而欲流长也。

凡百元首，承天景命，善始者实繁，克终者盖寡。岂取之易守之难乎？盖在殷忧，必竭诚以待下；既得志，则纵情以傲物；竭诚则吴越为一体，傲物则骨肉为行路。虽董之以严刑，振之以威怒，终苟免而不怀仁，貌恭而不心服。怨不在大，可畏惟人；载舟覆舟，所宜深慎。

诚能见可欲，则思知足以自戒；将有作，则思知止以安人；念高危，则思谦冲而自牧；惧满溢，则思江海下百川；乐盘游，则思三驱以为度；忧懈怠，则思慎始而敬终；虑壅蔽，则思虚心以纳下；惧谗邪，则思正身以黜恶；恩所加，则思无因喜以谬赏；罚所及，则思无以怒而滥刑。总此十思，宏兹九德，简能而任之，择善而从之，则智者尽其谋，勇者竭其力，仁者播其惠，信者效其忠；文武并用，垂拱而治。何必劳神苦思，代百司之职役哉？

为徐敬业讨武曌檄

骆宾王

伪临朝武氏者，人非和顺，地实寒微。昔充太宗下陈，曾以更衣入侍。洎乎晚节，秽乱春宫。密隐先帝之私，阴图后房之嬖。入门见嫉，蛾眉不肯让人；掩袖工谗，狐媚偏能惑主。践元后于翚翟，陷吾君于聚麀。加以虺蜴为心，豺狼成性。近狎邪僻，残害忠良。杀姊屠兄，弑君鸩母。人神之所共嫉，天地之所不容。犹复包藏祸心，窥窃神器。君之爱子，幽之于别宫；贼之宗盟，委之以重任。呜呼！霍子孟之不作，朱虚侯之已亡。燕啄皇孙，知汉祚之将尽。龙漦帝后，识夏庭之遽衰。

敬业皇唐旧臣，公侯冢子。奉先君之成业，荷本朝之厚恩。宋微子之兴悲，良有以也；袁君山之流涕，岂徒然哉！是用气愤风云，志安社稷。因天下之失望，顺宇内之推心。爰举义旗，以清妖孽。南连百越，北尽三河；铁骑成群，玉轴相接。海陵红粟，仓储之积靡穷；江浦黄旗，匡复之功何远！班声动而北风起，剑气冲而南斗平。喑呜则山岳崩颓，叱咤则风云变色。以此制敌，何敌不摧？以此图功，何功不克？

公等或居汉地，或协周亲；或膺重寄于话言，或受顾命于宣室。言犹在耳，忠岂忘心。一抔之土未干，六尺之孤何托？倘能转祸为福，送往事居，共立勤王之勋，无废大君之命，凡诸爵赏，同指山河。若其眷恋穷城，徘徊歧路，坐昧先几之兆，必贻后至之诛。请看今日之域中，竟是谁家之天下！

送董邵南序

韩愈

燕赵古称多感慨悲歌之士。董生举进士，连不得志于有司，怀抱利器，郁郁适兹土。吾知其必有合也。董生勉乎哉！

夫以子之不遇时，苟慕义彊仁者，皆爱惜焉！矧燕、赵之士，出乎其性者哉！然吾尝闻风俗与化移易，吾恶知其今不异于古所云邪？聊以吾子之行卜之也。董生勉乎哉！

吾因子有所感矣！为我吊望诸君之墓，而观于其市，复有昔时屠狗者乎？为我谢曰："明天子在上，可以出而仕矣！"

与元九书

白居易

月日，居易白。微之足下：自足下谪江陵至于今，凡枉赠答诗仅百篇。每诗来，或辱序，或辱书，冠于卷首，皆所以陈古今歌诗之义，且自叙为文因缘，与年月之远近也。仆既受足下诗，又谕足下此意，常欲承答来旨，粗论歌诗大端，并自述为文之意，总为一书，致足下前。累岁已来，牵故少暇，间有容隙，或欲为之，又自思所陈，亦无出足下之见；临纸复罢者数四，卒不能成就其志，以至于今。今俟罪浔阳，除盥栉食寝外无余事，因览足下去通州日所留新旧文二十六轴，开卷得意，忽如会面，心所畜者，便欲快言，往往自疑，不知相去万里也。既而愤悱之气，思有所泄，遂追就前志，勉为此书，足下幸试为仆留意一省。

夫文尚矣！三才各有文，天之文，三光首之；地之文，五材首之；人之文，六经首之。就六经言，《诗》又首之。何者？圣人感人心而天下和平。感人心者，莫先乎情，莫始乎言，莫切乎声，莫深乎义。诗者，根情、苗言、华声、实义。上自贤圣，下至愚騃，微及豚鱼，幽及鬼神。群分而气同，形异而情一，未有声入而不应，情交而不感者。圣人知其然，因其言，经之以六义；缘其声，纬之以五音。音有韵，义有类；韵协则言顺，言顺则声易入。类举则情见，情见则感易交。于是乎孕大含深，贯微洞密，上下通而一气泰，忧乐合而百志熙。五帝三皇所以直道而行，垂拱而理者，揭此以为大柄，决此以为大宝也。故闻"元首明、股肱良"之歌，则知虞道昌矣。闻"五子洛汭"之歌，则知夏政荒矣。言者无罪，闻者足戒。言者闻者，莫不两尽其心焉。洎周衰秦兴，采诗官废，上不以诗补察时政，下不以歌泄导人情，乃至于谄成之风动，救失之道缺，于时六义始刓矣。

《国风》变为《骚》辞，五言始于苏、李。苏、李、骚人，皆不遇者，各系其志，发而为文。故河梁之句，止于伤别；泽畔之吟，归于怨思：彷徨抑郁，不暇及他耳。然去《诗》未远，梗概尚存。故兴离别，则引双凫一雁为喻；讽君子小人，则引香草恶鸟为比；虽义类不具，犹得风人之什二三焉。于时六义始缺矣。

晋、宋已还，得者盖寡。以康乐之奥博，多溺于山水；以渊明之高古，偏放于田园。江鲍之流，又狭于此。如梁鸿《五噫》之例者，百无一二焉。于时六义浸微矣，陵夷矣！至于梁陈间，率不过嘲风雪，弄花草而已。噫！风雪花草之物，三百篇中，岂舍之乎？顾所用何如耳。设如"北风其凉"，假风以刺威虐也。"雨雪霏霏"，因雪以愍征役也。"棠棣之华"，感华以讽兄弟也。"采采芣苢"，美草以乐有子也。皆兴发于此，而义归于彼；反是者可乎哉？然则"余霞散成绮，澄江净如练"；"离花先委露，别叶乍辞风"之什，丽则丽矣，吾不知其所讽焉。故仆所谓嘲风雪、弄花草而已。于时六义尽去矣。

唐兴二百年，其间诗人，不可胜数。所可举者，陈子昂有《感遇》诗二十首，鲍防有《感兴》诗十五首。又诗之豪者，世称李、杜。李之作，才矣奇矣，人不逮矣；索其风雅比兴，十无一焉。杜诗最多，可传者千余首，至于贯穿今古，觭缕格律，尽工尽善，又过于李。然撮其《新安》、《石壕》、《潼关吏》、《塞芦子》、《留花门》之章，"朱门酒肉臭，路有冻死骨"之句，亦不过三四十首。杜尚如此，况不逮杜者乎？

仆常痛诗道崩坏，忽忽愤发，或食辍哺，夜辍寝，不量才力，欲扶起之。嗟乎！事有大谬者，又不可一二而言；然亦不能不粗陈于左右。

仆始生六七月时，乳母抱弄于书屏下，有指"无"字、"之"字示仆者，仆虽口未能言，心已默识；后有问此二字者，虽百十其试，而指之不差，则仆宿习之缘，已在文字中矣。及五六岁，便学为诗，九岁，谙识声韵。十五六始知有进士，苦节读书。二十已来，昼课赋，夜课书，间又课诗，不遑寝息矣。以至于口舌成疮，手肘成胝，既壮而肤革不丰盈，未老而齿发早衰白，瞥瞥然如飞蝇垂珠在眸子中也，动以万数。盖以苦学力文所致，又自悲矣！家贫多故，二十七方从乡赋；既第之后，虽专于科试，亦不废诗。及授校书郎时，已盈三四百首。或出示交友，如足下辈，见皆谓之工，其实未窥作者之域耳。自登朝来，年齿渐长，阅事渐多，每与人言，多询时务；每读书史，多求理道，始知文章合为时而著，歌诗合为事而作。

是时，皇帝初即位，宰府有正人，屡降玺书。访人急病。仆当此日，擢在翰林，身是谏官，月请谏纸，启奏之外，有可以救济人病，裨补时阙，而难于指言者，辄咏歌之，欲稍稍递进闻于上。上以广宸聪，副忧勤；次以酬恩奖，塞言责；下以复吾平生之志。岂图志未就而悔已生，言未闻而谤已成矣！又请为左右终言之。凡闻仆《贺雨》诗，而众口籍籍，已谓非宜矣。闻仆《哭孔戡》诗，众面脉脉，尽不悦矣。闻《秦中吟》，则权豪贵近者相目而变色矣。闻《乐游园》寄足下诗，则执政柄者扼腕矣。闻《宿紫阁村》诗，则握军要者切齿矣。大率如此，不可遍举。不相与者，号为沽名，号为诋讦，号为讪谤。苟相与者，则如牛僧孺之戒焉。乃至骨肉妻孥，皆以我为非也。其不我非者，举不过三两人。有邓鲂者，见仆诗而喜，无何而鲂死。有唐衢者，见仆诗而泣，未几而衢死。其余则足下，足下又十年来困踬若此。呜呼！岂六义四始之风，天将破坏，不可支持耶？抑又不知天之意，不欲使下人之病苦闻于上耶？不然，何有志于诗者，不利若此之甚也！

然仆又自思，关东一男子耳，除读书属文外，其他懵然无知。乃至书画棋博可以接群居之欢者，一无通晓，即其愚拙可知矣。初应进士时，中朝无缌麻之亲，达官无半面之旧；策蹇步于利足之途，张空拳于战文之场，十年之间，三登科第，名入众耳，迹升清贯，出交贤俊，入侍冕旒。始得名于文章，终得罪于文章，亦其宜也。

日者，又闻亲友间说：礼、吏部举选人，多以仆私试赋判传为准的；其余诗句，亦往往在人口中。仆恧然自愧，不之信也。及再来长安，又闻有军使高霞寓者，欲娉倡妓。妓大夸曰：我诵得白学士《长恨歌》，岂同他妓哉？由是增价。又足下书云：到通州日，见江馆柱间，有题仆诗者，复何人哉？又昨过汉南日，适遇主人集众乐，娱他宾。诸妓见仆来，指而相顾曰："此是《秦中吟》、《长恨歌》主耳。"自长安抵江西三四千里，凡乡校、佛寺、逆旅、行舟之中，往往有题仆诗者。士庶、僧徒、孀妇、处女之口，每每有咏仆诗者。

此诚雕虫之戏，不足为多。然今时俗所重，正在此耳。虽前贤如渊、云者，前辈如李、杜者，亦未能忘情于其间哉。

古人云："名者，公器，不可以多取。"仆是何者？窃时之名已多。既窃时名，又欲窃时之富贵，使己为造物者，肯兼与之乎？今之迍穷，理固然也。况诗人多蹇，如陈子昂、杜甫，各授一拾遗，而迍剥至死。李白、孟浩然辈，不及一命，穷悴终身。近日，孟郊六十，终试协律，张籍五十，未离一太祝。彼何人哉？彼何人哉？况仆之才，又不逮彼。今虽谪佐远郡，而官品至第五，月俸四五万；寒有衣，饥有食；给身之外，施及家人，亦可谓不负白氏之子矣。微之微之！勿念我哉！

仆数月来，检讨囊帙中，得新旧诗，各以类分，分为卷目。自拾遗来，凡所适、所感，关于美刺兴比者；又自武德讫元和，因事立题，题为新乐府者，共一百五十首，谓之"讽谕诗"。又或退公独处，或移病闲居，知足保和，吟玩情性者一百首，谓之"闲适诗"。又有事物牵于外，情理动于内，随感遇而形于叹咏者一百首，谓之"感伤诗"。又有五言、七言、长句、绝句，自一百韵至两韵者四百余首，谓之"杂律诗"。凡为十五卷，约八百首。异时相见，当尽致于执事。

微之！古人云：穷则独善其身，达则兼济天下。仆虽不肖，常师此语。大丈夫所守者道，所待者时。时之来也，为云龙，为风鹏，勃然突然，陈力以出；时之不来也，为雾豹，为冥鸿，寂兮寥兮，奉身而退。进退出处，何往而不自得哉？故仆志在兼济，行在独善。奉而始终之则为道，言而发明之则为诗。谓之"讽谕诗"，兼济之志也。谓之"闲适诗"，独善之义也。故览仆诗，知仆之道焉。其余"杂律诗"，或诱于一时一物，发于一笑一吟，率然成章，非平生所尚者；但以亲朋合散之际，取其释恨佐欢。今铨次之间，未能删去；他时有为我编集斯文者，略之可也。

微之！夫贵耳贱目，荣古陋今，人之大情也。仆不能远征古旧，如近岁韦苏州歌行，才丽之外，颇近兴讽。其五言诗，又高雅闲澹，自成一家之体。今之秉笔者，谁能及之？然当苏州在时，人亦未甚爱重；必待身后，然后人贵之。

今仆之诗，人所爱者，悉不过"杂律诗"与《长恨歌》已下耳。时之所重，仆之所轻。至于"讽谕"者，意激而言质；"闲适"者，思澹而词迂，以质合迂，宜人之不爱也。今所爱者，并世而生，独足下耳。然千百年后，安知复无如足下者出而知爱我诗哉？故自八九年来，与足下小通则以诗相戒，小穷则以诗相勉，索居则以诗相慰，同处则以诗相娱，知吾罪吾，率以诗也。如今年春游城南时，与足下马上相戏，因各诵新艳小律，不杂他篇。自皇子陂归昭国里，迭吟递唱，不绝声者二十里余。樊、李在傍，无所措口。知我者以为诗仙，不知我者以为诗魔。何则？劳心灵，役声气，连朝接夕，不自知其苦，非魔而何？偶同人，当美景，或花时宴罢，或月夜酒酣，一咏一吟，不知老之将至，虽骖鸾鹤游蓬瀛者之适，无以加于此焉，又非仙而何？

微之微之！此吾所以与足下外形骸，脱踪迹，傲轩鼎，轻人寰者，又以此也。当此之时，足下兴有余力，且与仆悉索还往中诗，取其尤长者，如张十八古乐府，李二十新歌行，卢、杨二秘书律诗，窦七、元八绝句，博搜精掇，编而次之，号《元白往还诗集》。众君子得拟议于此者，莫不踊跃欣喜，以为盛事。嗟乎！言未终而足下左转。不数月，而仆又继行。心期索然，何日成就？又可为之叹息矣！又仆尝语足下：凡人为文，私于自是，不忍于割截，或失于繁多，其间妍媸，益又自惑；必待交友有公鉴无姑息者，讨论而削夺之，然后繁简当否，得其中矣。况仆与足下为文，尤患其多。己尚病之，况他人乎？今且各纂诗笔，粗为卷第，待与足下相见日，各出所有，终前志焉。又不知相遇是何年？相见在何地？溘然而至，则如之何！微之微之！知我心哉！

浔阳腊月，江风苦寒，岁暮鲜欢，夜长无睡，引笔铺纸，悄然灯前，有念则书，言无次第，勿以繁杂为倦，且以代一夕之话也。微之微之！知我心哉！乐天再拜。

狱中上母书

夏完淳

不孝完淳今日死矣,以身殉父,不得以身报母矣。痛自严君见背,两易春秋。冤酷日深,艰辛历尽。本图复见天日,以报大仇,恤死荣生,告成黄土。奈天不佑我,钟虐先朝。一旅才兴,便成齑粉。去年之举,淳已自分必死,谁知不死,死于今日也!斤斤延此二年之命,菽水之养无一日焉。致慈君托迹于空门,生母寄生于别姓,一门漂泊,生不得相依,死不得相问。淳今日又溘然先从九京,不孝之罪,上通于天。

呜呼!双慈在堂,下有妹女,门祚衰薄,终鲜兄弟。淳一死不足惜,哀哀八口,何以为生?虽然,已矣。淳之身,父之所遗;淳之身,君之所用。为父为君,死亦何负于双慈?但慈君推干就湿,教礼习诗,十五年如一日;嫡母慈惠,千古所难。大恩未酬,令人痛绝。慈君托之义融女兄,生母托之昭南女弟。

淳死之后,新妇遗腹得雄,便以为家门之幸;如其不然,万勿置后。会稽大望,至今而零极矣。节义文章,如我父子者几人哉?立一不肖后如西铭先生,为人所诟笑,何如不立之为愈耶?呜呼!大造茫茫,总归无后,有一日中兴再造,则庙食千秋,岂止麦饭豚蹄,不为馁鬼而已哉?若有妄言立后者,淳且与先文忠在冥冥诛殛顽嚚,决不肯舍!

兵戈天地，淳死后，乱且未有定期。双慈善保玉体，无以淳为念。二十年后，淳且与先文忠为北塞之举矣。勿悲勿悲！相托之言，慎勿相负。武功甥将来大器，家事尽以委之。寒食盂兰，一杯清酒，一盏寒灯，不至作若敖之鬼，则吾愿毕矣。新妇结缡二年，贤孝素著，武功甥好为我善待之。亦武功渭阳情也。

语无伦次，将死言善。痛哉痛哉！人生孰无死？贵得死所耳。父得为忠臣，子得为孝子，含笑归太虚，了我分内事。大道本无生，视身若敝屣。但为气所激，缘悟天人理。恶梦十七年，报仇在来世。神游天地间，可以无愧矣。

致张学良信

邓颖超

汉卿先生如晤：

岁月不居，时节如流。数十年海天遥隔，想望之情，历久弥浓。恩来生前每念及先生，辄慨叹怆然。今先生身体安泰，诸事顺遂，而有兴作万里之游，故人闻之，深以为慰。

先生阔别家乡多年，亲朋故旧均翘首以盼，难尽其言。所幸近年来两岸藩篱渐撤，往来日增。又值冬去春来，天气和暖，正宜作故国之游。今颖超受邓小平先生委托，愿以至诚，邀请先生伉俪在方便之时回访大陆。看看家乡故土，或扫墓、或省亲、或观光、或叙旧、或定居。兹特介绍本党专使×××同志趋前拜候，面陈一切事宜。望先生以尊意示之，以便妥为安排。

问候您的夫人赵女士。

即颂

春祺！

邓颖超
1991年5月20日

知识概述·实用文

  我国目前所见到的最早的成系统的可识文字，是形成于距今数千年前商代的甲骨文。从那时起，随着文字的初步定型，文章产生了。文章的产生，首先是为了实用。作为我国第一部"政事之纪"的《尚书》，汇编的虞、夏、商、周各代的典、谟、训、诰、誓、命等体裁的文章，就是以实用文为主体的。先秦以降，文章日益成熟，体裁不断增加也不断变化。南北朝刘勰撰《文心雕龙》，第一次较为系统地论述了文体，其中有10篇论述韵文体，有10篇论述无韵之笔即散文体。在散文体中，除史传、记等记叙文体和论、说、议、对等论说文体外，诏、策、檄、移、章、表、奏、书、箴、诔、碑、吊等多数文体属于实用文。萧统所编的《昭明文选》以及宋元明编的文选，大多是按照这样的分类编纂的，实用文体始终是散文体中的重要组成部分，与记叙文、论说文鼎足而立。

  随着文章的产生，文学体裁也逐步形成。但在古代，人们对文章与文学作品差异的认识是不自觉的，在人们的表述中，文章与文学的概念常常混用。直到"五四"前后，文学才逐渐独立，于是才有了诗歌、小说、戏剧等独立的文学体裁。散文也因此有了广义与狭义之分。但是，即使在现代意义上的广义的散文体中，实用文仍然是其中重要的组成部分，是当今社会生活中主要的交际工具。

  中国是文章大国，在某种意义上说也是实用文章大国。在虞、夏、商、周以来3000多年先后出现过的数百种文章体裁中，实用文体始终占多数。前面提到的《尚书》中收录的典、谟、训、诰、誓、命，几乎都属公文体裁。刘勰《文心雕龙》"论文叙笔"20篇，详论34种文体，大多数属于实用文体。明人徐师曾的《文体明辨》论述体裁127种，其中实用文体就有70多种。清代人姚鼐所编《古文辞类纂》分文体为13类，实用文就有7类。对于我国古代出现过的数不胜数的实用文进行分类是十分困难的。学者们较多地采用六分法，即分为公牍文、书牍文、序跋文、赠序文、碑志文、哀祭文。现代社会分工越来越细，人们交往日益广泛、频繁，实用文体种类越来越多。粗略地划分，现代实用文有法定的公文，有通用性的公务文书，有包括书信、序跋、赠序、碑志、哀祭等文体在内但范围广泛的日常实用文，还有范围更为广泛的日常应用文。

　　在中国古代数千年文章史上，产生了数不胜数的实用文传世之作。我们今天读到的古代公牍文即现今所称公文，主要有下行文、上行文两大类。下行文体有诏、令、喻、告、檄等。"诏令"是古代帝王向臣民下达的命令，如刘邦的《求贤诏》、明宣宗朱瞻基的《讨汉藩平班师诏书》。"谕"是古代帝王晓喻臣民或大臣晓喻僚属的下行文，著名的有刘邦的《入关告喻》等。"令"是古代帝王向臣民下达指示的文体，著名的有秦始皇的《初并天下议帝号令》等。"檄"是声讨征伐敌方或晓喻部属臣民的下行文，前者著名的有唐代骆宾王《为徐敬业讨武曌檄》等，后者有现存最早的司马相如所作《喻巴蜀檄》等。上行文体有表、奏、疏等。"表"是古代臣僚向君主陈述政事、表达情感的上行文书。著名的有三国诸葛亮的《出师表》、西晋李密的《陈情表》、羊祜的《让开府表》、东晋刘琨的《劝进表》等。"奏疏"都是古代臣僚向君王陈述意见和说明事情的上行文书，如汉代赵充国的《上屯田便宜十二事奏》，贾谊的《陈政事疏》、《论积贮疏》，晁错的《论贵粟疏》、《言兵事疏》等。

　　书牍文是一种应用范围最广，用以沟通思想、交流情况的实用文体。现存最早见于《左传》的书信，有《郑子家与赵宣子书》。战国乐毅的《报燕惠王书》，汉邹阳的《狱中上梁王书》、司马迁的《报任安书》、魏晋南北朝嵇康的《与山巨源绝交书》、唐代白居易的《与元九书》、王安石的《答司马谏议书》、明代宗臣的《报刘一丈书》、夏完淳的《狱中上母书》等，都是历代传诵的名篇。

　　序跋文是写在一部书或一篇诗文前面或后面的文章，前为序，后为跋。秦汉时就有《毛诗序》，继而司马迁《史记》有《太史公自序》，南朝梁昭明太子萧统撰有《文选序》，东晋著名书法家王羲之撰有《兰亭集序》。著名的序文还有欧阳修的《五代史伶官传序》、文天祥的《指南录后序》等。

　　赠序文是临别之时赠给行旅之人的文章，多表达惜别留恋之意，或告以警策之言，以为慰勉。现存较早的有魏晋时潘尼所作《赠二李郎诗序》。唐宋八大家的赠序文写得又多又好，且各有特点，如韩愈的《送孟东野序》、《送李愿归盘谷序》、《送董邵南游河北序》，柳宗元的《送薛存义序》，欧阳修的《送徐无党南归序》等。明代宋濂的《送东阳马生序》等，也是赠序文的名篇。

碑志文是刻在碑石上的文章，现存最早的是秦代石刻文字。碑志文品种繁多，归纳起来为纪功碑文、建筑碑文、墓碑文三大类。纪功碑是为纪念具有历史意义的重大事件而作，如秦代的《泰山刻石文》。东汉班固所作《封燕然山铭并序》系纪功碑的典范之作。建筑碑文是为城地、宫室、庙宇等有一定纪念意义的建筑物立碑而写的文字，其代表作有东汉班固的《高祖泗水亭碑铭》、韩愈的《柳州罗池庙碑》、苏轼的《潮州韩文公庙碑》等。墓碑文是记载逝者生平事迹与功勋德业的文章，史书记载的最早的墓碑当是东汉安帝元初元年的《谒者景君墓表》。历史上墓碑文名篇有东汉蔡邕的《郭泰碑》、唐代韩愈的《柳子厚墓志铭》、宋代欧阳修的《泷冈阡表》、明代归有光的《寒花葬志》等。

哀祭文是哀悼逝者的文章，有诔文、祭文、吊文和哀辞等多种体裁。现存最早的诔文是见于《左传》的《孔子诔》。较为著名的诔文有曹植的《王仲宣诔》、颜延年的《陶征士诔》。祭文汉代少见，魏晋以后增多，名篇有曹操的《祭故太尉桥玄文》、陶渊明的《祭从弟敬远文》、韩愈的《祭十二郎文》、欧阳修的《祭石曼卿文》、袁枚的《祭妹文》等。吊文名作有白居易的《吊二良文》、李华的《吊古战场文》等。哀辞的名作有班固的《马仲都哀辞》、曹植的《金瓠哀辞》等。

从数千年长盛不衰的实用文体发展历程中，我们可以看到实用文体的鲜明特征。实用文与国家事务与人们生活紧密相连，具有使用的广泛性。为方便办事，提高效率，它常常会约定俗成为较为稳固的写作模式。而实用文的本质特征则是实用性，其他特征都是由实用性派生出来的。记叙、论说等文体的性质，是由表达方式在文章中所占的主导地位所决定的。而实用文的性质是由它的社会功能决定的，即写作实用文的目的是为了传递信息、沟通联系、办理事务，是为了现实的工作与生活，是为了解决实际问题，它有具体明确的实用目的和使用对象。

实用文以实用为目的，讲求实效，而且要求在最短的时间内发生效力，因而在表述上多采用"直陈其事"的写法，以客观事实为据，让事实说话；以开门见山为上，不隐晦曲折；以陈述清楚为要，不繁冗罗嗦。

实用文以实用为目的，讲求实效，在表达上多采用确切、平实、简洁的语言。读实用文，也许感受不到记叙文的细腻描述和论说文的深入论析，但是可以感受到语言平易简明、恰如其分的平实美，反映客观事物具体实在的确切。不费猜测、一看就懂的朴实美和无空话费话、干净利落的简约美。同时实用文也不乏生动的语言，在一些文章巨擘的笔下，适应特定的情况，产生过数不胜数的生动文字，如《出师表》、《陈情表》、《祭十二郎文》等篇什，至今读来仍叫人回肠荡气。

实用文以实用为目的，讲求实效，大多数文体在行文上都形成了自己惯用的模式，这些文章模式是人们在社会交往和写作实践中约定俗成的，它便于传递信息者撰制实用文章，又利于接受信息者理解实用文章，从而方便应用，提高办事效率。实用文章的写作模式也不是一成不变的，随着时代的变化，实用文章的写作模式也在变化，变得更加实用，更有利于传递信息与交流思想。

【推荐书目】

书名	作者	出版社	出版年份
尚书正义	（唐）孔颖达等正义，黄侃经文句读	上海古籍出版社	1990年版
论语译注	杨伯峻译注	中华书局	1980年版
文选	（梁）萧统编，（唐）李善注	中华书局	1977年版
文苑英华	（宋）李昉等辑	中华书局	1966年版
古文观止	（清）吴楚材，吴调侯辑	中华书局	1993年版
唐宋八大家文钞	（清）张伯行选编	浙江古籍出版社	1995年版
明清散文精选	郭预衡编	江苏古籍出版社	1992年版
古文鉴赏大辞典	徐中玉主编	浙江教育出版社	1989年版
历代名篇赏析集成	赵为名，程郁缀编	中国文联出版公司	1988年版
中国历代散文精品	熊宪光，林邦钧编注	时代文艺出版社	1995年版
古代小品文精华	赵庆培选注	人民文学出版社	1992年版
历代名文一千篇	李克和主编	岳麓书社	1997年版
中国现代散文选读	北京语言学院一系编	商务印书馆	1983年版
现代名家散文选读	周红星主编	作家出版社	1986年版
百年中国文学经典	谢冕，钱理群主编	北京大学出版社	1996年版
中国新文学大系	本书编委会	上海文艺出版社	1980年版
中国散文史	郭预衡著	上海古籍出版社	2000年版
历代书信选注	吴大逵，杨忠编	上海古籍出版社	1982年版
古今哀祭文赏析	王毅，曹天喜编	新华出版社	1991年版
中国历代公文选	段观宋主编	中南工业大学出版社	1997年版
古代应用文名篇鉴赏	张绍骞，张廉新编	吉林文史出版社	1991年版
中国应用文发展史	刘壮著	书目文献出版社	1995年版
文心雕龙今译	刘勰著，周振甫著	中华书局	1986年版
文章讲话	夏丏尊，叶绍钧著	上海开明书店	1948年版
实用文章义法	谢无量著	上海中华书局	1917年版
文章例话	周振甫著	中国青年出版社	1983年版
文章学概论	张寿康主编	山东教育出版社	1983年版

下编 韵文

第一章　诗

七　月

《诗经》

七月流火〔星名，又称"大火"〕，九月授衣。一之日觱发〔大风触物声〕，二之日栗烈〔凛冽〕。无衣无褐，何以卒岁？三之日于耜，四之日举趾〔下田耕种〕。同我妇子，馌〔音 yè，送饭〕彼南亩，田畯至喜！

七月流火，九月授衣。春日载阳〔暖和〕，有鸣仓庚。女执懿筐〔深筐〕，遵彼微行〔小路〕，爰求柔桑？春日迟迟，采蘩祁祁〔众多貌〕。女心伤悲，殆及公子同归。

七月流火，八月萑〔音 huán，荻类植物〕苇。蚕月条〔修剪〕桑，取彼斧斨〔音 qiāng，方孔的斧〕，以伐远扬，猗彼女桑。七月鸣鵙，八月载绩。载玄载黄，我朱孔阳〔甚为鲜明〕，为公子裳。

四月秀葽〔音 yāo，即远志，植物名〕，五月鸣蜩〔音 tiáo，蝉〕。八月其获，十月陨萚〔音 tuò，草木脱落的皮或叶〕。一之日于貉，取彼狐狸，为公子裘。二之日其同〔会合〕，载缵〔继续〕武功。言私其豵〔音 zōng，小兽〕，献豜〔音 jiān，大兽〕于公。

五月斯螽〔蝗类鸣虫〕动股,六月莎鸡〔虫名,即纺织娘〕振羽。七月在野,八月在宇〔檐下〕,九月在户,十月蟋蟀入我床下。穹窒〔堵塞洞穴〕熏鼠,塞向〔朝北的窗〕墐〔用泥土涂塞〕户。嗟我妇子,曰为改岁,入此室处。

六月食郁及薁,七月亨〔同"烹"〕葵及菽。八月剥〔扑、打〕枣,十月获稻。为此春酒,以介眉寿。七月食瓜,八月断壶〔葫芦〕,九月叔〔拾〕苴,采荼薪樗〔音chū,苦椿树〕,食我农夫。

九月筑场圃,十月纳禾稼。黍稷重穋〔同"种稑",不同成熟期的谷物〕,禾麻菽麦。嗟我农夫,我稼既同〔聚拢〕,上入执宫功〔室内劳动〕,昼尔于茅,宵尔索綯〔搓绳〕。亟其乘〔登〕屋,其始播百谷。

二之日凿冰冲冲,三之日纳于凌阴〔冰窖〕。四之日其蚤〔同"早"〕,献羔祭韭。九月肃霜〔即"肃爽",天高气爽〕,十月涤场。朋酒斯飨,曰杀羔羊。跻〔登上〕彼公堂,称〔举〕彼兕觥,万寿无疆!

【作品介绍】

《诗经》是我国第一部诗歌总集,形成于春秋时期,先秦时代称为"诗"或"诗三百",后被儒家尊为经典,定名为《诗经》。全书305篇,包括西周初年到春秋中叶共500余年的民歌和朝庙乐章,分为风、雅、颂三部分。《诗经》是我国文学的光辉起点,对后代文学的发展,有极其深远的影响,在我国乃至世界文化史上都占有极高的地位。

【阅读欣赏提示】

本诗选自《诗经·豳风》。《豳风》是豳地一带的诗歌。豳,又写作邠,是周朝的祖先公刘迁居开发的地方,在今天的陕西省栒邑、邠县一带。

《七月》是一首在中国诗歌史上很有影响的"劳者歌其事"的长篇叙事诗。它以一位农夫的视角和口吻,叙述了一年的农事,反映了西周时期丰富的农业生产活动和浓郁的节气风俗,也揭示了人民的苦难和社会的不公平现象。诗歌以时令为序,依次描写,逐层展开,从农事耕作开始,到庆祝收获、举酒祭献,其间出现了各色各样的人物,构成了一轴远古社会生活的长卷风俗画。全诗主要采用赋的铺排和写实手法,客观叙述,真切描绘,其间又以物候显示时令、烘托环境,增强了诗歌的形象性。语言表达以四言为主,又不为其所拘,句式亦有变化,显得自然流畅,全无单调局促之感。

【思考与练习】

1. 简要概括这首诗的思想内容及认识价值。
2. 结合作品分析此诗的艺术特色。
3. 借助工具书解释下列词语:
   流火 懿 遵 秀 获 振 眉寿 苴 宫 绚 飨 咒觥

谷 风

《诗经》

习习〔和舒貌〕谷风,以阴以雨。黾〔音mín,努力〕勉同心,不宜有怒。采葑采菲,无以下体。德音〔善言〕莫违,及尔同死。

行道迟迟,中心有违〔怨恨〕。不远伊〔是〕迩,薄〔语助词〕送我畿〔门内〕。谁谓荼苦,其甘如荠。宴〔快乐〕尔新昏〔通"婚"〕,如兄如弟。

泾以渭浊,湜湜〔音shí,水清见底〕其沚。宴尔新昏,不我屑以〔与、和〕。毋逝〔往〕我梁〔鱼梁〕,毋发〔打开〕我笱〔渔具〕。我躬〔自身〕不阅〔容纳〕,遑〔来不及〕恤我后!

就其深矣,方〔竹木筏子〕之舟之。就其浅矣,泳之游之。何有何亡,黾勉求之。凡民有丧，匍匐〔尽力〕求之。

不我能慉〔音xù，喜爱〕，反以我为雠〔同"仇"〕，既阻我德，贾〔音gǔ，卖〕用不售。昔育〔生活〕恐育鞫〔穷困〕，及尔颠覆。既生既育，比予于毒。

我有旨蓄，亦以御〔抵挡〕冬。宴尔新昏，以我御穷。有洸〔武貌〕有溃〔怒色〕，既诒〔遗〕我肄。不念昔者，伊〔唯〕余来墍〔音jì，爱〕。

【阅读欣赏提示】

这是一首一个被遗弃的女子沉痛诉说自己不幸遭遇的诗，反映了古代妇女的悲惨命运。

这首诗从首章到末章层层递进，叙事与抒情结合，细致地抒发了女主人公哀怨、悔恨、痛苦的复杂心情；并以事实的鲜明对比，揭示了女主人公勤劳善良的性格，鞭挞了那个男子喜新厌旧、忘恩负义的丑恶灵魂，从而唤起人们对女主人公的深刻同情，对"男尊女卑"不合理社会的憎恨。

【思考与练习】

1. 诗中是用什么手法来表达女主人公对负心男人的怨恨的？
2. 找出诗中的比喻句并加以分析。

离骚（节选）

屈原

依前圣以节〔节制〕中兮，喟凭〔愤懑〕心而历兹；济沅湘以南征兮，就重华〔舜名〕而陈词："启《九辩》与《九歌》兮，夏康娱以自纵；不顾〔念〕难以图〔图谋〕后兮，五子用乎家巷；羿淫游以佚〔放纵〕畋〔打猎〕兮，又好射夫封狐；固乱流其鲜〔少〕终兮，浞又贪夫厥家；浇身被服〔同"披服"〕强圉兮，纵欲而不忍；

日康娱而自忘兮，厥首用〔因〕夫颠陨；夏桀之常违兮，乃遂〔终究〕焉而逢殃；后辛〔殷纣王〕之菹醢〔音 zū hǎi，酸菜和肉酱，此处用作动词，为残杀〕兮，殷宗用之不长；汤禹俨而祗〔敬〕敬兮，周论道而莫差；举贤而授能兮，循绳墨而不颇；皇天无私阿〔偏爱〕兮，揽民德焉错〔同"措"〕辅；夫维圣哲以茂行兮，苟〔确实〕得用此下土〔天下〕；瞻前而顾后兮，相观民之计极；夫孰非义而可用〔施行〕兮，孰非善而可服〔用〕；阽〔音 diàn，临近危境〕余身而危死兮，揽余初其犹未悔；不量凿而正枘兮，固前修以菹醢。"曾歔欷余郁邑兮，哀朕时之不当；揽茹〔柔软〕蕙以掩涕兮，霑〔同"沾"〕余襟之浪浪〔泪流貌〕。

跪敷〔铺开〕衽以陈辞兮，耿〔光明〕吾既得此中正；驷玉虬以乘鹥兮，溘埃风余上征；朝发轫于苍梧〔九嶷山〕兮，夕余至乎县〔同"悬"〕圃；欲少留此灵琐〔神灵的门〕兮，日忽忽其将暮；吾令羲和弭〔止〕节〔鞭子〕兮，望崦嵫而勿迫；路曼曼〔远貌〕其修远兮，吾将上下而求索；饮余马于咸池兮，总余辔乎扶桑；折若木以拂日兮，聊〔暂且〕逍遥以相羊〔徘徊〕；前望舒〔神话中月的侍者〕使先驱兮，后飞廉〔风神〕使奔属〔跟在后面奔走〕；鸾皇为余先戒兮，雷师告余以未具；吾令凤鸟飞腾兮，继之以日夜；飘风屯〔聚合〕其相离兮，帅云霓而来御；纷总总〔聚集貌〕其离合兮，斑〔乱貌〕陆离其上下；吾令帝阍开关〔开门〕兮，倚阊阖而望予；时暧暧〔昏暗貌〕其将罢〔极〕兮，结幽兰而延伫；世溷浊而不分兮，好蔽美而嫉妒。

第一章 诗

【作者简介】

屈原（公元前340—公元前278年），名平，出身为楚国贵族。曾任三闾大夫，左徒等职。他忠君爱国，志行高洁，坚守自己的政治理想和主张，屡遭打击和流放，悲愤忧郁，最后自投汨罗江而死。屈原是伟大的爱国主义诗人。他吸收了南方民歌的精华，融合了古代神话和传说，创造出了新体诗——"楚辞"，打破了《诗经》四字一句的语言格式。采取三言至八言参差不齐的句式，形式活泼多样，适宜于抒写复杂的社会生活，表达丰富的思想感情。屈原为后人留下了《离骚》、《天问》、《九章》、《九歌》等20多篇不朽的诗篇。

【阅读欣赏提示】

《离骚》是一篇卓绝古今、具有永久魅力和积极浪漫主义精神的政治抒情诗。本文节选第二部分的前面两节，集中而鲜明地表达了屈原遭谗被疏后矢志不移、继续求索的态度和决心。诗人面对世俗的劝告和理想与现实的尖锐矛盾，借向舜帝陈辞，重温了夏、商、周历代的兴亡史，并回顾了前朝那些为正义而斗争者的命运，由此更激发起他坚持真理、不懈奋斗的勇气和宁死不悔的壮烈情怀。在这种认识的基础上，诗人不顾路途修远而艰险，驾飞龙，乘鹥车，上下求索，最后仍无法摆脱黑暗的现实和精神苦痛。诗歌形象地反映了屈原激烈的内心冲突，抒发了满腔的忠怨之情，展现了一个高洁而苦闷的灵魂，刻画了九死未悔、执着追求美政理想的爱国诗人的形象。

【思考与练习】

1. 请你以此节为例，说明《离骚》的浪漫主义特征。
2. 在了解《离骚》全诗梗概的基础上，分析抒情主人公形象。

涉　江

屈原

余幼好此奇服兮，年既老而不衰〔懈怠〕。带长铗之陆离〔长貌〕兮，冠切云之崔嵬。被〔同"披"〕明月兮佩宝璐。世混浊而莫余知兮，吾方〔将要〕高驰而不顾。驾青虬兮骖白螭，吾与重华游兮瑶之圃。登昆仑兮食玉英〔花朵〕，与天地兮同寿，与日月兮同光。哀南夷之莫吾知兮，旦〔清晨〕余济〔渡过〕乎江湘。

乘〔登上〕鄂渚而反顾〔回头看〕兮，欸〔音 āi〕秋冬之绪风〔余风〕步余〔让马徐行〕马兮山皋〔山冈〕，邸〔同"抵"〕余车兮方林。乘舲〔音 líng〕船余上沅兮，齐〔同时并举〕吴榜〔船桨〕以击汰〔水波〕。船容与〔缓慢，舒缓〕而不进兮，淹〔停留〕回水而疑滞。朝发枉陼兮，夕宿辰阳。苟〔如果〕余心其端〔正〕直兮，虽僻远之何伤〔损害〕。

入溆浦〔溆水之滨〕余儃佪〔徘徊〕兮，迷不知吾之所如〔到，开〕。深林杳〔幽暗〕以冥冥〔幽昧昏暗〕兮，山峻高以蔽日兮，下幽晦〔幽深阴暗〕以多雨。霰雪纷其无垠〔边际〕兮，云霏霏〔云盛貌〕而承〔弥漫〕宇。哀吾生之无乐兮，幽独处乎山中。吾不能变心而从俗兮，固将愁苦而终穷〔终生困厄〕。

接舆髡首兮，桑扈臝〔同"裸"〕行。忠不必用兮，贤不必以〔用〕。伍子逢殃兮，比干菹醢。与前世而皆然〔都一样〕兮，吾又何怨乎今之人？余将董道〔坚守正道〕而不豫〔犹豫，踟蹰〕兮，固将重〔重复〕昏〔暗昧〕而终身！

乱曰：鸾鸟凤皇，日以远兮。燕雀乌鹊，巢堂坛兮。露申辛夷，死林薄兮。腥臊〔比喻奸佞之人〕并御，芳〔比喻忠直君子〕不得薄〔靠近〕兮。阴阳易位〔比喻混乱颠倒的现实〕，时不当〔合〕兮。怀信〔怀抱忠信〕侘傺〔惆怅失意〕，忽〔迅速〕乎吾将行兮！

【阅读欣赏提示】

本篇选自《九章》，是屈原晚年之作。篇中叙写渡江而南，浮沅水西上的行程，描绘了沅水流域的景物，记述了诗人的放逐生活，成为我国最早的一首卓越的纪行诗歌，对后世同类诗歌的创作产生了深远影响。诗中景物描写和情感抒发的有机结合，达到了十分完美的程度。

【思考与练习】

1. "苟余心其端直兮，虽僻远之何伤"、"吾不能变心而从俗兮，固将愁苦而终穷"，这些诗句表达了诗人怎样的思想感情？
2. 找出诗中的景物描写，并分析其作用。
3. 浪漫主义精神在《涉江》中有哪些体现？

山 鬼

屈原

若有人兮山之阿〔音ē，山的幽曲处〕，被〔音pī，披〕薜荔兮带女萝。既含睇兮又宜笑，子〔你〕慕予兮善窈窕。乘赤豹兮从文狸，辛夷车兮结桂旗。被石兰兮带杜衡，折芳馨兮遗〔音wèi，赠送〕所思。

余处〔居住〕幽篁〔竹林深处〕兮终不见天，路险难兮独后来。表〔突出地〕独立兮山之上，云容容〔云气弥漫，漂流浮荡〕兮而在下。杳〔深远〕冥冥兮羌〔楚地发语词〕昼晦，东风飘兮神灵雨〔降雨〕。留灵修兮憺〔音dàn，安心快活〕忘归，岁既晏〔年纪老大了〕兮孰华予。

采三秀〔灵芝草〕兮于山间，石磊磊兮葛蔓蔓。怨公子兮怅忘归，君思我兮不得闲。山中人兮芳杜若，饮石泉兮荫松柏。君思我兮然疑作〔犹言半信半疑〕。雷填填〔雷鸣声〕兮雨冥冥，猿啾啾兮狖〔音 yòu，长尾猴〕夜鸣。风飒飒〔音 sà，风声〕兮木萧萧，思公子兮徒〔白白地〕离〔遭〕忧。

【阅读欣赏提示】

本篇选自《九歌》，写山中女神的爱情故事。"山鬼"也就是"山神"，与《九歌》中的云、日、水神一样，均属自然神。诗中所着重描写的，只是一个感人的片段，即女神赴约不遇，失恋后悲哀的情景。全诗以抒情为主，比较细腻地刻画了人物的心理。诗中女主人公山鬼的形象，具有自然美和社会美的双重特征，是一个有着丰富内涵的浪漫主义形象。在《九歌》所描写的诸多神灵中，她是塑造得最美的一位艺术形象。

【思考与练习】

1. 结合诗中的描写，谈谈你对山中女神是神人结合体的认识。
2. 本诗是一篇言情之作，诗中山中女神的感情变化，经历了怎样的过程？
3. 这首诗中运用了不少叠音字，请摘录出来，分析它们所表达的意义和起到的修辞作用。

四 愁 诗

张衡

我所思兮在太山，欲往从之梁父〔泰山支脉〕艰。侧身东望涕沾翰〔衣襟〕。美人赠我金错〔镶嵌〕刀，何以报之英琼瑶。路远莫致倚〔通"猗"，语助词〕逍遥，何为怀忧心烦劳？

我所思兮在桂林，欲往从之湘水深。侧身南望涕沾襟。美人赠我琴琅玕，何以报之双玉盘。路远莫致倚惆怅，何为怀忧心烦怏？

我所思兮在汉阳，欲往从之陇阪〔山名，即陇山〕长。侧身西望涕沾裳。美人赠我貂襜褕〔音 chán yú，直襟单衣〕，何以报之明月珠。路远莫致倚踟蹰，何为怀忧心烦纡？

我所思兮在雁门，欲往从之雪纷纷。侧身北望涕沾巾。美人赠我锦绣段，何以报之青玉案。路远莫致倚增叹，何为怀忧心烦惋？

【作者简介】

张衡（78－139年），字平子，东汉南阳郡西鄂（今南阳市卧龙区石桥镇）人，是世界著名的科学家和文学家。他的文学创作涉猎了赋、诗、说、疏、策、谏、赞等许多领域，尤其是他的赋和诗在我国文学史上留下了光辉灿烂的一页。

【阅读欣赏提示】

本篇分四章，写怀人的愁思。所作"四愁"乃是"四思"，因思而愁。此诗非但内容足以使人动容，其句式也极引人注目，它是中国古诗中产生年代较早的一首七言诗。本诗除了每章首句以外，其余句子与后世七言诗已全无二致。曹丕的《燕歌行》自是一首成熟的七言，但《四愁诗》上四下三的句式，比《燕歌行》早了大半个世纪。

【思考与练习】

1. 分析本诗的语言特色。
2. 为什么说"四愁"就是"四思"？

咏怀诗（其一）

阮籍

夜中不能寐，起坐弹鸣琴。

薄帷鉴明月，清风吹我襟。

孤鸿号外野，翔鸟鸣北林。

徘徊将何见？忧思独伤心。

【作者简介】

阮籍（210—263年），字嗣宗，陈留尉氏（河南开封）人，三国时期曹魏末年诗人，竹林七贤之一。处于魏晋易代之际的政治高压之下，思想上崇奉"老庄"，对黑暗现实采取消极反抗的态度。他所创作的以咏怀为题的五言诗，在五言诗的发展中占有重要地位。著有《咏怀诗》82首。

【阅读欣赏提示】

这是阮籍《咏怀诗》中的第一首，真实地表达了生活在黑暗现实里的诗人的内心苦闷。

本诗主要的艺术手段是将诗人的自我形象和景物环境的描写相结合，同时也运用了比兴寄寓、感物兴叹等手法。诗歌的这种隐晦曲折的表现手法和社会政治环境的险恶有关。

【思考与练习】

1. 作者是如何通过情境描写的方法层层深入抒写情怀的？
2. 请分析"孤鸿号外野，翔鸟鸣北林"这两句诗的象征意义。

归园田居（其五）

陶渊明

怅恨独策还，崎岖历榛曲。

山涧清且浅，可以濯吾足。

漉我新熟酒，只鸡招近局。

日入室中暗，荆薪代明烛。

欢来苦夕短，已复至天旭。

【作者简介】

陶渊明（365—427年），又名潜，字元亮，浔阳柴桑（今江西九江市西南）人，是我国古代杰出的田园诗人。他生活于东晋后期，政治黑暗，因不愿受污浊的官场的束缚，在他42岁的时候，毅然弃官归隐，躬耕田园。陶渊明的作品，现存的有诗歌120多首，散文

6篇，辞赋2篇。其中成就最高的是描写田园生活的诗歌。他的诗的风格平淡自然，意境深远，在我国古代诗歌史上独具特色。陶渊明的艺术创作和高洁拔俗人格，对后代产生了深远影响，他著有《陶渊明集》。

【阅读欣赏提示】

这首诗表现了诗人田园生活的怡然自得，所写的是平平常常的事物，一切如实说来，但在平淡中蕴含着隽永的韵味。

【思考与练习】

1. 为什么说陶渊明的诗淡而有味？请你联系所读过的陶诗予以说明。
2. 将这首诗翻译成现代诗。
3. 查阅古汉语字典，解释诗中下列词语：
   策　榛曲　濯　漉

读山海经（其十）

陶渊明

精卫衔微木，将以填沧海。

刑天舞干戚，猛志固常在。

同物既无虑，化去不复悔。

徒设在昔心，良辰讵可待！

【阅读欣赏提示】

这首诗歌颂精卫和刑天的坚强斗争精神，是诗人嫉恶抗暴的感性表现。这首诗与"悠然见南山"的风格不同，表现了陶渊明"金刚怒目式"的一面。

【思考与练习】

1. 简述陶渊明在诗中所表达的思想感情。
2. 为什么说"刑天舞干戚"的"舞"字和"猛志固常在"的"猛"字，皆为传神之笔？

登池上楼

谢灵运

潜虬媚〔自我怜惜〕幽姿，飞鸿〔大鸟名〕响远音。薄霄愧云浮，栖川怍〔惭愧〕渊沉。进德智所拙，退耕力不任。徇〔音 xùn，追求〕禄及穷海，卧疴〔音ē，病〕对空林。衾枕昧节候，褰〔音 qiān，拉开〕开暂窥临。倾耳聆波澜，举目眺岖嵚〔音 qū qīn，山高貌〕。初景革绪风，新阳改故阴。池塘生春草，园柳变鸣禽。祁祁〔众多貌〕伤豳〔音 bīn〕歌，萋萋感楚吟。索居易永久，离群难处心。持操岂独古，无闷征在今！

【作者简介】

谢灵运（385—433年），世称谢客、谢康乐，祖籍陈郡阳夏（今河南太康），世居会稽（今浙江绍兴）。我国南北朝时的诗人，出身名门，兼负才华，但仕途坎坷。为了摆脱自己的政治烦恼，谢灵运常常放浪山水，探奇览胜。其诗歌大部分描绘了他所到之处的自然景物和山水名胜。其诗文大都是一半写景，一半谈玄，仍带有玄言诗的尾巴。但总的来说，是扭转东晋以来的玄言诗风，开创山水诗派的第一个诗人，从此山水诗成为中国诗歌发展史上的一个流派。

【阅读欣赏提示】

晋初，政局混乱，文人常借歌咏山水寄托超脱尘世的情志，这首诗即体现了这种创作倾向。诗的前六句以三组对比来倾诉诗人矛盾的性情。"徇禄及穷海"一句交代了此诗写作的背景，与后文抒情作铺垫。接下来用"衾枕昧节候"等八句描绘了诗人眼中的春景，呈现一幅生动的早春图景。传世名句"池塘生春草，园柳变鸣禽"自然浑成，清新可爱。"生"字似信手拈来，传神地写出了春天的特征，因而这一句常用来引证谢诗的风格。最后六句抒发了诗人欲遁世离尘又徘徊不决的苦闷，情调低沉哀伤。

【思考与练习】

1. "徇禄反穷海，卧疴对空林"在诗的结构上有何作用？
2. 找出诗中的典故，并说明其作用。
3. 分析诗中的景物描写对抒情的作用。

汉江临泛

王维

楚塞三湘接，荆门九派通。

江流天地外，山色有无中。

郡邑浮前浦，波澜动远空。

襄阳好风日，留醉与山翁。

【作者简介】

　　王维（701—761年），字摩诘，盛唐诗人，祁州（今山西祁县）人。开元九年（721年）中进士，历任右拾遗、监察御史。早年热衷功名，颇富积极进取之心，诗作亦呈现出奋发昂扬的风貌。中年以后，随着政局的恶化，在终南、辋川别墅过着亦官亦隐的生活，致力于田园山水诗的创作，成为盛唐田园山水诗派的代表作家。他精通音乐和书画，在诗中创造出"诗中有画"的意境。其田园山水诗直接继承了陶渊明明净淡泊而深远的艺术风格，清新淡雅，意境幽远。晚年长斋奉佛，其田园山水诗也明显带有参禅悟道的气息。辑有《王右丞集》。

【阅读欣赏提示】

　　此诗是王维融画法入诗的力作。诗人泛舟汉江，以淡雅的笔墨为我们描绘了汉江周围壮丽的景色，流露出对襄阳风物的热爱之情，充满了积极乐观的情绪。这首诗笔法飘逸，错落有致，优美素雅，意境壮阔，就像一幅色彩素雅、格调清新、意境优美的水墨山水画。

【思考与练习】

1. 简析诗句"郡邑浮前浦，波澜动远空。"

2. 反复吟咏此诗，感受和领悟王维在诗中所表达的情感。
3. 结合这首诗谈谈王维诗歌中"诗中有画"的特点？

把酒问月

李白

青天有月来几时？我今停杯一问之。

人攀明月不可得，月行却与人相随。

皎如飞镜临丹阙。绿烟灭尽清辉发。

但见宵从海上来，宁知晓向云间没？

白兔捣药秋复春，嫦娥孤栖与谁邻？

今人不见古时月，今月曾经照古人。

古人今人若流水，共看明月皆如此。

唯愿当歌对酒时，月光长照金樽里。

【阅读欣赏提示】

开篇从手持杯酒仰天问月写起，尽情咏月抒怀，写明月的可亲和月色之美，叹明月长在而人生短暂。全诗从酒写到月，从月回到酒，有对景物与神话的描写和人生哲理的探求，从中塑造了一位孤傲失意的诗人形象，表现出鲜明的浪漫主义特色。

【思考与练习】

1. 为什么说"把酒问月"可看作诗人绝妙的自我造像？
2. 简析此诗押韵上的特点。
3. 背诵此诗。

陪族叔刑部侍郎晔及中书贾舍人至游洞庭（其五）

李白

帝子潇湘去不还，空余秋草洞庭间。

淡扫明湖开玉镜，丹青画出是君山。

【阅读欣赏提示】

　　李白是唐代诗人中绝句写得极好的诗人。绝句是他感情世界的瞬间呈现，自然天成，如同出水芙蓉一般。诗人游览洞庭湖，自然联想到了发生在这里的颇具神话色彩的动人传说。美丽的传说、美丽的湖，空灵、明净、如画的境界，表现出诗人超脱于尘世之外的皎洁明净的心境。

【思考与练习】

1. 体会这首诗所描绘的艺术境界。
2. 本诗的三、四句是怎样描写洞庭湖的景象的？

登金陵凤凰台

李白

凤凰台上凤凰游，凤去台空江自流。

吴宫花草埋幽径，晋代衣冠成古丘。

三山半落青天外，二水中分白鹭洲。

总为浮云能蔽日，长安不见使人愁。

【阅读欣赏提示】

　　李白极少写律诗，而他的这首诗，却是唐代律诗中脍炙人口的杰作。诗虽属咏古迹，然而字里行间隐喻着伤时的感慨。此诗与崔颢《登黄鹤楼》相较，可谓"工力悉敌"。额颈两联，虽是感事写景，其意义比崔颢的诗要深刻得多。尾联寄寓爱君之忧，抒发忧国伤时的怀抱，意旨尤为深远。

【思考与练习】

1. 试析本诗是如何熔名胜古迹与眼前景物于一炉的？
2. 为什么说"三山半落青天外，一水中分白鹭洲"是难得的佳句？
3. 背诵此诗。

天末怀李白

杜甫

凉风起天末，君子意如何？

鸿雁几时到，江湖秋水多。

文章憎命达，魑魅喜人过。

应共冤魂语，投诗赠汨罗。

【作者简介】

　　杜甫（712—770年），字子美，生于河南巩县（今河南省巩县），是著名诗人杜审言的孙子。因曾居长安城南少陵，故自称少陵野老，世称杜少陵。35岁以前读书与游历。天宝年间到长安，仕进无门，困顿了10年才获得右卫率府胄曹参军的小职。安史之乱开始，他流亡颠沛，最后到四川并定居成都，一度在剑南节度使严武幕中任检校工部员外郎，故又有杜工部之称。杜甫生活在唐朝由盛转衰的历史时期，其诗多涉笔社会动荡、政治黑暗、人民疾苦，被誉为"诗史"。其人忧国忧民，人格高尚，诗艺精湛，被奉为"诗圣"。

　　杜诗的主要风格为"沉郁顿挫"，其感情的基调是动乱的时代和坎坷的个人遭遇造成的悲慨。律诗在杜诗中占有极重要的地位，标志着我国诗歌的艺术的最高成就，而在炼字炼句上达到了"语不惊人死不休"的地步。杜甫是一位集大成的、承前启后的、伟大的现实主义诗人，在思想情操和诗歌艺术上对后代诗人产生了巨大影响。有《杜工部集》传世。

【阅读欣赏提示】

　　此诗作于乾元二年（759年）秋天。当时杜甫流寓秦州。李白在至德二年（757年）因事被捕入狱，乾元元年（758年）流放夜郎（今贵州省桐梓县一带），次年在中途被释放。杜甫不知李白遇赦，遂成此诗。这首因秋风感兴而怀念友人的抒情诗，感情十分强烈，但不是奔腾浩荡、一泻千里地表达出来，感情的潮水千回百转，萦绕心际。吟诵全诗，如展读友人书信，充满殷切的思念之情，反复咏叹，低回婉转，沉郁深微，实为古代抒情名作。

【思考与练习】

1. 分析本诗首联采用了怎样的表现手法？
2. 试分析诗中"文章憎命达，魑魅喜人过"所包含的意蕴。
3. 背诵这首诗。

月　夜

杜甫

今夜鄜州月，闺中只独看。

遥怜小儿女，未解忆长安。

香雾云鬟湿，清辉玉臂寒。

何时倚虚幌，双照泪痕干。

【阅读欣赏提示】

　　这首诗是杜甫在唐肃宗至德元年（756年）8月，自鄜州（今陕西鄜县，杜甫家属住在这里）奔赴灵武（今宁夏灵武），途中被安禄山判军所俘，陷于长安时所作。这首诗以"月夜"为题，抒写夫妻怀念的挚情，反映了乱离时代的相思之苦。不写自己望月怀妻，而将相思之情幻化为生动具体的生活图景，设想妻子望月怀念自己，又以儿女未解母亲忆长安之意，衬出妻子的孤独凄然，进而盼望聚首相倚，双照团圆。全诗语浅情深，曲折含蓄。

【思考与练习】

1. 分析此诗是如何运用"对写法"的。
2. 为什么说"独看"、"双照"为全诗之眼?
3. 背诵这首诗。

自京赴奉先县咏怀五百字

杜甫

杜陵有布衣,老大意转拙。

许身一何愚,窃比稷与契。

居然成濩落,白首甘契阔。

盖棺事则已,此志常觊豁。

穷年忧黎元,叹息肠内热。

取笑同学翁,浩歌弥激烈。

非无江海志,潇洒送日月。

生逢尧舜君,不忍便永诀。

当今廊庙具,构厦岂云缺?

葵藿倾太阳,物性固难夺。

顾惟蝼蚁辈,但自求其穴。

胡为慕大鲸,辄拟偃溟渤?

以兹误生理,独耻事干谒。

兀兀遂至今，忍为尘埃没。

终愧巢与由，未能易其节。

沉饮聊自遣，放歌破愁绝。

岁暮百草零，疾风高冈裂。

天衢阴峥嵘，客子中夜发。

霜严衣带断，指直不能结。

凌晨过骊山，御榻在嵽嵲。

蚩尤塞寒空，蹴踏崖谷滑。

瑶池气郁律，羽林相摩戛。

君臣留欢娱，乐动殷胶葛。

赐浴皆长缨，与宴非短褐。

彤庭所分帛，本自寒女出。

鞭挞其夫家，聚敛贡城阙。

圣人筐篚恩，实欲邦国活。

臣如忽至理，君岂弃此物？

多士盈朝廷，仁者宜战栗。

况闻内金盘，尽在卫霍室。

中堂有神仙，烟雾蒙玉质。

煖客貂鼠裘，悲管逐清瑟。

劝客驼蹄羹，霜橙压香橘。

朱门酒肉臭，路有冻死骨。

荣枯咫尺异，惆怅难再述。

北辕就泾渭，官渡又改辙。

群冰从西下，极目高崒兀。

疑是崆峒来，恐触天柱折。

河梁幸未坼，枝撑声窸窣。

行李相攀援，川广不可越。

老妻寄异县，十口隔风雪。

谁能久不顾，庶往共饥渴。

入门闻号咷，幼子饿已卒。

吾宁舍一哀，里巷亦呜咽。

所愧为人父，无食致夭折。

岂知秋禾登，贫窭有仓卒。

生常免租税，名不隶征伐。

抚迹犹酸辛，平人固骚屑。

默思失业徒，因念远戍卒。

忧端齐终南，澒洞不可掇。

【阅读欣赏提示】

　　这首诗作于天宝十四年（755年）。当年10月，杜甫得到右卫率府兵曹参军的任命。11月，杜甫从京城长安去奉先县（今陕西蒲城）探家，为沿途所见荣枯之异和到家后得知幼子饿死等事所激发，于是创作了这首名诗。它记叙了诗人自京赴奉先县旅途经过和到家后的见闻、遭遇，表现了忧国忧民的崇高情怀，集中体现了他的诗歌的现实主义精神和沉郁顿挫的诗歌风格。其中名句"朱门酒肉臭，路有冻死骨"，通过对比，高度概括了复杂的社会现象，深刻揭示了它的本质。

【思考与练习】

1. 简述此诗的思想内容。
2. 请将诗中生僻难懂的词语标出，借助工具书，解释这些词语。
3. 分析"朱门酒肉臭，路有冻死骨"的意蕴。
4. 结合作品分析此诗的艺术特色。

新 婚 别

杜甫

兔丝附蓬麻，引蔓故不长。

嫁女与征夫，不如弃路旁。

结发为君妻，席不暖君床。

暮婚晨告别，无乃太匆忙？

君行虽不远，守边赴河阳。

妾身未分明，何以拜姑嫜？

父母养我时，日夜令我藏。

生女有所归，鸡狗亦得将。

君今往死地，沈痛迫中肠。

誓欲随君去，形势反苍黄。

勿为新婚念，努力事戎行。

妇人在军中，兵气恐不扬。

自嗟贫家女，久致罗襦裳。

罗襦不复施，对君洗红妆。

仰视百鸟飞，大小必双翔。

人事多错迕，与君永相望。

【阅读欣赏提示】

　　这是杜甫著名的新题乐府组诗"三别"之一，作于唐肃宗乾元二年（759年）。这首诗以暮婚晨别这一典型事例反映安史之乱给人民带来的深重的征戍之苦，并歌颂了人民以国事为重，渴望平叛的牺牲精神。全诗模拟一个女子的口吻，感情起伏多变而又脉络分明，一气贯通。起结俱用比兴，诗歌语言通畅浅切，多用口语，深得古乐府遗韵。

【思考与练习】

　　1. 分析诗中是如何运用比兴手法的？
　　2. 诗中先后用了七个"君"字，有何作用？

登柳州城楼寄漳汀封连四州刺史

柳宗元

城上高楼接大荒,海天愁思正茫茫。

惊风乱飐芙蓉水,密雨斜侵薜荔墙。

岭树重遮千里目,江流曲似九回肠。

共来百越文身地,犹自音书滞一乡。

【阅读欣赏提示】

　　柳宗元到了柳州任职以后,心情郁闷,某一天登上柳州城楼,触景生情,写下了这首七言律诗。分别寄送给同时遭贬的刘禹锡等 4 位友人。诗中既表现出他们相同的际遇和真挚的友谊,也蕴含着他们天各一方、难以抑制的痛苦情怀。

　　该首诗感情深沉,蕴藉含蓄,较好地实践了"以自然景物喻指人事"这一古典诗歌常用的写作手法,堪称情景交融的典范。

【思考与练习】

　　1. 以哀景写哀情是本诗的一大特点。这首诗写了哪些哀景?具有怎样的特点?抒发了怎样的哀情?

　　2. 分析诗中比兴手法的运用。

李凭箜篌引

李贺

吴丝蜀桐张高秋,空山凝云颓不流。

湘娥啼竹素女愁,李凭中国弹箜篌。

昆山玉碎凤凰叫,芙蓉泣露香兰笑。

十二门前融冷光,二十三弦动紫皇。

女娲炼石补天处,石破天惊逗秋雨。

梦入神山教神妪,老鱼跳波瘦蛟舞。

吴质不眠倚桂树,露脚斜飞湿寒兔。

【作者简介】

　　李贺(790-816年),字长吉,河南福昌(今河南宜阳县)昌谷人,是唐朝宗室的后裔,但早已没落破败,家境贫困。他才华出众,少年时就获诗名,但一生只作了一个职掌祭祀的九品小官,郁郁不得志,穷困潦倒,死时年仅27岁。李贺是中唐的浪漫主义诗人,又是中唐到晚唐诗风转变期的一个代表者。他所写的诗大多是慨叹生不逢时的内心苦闷,抒发对理想、抱负的追求。他喜欢在神话故事、鬼魅世界里驰骋,以其大胆、诡异的想象力,构造出波谲云诡、迷离惝恍的艺术境界,形成奇崛幽峭的浪漫主义风格,因此被称为"诗鬼"和"诗怪"。著有《昌谷集》。

【阅读欣赏提示】

　　箜篌是古代一种弹拨乐器,共有23根弦,李凭是一位和诗人同时代的梨园男乐师,因善弹箜篌,名噪一时。这首诗想象奇特,形象鲜明,充满浪漫主义色彩。诗人把抽象的箜篌声借助联想转化成具体的物象,使之可见可感。外在的景物和内在的情思融为一体,构成赏心悦目的艺术境界。

【思考与练习】

　　1. 找出诗中所采用的神话传说,试作讲解。
　　2. 具体分析这首诗中所运用的夸张手法。

闻乐天授江州司马

元稹

残灯无焰影幢幢,此夕闻君谪九江。

垂死病中惊坐起，暗风吹雨入寒窗。

【作者简介】

元稹（779－831年），字微之，河内（今河南洛阳）人。幼年丧父，家境贫寒。15岁时明经及第，授校书郎，后又任监察御史，因得罪宦官遭到贬谪。元稹和白居易终身为莫逆之交，当时并称为"元白"。他大力提倡"新乐府"，文学见解和白居易相同。"元白"诗作重在写实，比较通俗。有《元氏长庆集》传世。

【阅读欣赏提示】

唐宪宗元和十年（815年）8月，白居易因宰相武元衡在京城被人刺杀，上疏请求追捕凶手，查清事件，陈词激切，得罪权贵，被贬为江州司马（当时作者也被贬通州，卧病在床）。元稹听到这一消息，立刻抱病写下了这首诗远寄江州。这首诗表现了作者对白居易的一片殷殷之情。最传神的是第三句，写听到白居易被贬的消息时的情状，蕴含了多层意思，消息出于作者意外，白居易不该被贬，对白居易的担心和牵挂，作者受到的巨大刺激，等等。"暗风吹雨入寒窗"，凄凉的景色与凄凉的心境融合为一，情调悲怆。

【思考与练习】

1. 为什么说"残灯无焰影幢幢"、"暗风吹雨入寒窗"两句既是景语，又是情语？
2. 试分析"垂死病中惊坐起"一句中"惊"字全诗中所起的作用。
3. 背诵这首诗。

轻　　肥

白居易

意气骄满路，鞍马光照尘。

借问何为者？人称是内臣。

朱绂皆大夫，紫绶悉将军。

夸赴军中宴，走马去如云。

樽罍溢九酝，水陆罗八珍。

果擘洞庭橘，脍切天池鳞。

食饱心自若，酒酣气益振。

是岁江南旱，衢州人食人！

【作者简介】

　　白居易（772－846年），字乐天，号香山居士，下邽（今陕西省渭南县境）人。贞元十五年（798年）进士，任翰林学士，元和年间任左拾遗及左赞善大夫。因直言极谏，贬为江州司马。继杜甫而后，白居易是我国古代一位杰出的现实主义诗人。安史之乱后唐朝走向衰微，错综复杂的社会现实，在白居易诗中得到了较全面的反映。今存白居易诗近3000首，数量之多在唐代诗人中首屈一指。他的成就，主要表现在两个方面：一是政治讽喻诗；二是以《长恨歌》、《琵琶行》为代表的长篇叙事诗。著有《白氏长庆集》。

【阅读欣赏提示】

　　诗题"轻肥"，取自《论语·雍也》中的"乘肥马，衣轻裘"，用以概括豪奢生活。这首诗运用了对比的方法，把两种截然相反的社会现象并列在一起，诗人不作任何说明和议论，而让读者通过鲜明的对比，得出应有的结论。这样的方式比直接发议论更能使人接受诗人所要阐明的思想，因而更有说服力。末两句直陈其事，奇峰突起，使读者惊心动魄。

【思考与练习】

1. 本诗是如何描写宦官和军中宴的？
2. 分析诗的尾联"是岁江南旱，衢州人食人！"在点题上的作用。

早　雁

杜牧

金河秋半虏弦开，云外惊飞四散哀。

仙掌月明孤影过，长门灯暗数声来。

须知胡骑纷纷在，岂逐春风一一回？

莫厌潇湘少人处，水多菰米岸莓苔。

【作者简介】

　　杜牧（803－852年），字牧之，京兆万年（今陕西西安）人。杜牧是宰相杜佑的孙子，26岁时考中进士，任弘文馆校书郎。诗风豪爽清丽，尤工绝句，是晚唐著名的诗人。后人为了区别于杜甫，称其为"小杜"，又为了区别于李白、杜甫，称杜牧与李商隐为"小李杜"，足见杜牧在文学史上的地位。有《樊川文集》传世。

【阅读欣赏提示】

　　唐武宗会昌二年（842年）8月，北方少数民族回鹘向南骚扰，杜牧当时任黄州刺史，听到这个消息，对边地人民的命运深为关注。8月是大雁南飞的季节，诗人目送征雁，触景感怀，因以"早雁"为题，托物寓意。这首诗运用比兴手法，以大雁四散惊飞喻指饱受骚扰、流离失所的边地人民，表达诗人深切的同情。

【思考与练习】

1. 请分析"仙掌月明孤影过，长门灯暗数声来"的意蕴。
2. 这首诗前三联叙事，尾联转为与鸿雁的对话。尾联这么写，在抒情上有什么作用？

无　　题

李商隐

相见时难别亦难，东风无力百花残。

春蚕到死丝方尽，蜡炬成灰泪始干。

晓镜但愁云鬓改，夜吟应觉月光寒。

蓬山此去无多路，青鸟殷勤为探看。

【作者简介】

李商隐（812—858 年），字义山，晚唐时期最为杰出的诗人。早期，因李商隐文才出众而深得牛党要员令狐楚的赏识，后李党的王梦元爱其才将女儿嫁给他，他因此而遭到牛党的排斥。从此，李商隐便在牛李党之争的夹缝中求生存，郁郁不得志，潦倒终身。不幸的际遇使他的诗歌常常充满着一种感伤情调。李商隐最为杰出的是他的爱情诗，其中特别是他的"无题"诗，意境朦胧，含蓄多情，对后世（特别是对宋初的西昆诗派）影响很大。部分诗歌用典生僻，给人意蕴难明的感觉。在晚唐诗坛上，他与杜牧齐名，人称"小李杜"。有《樊南文集》、《李义山诗集》传世。

【阅读欣赏提示】

这是一首著名的爱情诗，抒写了男女双方刻骨铭心的相思之情。全诗在内容上可分三层意思，从各个不同的角度把忧伤、祝愿、希望等复杂丰富的感情交织在一起，通过恰当的比喻和典故，把相思之情表达得深切动人。

【思考与练习】

1. "东风无力百花残"是全诗中唯一的写景句子，它在这首诗中有什么作用？
2. 诗中颔联运用了什么表现手法？抒发了怎样的感情？
3. 这首诗在抒情上有什么特色？

商山早行

温庭筠

晨起动征铎，客行悲故乡。

鸡声茅店月，人迹板桥霜。

槲叶落山路，枳花明驿墙。

因思杜陵梦，凫雁满回塘。

【作者简介】

温庭筠（812—870 年），本名岐，字飞卿，唐代诗人，太原祁（今山西祁县）人，出生在京兆鄠〔音 hù〕县（今陕西户县）。温庭筠才思敏捷，参加考试，八叉手即写成八韵，人称"温八叉"。诗与李商隐齐名，时号"温李"。温庭筠又擅长填词，是最早大量写词的作家。

【阅读欣赏提示】

　　这是温庭筠的一首著名的写景抒情诗。全诗紧扣"早行"两字，写景抒情，表达了羁旅中无限的愁思和人生的失意。作者选取了鸡鸣、残月、茅店、寒霜、板桥等富有特征的景物，鲜明地描绘出一幅商山早行图，衬托出出行的艰辛和思乡的深切。不愧为古典文学中羁旅诗、乡愁诗的上乘之作。

【思考与练习】

1. 试析诗歌是如何紧扣"早行"两字来写景抒情的？
2. 分析诗中颔联的艺术特色。
3. 背诵这首诗。

示长安君

王安石

少年离别意非轻，老去相逢亦怆情。

草草杯盘供笑语，昏昏灯火话平生。

自怜湖海三年隔，又作尘沙万里行。

欲问后期何日是？寄书应见雁南征。

【作者简介】

　　王安石（1021－1086 年），字介甫，晚号半山，抚州临川（今属江西）人。北宋政治家、思想家、文学家。仁宗庆历进士。嘉祐三年（1058 年）上万言书，提出变法主张，要求改变"积贫积弱"的局面，推行富国强兵的政策。神宗熙宁二年（1069 年）任参知政事。次年任宰相，依靠神宗实行变法。因保守派反对，新法遭到阻碍。他的诗文颇有揭露时弊、反映社会矛盾之作，体现了他的政治主张和抱负。散文雄健峭拔，被列为"唐宋八大家"之一。诗歌遒劲清新，词虽不多而风格高峻。今存《王临川集》、《临川集拾遗》。

【阅读欣赏提示】

　　这是嘉祐五年（1060年）春，王安石护送辽国使臣回国前写给大妹王文淑的一首诗。这首诗抒发了诗人"相见时难别亦难"的感情。全诗不用典故，不事藻饰，只凭朴素的话语传意，深挚真情蕴涵其中。

【思考与练习】

1. 诗中表现了"怆情"之感，请就中间两联分析作者是如何表现这种情感的。
2. "雁南征"是何物候，诗中表达了作者怎样的企盼？

夜泊水村

陆游

腰间羽箭久凋零，太息燕然未勒铭。

老子犹堪绝大漠，诸君何至泣新亭。

一身报国有万死，双鬓向人无再青。

记取江湖泊船处，卧闻新雁落寒汀。

【作者简介】

　　陆游（1125－1210年），字务观，号放翁，越州山阴（今浙江绍兴）人。因力主抗金，前后数次被罢黜归乡。擅诗、词、散文，尤以诗作见长。风格雄奇奔放，沉郁悲壮，洋溢着强烈的爱国主义激情，在思想上、艺术上取得了卓越成就，有"小李白"之称，是南宋一代诗坛领袖，在我国文学史上享有崇高地位，是我国伟大的爱国诗人。陆游的诗今存9 200余首，有《剑南诗稿》、《渭南文集》传世。

【阅读欣赏提示】

　　这是一首慷慨苍凉、饱含爱国热忱的七言律诗，写的是山村闲居时的见闻感受。这首诗是宋孝宗淳熙九年（1182年）在山阴时所作。当时陆游已经58岁了，但仍然希望报国，表示出万死不辞的决心。全诗用典贴切，出语自然，感情充沛，在悲歌中显出沉雄的气象。

【思考与练习】

1. 清人赵翼说:"放翁以律诗见长,名章俊句,层见叠出,令人应接不暇。使事必切,属对必工;无意不搜,而不落纤巧;无语不新,亦不事涂泽:实古来诗家所未见也。"读陆游的《夜泊水村》,你最喜欢的是哪两句,试给它写一段赏析文字。

2. 找出诗中的典故并分析其作用。

岳鄂王墓

赵孟頫

鄂王坟上草离离,秋日荒凉石兽危。

南渡君臣轻社稷,中原父老望旌旗。

英雄已死嗟何及,天下中分遂不支。

莫向西湖歌此曲,水光山色不胜悲。

【作者简介】

赵孟頫(1254—1322年),字子昂,自号松雪道人,是宋太祖十一世的子孙,秦王德芳之后,孟坚从弟。因赐第居湖州,故为湖州人。由于他的聪明才智和诗、书、画、印的超绝,曾受元代帝王五世荣宠,官至翰林学士承旨,荣禄大夫。著有《尚书注》、《琴原》、《乐原》、《松雪斋集》。

【阅读欣赏提示】

这首七律是作者瞻仰岳飞墓时所作,对岳飞的屈死及由此产生的恶果表示了极为沉痛的哀悼之情,对南宋君臣苟且偷安的政策表示了强烈的愤恨。咏怀诗一般喜欢用典,而此诗语言平易,自然地表达了作者的思想感情。

【思考与练习】

1. 简要概括诗歌的主旨。
2. 分析此诗中间两联是如何运用对比手法的。
3. 分析此诗的艺术特色。

咏 煤 炭

于谦

凿开混沌得乌金,藏蓄阳和意最深。

爇火燃回春浩浩,洪炉照破夜沉沉。

鼎彝元赖生成力,铁石犹存死后心。

但愿苍生俱饱暖,不辞辛苦出山林。

【作者简介】

于谦(1398-1457年),字廷益,钱塘(今浙江杭州)人,永乐进士。历任江西、山西、河南巡抚,兵部尚书。英宗时因被谗言诬陷致死。于谦是明代初期著名的军事家和政治家,其诗多忧国忧民之作,表达了自己的崇高气节与坚贞情操。著有《于忠肃公集》。

【阅读欣赏提示】

这首诗处处以煤炭自喻,咏煤炭实即咏人,也可看作"述怀"诗。作者忧国爱民,他的一生确实也体现了煤炭的这些美德。首两句写煤炭所蕴藏的能量,亦即人的才智。中间四句写煤炭对人类的贡献——给人类以温暖和光明,亦即作者立身处世的宗旨。末二句写煤炭的志向,亦即作者的抱负,表达不愿隐埋深山、常思奉献生命的夙愿。

【思考与练习】

1. 作者为何要以煤炭自喻?
2. 分析尾联"但愿苍生俱饱暖,不辞辛苦出山林"的含义。

赴戍登程口占示家人

林则徐

力微任重久神疲,再竭衰庸定不支。

苟利国家生死以，岂因祸福避趋之。

谪居正是君恩厚，养拙刚于戍卒宜。

戏与山妻谈故事，试吟断送老头皮。

【作者简介】

林则徐（1785－1850年），字元抚，又字少穆，侯官县（今福州市）人。清代嘉庆十六年（1811年）进士，终身为官。虎门销烟，筹固海防，新疆兴办水利，垦辟荒田，功勋卓著。虽遭革职充军，终不改爱国恤民情怀。提倡经世之学，工于诗文。遗著有《林文忠公正文书》、《林则徐集》、《云左山房诗钞》等。

【阅读欣赏提示】

这首诗是林则徐革职遣戍新疆伊犁时所作。虽投荒万里，神疲体衰，作者仍态度从容，强忍悲愤，表现出满腔爱国忠贞和凛然正气。尤其是第二联胸襟阔大，境界崇高，烁古涤今，激励着历代忠正磊落之士。

【思考与练习】

1. 细细品读本诗，揣摩作者写作时的心境与思想感情。
2. 作者在尾联后自注："宋真宗闻隐者杨朴能诗，召对。问：'此来有人作诗送卿否？'对曰：'臣妻有一诗云：更休落魄耽杯酒。且莫猖狂爱咏诗。今日捉将官里去，这回断送老头皮。'上大笑，放还山。东坡赴诏狱，妻子送出门，皆哭。坡顾谓曰：'子独不能如杨处士妻作一首诗送我乎？'妻子失笑，坡乃出。"作者将这个故事引入诗中，有何深意？

无　题

鲁迅

万家墨面没蒿莱，敢有歌吟动地哀。

心事浩茫连广宇，于无声处听惊雷。

【阅读欣赏提示】

　　这首诗写于 1934 年 5 月，当时日本侵略者大举向华北地区进犯，我国人民面临着民族危机，在此情景下，鲁迅悲愤地写作了这首诗，题赠给一位日本朋友。看到中国人民苦难的生活状况，诗人决然唱出人民的疾苦以感动天地，并坚信人民的斗争一定会取得最终胜利。诗作的语言高度概括和凝练，最后一句更是笔力千钧，寓意深刻。

【思考与练习】

1. 请将这首诗改写成一首自由体新诗。
2. 背诵这首诗。

天　狗

郭沫若

我是一条天狗呀！

我把月来吞了，

我把日来吞了，

我把一切的星球来吞了，

我把全宇宙来吞了。

我便是我了！

我是月底光，

我是日底光，

我是一切星球底光，

我是 X 光线底光，

我是全宇宙底 Energy 底总量！

我飞奔，

我狂叫，

我燃烧。

我如烈火一样地燃烧！

我如大海一样地狂叫！

我如电气一样地飞跑！

我飞跑，

我飞跑，

我飞跑，

我剥我的皮，

我食我的肉，

我吸我的血，

我啮我的心肝，

我在我神经上飞跑，

我在我脊髓上飞跑,

我在我脑筋上飞跑。

我便是我呀!

我的我要爆了

1920 年 1 月 30 日

【作者介绍】

　　郭沫若（1892－1978 年），四川乐山县人，青年时代即接受了民主主义思想的启迪，积极投身反帝爱国运动。1913 年东渡日本留学，与鲁迅一样有弃医从文的经历。1918 年开始新诗创作，在 1919 年五四运动的鼓舞下，出现了一个诗歌创作的爆发期，写下了许多热烈、狂放、粗犷、雄浑的诗篇。1921 年出版的诗集《女神》，以狂飙突进的"五四"时代精神、自由体的诗歌形式，开一代诗风，成为现代浪漫主义诗歌的发端，从而为新诗奠定了基石，1949 年建国后，曾任中国文联主席，著有诗集《女神》、《星空》、《瓶》、《前茅》等多种。

【阅读欣赏提示】

　　这首诗充分体现了狂飙突进的"五四"时代精神，具有丰沛的冲撞力，通过传说中吞食日月的天狗形象，表现了要扫荡、摧毁一切旧事物的气势，也包含诗人要求自我新生的精神。郭沫若开创的自由体形式，任凭感情驰骋，使这一内容得以淋漓尽致的表达。

【思考与练习】

　　1. 诗中的"我"是一个怎样的形象？29 行诗，每行都以"我"开头，而且诗句短促，表现出怎样的情绪？
　　2. "我剥我的皮，我食我的肉，……"这些诗句表现了什么思想感情？
　　3. 请你以这首诗为例，思考一下浪漫主义文学的特征。
　　4. 有表情地朗诵这首诗，体验"五四"时代精神。

雪花的快乐

徐志摩

假如我是一朵雪花,

翩翩的在半空里潇洒,

我一定认清我的方向——

飞扬,飞扬,飞扬,——

这地面上有我的方向。

不去那冷寞的幽谷,

不去那凄清的山麓,

也不上荒街去惆怅——

飞扬,飞扬,飞扬,——

你看,我有我的方向!

在半空里娟娟的飞舞,

认明了那清幽的住处,

等着她来花园里探望——

飞扬,飞扬,飞扬,——

啊，她身上有朱砂梅的清香！

那时我凭借我的身轻，

盈盈的，沾住了她的衣襟，

贴近她柔波似的心胸——

消溶，消溶，消溶——

溶入了她柔波似的心胸！

1924年12月30日

【作者介绍】

　　徐志摩（1896－1931年），浙江海宁人，为新月派代表诗人。1915年杭州一中毕业后，考入上海沪江大学，次年赴天津，就读北洋大学，同年转入北京大学。1918年赴美留学，两年后入英国剑桥大学。1921年开始写诗。在剑桥两年深受西方教育的熏陶和唯美派诗人的影响。1922年回国后，在报刊上发表了大量诗文。1923年新月社成立，他是发起人之一。1926年在北京主编《晨报·诗镌》副刊，与闻一多、朱湘等诗人开展新格律诗运动，影响新诗艺术的发展。著有诗集《志摩的诗》、《翡冷翠的一夜》、《猛虎集》、《云游》等。

【阅读欣赏提示】

　　雪花是纷扬潇洒的，是纯洁晶莹的，诗人成功地选取了这一意象，"我"和"雪花"融为一体，通过它认清了方向的飞扬和欢乐的消融，抒发了诗人对自由、爱情和美的执着的追求精神。有人说，徐志摩是自有新诗以来音调最美的诗人。在这首诗中，音韵美得到了很好的表现。

【思考与练习】

1．这首诗中不断重复"飞扬，飞扬，飞扬"这一句，你觉得有怎样效果？
2．请结合《再别康桥》，思考徐志摩诗歌的艺术魅力表现在哪里？
3．背诵这首诗，并有表情地朗诵。

死　水

　　闻一多

这是一沟绝望的死水，

清风吹不起半点漪沦。

不如多扔些破铜烂铁，

爽性泼你的剩菜残羹。

也许铜的要绿成翡翠，

铁罐上绣出几瓣桃花。

再让油腻织一层罗绮，

霉菌给他蒸出些云霞。

让死水酵成一沟绿酒，

飘满了珍珠似的白沫；

小珠笑一声变成大珠，

又被偷酒的花蚊咬破。

那么一沟绝望的死水，

也就夸得上几分鲜明。

如果青蛙耐不住寂寞,

又算死水叫出了歌声。

这是一沟绝望的死水,

这里断不是美的所在,

不如让给丑恶来开垦,

看他造出个什么世界。

1925 年 4 月

【作者介绍】

闻一多(1899-1946 年),湖北浠水人,1913 年考进北京清华留美预备学校,1919 年起开始创作新诗,1922 年赴美留学,研究文学和戏剧,1923 年与徐志摩等人成立"新月社",提倡新格律诗。1925 年回国,与徐志摩主编《晨报》副刊《诗镌》,1929 年后,任清华大学中文系主任,抗日战争爆发后,在西南联大任教。著有诗集《红烛》、《死水》等。

【阅读欣赏提示】

《死水》是闻一多最具代表性的诗作。在那个军阀割据的时代,诗人勇敢而含蓄地抒发了当时青年人绝望痛苦的心声。在艺术上,这首诗印证了闻一多强调的"三美"(音乐美、绘画美、建筑美)诗观,在我国新诗初期探求新格律的途程中,《死水》是最佳的实验品之一。

【思考与练习】

1. "三美"的诗观在这首诗中是怎样体现的?

2．这首诗哪些地方采用了暗喻和反讽的手法？
3．背诵这首诗，并有表情地朗诵。

我爱这土地

艾青

假如我是一只鸟，

我也应该用嘶哑的喉咙歌唱：

这被暴风雨所打击着的土地，

这永远汹涌着我们的悲愤的河流，

这无止息地吹刮着的激怒的风，

和那来自林间的无比温柔的黎明……

——然后我死了，

连羽毛也腐烂在土地里面。

为什么我的眼里常含泪水？

因为我对这土地爱得深沉……

1938年11月17日

【作者介绍】

艾青（1910－1996年），浙江金华人，原名蒋海澄，19岁赴法习画，1932年1月回国，5月在上海加入左翼美术家联盟，7月被捕入狱。狱中写《大堰河——我的保姆》，1933年首次以艾青笔名发表，轰动诗坛，从此专注于诗创作。1941年到延安，任教于鲁迅文学艺术学院,主编《诗刊》(延安版)。是我国现实主义诗歌的代表诗人,以自由体见长,讲求散文美。主要诗作有诗集《大堰河》、《旷野》、《火把》、《黎明的通知》、《海岬上》、《归来的歌》等。其作品被译成多种外文,具有广泛的国际影响。

【阅读欣赏提示】

在艾青的"北方组诗"中,《我爱这土地》是最深沉的一首。惟其真挚、深切,因而动人,以致超越时空,感染一代又一代的读者。结尾两句已成为广为传诵的名句,人们看到了一个忧患诗人的形象,其忧患情怀系于时代和民族,系于土地和人类。诗作虽然直接诉说"爱",但作者采用了比喻和象征的手法,选取了准确恰当的意象,故能引人思索与回味。作为诗主要内涵的"土地"、"河流"、"风"和"黎明"几个意象,均有所指,却又有其不确定性,这样,给读者留下想象的空间。

【思考与练习】

1. 诗人为什么要把自己变成"一只鸟"来歌唱?
2. "被暴风雨所打击着的土地"、"汹涌着我们悲愤的河流"、"吹刮着激怒的风"、"无比温柔的黎明",你认为它们是指什么?
3. 背诵这首诗,并有表情地朗诵。
4. 试运用比喻、象征的写法,写一首献给母亲的诗,题目自拟。

当我死时

余光中

当我死时,葬我,在长江与黄河

之间,枕我的头颅,白发盖着黑土。

在中国,最美最母亲的国度,

我便坦然睡去,睡整张大陆,

听两侧,安魂曲起自长江,黄河

两管永生的音乐，滔滔，朝东。

这是最纵容最宽阔的床，

让一颗心满足地睡去，满足地想，

从前，一个中国的青年曾经，

在冰冻的密西根向西了望，

想望透黑夜看中国的黎明，

用十七年未餍中国的眼睛

饕餮地图，从西湖到太湖，

到多鹧鸪的重庆，代替回乡。

1966年2月24日，在卡拉马加

【作者介绍】

余光中（1928—），当代著名诗人，祖籍福建省永春县，1928年生于南京，在重庆读完中学，1946年考入厦门大学外文系，1949年随父母迁香港，次年赴台，就读台湾大学外文系于1952年毕业，1959年获美国爱荷华大学艺术硕士，先后在台湾大学等高校任教，其间两度赴美，出任多家大学客座教授。1954年与覃子豪、钟鼎文等创办"蓝星诗社"，致力于现代主义诗歌创作。现在台湾居住，任台湾中山大学文学院院长。出版的诗集有《舟子的悲歌》、《莲的联想》、《白玉苦瓜》等10余部。

【阅读欣赏提示】

《当我死时》是诗人二度旅美时期的作品。远隔重洋，回望亚洲地平线，遂写下了这首诗。该诗感情真挚、强烈，充分体现了余光中鲜明的"中国结"和浓厚的"还乡意识"。诗人想象奇特，把"长江"、"黄河"比喻成"两管永生的音乐"。余光中不愧为"文字的魔术师"，把"母亲"这一名词当作形容词运用，首创"最母亲的国度"这一称呼，产生点石成金的效果。

【思考与练习】

1. 死本来是痛苦的事,为什么余光中要选择这一个角度来抒写,而且又写得如此之美?
2. 请从余光中的其他作品中找出五处以上绝妙的比喻,并说明它妙在哪里。
3. 背诵这首诗,并有表情地朗诵。

钢琴演奏

彭燕郊

大厅里突然寂静下来

接着,响起一阵掌声

掌声里他坐到钢琴面前

寂静继续了短促的片刻

突然,随着琴声起伏

我们清楚地感到

他的血已经流进那巨大的乐器

他的神经正在往那里面伸展

他的脉搏正在那里面跳动

他动情了,他沉人到回忆和向往里

那巨大的乐器成了他的感官,他的表情

和他的反应能力

第一章 诗

他已经不能不把激动在他内心的秘密

泄露给我们了，他的梦幻的眼睛

使他看来好像已经是另外一个人了

每当他举起手臂，一瞬间的迟疑

像个小孩子，又好奇又胆怯

正在动手去点燃一个大爆竹

轻轻地、柔软地，他的手指

触动那些琴键，像一只渡河的马

举起前蹄，用一瞬间的踟蹰试一试水的深浅

他的手臂一起一落

有多么优美的旋律，像天鹅的秀美的颈子般

带着孩子天真的吻的温情

连续触动那些琴键

那些神秘的心灵的门扉

在他的魔法的手指下

被敲开了

流出了被他召回的我们的绮思遐想

除了演奏,他已经不能做别的任何事情了

他已经控制不住自己

他演奏,用力逗弄那些袒露在他面前的

绷紧了的神经般的,弹簧般的琴弦

沉着地,像斗牛士

用火红的布逗弄火红眼睛的发怒的牛

于是,成群结队的,摇动着满头乱发的

涨红了脸的、胸脯起伏的音符,喝醉了一般

互相追逐,互相碰撞

在他的手指的指挥下,汇成音乐

一边,他像绣花女一样细心地

照拂他那精美的绣品

轻轻地,几乎是在抚摸

那些被他唤醒的琴键,好像

害怕惊动它们,好像是在

第一章 诗

试探着去碰动某种用晶片砌成的

易碎的珍品

那些蒲公英的羽毛一样轻灵的

活泼的琴声,开始到处飞翔

在他的身前,身后

在整个大厅的高大穹隆下面

他弹奏着,时而紧闭嘴唇

紧闭双目,头向后仰

似乎突然想起一件事,似乎听到有人呼唤他

突然又把头向键盘冲去,顾不得

乱发披离,发狠地敲击琴键

像是发现自己身体的某一个最敏感的部位

给以准确的、牵动全局的一击

于是,那些由于惯性和连锁反应

本能地联翩而至的琴音

一瞬间都找到了自己的位置

成行成队地走过我们面前

好像枝繁叶茂的

美丽的树上的叶子，厚的和薄的

透明的和半透明的叶子

变成金片，互相拍打着

而那些隐藏在浓阴里的软软的果实

以自己不发声的沉默的存在

这里，那里，形成节拍，形成停顿

他继续弹奏，弹奏，他是忘情了

微微睁开双眼，微微摇晃头上的乱发

看不见的震颤交替地从他的两肩经过

唇边总是带着压抑不住的微笑

十个手指在沉迷里摸索着

灵巧地捕捉到一个又一个闪烁的音符

整个大厅，大厅里所有的人

都屏息静气地，轻轻喘息着

跌进音乐的浓厚的星云里

追随着那些平常被我们称为

回忆和期待，信念和梦幻的

绮思遐想——类似花一般五颜六色的草

鸟一般飞翔翻腾的花

在一起遨游，而且陶醉了

然后，我们被卷进那巨大的波浪

那波浪，不是潮水所形成

而是光的漩涡所形成，那光

是明亮而不刺目，温暖而不灼热

那浪涛的冲击是强有力的

但使你喜爱，使你欢欣，使你感到亲切

使你依恋，而且想永远和它在一起

突然，寂静。他的手突然缩回

他安静地坐着，像小学生坐在课堂里

他的眼睛慢慢睁开，他几乎笑出来了

而我们却在徒然地寻找他的那些手指

那刚才还在紧张地

驾驭那巨大的乐器的

每一道指纹都蕴藏着无穷的触角

能够带动无穷的回响的手指

而当他站起来时,他好像是另外一个人了

澎湃的掌声,把他包围在现实世界里

正如我们在鼓掌的时候

突然回到现实世界一样

我们大家都像才醒来的孩子

用甜蜜的眼光注视这个亲切的世界

世界是变得更加可爱更加可留恋了

呵!活着,劳动着,战斗着

爱着而且被人所爱,是多么幸福呵

1981年4月

【作者介绍】

　　彭燕郊(1920—2008),当代杰出诗人,福建省莆田县人,原名陈德矩,1938年参加新四军,1939年开始发表作品。1949年文代会后,主编《光明日报》"文学"副刊,1950

年后，相继在湖南大学、湖南师范学院、湘潭大学任教。现定居长沙。著有《彭燕郊诗选》、《彭燕郊诗文集》等十余部。

【阅读欣赏提示】

　　《钢琴演奏》是新时期诗坛罕见的力作。写作于1981年，时值改革开放初期，过去一度被禁锢的美好东西，陆续在春风中与人们重逢。诗人在聆听了一次钢琴演奏后，酣畅淋漓地尽情抒写了自己丰沛的感受，对新时期的美好憧憬，表现出什么力量也摧毁不了的，人性中对真美善的不懈追求。整首诗的基调是欢乐的，以至于喊出："呵！活着……是多么幸福啊！"琴声无影无形，稍纵即逝，但诗人凭他超凡的想象力，运用现代的表现手法，将琴声定格，多彩多姿，具体可感，给我们以永恒的美的愉悦。

【思考与练习】

1. 你最喜欢诗中哪一处对琴声的描绘？为什么？
2. 请想出三个比喻，形象地描绘你听到的音乐。
3. 在课堂上集体朗诵这首诗，要有领诵、分诵和合诵。

我是一个任性的孩子

顾城

也许

我是被妈妈宠坏的孩子

我任性

我希望

每一个时刻

都像彩色蜡笔那样美丽

我希望

能在心爱的白纸上画画

画出笨拙的自由

画下一只永远不会

流泪的眼睛

一片天空

一片属于天空的羽毛和树叶

一个淡绿的夜晚和苹果

我想画下早晨

画下露水

所能看见的微笑

画下所有最年轻的

没有痛苦的爱情

画下想像中

我的爱人

她没有见过阴云

她的眼睛是晴空的颜色

她永远看着我

永远，看着

绝不会忽然掉过头去

我想画下遥远的风景

画下清晰的地平线和水波

画下许许多多快乐的小河

画下丘陵——

长满淡淡的绒毛

我让它们挨得很近

让它们相爱

让每一个默许

每一阵静静的春天悸动

都成为一朵小花的生日

我还想画下未来

我没见过她,也不可能

但知道她很美

我画下她秋天的风衣

画下那些燃烧的烛火和枫叶

画下许多因为爱她

而熄灭的心

画下婚礼

画下一个个早早醒来的节日——

上面贴着玻璃糖纸

和北方童话的插图

我是一个任性的孩子

我想擦去一切不幸

我想在大地上

画满窗子

让所有习惯黑暗的眼睛

都习惯光明

我想画下风

画下一架比一架更高大的山岭

画下来东方民族的渴望

画下大海——

无边无际愉快的声音

最后，在纸角上

我还想画下自己

第一章 诗

画下一只树熊

他坐在维多利亚深色的丛林里

坐在安安静静的树枝上

发愣

他没有家

没有一颗留在远处的心

他只有，很多很多

浆果一样的梦

和很大很大的眼睛

我在希望

在想

但不知为什么

我没有领到蜡笔

没有得到一个彩色的时刻

我只有我

我的手指和创痛

只有撕碎那一张张

心爱的白纸

让它们去寻找蝴蝶

让它们从今天消失

我是一个孩子

一个被幻想妈妈宠坏的孩子

我任性

1981年3月

【作者介绍】

　　顾城（1956－1993年），北京人，1969年随父亲下放山东一部队农场，1974年回到北京，做过木工、漆工、编辑等多种工作。1977年发表第一首诗《生命幻想曲》，1979年成为民间刊物《今天》同仁，与北岛舒婷同为朦胧诗派主要代表人物。著有诗集《黑眼睛》、《顾城新诗自选集》等多种。

【阅读欣赏提示】

　　顾城在"文化大革命"开始时还是一个少年，他经受了十年浩劫的苦难，看到了现实中的丑，想要创造美来战胜丑，于是在诗中编织了梦幻式的世界，被人们称为"童话诗人"。在《我是一个任性的孩子》中，诗人以一个"任性的孩子"的固执去憧憬美，去建造一座诗的童话的花园，以此来表现他对人类精神困境的"终极关怀"。该诗想象丰富，充满人性和柔情，带有孩子气，纯洁而真诚。

【思考与练习】

　　1. 培根说：读诗使人灵秀。请你结合这首诗，谈谈自己的体会。
　　2. "画出笨拙的自由"、"一个淡绿的夜晚和苹果"、"桨果一样的梦"，请细细品味这些带点的词，用在此处是否很有表现力。
　　3. 集体合诵这首诗。

面朝大海,春暖花开

海子

从明天起,做一个幸福的人

喂马,劈柴,周游世界

从明天起,关心粮食和蔬菜

我有一所房子,面朝大海,春暖花开

从明天起,和每一个亲人通信

告诉他们我的幸福

那幸福的闪电告诉我的

我将告诉每一个人

给每一条河每一座山取一个温暖的名字

陌生人,我也为你祝福

愿你有一个灿烂的前程

愿你有情人终成眷属

愿你在尘世获得幸福

我只愿面朝大海,春暖花开

1989 年 1 月 13 日

【作者介绍】

海子（1964—1989年），原名查海生，安徽安庆人，15岁时考入北京大学法律系，1982年开始诗歌创作，1983年毕业后任教于中国政法大学。著有《海子诗全编》。

【阅读欣赏提示】

对紧贴大地的质朴生活的向往，对亲情友情的珍惜，怀着博爱之心真诚地祝福人们在尘世生活得美好，也许，这就是这首诗能触动读者心灵的原因吧。由于现代诗运用暗示、象征的手法，造成了诗的多义性，扩展了诗的内涵，因此，读者尽可以按自己的理解去加以想象和补充，有一千位读者，就可能会有一千个哈姆雷特。

【思考与练习】

1. 请敞开心扉，在反复阅读中体味此诗在哪些地方触动了你。
2. 此诗最后一句，"我只愿面朝大海，春暖花开"，你是怎么理解的？
3. 背诵这首诗，并有表情地朗诵。
4. 建议在诗歌单元讲完后，在班上举行一场朗诵会。

拓 展 阅 读

将 仲 子

《诗经》

将仲子兮，无逾我里，无折我树杞。岂敢爱之？畏我父母。仲可怀也，父母之言，亦可畏也。

将仲子兮，无逾我墙，无折我树桑。岂敢爱之？畏我诸兄。仲可怀也，诸兄之言，亦可畏也。

将仲子兮，无逾我园，无折我树檀。岂敢爱之？畏人之多言。仲可怀也，人之多言，亦可畏也。

文　王

《诗经》

　　文王在上，于昭于天。周虽旧邦，其命维新。有周不显，帝命不时。文王陟降，在帝左右。

　　亹亹文王，令闻不已。陈锡哉周，侯文王孙子。文王孙子，本支百世，凡周之士，不显亦世。

　　世之不显，厥犹翼翼。思皇多士，生此王国。王国克生，维周之桢；济济多士，文王以宁。

　　穆穆文王，于缉熙敬止。假哉天命。有商孙子。商之孙子，其丽不亿。上帝既命，侯于周服。

　　侯服于周，天命靡常。殷士肤敏。祼将于京。厥作祼将，常服黼冔。王之荩臣。无念尔祖。

　　无念尔祖，聿修厥德。永言配命，自求多福。殷之未丧师，克配上帝。宜鉴于殷，骏命不易！

　　命之不易，无遏尔躬。宣昭义问，有虞殷自天。上天之载，无声无臭。仪刑文王，万邦作孚。

有 所 思

《汉乐府》

有所思,乃在大海南。何用问遗君?双珠玳瑁簪,用玉绍缭之。闻君有他心,拉杂摧烧之。摧烧之,当风扬其灰。从今以往,勿复相思。相思与君绝! 鸡鸣狗吠,兄嫂当知之。妃呼豨! 秋风肃肃晨风飔,东方须臾高知之。

上 邪

《汉乐府》

上邪!我欲与君相知,长命无绝衰。 山无陵,江水为竭,冬雷震震,夏雨雪,天地合,乃敢与君绝。

长 歌 行

《汉乐府》

青青园中葵,朝露待日晞。

阳春布德泽,万物生光辉。

常恐秋节至,焜黄华叶衰。

百川东到海,何时复西归?

少壮不努力,老大徒伤悲。

行行重行行

(《古诗十九首》之一)

行行重行行,与君生别离。

相去万余里,各在天一涯。

道路阻且长,会面安可知。

胡马依北风,越鸟巢南枝。

相去日已远,衣带日已缓。

浮云蔽白日,游子不顾返。

思君令人老,岁月忽已晚。

弃捐勿复道,努力加餐饭。

迢迢牵牛星

(《古诗十九首》之十)

迢迢牵牛星,皎皎河汉女。

纤纤濯素手,札札弄机杼。

终日不成章,泣涕零如雨。

河汉清且浅,相去复几许?

盈盈一水间,脉脉不得语。

明月何皎皎

（《古诗十九首》之十九）

明月何皎皎，照我罗床纬。

忧愁不能寐，揽衣起徘徊。

客行虽云乐，不如早旋归。

出户独彷徨，愁思当告谁！

引领还入房，泪下沾裳衣。

蒿 里 行

曹操

关东有义士，兴兵讨群凶。

初期会盟津，乃心在咸阳。

军合力不齐，踌躇而雁行。

势利使人争，嗣还自相戕。

淮南弟称号，刻玺於北方。

铠甲生虮虱，万姓以死亡。

白骨露於野，千里无鸡鸣。

生民百遗一，念之断人肠。

归园田居（四首）

陶渊明

其一

少无适俗韵，性本爱丘山。

误落尘网中，一去十三年。

羁鸟恋旧林，池鱼思故渊。

开荒南野际，抱拙归园田。

方宅十馀亩，草屋八九间。

榆柳荫後檐，桃李罗堂前。

暧暧远人村，依依墟里烟。

狗吠深巷中，鸡鸣桑树颠。

户庭无尘杂，虚室有馀闲。

久在樊笼里，复得返自然。

其　二

野外罕人事，穷巷寡轮鞅。

白日掩荆扉，虚室绝尘想。

时复墟曲中，披草共来往。

相见无杂言，但道桑麻长。

桑麻日已长，我土日已广。

常恐霜霰至，零落同草莽。

其 三

种豆南山下，草盛豆苗稀。

晨兴理荒秽，带月荷锄归。

道狭草木长，夕露沾我衣。

衣沾不足惜，但使愿无违。

其 四

久去山泽游，浪莽林野娱。

试携子侄辈，披榛步荒墟。

徘徊丘陇间，依依昔人居。

井灶有遗处，桑竹残朽株。

借问采薪者，此人皆焉如？

薪者向我言，死殁无复馀。

一世异朝市，此语真不虚！

人生似幻化，终当归空无。

使至塞上

王维

单车欲问边,属国过居延。

征蓬出汉塞,归雁入胡天。

大漠孤烟直,长河落日圆。

萧关逢候骑,都护在燕然。

终 南 山

王维

太乙近天都,连山接海隅。

白云回望合,青霭入看无。

分野中峰变,阴晴众壑殊。

欲投人处宿,隔水问樵夫。

送 友 人

李白

青山横北郭,白水绕东城。

此地一为别,孤蓬万里征。

浮云游子意,落日故人情。

挥手自兹去，萧萧班马鸣。

嘲鲁儒

李白

鲁叟谈五经，白发死章句。

问以经济策，茫如坠烟雾。

足著远游履，首戴方山巾。

缓步从直道，未行先起尘。

秦家丞相府，不重褒衣人。

君非叔孙通，与我本殊伦。

时事且未达，归耕汶水滨。

客　至

杜甫

舍南舍北皆春水，但见群鸥日日来。

花径不曾缘客扫，蓬门今始为君开。

盘飧市远无兼味，樽酒家贫只旧醅。

肯与邻翁相对饮，隔篱呼取尽余杯。

旅夜书怀

杜甫

细草微风岸，危樯独夜舟。

星垂平野阔，月涌大江流。

名岂文章著，官应老病休。

飘飘何所似？天地一沙鸥。

白雪歌送武判官归京

岑参

北风卷地白草折，胡天八月即飞雪。

忽如一夜春风来，千树万树梨花开。

散入珠帘湿罗幕，狐裘不暖锦衾薄。

将军角弓不得控，都护铁衣冷难着。

瀚海阑干百丈冰，愁云惨淡万里凝。

中军置酒饮归客，胡琴琵琶与羌笛。

纷纷暮雪下辕门，风掣红旗冻不翻。

轮台东门送君去，去时雪满天山路。

山回路转不见君，雪上空留马行处。

左迁至蓝关示侄孙湘

韩愈

一封朝奏九重天,夕贬潮阳路八千。

欲为圣明除弊事,肯将衰朽惜残年?

云横秦岭家何在?雪拥蓝关马不前。

知汝远来应有意,好收吾骨瘴江边。

酬乐天扬州初逢席上见赠

刘禹锡

巴山楚水凄凉地,二十三年弃置身。

怀旧空吟闻笛赋,到乡翻似烂柯人。

沉舟侧畔千帆过,病树前头万木春。

今日听君歌一曲,暂凭杯酒长精神。

梦 天

李贺

老兔寒蟾泣天色,云楼半开壁斜白。

玉轮轧露湿团光,鸾佩相逢桂香陌。

黄尘清水三山下,更变千年如走马。

遥望齐州九点烟，一泓海水杯中泻。

宿紫阁山北村

　　白居易

　　晨游紫阁峰，暮宿山下村。

　　村老见余喜，为余开一尊。

　　举杯未及饮，暴卒来入门。

　　紫衣挟刀斧，草草十余人。

　　夺我席上酒，掣我盘中飧。

　　主人退后立，敛手反如宾。

　　中庭有奇树，种来三十春。

　　主人惜不得，持斧断其根。

　　口称采造家，身属神策军。

　　主人慎勿语，中尉正承恩。

雨中登岳阳楼望君山（其一）

　　黄庭坚

　　投荒万死鬓毛斑，生入瞿塘滟滪关。

　　未到江南先一笑，岳阳楼上对君山。

潍县署中画竹呈年伯包大中丞括

郑燮

衙斋卧听萧萧竹,疑是民间疾苦声。

些小吾曹州县史,一枝一叶总关情。

论　　诗

赵翼

李杜诗篇万口传,至今已觉不新鲜。

江山代有才人出,各领风骚数百年。

再别康桥

徐志摩

轻轻的我走了,

　　正如我轻轻的来;

我轻轻的招手,

　　作别西天的云彩。

那河畔的金柳,

　　是夕阳中的新娘;

波光里的艳影，

　在我的心头荡漾。

软泥上的青荇，

　油油的在水底招摇；

在康河的柔波里，

　我甘心做一条水草！

那榆荫下的一潭，

　不是清泉，是天上虹；

揉碎在浮藻间，

　沉淀着彩虹似的梦。

寻梦？撑一支长篙，

　向青草更青处漫溯；

满载一船星辉，

　在星辉斑斓里放歌。

但我不能放歌，

　　悄悄是别离的笙箫；

夏虫也为我沉默，

　　沉默是今晚的康桥！

悄悄的我走了，

　　正如我悄悄的来；

我挥一挥衣袖，

　　不带走一片云彩。

　　　　　　1928年11月6日中国海上

雨　　巷

戴望舒

撑着油纸伞，独自

彷徨在悠长，悠长

又寂寥的雨巷

我希望逢着

一个丁香一样地

结着愁怨的姑娘

她是有

丁香一样的颜色

丁香一样的芬芳

丁香一样的忧愁

在雨中哀怨

哀怨又彷徨

她彷徨在这寂寥的雨巷

撑着油纸伞

像我一样

像我一样地

默默彳亍着

冷漠，凄清，又惆怅

她静默地走近

走近，又投出

太息一般的眼光

她飘过

像梦一般地

像梦一般地凄婉迷茫

像梦中飘过

一支丁香地

我身旁飘过这女郎

她静静地远了,远了

到了颓圮的篱墙

走尽这雨巷

在雨的哀曲里

消了她的颜色

散了她的芬芳

消散了,甚至她的

太息般的眼光

丁香般的惆怅

撑着油纸伞,独自

彷徨在悠长，悠长

又寂寥的雨巷

我希望飘过

一个丁香一样地

结着愁怨的姑娘

1937年

老　马

臧克家

总得叫大车装个够，

它横竖不说一句话，

背上的压力往肉里扣，

它把头沉重地垂下！

这刻不知道下刻的命，

它有泪只往心里咽，

眼前飘来一道鞭影，

它抬起头来望望前面。

1932年4月

相信未来

食指

当蜘蛛网无情地查封了我的炉台

当灰烬的余烟叹息着贫困的悲哀

我依然固执地铺平失望的灰烬

用美丽的雪花写下：相信未来

当我的紫葡萄化为深秋的露水

当我的鲜花依偎在别人的情怀

我依然固执地用凝霜的枯藤

在凄凉的大地上写下：相信未来

我要用手指那涌向天边的排浪

我要用手掌那托住太阳的大海

摇曳着曙光那枝温暖漂亮的笔杆

用孩子的笔体写下：相信未来

我之所以坚定地相信未来

是我相信未来人们的眼睛

她有拨开历史风尘的睫毛

她有看透岁月篇章的瞳孔

不管人们对于我们腐烂的皮肉

那些迷途的惆怅、失败的苦痛

是寄予感动的热泪、深切的同情

还是给以轻蔑的微笑、辛辣的嘲讽

我坚信人们对于我们的脊骨

那无数次的探索、迷途、失败和成功

一定会给予热情、客观、公正的评定

是的，我焦急地等待着他们的评定

朋友，坚定地相信未来吧

相信不屈不挠的努力

相信战胜死亡的年轻

相信未来、热爱生命

1968 年

悼念一棵枫树

牛汉

湖边山丘上

那棵最高大的枫树

被伐倒了……

在秋天的一个早晨

几个村庄

和这一片山野

都听到了，感觉到了

枫树倒下的声响

家家的门窗和屋瓦

每棵树，每根草

每一朵野花

树上的鸟，花上的蜂

湖边停泊的小船

都颤颤地哆嗦起来……

第一章 诗

是由于悲哀吗?

这一天

整个村庄

和这一片山野上

飘着浓郁的清香

清香

落在人的心灵上

比秋雨还要阴冷

想不到

一棵枫树

表皮灰暗而粗犷

发着苦涩气息

但它的生命内部

却贮蓄了这么多的芬芳

芬芳

使人悲伤

枫树直挺挺的

躺在草丛和荆棘上

那么庞大，那么青翠

看上去比它站立的时候

还要雄伟和美丽

伐倒三天之后

枝叶还在微风中

簌簌地摇动

叶片上还挂着明亮的露水

仿佛亿万只含泪的眼睛

向大自然告别

哦，湖边的白鹤

哦，远方来的老鹰

还朝着枫树这里飞翔呢

枫树

被解成宽阔的木板

一圈圈年轮

涌出了一圈圈的

凝固的泪珠

泪珠

也发着芬芳

不是泪珠吧

它是枫树的生命

还没有死亡的血球

村边的山丘

缩小了许多

仿佛低下了头颅

伐倒了

一棵枫树

伐倒了

一个与大地相连的生命

1973年秋

寄　鞋

洛夫

间关千里

寄给你一双布鞋

一封

无字的信

积了四十多年的话

想说无从说

只好一句句

密密缝在鞋底

这些话我偷偷藏了很久

有几句藏在井边

有几句藏在厨房

有几句藏在枕头下

有几句藏在午夜明灭不定的灯火里

有的风干了

有的生霉了

有的掉了牙齿

有的长出了青苔

现在一一收集起来

密密缝在鞋底

鞋子也许嫌小一些

我是以心裁量,以童年

以五更的梦裁量

合不合脚是另一回事

请千万别弃之

若敝屣

四十多年的思念

四十多年的孤寂

全都缝在鞋底

1987 年 3 月 27 日

后记:好友张拓芜与表妹沈莲子自小订婚,因战乱在家乡分手后,天涯海角,不相闻问已逾四十年；近透过海外友人，突接获表妹寄来亲手缝制的布鞋一双。拓芜捧着这双鞋，如捧一封无字而千言万语尽在其中的家书，不禁涕泪纵横，欷歔不已。现拓芜与表妹均已老去，但情之为物，却是生生世世难以熄灭。本诗仍假借沈莲子的语气写成，故用词力求浅白。

你的名字

纪弦

用了世界上最轻最轻的声音，

轻轻地唤你的名字每夜每夜。

写你的名字，

画你的名字，

而梦见的是你发光的名字：

如日，如星，你的名字。

如灯，如钻石，你的名字。

如缤纷的火花，如闪电，你的名字。

如原始森林的燃烧，你的名字。

刻你的名字！

刻你的名字在树上。

刻你的名字在不凋的生命树上。

当这植物长成了参天的古木时，

呵呵，多好，多好，

你的名字也大起来。

大起来了，你的名字。

亮起来了，你的名字。

于是，轻轻轻轻轻轻轻地呼唤你的名字。

祖国啊 我亲爱的祖国

舒婷

我是你河边上破旧的老水车

数百年来纺着疲惫的歌

我是你额上熏黑的矿灯

照你在历史的隧洞里蜗行摸索

我是干瘪的稻穗；是失修的路基

是淤滩上的驳船

把纤绳深深

勒进你的肩膊

——祖国啊！

我是贫困

我是悲哀

我是你祖祖辈辈

痛苦的希望啊

是"飞天"袖间

千百年来未落到地面的花朵

—— 祖国啊

我是你簇新的理想

刚从神话的蛛网里挣脱

我是你雪被下古莲的胚芽

我是你挂着眼泪的笑窝

我是新刷出的雪白的起跑线

是绯红的黎明

正在喷薄

—— 祖国啊

我是你十亿分之一

是你九百六十万平方的总和

你以伤痕累累的乳房

喂养了

迷惘的我,深思的我,沸腾的我

那就从我的血肉之躯上

去取得

你的富饶,你的荣光,你的自由

—— 祖国啊

我亲爱的祖国

1979 年 4 月 20 日

张 家 界

彭浩荡

1

十万山国的巨灵聚会在这里

每只手里攥着一个

司芬克司的谜

深夜,猿猴啼叫的时候

黑魆魆的山灵开始舞蹈

峡谷里走出一串串安徒生的童话

而那些兀立着的断臂的维纳斯

在月光下会讲述

传说中那场

两军刀砍斧劈的对杀

2

印象的巨浪

不顾我头晕目眩的惊叫

一个接一个劈面压来

把我这叶小船打成碎片

正当我要被吞没时

你微笑着用美和力

将千百块碎片粘在一起

我又是一叶小船了

满载着你赠予的

石破天惊的神思

3

我是一瓣飘零的雪花

消溶在你的怀抱里

找到了永恒的和谐与宁静

万籁无声

只有我归心低首的灵魂

在你的容光里含泪颤动

若干年后

导游员会指着一块

新长出的岩石

对游客说道

这曾经是一个

痴情的诗人

知识概述·诗

中国是世界上最大的"诗国"。早在远古时期,人们在劳动之时或之后,不经意地吟唱一些基本押韵的短句来抒发自己对于劳动的感受和反映劳动的生活,这便产生了原始歌谣。例如："断竹、续竹，飞土，逐肉"说的就是制作弹弓打猎的情况。进入文明社会以后，原始歌谣在艺术上得到了进一步的发展，又逐渐与音乐结合起来，进化为抒情色彩浓厚的诗，在我国黄河流域广泛流传。大约在春秋时代的后期，经过周朝史官的收集整理，便产生了我国第一部诗歌总集《诗经》。《诗经》以其鲜明的艺术特征和关注、反映现实的严肃态度形成了"风雅"精神，从而奠定了我国诗歌现实主义的优良传统，为我国诗歌的发展提供了语言形式基础，成为我国诗的源头，具有永恒的价值。

大约在战国的中晚期，一种比《诗经》作品更富有个性、充满激情和想象力、结构宏伟、形式新颖、灵活的诗体出现在我国南方长江流域的楚地，这就是以屈原为代表的"楚辞"。"楚辞"在中国文学史上具有划时代的意义：产生了中国文学史上第一个伟大的诗人屈原，出现了集中反映诗人全部思想感情、人格和个性的诗篇《离骚》等，开创了充满激情和幻想的积极浪漫主义诗风。《诗经》的"风"与屈原的"骚"，分别成为我国诗歌现实主义与浪漫主义风格的源头，形成了"风骚"传统。

到了西汉时期，我国诗歌发展史上又耸起了一座现实主义高峰，这就是汉乐府。汉乐府是指汉乐府官署所采制的诗歌。其中一部分是供执政者祭祀祖先神明使用的郊庙歌辞，其性质与《诗经》中"颂"相同；另一部分则是采集民间流传的无主名的俗乐，世称乐府民歌。乐府民歌是汉乐府之精华，继承了《诗经》现实主义传统，"感于哀乐，缘事而发"，"饥者歌其食，劳者歌其事"，反映当时的社会现实与人民生活，用犀利的言辞表现爱憎情感，具有鲜明的现实主义风格。它用通俗的语言叙述事件，刻画人物，一些诗篇有较为完整的故事情节，产生了《陌上桑》、《孔雀东南飞》等脍炙人口的诗篇，标志着我国叙事诗的成熟。突破了《诗经》"四言体"的语言形式，形成了五言诗体。

魏晋以后诗人辈出，佳作纷呈。曹操三父子以及"建安七子"创作的激越悲壮的诗篇被誉为"建安风骨"，雄视百代。左思、鲍照、江淹等以突出的诗歌创作成就名噪一时。东晋诗人陶渊明，以其恬淡诗风独树一帜，成为我国田园诗的开山鼻祖。南朝谢灵运的山水诗，开我国山水诗之先河。沈约将四声的知识运用到诗歌的声律，并与谢朓等人创立"永明体"，为唐代近体诗的形成做了必要的准备，"永明体"从而成为从古诗体向近体诗过渡的一种重要形式。

诗歌发展到了唐代大放异彩，代表着唐代文学的最高成就，成为唐代文学的标志。唐代诗歌数量之多是空前的，据后人的统计大约有五万首。诗人之多也是空前的。《全唐诗》共收诗人2200多个，遍布于社会的各阶层，上至皇帝下到"引车卖浆之徒"，都能够联句吟诗。其中大家、名家灿若群星，李白、杜甫、白居易、王昌龄、王维、韩愈、柳宗元、杜牧、李商隐、李贺等，都是我国诗歌发展史上千古流芳的大诗人。题材广泛、流派纷呈也是空前的。既有山水诗、田园诗、边塞诗，又有咏史怀古诗、送别诗、讽喻诗、咏物诗等。流派各种各样，风格千姿百态。题材与体裁之丰富也是空前的。唐诗题材丰富，众体皆备。诸如骚体、歌行体、乐府、古风、格律诗等，应有尽有。再是名篇迭出，不胜枚举；如李白的古风、杜甫的律诗、李商隐的无题诗、杜牧的咏史诗，都是历代受人钟爱的艺术珍品。

  诗发展到宋代已不似唐代那般辉煌灿烂，但也有它独特的风格，抒情成分减少，叙述、议论的成分增多，重视描摹刻画，大量采用散文句法。最能体现宋诗特色的是苏轼和黄庭坚的诗。黄庭坚诗风奇特拗崛，与陈师道一起开创了宋代影响最大的"江西诗派"。宋初的梅尧臣、苏舜钦并称"苏梅"，为奠定宋诗基础之人。欧阳修、王安石的诗对扫荡西昆体的浮艳之风起过很大作用。国难深重的南宋时期，诗作多充满忧郁、激愤之情。陆游是这个时代的代表诗人。此外还有以"田园杂兴"诗而出名的范成大和以写景说理而自具面目的杨万里。文天祥是南宋最后一个大诗人，高扬着宁死不屈的民族精神的《过零丁洋》是他的代表作。明诗是在拟古与反拟古的反反复复中前行的，没有杰出的作品和诗人出现。清诗仍未摆脱拟古主义和形式主义的套子，难有超出前人之处。直至清末龚自珍以其先进的思想，打破了清中叶以来诗坛的沉寂，领近代文学史风气之先。后来的黄遵宪、康有为、梁启超等新诗派更是将诗歌直接用作资产阶级改良运动的宣传载体。

  20世纪初诞生的新文学运动推动了诗体的解放，新诗带着狂飙时代的印记横空出世，郭沫若的《女神》是其代表作。新中国成立以后，诗歌进入新的发展阶段，新题材、新主题、新形式伴随着新时代、新生活和新的憧憬应运而生。

  诗是一种特殊的艺术形式。人们钟爱诗歌，是因为它有独特的艺术魅力。首先是浓厚的抒情性。诗是一种"情动于中而形于言"的艺术形式。以情动人，是诗歌的基本特征。抒情诗自不待言，就是叙事诗也离不开浓烈的情感。社会生活、自身遭遇、山川景色等一旦触动了诗人的心灵，或喜或悲、或爱或恨的情感一旦融入诗中，便赋予了诗以浓厚的抒情性。其次是形象性。诗人抒情最惯用的手法是寓情于景，借景抒情，很少直露地表白，因此特别注重在诗中进行细致生动的景物描写。山川日月、花鸟草木，都成为诗人感情的寄托物，所谓"一切景语皆情语也"。我们在诗中经常读到长亭、南浦、杨柳、夕阳、残月等景物的描写，既有鲜明生动的形象，又蕴涵着深挚的情感，才被人们千古传诵。再次是诗歌语言凝练而富于表现力。诗歌常常用凝练的语言描绘出生活图画和意境，为读者构建想象的天地。它总是在有限的篇幅中包孕深广的生活内容，从而收到以少胜多、以约总博、尺幅千里的艺术效果。此外诗歌还富于节奏美与韵律美。诗歌是押韵的，读起来朗朗上口，有一种"唱"的感觉，这种感觉就是诗歌的节奏美、韵律美和音乐美。没有节奏与韵律，就不成其为诗歌。

  诗歌的意境是诗人的创造，同时也是欣赏者的再创造。诗歌欣赏是一种艺术认识活动，需要欣赏者运用形象思维,对作品进行分析、品味。首先是知人论诗。"诗言志,歌永言。"诗歌所表达的总是诗人对于生活的认识和感受,这种认识与感受总是来自个人的经历与所处的时代。所以,要理解一首诗歌的内涵,必须了解作者的身世、思想、生活经历和时代背景,这是非常必要的。其次是想象与再现。欣赏诗歌要运用形象思维,也就是把诗人在诗篇中所描写的情景与形象,通过自己的想象加以再现,这样就能够品出诗篇的真实味道。例如朗读"无边落木萧萧下,不尽长江滚滚来。",可以想象长江三峡深秋季节寥廓萧瑟的景象,可以感受到诗人观景时那种孤独、悲凉的心情。再次是咀嚼语言。诗歌是语言的艺术,诗人抒发的感情,表达的意图,阐述的道理,都是通过语言表现出来的。诗人注重炼句、炼字,目的在于炼意。有时一首诗的一句或两句,甚至一个字两个字就会对全篇起画龙点睛的作用,这就是"诗眼",其中包含的丰富意义,不可轻易放过。所以我们对于诗歌的语言要同嚼橄榄一样,反复咀嚼,品味出其中的"微言大义",领会其深远的意境。

第二章 词

更 漏 子

温庭筠

玉炉香，红蜡泪，偏〔单单〕照画堂秋思。眉翠〔眉上画的翠紫色〕薄，鬓云〔如云鬓发〕残，夜长衾〔音qīn，被子〕枕寒。

梧桐树，三更雨，不道〔不顾，不管〕离情正苦。一叶叶，一声声，空阶滴到明。

【阅读欣赏提示】

温庭筠的词大多写爱情、相思，色彩浓艳，词藻华丽。这首词以秋夜为背景，抒写闺人离情。词的上片写秋夜静谧的室内情景，下片着笔室外，以秋雨梧桐渲染离愁别绪。上片浓丽而不晦涩，下片疏淡却有情志，两种风格和谐统一，堪称佳构。

【思考与练习】

1．"偏照画堂秋思"、"不道离情正苦"，为什么要使用"偏"、"不道"？这对抒写离情有什么作用？

2．此词下片为何要重点写梧桐夜雨？

3．李冰若《栩庄漫记》评说："飞卿此词，自是集中之冠。寻常情事，写来凄婉动人，全由秋思离情为其骨干。"请谈谈你对这一评论的理解。

浪 淘 沙

李 煜

帘外雨潺潺，春意阑珊〔衰残〕，罗衾不耐〔抵不住〕五更寒。梦里不知身是客

〔指被拘汴京〕，一晌〔音 shǎng，一会儿〕贪欢。

独自莫凭栏，无限江山，别时容易见时难。流水落花春去也，天上人间。

【作者简介】

李煜（937—978 年），五代时南唐的最后一个君主，史称李后主，公元 975 年，南唐最终被宋所灭，李煜被俘到宋都汴京（今河南开封），相传三年后被宋太宗毒死。李煜在政治上是个昏庸无能的皇帝，却具有多方面的才能，词的成就尤高。他的词以降宋为界，可分为前后两期，降宋后，他的词主要抒写亡国之痛，艺术上达到了很高的境界。后人把他和其父李璟（中主）的作品合辑为《南唐二主词》。

【阅读欣赏提示】

这首词为李煜降宋后被掳到汴京软禁时所作。表达了作者对故国、家园和往日美好生活的无限追思，反映了词人从一国之君沦为阶下囚的凄苦心境。本词从生活实情实景出发，抒发了心底的深哀剧痛，血泪至情令人动容，具有很强的艺术感染力。词中"梦里不知身是客，一晌贪欢"，这种虚幻而短暂的梦境描写更加突出了词人无以排遣的痛楚。

【思考与练习】

1. "流水落花春去也，天上人间"在词中比喻什么？表现了作者一种什么样的心境与情绪？
2. 请你以这首词为例，分析李煜词的艺术特色。

踏 莎 行

欧阳修

候馆〔迎宾候客之馆舍〕梅残，溪桥柳细，草薰风暖摇征辔〔音 pèi，缰绳〕。离愁渐远渐无穷，迢迢〔音 tiáo〕不断如春水。寸寸柔肠，盈盈〔泪水充溢貌〕粉泪，楼高莫近危阑〔高处的栏杆〕倚。平芜〔平坦开阔的原野〕尽处是春山，行人更在春山外。

【阅读欣赏提示】

　　这首词是欧阳修深婉词风的代表作。写的是早春的男女相思之情。两地相思，一种情怀，全篇的主题即表现离愁。上片"离愁渐远渐无穷，迢迢不断如春水"两句为全词之眼，以不断之春水状无穷之离愁，化抽象为具象，自然真实地刻画了行者离情别绪萌生渐深的过程。

　　欧阳修虽受花间词和冯延巳的影响较深，但就本篇来看，他能摒弃花间词铺金缀玉的积习，洗净了浓脂艳粉的气息，发展了词的抒情性与形象性的特长。

【思考与练习】

1. 这首词的上下片分别写了离别的两个方面，连接这两个方面的线索是什么？
2. 词开篇三句除了写景之外，还传达了什么信息？
3. 李攀龙评价这首词说："春水写愁，春山骋望，极切极婉。"（《草堂诗余隽》）你是怎样理解这一评语的？
4. 请你参照《踏莎行》的格式，填一首与亲友离别的词。

八声甘州

柳　永

　　对潇潇暮雨洒江天，一番洗清秋。渐霜风凄紧，关河〔山河〕冷落，残照当楼。是处〔到处〕红衰翠减，苒苒〔即"荏苒"，茂盛貌〕物华〔美好的景物〕休〔衰残〕。惟有长江水，无语东流。

　　不忍登高临远，望故乡渺邈〔遥远〕，归思难收。叹年来踪迹，何事苦淹留〔停留〕？想佳人妆楼颙望〔音yóng，抬头凝望〕，误几回、天际识归舟？争〔怎么〕知我、倚阑干处，正恁〔音rèn，如此〕凝愁？

【作者简介】

　　柳永（987？－1053年？），原名三变，后改名柳永，崇安（今福建崇安）人。因排行第七,人称"柳七"。曾官屯田员外郎,世称"柳屯田"。是北宋第一个专力写词的作家,也是真正开启宋词天地的重要词人。他以市民情调取代贵族情调,变"雅"为"俗",改变了词的审美内涵和审美情趣,开拓出词作的另外一番境界。著有《乐章集》。

【阅读欣赏提示】

　　《八声甘州》,唐乐曲名,此调前后段共八韵,故名"八声"。这首词是柳永的代表作,融写景、抒情为一体,通过描写羁旅行役之苦,表达了强烈的思归情绪,语浅而情深。词的上片是登楼凝眸的望中所见,写暮秋黄昏雨过天晴的景色,笼罩着悲秋的情调,触动着人们的归思。下片写望中所思,抒情曲折有致,含蓄蕴藉。明明是自己思乡念亲,词人却要从对方着笔,写佳人切盼自己回家,把本来的独望写成双方关山遥思的千里相望,愈见其相思之苦。

【思考与练习】

1. 作为写景与抒情的过渡语句,"惟有长江水,无语东流"表达的是什么意思?
2. "误几回、天际识归舟"是什么意思?作者为什么要这样写?
3. 为什么说"望"字贯通全篇?

桂枝香·金陵怀古

王安石

　　登临〔登山临水〕送目,正故国〔指金陵,因此处为六朝故都〕晚秋,天气初肃〔肃爽,肃杀〕。千里澄江〔指长江〕似练,翠峰如簇。征帆去棹〔音zhào,桨〕残阳里,背西风,酒旗斜矗〔音chù〕。彩舟云淡,星河〔银河〕鹭起,画图难足。

　　念往昔、繁华竞逐,叹门外楼头〔用杜牧"门外韩擒虎,楼头张丽华"诗意。〕,悲恨相续。千古凭高对此,漫〔徒然〕嗟荣辱。六朝〔吴、东晋、宋、齐、梁、陈〕旧事随流水,但寒烟衰草凝绿〔凝聚着的绿色〕。至今商女,时时犹唱,后庭〔曲名,即《玉树后庭花》〕遗曲。

【阅读欣赏提示】

词上片写金陵及长江奇丽无比的景色，下片转入怀古，对六朝的兴亡发出感叹，表现了对现实政治的深切关注。词作境界阔大，气势非凡，写景与抒情映衬，怀古与讽今结合。相传当时有 30 多个词家写"金陵怀古"，而写得最好的就是这一首。

【思考与练习】

1. 将以下句子译成现代汉语：
（1）背西风，酒旗斜矗。
（2）念往昔、繁华竞逐，
（3）千古凭高对此，漫嗟荣辱。
2. 词的上片主要是写景，它对下片有什么作用？
3. 这首词中化用很多前人诗句，根据下面这些诗句找出本词中对应的语句，并分析作者化用前人诗句的意图。
（1）"余霞散成绮，澄江静如练。"（谢朓《晚登三山还望京邑》）
（2）"三山半落青天外，二水中分白鹭洲。"（李白《登金陵凤凰台》）。
（3）"门外韩擒虎，楼头张丽华。"（杜牧《台城曲》）

浣 溪 沙

游蕲〔音 qí〕水清泉寺，寺临兰溪，溪水西流。

苏轼

山下兰芽〔兰草新发之嫩芽〕短浸溪，松间沙路净无泥。萧萧〔同"潇潇"，形容雨声〕暮雨子规〔杜鹃鸟，传为蜀帝杜宇之魂所化〕啼。　　谁道人生无再少？门前流水尚能西！休将〔不要〕白发唱黄鸡〔语出白居易《醉歌》〕。

【阅读欣赏提示】

这首词为作者远谪黄州、抱病游清泉寺所作。上片写暮春游清泉寺所见之幽雅景致。下片由景生情，就眼前"溪水西流"之景生发感慨和议论。尾句反用白居易《醉歌》诗中"谁道使君不解饮，听唱黄鸡与白日。黄鸡催晓丑时鸣，白日催年酉前没。腰间红绶系未稳，镜里朱颜看已失"诸句，体现了作者在贬谪期间旷达振作的精神状态。全词即景抒情，写景纯用白描，细致淡雅；抒情昂扬振拔，富有哲理。

【思考与练习】

1. 这首词反映了作者怎样的人生态度？
2. 作者在词里为什么要强调"门前流水尚能西"？

念奴娇·中秋

苏轼

凭高眺远，见长空、万里云无留迹。桂魄〔代指月亮〕飞来，光射处、冷浸一天秋碧。玉宇琼楼〔月中宫殿〕，飞鸾〔凤凰一类的鸟〕来去，人在清凉国。江山如画，望中烟树历历〔分明、清晰〕。

我醉拍手狂歌，举杯邀月，对影成三客〔语出李白《月下独酌》〕。起舞徘徊风露下，今夕不知何夕？便欲乘风，翻然归去，何用骑鹏〔传说中的飞鸟，一飞九万里〕翼！水晶宫〔水晶般的月宫〕里，一声吹断横笛。

【阅读欣赏提示】

此词为元丰五年（1082年）中秋苏轼在黄州赏月时所作。作者当时贬官黄州，但作品的基调是明朗的，表现了作者的开阔胸怀。词中描绘的美丽明净的月宫与作者的现实处境形成鲜明对比，表现出作者对理想生活的渴望。全词清旷飘逸，充满浪漫主义色彩。

【思考与练习】

1. 将下列句子译成现代汉语：
（1）桂魄飞来，光射处，冷浸一天秋碧。
（2）江山如画，望中烟树历历。
（3）水晶宫里，一声吹断横笛。

2. 作者笔下的月宫有什么特点?

踏莎行·郴州旅舍

秦观

雾失楼台，月迷津渡〔渡口〕，桃源〔桃花源，代指人欲往之处〕望断无寻处。可堪〔哪堪〕孤馆闭春寒，杜鹃声里斜阳暮。

驿〔驿站〕寄梅花〔代指书信〕，鱼传尺素〔代指书信〕，砌成此恨无重数。郴江幸自〔本来〕绕郴山，为谁流下潇湘去？

【作者简介】

秦观（1049－1100年），字少游、太虚，号淮海居士，高邮（今属江苏）人。曾任秘书省正字，兼国史院编修官等职。因政治上倾向于旧党，新党执政后累遭贬谪。秦观一向被称为"婉约之宗"，语境凄婉，后来的周邦彦、李清照都受其影响。有《淮海居士长短句》传世。

【阅读欣赏提示】

这首词通过刻画迷离朦胧、凄婉哀怨的境界来表现其贬谪异乡的羁旅之愁。由于作者卷入党争，多遭贬谪，故词中体现出来的愁绪也蕴含着作者宦海浮沉的苦衷。全词运用象征、比喻等手法，借景言情，含蕴深厚。

【思考与练习】

1. 将下列句子译成现代汉语：
(1) 雾失楼台，月迷津渡。
(2) 砌成此恨无重数。
2. 本词使用了对句，如"雾失楼台，月迷津渡"、"驿寄梅花，鱼传尺素"，这些对句对于抒情有什么作用？
3. 上片的起首三句有何象征意义？
4. 本词下片共五句，分别指出前三句和后两句在表达感情上的特点。

满江红·登黄鹤楼有感

岳飞

遥望中原,荒烟外,许多城郭〔内城〕。想当年,花遮柳护,凤楼龙阁。万岁山〔山名,宋徽宗政和年间造〕前珠翠绕,蓬壶殿〔北宋皇宫内的蓬莱殿〕里笙歌作。到而今,铁骑满郊畿〔京城郊外〕,风尘恶。

兵安在?膏〔滋润〕锋锷〔剑刃〕。民安在?填沟壑。叹江山如故,千村寥落。何日请缨提锐旅,一鞭直渡清河洛〔黄河、洛水〕。却归来、再续汉阳游,骑黄鹤。

【作者简介】

岳飞(1103—1142 年),字鹏举,相州汤阴(今属河南)人。南宋抗金名将。宣和四年(1122 年)应募从军,参加边防,屡建抗金战功。绍兴十一年(1141 年),大败金兀术,进军至朱仙镇,但为投降派秦桧督促高宗赵构将其召回,以"莫须有"罪名杀害,年仅 39 岁。其诗词散文慷慨激昂,有《岳武穆遗文》传世。

【阅读欣赏提示】

高宗绍兴八年(1138 年)春,岳飞奉命从江州(今江西九江市)率领部队回鄂州(今湖北武汉市)驻屯。本词大概作于回鄂州之后。词作通过不同的画面,形成今昔鲜明的对比,又利用短句、问语等形式,表现出强烈的感情,有极强的感染力。同时,刻画了一位以国事为己任的爱国将帅形象。

【思考与练习】

1. 解释下列句中带点的词:
(1)万岁山前珠翠绕。
(2)何日请缨提锐旅,一鞭直渡清河洛。
(3)叹江山如故,千村寥落。
2. 武汉、开封两地相距甚远,可本词为什么要说"荒烟外,许多城郭"?
3. 本词主要运用对比来展开篇幅,词中的对比起到了什么作用?

4. 本词以"再续汉阳游,骑黄鹤"结尾,这样写有什么作用?

渔家傲·记梦

李清照

天接云涛连晓雾,星河欲转千帆舞。仿佛梦魂归帝所〔天帝的居所〕,闻天语,殷勤问我归何处。

我报〔回答〕路长嗟日暮〔取意《离骚》〕,学诗谩〔徒然有,空有〕有惊人句〔用杜甫诗义〕。九万里风鹏正举。风休住,蓬舟吹取三山〔指蓬莱、方丈、瀛洲三座仙山〕去。

【作者简介】

李清照(1084—1151年?),号易安居士,齐州章丘(今属山东)人。李清照是中国文学史上艺术成就最高的女性作家,是婉约派词的代表。父李格非为当时著名学者,夫赵明诚为金石考据家。早期生活优裕,与明诚共同致力于书画金石的搜集整理。金兵入据中原后,流寓南方,明诚病死,晚景极其凄惨。其词以南渡为界,可分为前后两期。前期多写闺阁生活和离别相思之情,后期多写国破家亡后的凄苦悲哀,具有社会意义。善用白描手法捕捉日常生活中的细小事物来抒发其真情实感,语言精心锤炼而又自然。后人有《漱玉词》辑本,今人有《李清照集校注》。

【阅读欣赏提示】

李清照是婉约词名家,但此词却在《漱玉词》中别具特色。借助于梦境的描述,创造出一个幻想中的神话世界,充分反映出作者对生活的热爱、对自由的向往和对光明的追求。词风豪迈奔放,气势恢宏,笔力矫拔疏放,格调奇伟。

【思考与练习】

1. 本词对梦的描写有什么特点?表现了作者怎样的理想追求?
2. 本词运用了哪些典故?有什么作用?
3. 请你按《渔家傲》的格式,填一首写景词。

贺新郎·送胡邦衡待制赴新州

张元幹

梦绕神州〔战国邹衍称中国为"赤县神州"〕路。怅秋风、连营画角〔号角〕,故宫离黍〔用《诗经》中《黍离》篇意〕。底事〔何事〕昆仑倾砥柱〔天柱〕,九地〔九州〕黄流〔黄河水流,借喻金兵到处肆虐〕乱注?聚万落千村狐兔〔代指金兵〕?天意〔朝廷用意〕从来高难问,况〔何况〕人情老易悲难诉。更南浦〔代指水边送别〕,送君去。

凉生岸柳催残暑。耿〔明亮〕斜河,疏星淡月,断云微度。万里江山知何处?回首对床夜语。雁不到〔书信不通〕,书成谁与?目尽青天怀今古,肯儿曹〔小儿女〕恩怨相尔汝!举大白〔酒杯名〕,听《金缕》〔即《金缕曲》,《贺新郎》词调的别名〕。

【作者简介】

张元幹(1091—1170年?),字仲宗,号芦川居士,长乐(今福建闽侯)人。南宋著名爱国词人。北宋末为太学生,曾被抗金名将李纲辟为属官,不久随李纲免职而被贬斥。南宋初,因"避谗"而辞官。南渡前,张元幹创作上模拟"花间",词风绮艳轻狭。靖康之难中,他投笔从戎,曾协助李纲指挥汴京保卫战,创作上直面山河残破的现实,词风慷慨激发,成为上承苏轼,下接辛弃疾的豪放派词人。著有《芦川词》。

【阅读欣赏提示】

这是一首送别词。作者把个人之间的友情放在民族危亡的现实背景中来咏叹,因此境界壮阔,气势开张。全词曲折回环,一吐胸中抑塞磊落之气,词风沉郁悲壮。

【思考与练习】

1. 这首词哪些地方运用了象征手法?
2. 翻译下列句子:
(1)怅秋风、连营画角,故宫离黍。
(2)天意从来高难问,况人情老易悲难诉。

(3) 肯儿曹恩怨相尔汝。

3．这首词运用了哪些典故？它们起到了什么作用？

钗 头 凤

陆游

红酥〔红润细软〕手，黄縢〔音 téng，用黄纸封坛口之酒〕酒，满城春色宫墙柳。东风〔春风〕恶，欢情薄。一怀愁绪，几年离索〔离群索居〕。错，错，错！

春如旧，人空瘦，泪痕红浥〔音 yì，沾湿〕鲛绡〔音 jiāo xiāo，手帕〕透。桃花落，闲池阁。山盟虽在，锦书〔情书〕难托。莫〔罢了〕，莫，莫！

【阅读欣赏提示】

这是作者与前妻唐琬偶遇后所写的一首词。"东风恶"既是写眼前之春风，又具有明确的象征含义，象征着词中主人公爱情生活悲剧的外部原因。上下片结句"错"和"莫"的三叠字，愁怨中带着极强的激愤沉痛之感，声调急促、回肠荡气，将言外的相思眷恋和内心的痛苦、追悔深切地表达了出来。

【思考与练习】

1．"泪痕红浥鲛绡透"的正常语序是什么？
2．"红酥手，黄縢酒，满城春色宫墙柳"三句在色彩上有什么特点？在全篇中起到了怎样的表达效果？
3．这首词的上下两片是怎样前后对应的？

水龙吟·登建康赏心亭

辛弃疾

楚天千里清秋，水随天去秋无际。遥岑〔音 cén，远山〕远目，献愁供恨，玉簪螺髻〔音 jì〕。落日楼头，断鸿〔离群孤雁〕声里，江南游子。把吴钩〔宝刀名〕看了，阑干〔栏杆〕拍遍，无人会〔理解〕、登临〔登山临水〕意。

休说鲈鱼堪脍〔音kuài，细切肉〕，尽西风，季鹰〔晋代张翰字季鹰〕归未？求田问舍，怕应羞见、刘郎〔指刘备〕才气。可惜流年，忧愁风雨，树犹如此！倩〔音qiàn，请人代做〕何人、唤取红巾翠袖，揾〔音wèn，擦拭〕英雄泪！

【作者简介】

辛弃疾（1140—1207年），字幼安，号稼轩居士，历城（今山东济南）人。南宋著名爱国词人。21岁参加抗金义军，不久归南宋。历任湖北、江西、湖南安抚使等职。屡陈抗战主张而不得采纳，备受投降派的歧视和排挤，42岁时被弹劾罢职，闲居上饶近20年，终抑郁而卒。其词抒发力图恢复国家统一的爱国热情，倾诉壮志难酬的悲愤，对南宋上层统治集团的屈辱投降进行揭露和批判；也有不少吟咏祖国河山的作品。艺术风格多样，词风豪放而又苍凉沉郁，兼有清丽飘逸、缠绵妩媚之作，与苏轼并称为"苏辛"。著有《稼轩长短句》，今人辑有《辛稼轩诗文钞存》。

【阅读欣赏提示】

这首词是词人登建康（今南京）赏心亭时所作。这时他南归已好几年了，一直担任与抗金无关的闲职，难遂报国之愿，故登楼远眺，写下了这首忧愤万端的词。全篇写景、抒情，自由挥洒，酣畅淋漓。词中用典贴切，以古喻今，加强了全词的表达力。"休说"、"怕应"、"何人"等否定、反诘、疑问词的运用，使句式变化多端，灵活自如。

【思考与练习】

1. 将下列词句译成现代汉语：
   （1）遥岑远目，献愁供恨，玉簪螺髻。
   （2）休说鲈鱼堪脍，尽西风，季鹰归未？
2. 在这首词中，最能反映作者心理的是哪几句？
3. "倩何人、唤取红巾翠袖，揾英雄泪！"中运用了哪种修辞手法？作者为什么要以此句结尾？
4. 这首词里运用了哪些典故？这些典故在词中各有什么作用？

醉落魄·咏 鹰

陈维崧

寒山几堵〔座〕，风低削碎〔扫荡〕中原〔原野〕路，秋空一碧无今古。醉袒〔裸露〕貂裘，略记〔大略记得〕寻呼〔寻鹰呼猎〕处。

男儿身手〔本领〕和谁赌〔比较〕，老来猛气还轩举〔意气飞扬〕。人间多少闲〔等闲〕狐兔，月黑沙黄。此际〔此刻〕偏思汝〔指鹰〕。

【作者简介】

陈维崧（1625—1682 年），字其年，号迦陵，宜兴（今属江苏）人。清代词人、骈文作家。康熙十八年举博学鸿词，授翰林院检讨。词风豪迈奔放，接近宋代的苏、辛一派。其词题材广阔，数量很多，现存《湖海楼词》。

【阅读欣赏提示】

这是一首咏物写怀词，构思极为巧妙。作者遗形而写神，所以处处无鹰，又处处有鹰，既是写鹰，也是写人。词中没有细致地描写鹰的形貌，却能使人感到鹰的雄姿与气势，让人联想到作者豪迈雄健的人格风范。

【思考与练习】

1. 这首词反映了作者何种思想与情感？
2. 此词哪些地方运用了象征、比喻的手法？
3. 将这首词译成现代汉语。

水调歌头·春日赋示杨生子掞

张惠言

今日非昨日，明日复何如？揭来〔音jié，尔来，迄今〕真悔何事，不读十年书。

为问东风〔春风〕吹老,几度枫江兰径〔语出《楚辞·招魂》〕,千里转平芜〔杂草繁茂的原野〕?寂寞斜阳外,渺渺〔同"眇眇",望眼欲穿貌〕正愁予!

千古意,君知否?只斯须〔须臾〕。名山〔语本司马迁《报任安书》:"仆诚以著此书,藏之名山。"〕料理身后,也算古人愚。一夜庭前绿遍,三月雨中红透,天地入吾庐。容易众芳歇〔枯萎,衰败〕,莫听子规〔杜鹃〕呼。

【作者简介】

张惠言(1761—1802年),字皋文,江苏武进人。嘉庆四年进士,授翰林院编修。以词著称,为常州词派创始人。其词强调比兴寄托,取法风骚,风格俊逸深沉。著有《茗柯文》、《茗柯词》。

【阅读欣赏提示】

《水调歌头·春日赋示杨生子掞》共5首,这是第四首。作者由眼前春光而感慨韶光易逝,并有旷达自遣、珍惜时间和生命的情怀。在这首词中,写景与感怀交互为用,别有蕴藉。

【思考与练习】

1. "千古意,君知否?"中的"千古意"是指什么?
2. 词中是怎样描写春景的?
3. 你怎样看待作者在词中所流露的情怀?

沁园春·雪

毛泽东

北国〔北方〕风光,千里冰封,万里雪飘。望长城内外,惟〔只〕余莽莽〔空旷无际的样子〕;大河上下,顿〔立即〕失滔滔〔水流滚滚的样子〕。山舞银蛇,原〔高原〕驰蜡象〔白象〕，欲与天公试比高。须〔等待，等到〕晴日，看红装〔即"红妆"〕素裹，分外妖娆〔艳丽多姿〕。

江山如此多娇，引〔吸引、引起〕无数英雄竞〔争〕折腰〔倾倒〕。惜秦皇汉武〔秦始皇与汉武帝〕，略输文采〔文治〕；唐宗宋祖〔唐太宗与宋太祖〕，稍逊风骚〔文学才华〕。一代天骄，成吉思汗，只识弯弓射大雕。俱往矣，数风流人物〔杰出人物〕，还看今朝。

1936年2月

【阅读欣赏提示】

这是一首气魄宏大、雄视千古、充满大无畏气概、洋溢着胜利豪情和乐观精神的词作。它写于中国社会历史"大变动的前夜"。词的上半阕以"视通万里"的大手笔，书写和咏唱祖国的多娇江山。作者抓住冰、雪、长城、黄河、高原等最能代表北国宏伟特点的景物，用千里、万里、莽莽、滔滔等词语来加以形容，整个画面动静交错，境界阔大。词的下半阕以"思接千载"的浮想联翩，对古往今来杰出英雄人物的文治、武功进行评述，点明其历史局限性，抒发了"数风流人物，还看今朝"的壮志豪情。全词从自然写到社会，从历史回到现实，画面壮观，气势磅礴，充分展现了诗人伟大的胸襟和抱负。

【思考与练习】

1. 这首词主要表现了词人怎样的思想感情？
2. 找出词中的比拟句和比喻句，分别说明其表达作用。
3. 背诵这首词。

拓 展 阅 读

忆 江 南

白居易

江南好，风景旧曾谙。日出江花红胜火，春来江水绿如蓝。能不忆江南。

菩萨蛮

韦庄

人人尽说江南好,游人只合江南老。春水碧于天,画船听雨眠。垆边人似月,皓腕凝霜雪。未老莫还乡,还乡须断肠。

浣溪沙

晏殊

一曲新词酒一杯,去年天气旧亭台。夕阳西下几时回?无可奈何花落去,似曾相识燕归来。小园香径独徘徊。

水调歌头

丙辰中秋,欢饮达旦,大醉作此篇,兼怀子由。

苏轼

明月几时有?把酒问青天。不知天上宫阙,今夕是何年。我欲乘风归去,又恐琼楼玉宇,高处不胜寒。起舞弄清影,何似在人间。

转朱阁,低绮户,照无眠。不应有恨,何事长向别时圆。人有悲欢离合,月有阴晴圆缺,此事古难全。但愿人长久,千里共婵娟。

永遇乐

彭城夜宿燕子楼,梦盼盼,因作此词。

苏轼

明月如霜,好风如水,清景无限。曲港跳鱼,圆荷泻露,寂寞无人见。紞如三鼓,铿然一叶,黯黯梦云惊断。夜茫茫、重寻无处,觉来小园行遍。

天涯倦客,山中归路,望断故园心眼。燕子楼空,佳人何在,空锁楼中燕。古今如梦,何曾梦觉,但有旧欢新怨。异时对、黄楼夜景,为余浩叹。

念奴娇·赤壁怀古

苏轼

大江东去,浪淘尽、千古风流人物。故垒西边,人道是、三国周郎赤壁。乱石穿空,惊涛拍岸,卷起千堆雪。江山如画,一时多少豪杰。

遥想公瑾当年,小乔初嫁了,雄姿英发。羽扇纶巾,谈笑间、樯橹灰飞烟灭。故国神游,多情应笑我,早生华发,人生如梦,一尊还酹江月。

鹊桥仙

秦观

纤云弄巧,飞星传恨,银汉迢迢暗度。金风玉露一相逢,便胜却人间无数。柔情似水,佳期如梦,忍顾鹊桥归路。两情若是久长时,又岂在朝朝暮暮。

青玉案

贺铸

凌波不过横塘路,但目送、芳尘去。锦瑟年华谁与度?月桥花院,琐窗朱户,只有春知处。

飞云冉冉蘅皋暮,彩笔新题断肠句。若问闲愁都几许?一川烟草,满城风絮,梅子黄时雨。

武 陵 春

李清照

风住尘香花已尽,日晚倦梳头。物是人非事事休,欲语泪先流。闻说双溪春尚好,也拟泛轻舟。只恐双溪舴艋舟,载不动许多愁。

念奴娇·过洞庭

张孝祥

洞庭青草,近中秋、更无一点风色。玉鉴琼田三万顷,著我扁舟一叶。素月分辉,明河共影,表里俱澄澈。悠然心会,妙处难与君说。

应念岭表经年,孤光自照,肝胆皆冰雪。短发萧骚襟袖冷,稳泛沧溟空阔。尽挹西江,细斟北斗,万象为宾客。扣舷独笑,不知今夕何夕?

菩 萨 蛮

辛弃疾

郁孤台下清江水,中间多少行人泪。西北望长安,可怜无数山。青山遮不住,毕竟东流去。江晚正愁余,山深闻鹧鸪。

摸鱼儿·雁丘词

元好问

问人间情为何物，直教人生死相许？天南地北双飞客，老翅几回寒暑！欢乐趣，离别苦，是中更有痴儿女。君应有语，渺万里层云，千山暮雪，只影为谁去？

横汾路，寂寞当年萧鼓，荒烟依旧平楚。招魂楚些何嗟及，山鬼暗啼风雨。天也妒，未信与，莺儿燕子俱黄土。千秋万古，为留待骚人，狂歌痛饮，来访雁丘处。

金缕曲

丁未五月归国，旋复东渡，却寄沪上诸子。

梁启超

瀚海飘流燕，乍归来、依依难认，旧家庭院。唯有年时芳俦在，一例差池双剪。相对向、斜阳凄怨。欲诉奇愁无可诉，算兴亡、已惯司空见。忍抛得，泪如线。

故巢似与人留恋。最多情、欲黏还坠，落泥片片。我自殷勤衔来补，珍重断红犹软。又生恐、重帘不卷。十二曲栏春寂寂，隔蓬山、何处窥人面？休更问，恨深浅。

满 江 红

秋瑾

　　肮脏尘寰，问几个男儿英哲？算只有蛾眉队里，时闻杰出。良玉勋名襟上泪，云英事业心头血。快摩挲、长剑作龙吟，声悲咽。

　　自由香，常思爇。家国恨，何时雪？劝吾侪今日，各宜努力。振拔亟须（一作"须思"）安种类，繁华莫但夸衣玦。那弓鞋、三寸太无为，宜改革。

贺 新 郎

毛泽东

　　挥手从兹去。更那堪凄然相向。苦情重诉，眼角眉梢都似恨，热泪欲零还住。知误会前番书语。过眼滔滔云共雾，算人间知己吾和汝。人有病，天知否？

　　今朝霜重东门路。照横塘半天残月，凄清如许。汽笛一声肠已断，从此天涯孤旅。凭割断愁丝恨缕。要似昆仑崩绝壁，又恰像台风扫寰宇。重比翼，和云翥。

文体知识·词

　　词是唐五代兴起的一种合乐歌唱的新诗体。词即歌词，和乐府歌辞一样，它是可以合乐歌唱的诗体。唐代称当时流行的杂曲歌词为"曲子词"，后来简称为词。词的名称由此而来。后也有"乐府"、"诗余"、"歌曲"、"长短句"等称呼。它初起于民间，后经文人模仿创作与逐渐规范，形式和艺术渐趋成熟，自宋代以后蔚为大观，成为中国古典文学中与"诗"齐肩的主要韵文体裁之一。

词的产生、发展都与音乐有着密切的关系。我国古典诗歌有着"诗乐结合"的传统，从先秦到六朝，配合诗歌的音乐分属于雅乐、清乐。隋唐时，西北各少数民族和西域各国音乐大量传入内地，产生了"杂胡夷里巷之曲"的"燕乐"，这种"燕乐"在演奏乐器、音乐节奏、表现范围等方面都不同于旧有的音乐。新的音乐呼唤着合乐新体诗歌的产生，于是依燕乐曲谱填写、依拍演唱的新体诗歌应运而生，这就是"词"。词最初都有词牌，如《如梦令》、《蝶恋花》、《木兰花慢》、《贺新郎》之类，原来是演唱的曲调名称，作者依曲拍填词，歌者依曲拍演唱。后来词和音乐逐步脱离，这些词牌便只成了填词的格式，失去了原有的规范意义，作者可以按其格式填写任何内容，所以词牌不是标题，已经和内容无必然联系。

词是依据固定的曲谱而填写的歌词，通常分为上下片，也有不分片或分成三、四段的，句式长短不齐，但有平仄、押韵等格律要求。如著名词人南唐后主李煜的《忆江南》："多少恨，昨夜梦魂中。还似旧时游上苑，车如流水马如龙。花月正春风。"中有三处用韵（中、龙、风）。其平仄格式是："平仄仄，仄仄仄平平。仄仄平平平仄仄，平平仄仄仄平平。仄仄仄平平。"

习惯上我们按照词的篇幅把词分为三类：58字以内的称"小令"，59字至90字的称"中调"，91字以上的称"长调"。不分段的叫单调，分两段的叫双调，分三段的叫三叠，分四段的叫四叠，后两种不多见。

和近体诗比较，在形式上，词的句式长短不一；在音韵上，词对用韵的要求较宽（19个韵部），但平仄要求也比较严格；在内容表现上，词比较偏向表现个体化的情感，在传统的评论中有"诗庄词媚"之说，所以在苏轼"以诗为词"以前，词的内容比较偏向于写男女相思、羁旅别愁。

词起于民间，但很快就被纳入到文人的创作视野，被改造成一种抒情诗样式，经五代时期，这种诗歌体裁渐趋成熟，出现了像温庭筠、韦庄、冯延巳、李璟、李煜那样的著名词人。到宋代，词得到了空前的发展，名家辈出，蔚为大观。如张先、柳永、晏殊、欧阳修、晏几道、苏轼、秦观、黄庭坚、贺铸、周邦彦、李清照、朱敦儒、张元幹、张孝祥、辛弃疾、陈亮、姜夔、刘克庄、吴文英、张炎等都是词作大家。近人唐圭璋编辑的《全宋词》收入一千余名作者的近两万首作品，所以习惯上我们也将"宋词"作为词体文学的代表。元明两朝的词创作难以为继，尽管如此，今人编集的《全明词》仍收词二万余首。清代的文人也创作了大量的词作，前人认为"词衰于明，振于清"，清词作家作品十分丰富，且流派风格各异，《全清词》中仅"顺康卷"就收词五万余首，陈维崧、朱彝尊、纳兰性德都是其中的佼佼者。

词在发展中，随着时代、作家、题材等不同而呈现出不同的艺术魅力，在众多作家的辛勤创作中，词的体例不断完备，题材日益丰富，表现手法代有创新，这一点，我们从词的发展过程就可以看出。早期的敦煌曲子词数量很大，题材广泛，内容丰富，涉及社会生活的方方面面，而其作者除了温庭筠等少数文人外，其余作者多属下层。敦煌曲子词的风格质朴，富有浓厚的民间生活气息。之后的《花间集》作为文人词专集，多写男女离别相思之情，歌舞宴乐之事。风格浓艳香软，辞藻华丽，反映的是士人的个人情怀。

晚唐温庭筠是《花间集》中被列于首位的作家，他的词虽然在题材内容上比较狭窄，但具有音韵婉转、构思精巧的特点，并将晚唐诗歌中那种层次丰富、含意深婉、色彩明丽、意脉曲折回环的特色移植到词里来，开拓了词的一个新境界。他的《更漏子》（玉炉香，红蜡泪）以景写情、借景抒情，层次丰富，含意深婉，感情表现的极为细腻，是写离愁的佳作。南唐李煜是晚唐五代最优秀的词人，他用血泪抒写亡国破家的不幸，主体抒情色彩相当强烈，不同于以往的代拟之作。

北宋初期，城市逐步繁荣，经济进一步发达。词的创作和发展，也适应了城市文化生活的需要。沿着晚唐五代开辟的写男女之情和闲愁离恨的路子，北宋初期的词也多写花月闲愁之类的情感。其中也有写得很精致的，如晏殊的《浣溪沙》中"一曲新词酒一杯，去年天气旧亭台，夕阳西下几时回？无可奈何花落去，似曾相识燕归来，小园香径独徘徊。"情致缠绵，音调谐婉。欧阳修的《踏莎行》中"候馆梅残，溪桥柳细，草薰风暖摇征辔。离愁渐远渐无穷，迢迢不断如春水。寸寸柔肠，盈盈粉泪，楼高莫近危阑倚。平芜尽处是春山，行人更在春山外。"题材很常见，但手法奇妙，意境优美，读来令人神远。随着写作题材的拓宽，表达技巧的丰富，词的体式也随之变化，柳永发展了"长调"词，拓展了词的篇幅，使词描摹情状时具有更大的表述空间。同时，他也成为连接"雅"、"俗"的纽带，语言通俗流畅，雅俗共赏，受到普遍欢迎。他的名作《雨霖铃》、《望海潮》等至今仍为大家所熟悉。

对宋词，人们习惯上把它分为"婉约"和"豪放"两大派。早期的词，题材狭窄，细腻柔弱，情绪婉约，属婉约派。到苏轼走向词坛，词风为之一变。他学博才大，拓宽了词的境界，或凭吊古代人物，或抒发爱国襟怀，或描绘农村风光，笔力纵横，气势豪迈，成为豪放派的开山祖。他的《江城子·密州出猎》、《念奴娇·赤壁怀古》、《水调歌头·明月几时有》都是久诵不衰的佳作。

在豪放词兴起以后，婉约派在词坛仍是主体。秦观、周邦彦等都是其中的佼佼者。其中周邦彦长于曲律，工于描写，多写男女情思与羁旅之恨。他的写景词，清新淡雅，富有美感，多有精品。而贺铸词则以婉约为主，兼具豪放风格，反映的是两种风格的融合。

杰出的女词人李清照是跨北、南宋两个时代的人。她的词语丽意新，通俗流畅，独标一格。她是第一个写出女子内心真实感受的女词人，打破了以往男子模拟女子口吻为词的传统。她在国破家亡流落南方后，词中多写身世飘零之感，凄苦动人。

南宋时代，一些文人在经历了山河破碎、国破家亡的惨痛后，再也无心留恋光景、吟风弄月。而由苏轼开创的豪放词派得以光大，他们把一腔爱国衷情倾注在词作中，写出大量慷慨悲歌、激烈沉雄的作品。张孝祥的《六州歌头》、岳飞的《满江红》等就是其中的代表作。在南宋豪放派词人中，取得最高成就的是辛弃疾。在词人中他与北宋苏轼齐名，并称为"苏辛"，他的词有雄奇阔大之境、沉郁顿挫之气。

南宋时代仍有部分词人沿着婉约派的路子走下来，雕章琢句，追求典雅，写了许多哀婉缠绵、情感低回的词。史达祖、吴文英、王沂孙、张炎等都是这类词人，其中影响最大的是姜夔。他的《扬州慢》化用了唐代杜牧歌咏扬州的诗句而成，这种手法显然与宋人以才学为诗的风尚有关，苏东坡、辛弃疾也有这类作品。

经过两宋名家的推动，词的形式、技巧在宋代都达到了一个高峰。到元明两代，词的发展缺少了以往的强劲势头。元代以词享名的仅赵孟頫、白朴、萨都剌、张翥诸人。明代则以陈子龙为最优秀的代表了。

词发展到清代，出现了"中兴"的气象，陈维崧宗法苏、辛，词风豪壮，创阳羡词派；朱彝尊则宗法姜、张，崇尚清空，创浙西词派。张惠言倡言寄托，创常州词派，影响至于晚清。

进入近代以后，词坛显得十分寂寞。资产阶级民主革命时期的作家，只有秋瑾、柳亚子等创作了一些闪耀着爱国热情的词作。新文化运动以后，韵文创作的主要形式是新诗，词的创作收获不大，只产生了夏承焘、唐圭璋、沈祖棻等文人词作。现代词坛的最高成就者是毛泽东，他创作的《沁园春·雪》等一批词作，立旨深远，大气磅礴，艺术成就力比"苏辛"，直追屈骚，是我国近现代词作的巅峰。

词与诗、曲、赋、联等韵文一样，本质上是抒情体裁，通常通过写景来抒情，可谓情中寓景，景中带情，情景交融。较多地使用比兴、寄托手法抒发情思。注重炼字，讲究语言的优美与韵律，是音乐语言与文字语言的紧密结合。我们阅读和欣赏词作，应当知人论世，应当再现词作描绘的社会生活图画，从而深入领会词作的深刻意旨，同时应当了解词作曲调的组成规律，从句法和韵位的整体结合上去感受词作高低抑扬的音乐美，从而领略词人起伏变化的情感。

第三章　曲

〔中吕〕喜春来·春宴

元好问

梅残玉靥〔音 yè，面颊，此指花瓣〕香犹在，柳破金梢〔黄色的树梢〕眼〔柳叶如眼〕未开，东风〔春风〕和气满楼台。桃杏折〔绽蕾欲放〕，宜唱《喜春来》〔曲调名〕。

【作者介绍】

　　元好问（1190－1257 年），字裕之，号遗山，太原秀容（今山西忻州市）人。金代最杰出的诗人和词人。他推崇纯真自然、刚健豪放的风格。其词学苏、辛，散文追步欧、苏。今存小令九首，数量虽少，但影响极大。有《遗山集》、《中州集》、《壬辰杂编》等传世。

【阅读欣赏提示】

　　元好问的《春宴》共有四首，其主旨不在写"宴"而在写"春"。这里选的是第二首。作者通过对春天的描写，寥寥几笔，就在我们面前展现了一幅色彩艳丽的春景图，使人感受到诗人迎接大好春光的喜悦之情。这支曲子刻画出了不同花木在春天的不同形态，可谓观察入微。

【思考与练习】

1. 这支曲子中运用了哪些修辞手法？有什么作用？
2. 学习这支曲子的手法，请用散文的形式，就身边实景写一片断。

〔南吕〕一枝花·杭州景

关汉卿

普天下锦绣乡，寰海内风流地。大元朝新附国〔依附、隶属的地方〕，亡宋家旧华夷〔疆域〕。水秀山奇，一到处〔各处〕堪游戏，这答儿〔这地方〕忒〔音 tè，很〕富贵。满城中绣幕风帘，一哄地〔热闹的样子〕人烟凑集〔聚集〕。

[梁州]百十里街衢〔音 qú〕整齐，万余家楼阁参差，并无半答儿〔半块儿〕闲田地。松轩竹径，药圃花蹊〔音 qī，小路〕，茶园稻陌，竹坞〔音 wù〕梅溪。一陀儿〔一处儿〕一句诗题，一步儿一扇屏帏〔屏风与帏帐〕。西盐场便似一带琼瑶，吴山色千叠翡翠。兀良〔衬字，无实义，表示指点或惊叹〕，望钱塘江万顷玻璃。更有清溪、绿水，画船儿来往闲游戏。浙江亭紧相对，相对着险岭高峰长怪石，堪〔值得〕羡堪题。

[尾]家家掩映〔遮盖〕渠流水，楼阁峥嵘〔山势高峻〕出翠微，遥望西湖暮山势。看了这壁，觑〔音 qù〕了那壁，纵有丹青下不得笔。

【作者介绍】

关汉卿（1225？—1300 年？），大都（今北京市）人，是我国戏曲史上最早最伟大的作家，为元代杂剧作家第一人。他一生中写剧本 67 种，其中《窦娥冤》是元代杂剧中最著名的悲剧。除杂剧外，他还存有散曲小令 57 首，套数 14 套。

【阅读欣赏提示】

这首曲描写杭州的景色，先以"普天下锦绣乡，寰海内风流地"总括杭州景色的全貌，随即描摹出一片动人的美景。作者用他特别擅长的本色语言写景，不在华美的词藻上争奇猎艳，近看远眺，很自然地一路点染，步移景换，细描巧喻，虚实相映，把杭州美景描绘得活灵活现，多彩多姿，令人神往。

【思考与练习】

1. 本曲描写了杭州的哪些景物？从中可以看出作者有怎样的心情？
2. 请细细品味"一陀儿一句诗题，一步儿一扇屏帏"、"纵有丹青下不得笔"的意蕴与表现力，说明这种以虚衬实的妙处。

3. 以此曲为例，请比较词和曲在语言上有什么不同。

[南吕] 一枝花·不伏老

关汉卿

[梁州尾]我是个蒸不烂、煮不熟、捶不匾〔即"扁"〕、炒不爆、响珰珰一粒铜豌豆〔比喻性格无比坚强〕，恁〔音nín，你〕子弟每谁教你钻入他锄不断、斫不下、解不开、顿不脱、慢腾腾千层锦套头〔锦缎制成的套头，比喻圈套〕？我玩的是梁园〔汉朝时梁幸王建造的花园〕月，饮的是东京〔即今开封〕酒；赏的是洛阳花〔指牡丹，乃洛阳名产，故名洛阳花。〕，攀的是章台柳〔指妓女〕。我也会围棋、会蹴踘〔古代的踢球游戏〕、会打围〔即打猎〕、会插科、会歌舞、会吹弹、会咽作〔唱曲〕、会吟诗、会双陆〔古代类似下棋的一种游戏〕。你便是落了我牙、歪了我口，瘸了我腿、折了我手，天赐与我这几般儿歹症候〔坏毛病〕，尚兀自〔还是〕不肯休。则除是阎王亲自唤，神鬼自来勾。三魂归地府，七魄丧冥幽。天哪，那其间才不向烟花路〔指歌楼妓馆〕儿上走。

【阅读欣赏提示】

这是一篇带有自叙性的作品，作者运用第一人称的写法，在自我赞美、自我调侃中塑造了一个具有叛逆性的书会才人形象。此曲语言泼辣风趣，同时句中加入了大量口语化的衬字，大量运用排句铺陈，使作品通俗幽默、气势酣畅淋漓。

【思考与练习】

1. 本曲表明了作者怎样的性格特征与生活态度？请你联系当时的社会现实与作者的人生际遇，试作评析。

2. 本曲语言上最突出的特点是什么？

［中吕］混江龙

王实甫

落红〔落花〕成阵，风飘万点〔指飞花〕正愁〔使……愁〕人。池塘梦晓〔醒来〕，阑槛〔栏杆，此指花圃〕辞春。蝶粉轻沾飞絮〔飘飞的柳絮〕雪，燕泥香惹落花尘。系〔连接〕春心情短柳丝长，隔花阴人远天涯近。香消了六朝金粉，清减〔精神衰减〕了三楚精神〔阮籍有"三楚多秀士"之句〕。

【作者介绍】

王实甫（1260－1336年？），名德信，大都人。元代著名杂剧作家。早年曾经为官，宦途坎坷，他常在演出杂剧及歌舞的游艺场所出入，这使他熟悉艺术规律，也了解下层人民的思想感情。晚年弃官归隐，过着吟风弄月、纵游园林的生活。王实甫的杂剧如今仅存《西厢记》、《破窑记》和《丽春园》等13种。其中最著名的《西厢记》是王实甫的代表作，在中国戏剧史上有很高的地位与很大的影响。

【阅读欣赏提示】

这是王实甫杂剧《西厢记》第二本第一折中女主人公莺莺的一段唱词，刻画的是她在春日思恋张生的心情。曲作借春景写春愁，处处化用前人诗句，以前人诗句的意境来构造自己的抒情氛围，使得全曲典雅精致，有镂金错采之美。

【思考与练习】

1. 这首曲子分别化用了以下诗句，比较阅读一下，这样化用诗句对抒发情愫、烘托意境有什么作用？

(1) 卖花声过尽，斜阳院落，红成阵，飞鸳甃。（秦观《水龙吟》）

(2) 池塘生春草，园柳变鸣禽。（谢灵运《登池上楼》）

(3) 莲花相似，情短藕丝长。（杨果《越调·小桃红》）

(4) 夜长春梦短，人远天涯近。（欧阳修《春恨》）

2. 作者是怎样通过对春天景物的描写来刻画人物心理的？
3. 将这支曲子改写成一篇短文。

[中吕] 十二月尧民歌·别情

王实甫

自别后遥山隐隐，更那堪远水粼粼〔音 lín，水清澈貌〕。见杨柳飞绵滚滚，对桃花醉脸醺醺〔色红如酒醉的脸色〕，透内阁〔闺房〕香风阵阵，掩重门暮雨纷纷。　怕黄昏忽地〔忽然地〕又黄昏，不销魂怎地不销魂？新啼痕〔泪痕〕压旧啼痕，断肠人忆断肠人！今春，香肌瘦几分，搂带〔腰带〕宽三寸。

【阅读欣赏提示】

这首小令是元曲中写男女别情的佳作。全篇层次分明，顺着人物的心理线索，将写景、抒情与心理刻画交融一体。较多地运用叠音词和复字句，更增强了曲子的节奏感和韵律美。

【思考与练习】

1. 这支曲子中运用了哪些叠音词和复字句，有什么作用？
2. 这支曲子在写景的视角上有什么变化？

西厢记·长亭送别

王实甫

[正宫·端正好]碧云天，黄花〔菊花〕地，西风〔秋风〕紧，北雁南飞。晓来谁染霜林醉〔枫林因霜变红〕？总是离人泪。

[滚绣球]恨相见得迟，怨归去得疾。柳丝长玉骢〔音 cōng〕难系，恨不得倩〔请〕疏林挂住斜晖。马儿迍迍〔行动缓慢貌〕的行，车儿快快的随。却〔刚刚〕告了相思

回避〔避开〕，破题儿〔指事情开始〕又早别离。听得道一声"去也"，松了金钏〔音 chuàn〕；遥望见十里长亭，减了玉肌。此恨谁知！

【阅读欣赏提示】

《长亭送别》是《西厢记》中文字最为优美的段落之一。作者选取具有季节性的景物来渲染离情别恨，营造出萧瑟悲凉的离别背景，刻画出委婉缠绵的爱情心理，语言优美又不失自然。曲中运用了拟人、夸张等修辞手法，使这种离愁别恨更具体可感，凄婉动人。

【思考与练习】

1．"柳丝长玉骢难系，恨不得倩疏林挂住斜晖"表达了一种什么样的心情？
2．为什么说"听得道一声'去也'，松了金钏；遥望见十里长亭，减了玉肌"？这里用的是什么修辞手法？
3．这首曲是怎样渲染与离别这一主题相适应的背景氛围的？

[双调] 沉醉东风·渔夫

白朴

黄芦岸白蘋〔音 píng，一种水生的植物〕渡口，绿杨堤红蓼〔音 liǎo，水边植物，开红花〕滩头。虽无刎颈交〔生死朋友〕，却有忘机〔不设机心〕友，点秋江白鹭沙鸥〔用鸥鹭忘机典〕。傲杀人间万户侯〔万户食邑的侯爵〕，不识字烟波〔水波浩淼〕钓叟！

【作者介绍】

白朴（1226－1306年？），字仁甫，祖籍陕州（今山西河曲）。元前期著名杂剧作家，其词曲多抒发他怀念故国、寄情诗酒山水、"玩世滑稽"的感情，是其坎坷一生的真实写照。著有《天籁集》。

【阅读欣赏提示】

这首曲通过对渔夫生活的欣赏赞美，表现了作者厌弃功名、寄情山水的处世态度。作品描绘的环境色彩明丽，极富美感。作者歌赞渔夫生活的恬淡，无所约束，傲杀王侯，实际隐含着对昏暗、庸俗、喧嚣、险恶的世俗社会和官场的厌倦与批判。

【思考与练习】

1. 这支曲子在写景上有什么特点？
2. 作者是怎样来说明"傲杀人间万户侯，不识字烟波钓叟"这一主题的？你怎样评价这种思想？

[双调] 夜行船·秋思

马致远

百岁光阴如梦蝶〔用庄周梦蝶典〕，重回首往事堪嗟〔值得叹息〕。今日春来，明朝花谢。急罚盏〔行令罚酒〕夜阑〔夜深〕灯灭。

[乔木查]〔曲牌名〕想秦宫汉阙〔秦代的宫殿和汉代的陵阙〕，都做了衰草牛羊野。不恁么〔音rèn，不如此〕渔樵没话说。纵荒坟横断碑，不辨龙蛇〔刻在碑上的文字〕。

[庆宣和]〔曲牌名〕投至〔及至〕狐踪与兔穴，多少豪杰。鼎足三分〔言魏、蜀、吴三国鼎立的形势〕半腰折，魏耶？晋耶？

[落梅风]〔曲牌名〕天教你富，莫太奢。没多时好天良夜〔好日子，好光景〕。看钱奴〔悭吝鬼〕硬将心似铁，空辜负锦堂风月〔富贵人家的美好景色〕。

[风入松]〔曲牌名〕眼前红日又西斜，疾似下坡车。不争镜里添白雪〔白发〕，上床与鞋履相别。休笑巢鸠计拙〔不善于经营生计〕，葫芦提〔糊糊涂涂〕一向装呆。

[拨不断]〔曲牌名〕利名竭，是非绝。红尘〔俗世〕莫向门前惹，绿树偏宜〔适合〕屋角遮，青山正补墙头缺，更那堪竹篱茅舍。

[离亭宴〔曲牌名〕煞〔结尾〕]蛩〔蟋蟀〕吟罢一觉才宁贴〔安宁，稳妥〕，鸡鸣时万事无休歇。争名利何年是彻〔了结〕？看密匝匝蚁排兵，乱纷纷蜂酿蜜，急攘攘蝇争血。裴公〔裴度〕绿野堂，陶令〔陶渊明〕白莲社。爱秋来那些：和露摘黄花，带霜烹紫蟹，煮酒烧红叶。想人生有限杯，浑几个登高节？嘱咐你个顽童记者〔着〕：便北海〔孔融〕探吾来，道东篱〔马致远号〕醉了也。

【作者介绍】

马致远（1250－1321年），号东篱，大都人，元代著名的杂剧作家和散曲创作大家。与关汉卿、白朴、郑光祖合称为"元曲四大家"。其散曲大多为感叹世情、表达对现实不满的"叹世"之作，也有些出色的描写风景的小令和部分歌咏男女爱情的作品。现存辑本《东篱乐府》。

【阅读欣赏提示】

这篇套曲是马致远"叹世"之作的代表作，集中反映了作者告退名利场，隐居茅舍，看破红尘的思想。曲作保持了语言的本色与诗词的典雅相结合的特色，用典而又平易通俗；用字造句也颇有新颖之处。

【思考与练习】

1. 这篇套曲历代传诵，深受人们喜爱，你认为是什么原因？
2. 分析这套曲子的语言特点。
3. 这首套曲的结尾说："嘱咐你个顽童记者：便北海探吾来，道东篱醉了也"，为什么要这样写？

[双调] 折桂令·长沙怀古

卢 挚

朝瀛洲〔仙人所居之神山〕暮舣〔音 yǐ，船拢岸〕湖滨，向衡麓〔衡山麓山〕寻诗，湘水寻春。泽国纫兰，汀洲搴〔拨取〕若〔即杜若，香草名〕，谁与招魂〔用屈原赋之意〕？

空目断苍梧〔九嶷山，传舜帝葬于此〕暮云，黯黄陵〔山名，传舜帝二妃墓在其上〕宝瑟凝尘。世态纷纷，千古长沙，几度〔多少〕词臣〔文学侍从〕！

【作者介绍】

卢挚（1242？－1314年？），字处道，号疏斋，元代涿郡（今河北省涿县）人。元代散曲作家。与白朴、马致远、朱帘秀均有交往。其散曲的内容多是怀古唱和、寄情山林诗酒、写景咏物，他以诗笔写曲，开创了散曲典雅纯正一派。对散曲的发展有较大影响。著有《疏斋集》。

【阅读欣赏提示】

这支曲借缅怀先贤抒发自己的失意之情。作者就屈原被放逐、怀才不遇的史实，舜帝及其二妃遗迹的兴废来感叹自己的不得志。"千古长沙，几度词臣？"既是对长沙历史的感怀，也是对自己遭遇的写照，同样的环境与遭遇让作者的感叹更具有历史沧桑感。

【思考与练习】

1. 这支曲子是怎样将怀古与咏怀结合起来的？
2. 作者为什么以"千古长沙，几度词臣？"来结尾？
3. 背诵本篇。

［中吕］山坡羊·骊山怀古

张养浩

骊山四顾，阿房一炬〔用杜牧《阿房宫赋》中语〕，当时奢侈今何处？只见草萧疏，水萦纡〔音 yíng yū〕，至今遗恨迷烟树。列国周齐秦汉楚，赢，都变做了土；输，都变做了土。

【作者介绍】

张养浩（1269－1329年），字希孟，号云庄，济南人。元代后期散曲作家。曾任监察御史、礼部尚书等职。为官刚正，曾因批评时政被罢官。其散曲作品揭露弊政，寄情山水，同情民生疾苦。著有《云在休居自适小乐府》。

【阅读欣赏提示】

　　此曲由骊山衰败的景象引发感慨，结尾两句既是对眼前历史遗址的描叙，也是对历史兴亡规律的总结。通过景物描写营造了浓厚的醒世怀古的气氛，风格苍凉，发人深省。

【思考与练习】

　　1. 此曲在写景上有什么特点？
　　2. 如何评价作者的观点？

[南吕] 一枝花·喜雨

张养浩

　　用尽我为国为民心，祈下些值玉值金〔形容雨水的珍贵〕雨。数年空盼望，一旦遂沾濡〔浸润，浸湿〕。唤省〔通"醒"〕焦枯，喜万象〔万物〕春如故，恨流民尚在途〔指流浪逃荒〕。留不住都弃业抛家，当不的〔挡不住〕也离乡背土。

　　[梁州]恨不的把野草翻腾〔变成〕做菽粟〔音 shū sù，豆类和谷类〕，澄河沙都变化做金珠。直使千门万户家豪富，我也不枉了受天禄〔朝廷给的俸禄〕。眼觑〔音 qù〕着灾伤教我没是处〔束手无策〕，只落得雪满头颅〔愁白了头发〕。

　　[尾声]青天多谢相扶助，赤子〔平民百姓〕从今罢叹呼〔叹息〕。只愿的三日霖霖〔"霖"音 yín。长时间的雨〕不停住，便下的来当街似五湖，都淹了九衢〔四通八达的道路〕，犹〔依然〕自洗不尽从前受过的苦。

【阅读欣赏提示】

　　天历二年（1329年），陕西一带大旱，朝廷特别任命张养浩为陕西行台中丞前往救灾。

这支套曲以朴实无华的口语和丰富的想象,充分表现了作者对民间疾苦的深切关注,对灾民的真挚同情以及赈灾救难的急切心情与高度责任感。一个封建官吏能够做到用尽为国为民心,为救灾愁白了头,确实难能可贵。此曲全是口头语、眼前景、心里话,真实可感。

【思考与练习】

1. 这篇套曲反映了作者什么样的心理?
2. 这篇套曲中运用了哪些修辞手法?起到了什么作用?
3. 翻译下列句子:
 (1) 数年空盼望,一旦遂沾濡,唤省焦枯,喜万象春如故。
 (2) 恨不得把野草翻腾做菽粟,澄河沙都变化做金珠。
 (3) 便下当街上似五湖,都淹了九衢,犹自洗不尽从前受过的苦。

〔双调〕 折桂令·荆溪即事

乔吉

问荆溪溪上人家:为甚〔为什么〕人家,不种梅花?老树支〔支撑〕门,荒蒲〔荒野的蒲草〕绕岸,苦竹圈笆〔圈起的篱笆〕。寺无僧狐狸弄瓦,官无事乌鼠当衙〔主持衙门〕。白水黄沙,倚遍阑干,数尽啼鸦。

【作者介绍】

乔吉(1280-1345年),一作乔吉甫,字梦符,号笙鹤翁、惺惺道人。太原(今山西太原市)人。其杂剧、散曲在元曲作家中皆居前列。散曲多啸傲山水,风格清丽,朴质通俗,兼有典雅。后人辑他的作品为《梦符散曲》。

【阅读欣赏提示】

荆溪原来是赏梅胜地,但作者来到这里所见到的,却是一片萧瑟、荒芜的景象。作者即景抒情,抨击元代社会黑暗。"庙不灵狐狸弄瓦,官无事乌鼠当衙",这是对官府直接而又大胆的抨击,文笔尖刻而辛辣。

【思考与练习】

1. 作者为什么要在篇首问"为甚人家,不种梅花?"

2. 曲中描写的景象有什么特点？

拓 展 阅 读

[中吕] 阳春曲·春景

胡祗遹

残花酝酿蜂儿蜜，细雨调和燕子泥，绿窗春睡觉来迟。谁唤起，窗外晓莺啼。

[双调] 驻马听·吹

白朴

裂石穿云，玉管宜横清更洁，霜天沙漠，鹧鸪风里欲偏斜。凤凰台上暮云遮，梅花惊作黄昏雪。人静也，一声吹落江楼月。

[越调] 天净沙 秋思

马致远

枯藤老树昏鸦，小桥流水人家，古道西风瘦马。夕阳西下，断肠人在天涯。

[正宫] 鹦鹉曲·野渡新晴

冯子振

孤村三两人家住，终日对野叟田父。说今朝绿水平桥，昨日溪南新雨。[幺]碧天边云归岩穴，白鹭一行飞去。便芒鞋竹杖行春，问底是青帘舞处？

[中吕] 山坡羊

张养浩

休学谄佞,休学奔竞,休学说谎言无信。貌相迎,不实诚,纵然富贵皆侥幸,神恶鬼嫌人又憎。官,待怎生;钱,待怎生!

[双调] 水仙子·咏江南

张养浩

一江烟水照晴岚,两岸人家接画檐。芰荷丛一段秋光淡,看沙鸥舞再三,卷香风十里珠帘。画船儿天边至,酒旗儿风外飐,爱杀江南!

[双调] 水仙子·夜雨

徐再思

一声梧叶一声秋,一点芭蕉一点愁,三更归梦三更后。落灯花棋未收,叹新丰孤馆人留。枕上十年事,江南二老忧,都到心头。

[金字经] 春晚

张可久

惜花人何处?落红春又残。倚遍危楼十二阑。弹,泪痕罗袖斑。江南岸,夕阳山外山。

[中吕] 卖花声·怀古

张可久

美人自刎乌江岸，战火曾烧赤壁山，将军空老玉门关。伤心秦汉，生民涂炭，读书人一声长叹。

[双调] 水仙子·咏竹

马谦斋

贞姿不受雪霜侵，直节亭亭易见心。渭川风雨清吟枕，花开时有凤寻，文湖州是个知音。春日临风醉，秋宵对月吟，舞闲阶碎影筛金。

[般涉调] 哨遍·高祖还乡

睢景臣

[哨遍]社长排门告示，但有的差使无推故。这差使不寻俗，一壁厢纳草除根，一边又要差夫索应付。又言是车驾，都说是銮舆，今日还乡故。王乡老执定瓦台盘，赵忙郎抱着酒胡芦。新刷来的头巾，恰糨来的绸衫，畅好是妆么大户。

[耍孩儿]瞎王留引定火乔男女，胡踢蹬吹笛擂鼓。见一彪人马到庄门，匹头里几面旗舒：一面旗白胡阑套住个迎霜兔，一面旗红曲连打着个毕月乌，一面旗鸡学舞，一面旗狗生双翅，一面旗蛇缠胡芦。

[五煞]红漆了叉,银铮了斧,甜瓜苦瓜黄金镀。明晃晃马镫枪尖上挑,白雪雪鹅毛扇上铺。这几个乔人物,拿着些不曾见的器仗,穿着些大作怪的衣服。

[四煞]辕条上都是马,套顶上不见驴,黄罗伞柄天生曲。车前八个天曹判,车后若干递送夫。更几个多娇女,一般穿着,一样妆梳。

[三煞]那大汉下的车,众人施礼数,那大汉觑得人如无物。众乡老展脚舒腰拜,那大汉挪身着手扶。猛可里抬头觑,觑多时认得,险气破我胸脯。

[二煞]你须身姓刘,你妻须姓吕,把你两家儿根脚从头数。你本身做亭长耽几盏酒,你丈人教村学读几卷书。曾在俺庄东住,也曾与我喂牛切草,拽坝扶锄。

[一煞]春采了俺桑,冬借了俺粟,零支了米麦无重数。换田契强秤了麻三秤,还酒债偷量了豆几斛。有甚胡突处?明标着册历,现放着文书。

[尾声]少我的钱,差发内旋拨还;欠我的粟,税粮中私准除。只道刘三,谁肯把你揪摔住?白甚么改了姓,更了名,唤做汉高祖!

[中吕] 朝天子·志感

无名氏

不读书有权,不识字有钱,不晓事倒有人夸荐。老天只恁忒心偏,贤和愚无分辨。折挫英雄,消磨良善,越聪明越运蹇!志高如鲁连,德过如闵骞,依本分只落的人轻贱。

[正宫] 醉太平·讥贪小利者

无名氏

夺泥燕口,削铁针头,刮金佛面细搜求,无中觅有。鹌鹑嗉里寻豌豆,鹭鸶腿上劈精肉,蚊子腹内刳脂油,亏老先生下手!

文体知识·曲

  中国古典文学发展到元代的时候,大放异彩的是新兴文学体裁——曲。曲包括叙事体的杂剧和抒情体的散曲,因两者皆以曲辞为主合乐歌唱,且它们所用的曲调及其曲律如句格、韵律、联套形式等基本上是相同的,故统称为曲。元代的曲一向与唐诗、宋词并举,为元代文学之代表,王国维曾称其为"一代之绝作"、"千古独绝之文字"(《宋元戏曲考》)。

  曲分杂剧与散曲。按今天的文学分类,杂剧应归入戏剧类。我们在这里取狭义的曲,即散曲。但在选文上选入了少量杂剧中的名段。

  散曲是金元时期北方兴起的可合乐歌唱的一种新型抒情诗体。金元之际,北方少数民族兴起的音乐与汉族地区原有的慷慨粗犷的民间歌曲相结合,再加上宋词衰微,诸宫调的出现以及文人的提倡,便逐渐产生了散曲。

  散曲在元代又被称为乐府,包括小令和套数。小令是独立的支曲,形式短小,通俗灵活,由"俗谣俚曲"发展而来,"盖市井所唱小曲也"(王骥德《曲律》)。它是散曲的基本单位,相当于一首单调的词。套数源于诸宫调,又名套曲、散曲或大令,由同一宫调的数支曲牌连缀而成,多少不拘,要求始终用一个韵,结尾须用"尾声"以示套曲音乐结构完整。此外,还有带过曲,带过曲是连用两支或三支(以三支为限)、同一宫调的小令写景状物,寄怀抒情。它是小令一种灵活的表现形式。小令重复使用时后一支可省称为"幺篇",简称"幺"。

  散曲的用韵与诗词有别,首先散曲可另加衬字,即在曲律规定的字数之外另加衬字,衬字不定多寡,不定平仄,只是不能加在句尾,这是曲韵在中国韵文史上最独特之处。次为平仄通押,平上去通押,论者认为这也是中国韵文在形式上的一种解放。再次是不避重韵,可以在同一散曲中出现相同的韵脚字。最后,须一韵到底,不能在曲中转韵。

散曲的曲牌也有各式各样的名称，如《叨叨令》、《耍孩儿》、《喜春来》、《山坡羊》之类，这些名称都很俚俗，说明散曲比词更接近民歌。散曲的表现手法大多用铺陈白描，形式自由灵活，语言通俗流利，风格泼辣明快，具有强大的艺术活力。

散曲最初是从民间流行的俗谣俚曲发展而来的，金代诗人元好问所写的《喜春来》等小令，成为散曲进入文人创作视野的标志。

元代散曲的发展以元成宗大德年间为界分为前后两个时期。前期元曲作家的活动主要集中在北方的大都，作者大多是"兼作"，既有达官显宦、文人雅士，又有书会才人、教坊艺伎，最有成就的是关汉卿、马致远、白朴、张养浩等人。他们的作品真率爽朗，风格浑朴自然，带有浓厚的市井生活气息，最能体现散曲通俗化、口语化的当行本色。

后期元曲作家的活动中心转移到了南方的临安，此时出现了许多专写散曲的作家，较为著名的有张可久、乔吉、睢景臣等。他们的作品大多含蓄凝练，风格清雅典丽，格律谨严，辞藻雕琢，逐渐脱离了前期俚俗生动、质朴坦率的曲之原味，体现了元代散曲由通俗化向文人化发展、作曲借鉴诗词的发展趋势。

元代散曲作者今天知道名字的有200多人，留下的作品有4000多首。这些作品充分展现了元代社会生活以及知识分子的内心世界。

揭露黑暗，抨击不合理的现实是散曲创作的重要内容之一。刘时中的散套《端正好上高监司》里反映了饥荒中百姓的生活；元代有所谓"九儒、十丐"的说法，知识分子社会地位很低，无名作者借《朝天子·志感》说："不读书有权，不识字有钱"，以揭露社会的黑暗。

厌倦官场、歌颂隐居生活是散曲的另一重要内容，许多著名作者都有这类作品。其中白朴的《沉醉东风·渔夫》写道："傲杀人间万户侯，不识字烟波钓叟。"

元代文人厌恶黑暗政治的情绪，还从他们的"怀古"作品中发泄出来。如张可久的《卖花声·怀古》、张养浩的《山坡羊》怀古系列都借古讽今，也发出同样的悲愤："伤心秦汉，生民涂炭"、"兴，百姓苦；亡，百姓苦"。

睢景臣的散套《哨遍·高祖还乡》是散曲中别具一格的"咏史"作品。它通过一个乡下农民的眼光来观察刘邦衣锦还乡这件事，把这个盛大的典礼写得怪态百出、装模作样、滑稽可笑。

散曲中的写景作品也不乏优秀之作，如马致远的"枯藤老树昏鸦"那首小令，600多年来一直广为传诵。

散曲的创作在明代又有了较大的发展，散曲作者多达300余人。在明中叶弘治、正德、嘉靖、万历年间，出现了散曲创作的繁荣局面，产生了王磐、陈铎、冯惟敏等著名作家。明代编印、刊行了大量的散曲集子，数量之多，居元明清三代之冠。明代散曲从题材开掘到艺术风格，也出现了一些新的特点，比起曲调清新自然、语言浅俗活泼的元代散曲，明代散曲有脱离民间本色而文人化的趋向，特别是明中叶以后，辞藻化、音律化的现象比较突出。明代散曲大致上可以分为南北两派，北派风格豪爽雄迈、质朴粗率，南派则清丽俊逸、细腻婉约。王九思、康海、王磐、陈铎、金銮、冯惟敏、梁辰鱼、施绍莘等人，都是当时具有代表性的作家。

　　清代文人多尚诗词，诗词与散曲相比，要显得"雅"一些，而散曲的语言接近口语，对爱好雅致趣味的清代文人来说，散曲的语言风格就不合适了。因此，随着诗词在清代的复兴，散曲发展到清代便走向衰微。

第四章 赋

吊屈原赋

贾谊

恭承嘉惠兮，俟罪〔音 sì，待罪，系汉代人习语，此指任官〕长沙；侧闻〔侧耳而闻，表示谦虚〕屈原兮，自沉汨罗。造〔到〕托湘流〔将祭文投入湘江以悼念〕兮，敬吊〔悼念〕先生；遭世罔极〔没有标准〕兮，乃殒〔音 yǔn，殁，丧命〕厥〔其〕身。呜呼哀哉！逢时不祥〔不好〕。鸾凤伏窜〔隐藏〕兮，鸱枭〔音 chī xiāo，猫头鹰一类的鸟〕翱翔。闒茸〔音 tà róng，下贱〕尊显兮，谗谀得志；贤圣逆曳〔被倒着拉〕兮，方正倒植。世谓随、夷〔商代贤人卞随与伯夷〕为溷〔浑浊〕兮，谓跖、蹻〔春秋盗跖与战国庄蹻〕为廉；莫邪〔宝剑名〕为钝兮，铅刀为铦〔音 xiān，锋利〕。吁嗟默默〔不得意的样子〕，生〔先生，指屈原〕之无故〔无故遭难〕兮；斡〔音 wò，转，抛弃〕弃周鼎〔指宝物〕，宝康〔空〕瓠〔壶〕兮。腾驾罢〔通"疲"〕牛，骖〔拉车之马〕蹇〔跛足〕驴兮；骥〔良马〕垂两耳，服〔驾〕盐车兮。章甫〔帽子〕荐〔垫〕履〔鞋子〕，渐〔暂时〕不可久兮；嗟苦先生，独离〔通"罹"，遭遇〕此咎〔灾祸〕兮。

讯〔音 xìn，辞赋最后一段的引领语〕曰：已矣！国其莫我知兮，独壹郁〔同"抑郁"〕

其谁语？凤漂漂〔高飞貌〕其高逝兮，固自引〔退〕而远去。袭〔仿效〕九渊之神龙兮，沕〔音mì, 潜藏貌〕深潜以自珍；偭〔音miǎn, 背、远离〕蟂〔音xiāo, 水虫〕獭以隐处兮，夫岂从虾〔蛤蟆〕与蛭螾〔水蛭与蚯蚓〕？所贵圣人之神德兮，远浊世而自藏〔保全自己〕；使骐骥〔良马〕可得系而羁〔羁绊〕兮，岂云异夫犬羊？般〔乱〕纷纷其离〔通"罹"，遭遇〕此尤兮，亦夫子之故也。历九州而相〔辅佐〕其君兮，何必怀此都也？凤凰翔于千仞兮，览〔寻找〕德辉而下之；见细德〔德行的细节〕之险徵〔险恶的征兆〕兮，遥〔远〕曾〔高〕击〔击翅而飞〕而去之。彼寻常之污渎〔指臭水沟〕兮，岂能容夫吞舟之巨鱼？横〔横行〕江湖之鳣〔音zhān, 指大鱼〕鲸兮，固将制于蝼蚁〔音lóu yǐ, 蝼蛄与蚂蚁〕。

【阅读欣赏提示】

　　这篇赋为汉代骚体赋的代表作，是贾谊被贬为长沙王太傅以后所作，既是吊古，也是伤今。赋中慨叹了屈原生前的不幸，并以屈原坎坷的一生自喻，抒发了自己未受重用的不平和不甘屈服的心情。为汉初骚体赋的代表作。主要采用了铺叙与议论并用的手法，同时也继承了楚辞的比兴传统，形象鲜明而内涵丰富。

【思考与练习】

　　1．翻译下列句子：
　　（1）阘茸尊显兮，谗谀得志；贤圣逆曳兮，方正倒植。
　　（2）般纷纷其离此尤兮，亦夫子之故也。
　　（3）袭九渊之神龙兮，沕深潜以自珍；偭蟂獭以隐处兮，夫岂从虾与蛭螾？
　　2．这篇赋中哪些地方运用了比喻与对比修辞手法？分析这两种手法对于表达主题的作用？
　　3．贾谊不赞同屈原的以身殉国，而认为屈原应"自引而远去"。你对此有何看法，请简要说明理由。

归 田 赋

张衡

游都邑以永久,无明略以佐时。徒临川以羡鱼,俟〔等待〕河清〔古人以河清海晏,为大治之征兆〕乎未期。感蔡子〔战国蔡泽,多智善辩〕之慷慨,从唐生〔战国唐举,善相面〕以决疑。谅〔想到〕天道之微昧〔昏暗不明貌〕,追渔父〔用《楚辞》之《渔父》篇意〕以同嬉。超埃尘以遐逝〔远去〕,与世事乎长辞。

于是仲春令月〔良月,犹言良辰嘉时〕,时和气清;原隰〔广平低湿之地〕郁茂〔草木茂盛貌〕,百草滋荣。王雎〔鸟名〕鼓翼,仓庚哀鸣。交颈颉颃〔鸟飞或上或下貌〕,关关嘤嘤。于焉逍遥,聊以娱情。

尔乃龙吟方泽,虎啸山丘。仰飞纤缴〔音 jiǎo,系在箭上的细绳〕,俯钓长流。触矢而毙,贪饵吞钩,落云间之逸禽,悬渊沉之鲋鰡〔音 liú,小鱼名〕。

于时曜灵〔太阳〕俄景〔日影偏斜〕,系以望舒〔司月之神〕。极般游〔游乐,同"盘游"〕之至乐,虽日夕而忘劬〔辛苦〕。感老氏〔指老子〕之遗诫,将回驾乎蓬庐。弹五弦之妙指,咏周、孔之图书。挥翰墨以奋藻〔发挥词藻,指写作〕,陈三皇之轨模〔规模,规范〕。苟纵心于物外,安知荣辱之所如。

【阅读欣赏提示】

这篇赋以清新的语言描写了田园风光和闲逸生活的情趣,真切地反映了作者厌倦官场、向往田园生活的恬适心情。它不同于大赋,开了东汉后期抒情咏志赋的先河,是我国文学史上第一篇以田园隐居为主题的作品,对后世的田园山水诗、词均有影响。

【思考与练习】

1. 作者心目中的田园之乐有什么特点？
2. 作者"归田"的原因是什么？你怎样看待作者"苟纵心于物外，安知荣辱之所如"的心态？
3. 翻译这篇赋的第二段。

登 楼 赋

王粲

登兹〔此〕楼以四望兮，聊〔借〕暇日〔空闲〕以销忧〔解除忧虑〕。览斯宇〔楼〕之所处兮，实显敞〔宽阔敞亮〕而寡仇〔匹敌〕。挟〔带〕清漳之通浦兮，倚〔靠〕曲沮之长洲。背坟〔高〕衍〔平〕之广陆兮，临皋隰〔音gāo xī，水边低洼之地〕之沃流。北弥〔接〕陶牧〔郊外〕，西接昭丘。华〔即"花"〕实蔽野，黍稷〔音shǔ jì〕盈畴〔田野〕。虽信〔确实〕美而非吾土兮，曾何足以少〔稍微〕留！

遭纷浊〔纷乱混浊〕而迁逝兮，漫逾纪〔十二年〕以迄〔至〕今。情眷眷〔念念不忘貌〕而怀归兮，孰忧思之可任〔承受〕？凭轩槛以遥望兮，向北风而开襟〔敞开胸襟〕。平原远而极目兮，蔽荆山之高岑〔音cén，小而高的山〕。路逶迤而修〔长〕迥〔远〕兮，川既漾〔水流漫长〕而济〔渡口〕深。悲旧乡之壅〔阻塞〕隔兮，涕横坠而弗禁。昔尼父〔孔子〕之在陈兮，有"归欤"之叹音。钟仪幽〔幽囚〕而楚奏兮，庄舄〔音xì〕显而越吟。人情同于怀土兮，岂穷达〔穷困与腾达〕而异心！

惟〔发语词〕日月之逾迈〔流逝〕兮，俟〔音sì，等待〕河清其未极〔至〕。冀〔希望〕

王道之一平兮，假〔凭借〕高衢〔道路〕而骋力。惧匏〔音páo〕瓜之徒〔徒然〕悬兮，畏井渫〔音xiè〕之莫食。步栖迟〔停留徘徊貌〕以徙倚〔徘徊貌〕兮，白日忽其将匿〔隐藏〕。风萧瑟而并兴兮，天惨惨而无色。兽狂顾〔张望〕以求群兮，鸟相鸣而举翼。原野阒〔音qù，静寂〕其无人兮，征夫行而未息。心悽怆以感发兮，意忉怛〔音dāo dá，悲怆〕而憯恻。循阶除〔台阶〕而下降兮，气交愤于胸臆。夜参半而不寐兮，怅盘桓〔逗留不进貌〕以反侧。

【作者简介】

王粲（177—217年），字仲宣，山阳高平（今山东省金乡县）人。汉魏间诗人。是"建安七子"中成就最高的作家，能诗善赋，其赋抒情真挚，风格清丽，今存20多篇。明代张溥辑有《王侍中集》1卷，收入《汉魏六朝百三家集》。

【阅读欣赏提示】

这篇赋是作者客居荆州期间登当阳城楼所作，主要抒写自己思乡怀土之情和怀才不遇之忧。写景和抒情相结合，具有浓厚的诗意，显示了抒情小赋在艺术上的成熟，是建安时代抒情小赋的代表性作品。

【思考与练习】

1. 本赋中抒发的忧思，其内涵是如何逐步深化的？
2. 本赋中运用了哪些典故？各有什么作用？
3. 翻译这篇赋的第二段。

文　赋

陆机

余每观才士之所作，窃〔犹言私，常用作自谦之词〕有以得其用心〔指创作构思〕。

第四章 赋

夫〔发语词〕放言遣辞〔运用语言〕，良多变矣，妍蚩〔音yán chī，美丑〕好恶，可得而言。每自属文〔写文章〕，尤见其情。恒患〔常常忧虑〕意不称〔符合〕物，文不逮〔表达〕意。盖非知之难，能〔指通过创作实践写好文章〕之难也。故作《文赋》，以述先士〔前辈作家〕之盛藻〔此指优秀作品〕，因论作文之利害所由〔有利或不利的原因〕，它日殆〔大概〕可谓曲尽其妙。至于操斧伐柯〔斧柄〕，虽取则不远，若夫随手之变，良〔很〕难以辞逮〔用语言说清〕。盖所能言者具于此云。

伫〔音zhù，久立〕中区〔天地间〕以玄览〔深远的观察〕，颐〔保养〕情志于典坟〔三坟五典，代指古代典籍〕。遵四时以叹逝〔叹息时间流逝〕，瞻万物而思纷。悲落叶于劲秋〔萧瑟的秋天〕，喜柔条〔柔嫩的枝条〕于芳春。心懔懔〔危惧貌〕以怀霜，志眇眇〔高远貌〕而临云。咏世德之骏烈〔盛大的功业〕，诵先人之清芬。游〔欣赏〕文章之林府，嘉〔赞美〕丽藻〔代指佳作〕之彬彬。慨〔感慨〕投篇而援笔，聊〔且〕宣〔抒发〕之乎斯文。

其始也，皆收视反听〔不听不视〕，耽思〔深思〕傍讯〔广求博采〕。精骛〔奔驰〕八极，心游万仞。其致〔文思来临〕也，情瞳昽〔太阳初生由暗转明的光景〕而弥鲜，物昭晰〔彰明清晰〕而互进。倾群言之沥液〔精华〕、漱六艺〔六经〕之芳润。浮天渊以安流，濯下泉而潜浸〔渗透深入〕。于是沉辞〔艰涩的词语〕怫悦〔不舒畅〕，若游鱼衔钩，而出重渊之深；浮藻联翩，若翰鸟婴缴〔中箭〕，而坠曾〔通"层"，形容不断地〕

云之峻。收百世之阙〔通"缺"〕文,采千载之遗韵。谢〔放弃〕朝华于已披,启〔开〕夕秀于未振〔尚未开足〕。观古今于须臾,抚四海于一瞬〔音shùn〕。然后选义〔选择内容〕按部〔按次序〕,考辞〔斟酌词语〕就班。抱景〔日光〕者咸叩,怀响〔能发出响声的事物〕者毕弹。或因〔依照〕枝以振叶,或沿波而讨〔追寻〕源。或本隐〔从隐晦处入手〕以之显,或求易而得难。或虎变〔出现〕而兽扰〔驯服〕,或龙见〔通"现"〕而鸟澜〔涣散〕。或妥帖而易施,或岨峿〔音zǔ yǔ,互相抵触〕而不安。罄〔完全〕澄心以凝思,眇〔细看〕众虑〔设想〕而为言。笼〔笼罩〕天地于形内,挫〔此指融会〕万物于笔端。始踯躅〔音zhí zhú,徘徊〕于燥吻〔枯涩的嘴唇〕,终流离于濡翰〔"濡"音rú,饱蘸墨水的笔〕。理〔文意〕扶质以立干,文〔文辞〕垂条而结繁。信〔确实〕情貌〔指情与辞〕之不差,故每变而在颜。思涉乐其必笑,方〔正要〕言哀而已叹。或操觚〔音gū,古代用来写字的木简〕以率尔,或含毫而邈然〔静思而无所得貌〕。

伊兹事之可乐,固圣贤之所钦〔敬重〕。课〔督促〕虚无以责〔要求〕有,叩〔敲打,求索〕寂寞而求音。函绵邈〔深远〕于尺素,吐滂沛〔广大〕乎寸心。言恢〔发扬〕之而弥广,思按〔开掘〕之而逾深。播芳蕤〔音ruí,草木之花〕之馥馥,发青条〔指草木〕之森森。粲〔明丽〕风飞而猋〔同飙,暴风〕竖,郁〔云气浓厚貌〕云起乎翰林。

体〔文体〕有万殊,物无一量〔标准〕。纷纭挥霍〔疾貌〕,形难为状〔描摹〕。辞程〔量〕才以效〔尽〕伎〔通"技"〕,意司〔掌握〕契〔切合〕而为匠。在〔察〕有无

第四章 赋

而 僶俛〔音 mǐn miǎn，勤勉〕，当浅深而不让〔退让〕。虽离方而遯〔脱离〕圆〔规则〕，期穷形而尽相。故夫夸目〔指崇尚辞藻〕者尚奢，惬心〔指说理透彻〕者贵当。言穷〔语言简洁严谨〕者无隘，论达者唯旷〔不受约束〕。

诗缘〔因〕情而绮靡〔美丽细腻〕，赋体物〔观察描述事物〕而浏亮〔明朗响亮〕。碑披文〔运用文辞〕以相质〔文质相符〕，诔〔音 lěi〕缠绵而凄怆。铭博约〔事博文简〕而温润〔温和滋润〕，箴顿挫而清壮〔清新雄壮〕。颂优游〔从容不迫〕以彬蔚〔华盛貌〕，论精微而朗畅。奏平彻〔平稳透辟〕以闲雅〔舒缓文雅〕，说炜晔〔光明灿烂〕而谲诳〔变化多端〕。虽区分之在兹，亦禁邪而制放〔放纵〕。要辞达而理举，故无取乎冗长。

其为物也多姿，其为体也屡迁；其会意〔立意〕也尚巧，其遣言〔遣词造句〕也贵妍。暨〔及〕音声之迭〔更替〕代，若五色之相宣。虽逝止〔去留〕之无常，故崎錡〔不安稳貌〕而难便。苟达变〔通晓变化规律〕而相次，犹开流以纳泉；如失机而后会，恒操末〔尾〕以续颠〔首〕。谬玄黄之秩叙〔次序〕，故淟涊〔音 tiǎn rěn，垢浊〕而不鲜。

或仰逼于先条〔指前段文章〕，或俯侵于后章；或辞害而理比〔指理顺〕，或言顺而意妨〔文意不妥〕。离之则双美，合之则两伤。考殿最〔指劣与优〕于锱铢，定去留于毫芒；苟铨衡〔衡量〕之所裁，固应绳其必当。

或文繁理富，而意不指適〔音 dì，主〕。极〔指文章中心〕无两致，尽不可益。

立片言而居要，乃一篇之警策〔马鞭，此指关键之句〕；虽众辞之有条，必待兹而效绩〔显出成绩〕。亮功多而累寡〔弊病少〕，故取足而不易。

或藻〔辞藻〕思绮〔丝织品〕合，清丽千眠〔光色鲜明〕。炳〔鲜明〕若缛绣，悽若繁弦。必所拟之不殊，乃闇合乎曩〔以往〕篇。虽杼轴〔比喻作文〕于予怀，忧他人之我先。苟伤廉而愆〔过错〕义，亦虽爱而必捐〔抛弃〕。

或苕〔紫葳草〕发颖竖，离众〔与众不同〕绝致〔极点〕。形不可逐，响难为系。块〔孤独〕孤立而特峙〔耸立〕，非常音之所纬〔经纬，此处谓配合〕。心牢落〔同"寥落"〕而无偶，意徘徊而不能揥〔取〕。石韫〔蕴藏〕玉而山辉，水怀珠而川媚〔美好可爱状〕。彼榛楛〔灌木，此喻庸辞〕之勿翦，亦蒙荣〔增色增光〕于集翠。缀《下里》于《白雪》，吾亦济〔有益于〕夫所伟〔奇〕。

或讬言于短韵〔简短之文〕，对穷迹〔文小而事寡〕而孤兴〔简单感想〕，俯寂寞而无友，仰寥廓而莫承〔配合〕；譬偏弦〔旁弦〕之独张，含清唱而靡应。或寄辞于瘁音〔憔悴之音〕，徒靡言〔丰富的文辞〕而弗华，混妍蚩〔指瘁音〕而成体，累良质〔此指佳句〕而为瑕；象〔类似〕下管之偏疾〔偏快〕，故虽应而不和。或遗理〔抛弃义理〕以存异〔指奇异的文辞〕，徒寻虚以逐微〔离本逐末〕，言寡情而鲜爱，辞浮漂而不归；犹弦么〔音小〕而徽急〔调急〕，故虽和而不悲。或奔放以谐和，务嘈囋〔喧闹〕而妖冶，徒悦目而偶〔谐〕俗，故声高而曲下；寤〔通"悟"〕《防露》与桑间，又虽悲而不雅。或清虚〔指为文朴素〕以婉约〔含蓄〕，每除烦〔指嘈囋之文〕而去滥〔妖冶之文〕，阙〔同"缺"〕大羹之遗味，同朱弦之清氾〔水涨溢、蔓延〕；虽一唱而三叹，固〔因此〕既雅而不艳。

若夫丰约〔文辞繁简〕之裁，俯仰之形，因宜适变，曲有微情〔曲折而微妙的变〕。或言拙而喻巧，或理朴而辞轻；或袭故而弥新，或沿浊而更清；或览之而必察〔察觉〕，或研之而后精〔精妙〕。譬犹舞者赴节〔按照节拍〕以投袂〔甩袖起舞〕，歌者应弦〔应和曲调〕而遣声〔发出声音〕。是盖轮扁〔指轮扁斲轮事〕所不得言，故亦非华说〔华美文辞〕之所能精。

普辞〔运用辞藻的规律〕条与文律〔为文的规则〕，良余膺〔胸怀〕之所服。练〔详熟〕世情之常尤〔过失〕，识前脩〔前代贤能之人〕之所淑〔善〕。虽濬〔深〕发于巧心，或受蚩〔讥笑〕于拙目。彼琼敷〔喻美文〕与玉藻，若中原之有菽〔语见《诗经·小雅·小宛》〕。同橐籥〔风箱〕之罔穷，与天地乎并育。虽纷〔繁多〕蔼于此世，嗟不盈于予掬。患挈缾〔提着瓶子〕之屡空，病昌言〔好辞〕之难属。故踸踔〔音 chěn chuō，一足跳着走路的样子〕于短垣，放庸音以足〔凑足〕曲。恒遗恨以终篇，岂怀盈而自足？惧蒙尘于叩缶〔瓦制的打击乐器〕，顾〔却〕取笑乎鸣玉。

若夫应感之会〔契机〕，通塞之纪〔契机〕，来不可遏，去不可止，藏若景〔"影"之本字〕灭，行犹响起。方天机〔灵感〕之骏〔迅速〕利〔流利〕，夫何纷而不理？思〔文思〕风发于胸臆,言〔言辞〕泉流于唇齿;纷葳蕤〔繁盛貌〕以馺遝〔音 sà tà,众多〕,唯豪素之所拟;文徽徽〔华美的样子〕以溢目,音泠泠〔声音清脆悦耳〕而盈耳。及其六情底滞〔迟钝〕,志〔心思〕往神留,兀〔呆立〕若枯木,豁〔空阔〕若涸流;揽营魂〔集中心力〕以探赜〔深奥、玄妙〕,顿精爽而自求;理翳翳〔遮蔽状〕而愈伏,思轧轧〔或作乙乙,难出貌〕其若抽。是以或竭情而多悔,或率意而寡尤。虽兹物〔此物,指所写之文〕之在我,非余力之所戮〔尽力〕。故时抚空怀而自惋〔怅恨叹息〕,吾未识夫开塞之所由〔来源,原因〕。

伊兹文之为用〔功用〕,固众理之所因〔由此而表达〕。恢〔扩〕万里而无阂〔音 hé,界限〕,通亿载而为津。俯殆〔遗留〕则于来叶〔指后世〕,仰观象〔此指取法〕乎古人。济〔拯救〕文武〔周文王与周武王的道统〕于将坠,宣风〔风教〕声于不泯〔灭〕。塗无远而不弥〔包罗〕,理无微而弗纶〔统括〕。配霑〔浸湿〕润于云雨,象变化乎鬼神。被〔刻写〕金石而德广,流〔注入〕管弦而日新。

【作者简介】

陆机(261—303 年),字士衡,西晋吴郡(今苏州)人。西晋太康、元康间最著名的文学家,被后人誉为"太康之英"。他的诗歌"才高词赡,举体华美",代表了太康文学的主要倾向。文学理论方面,他的《文赋》是我国文学理论发展史上第一篇系统的创作论,对后世的文学创作和理论发展,产生了重要影响。陆机所作诗、赋、文章,共 300 多篇。有《陆平原集》。

【阅读欣赏提示】

这篇赋是我国文学批评史上的重要作品,对文学创作中的物、意、文三者的关系作了深入的考察，对创作中的酝酿、构思、技巧、感兴、灵感等一系列问题作了细致的论述，在艺术表现上，讲究骈偶，句型整炼，属对工稳，譬喻丰富而贴切，将抽象的文学创作过程变为直观可感的形象，文中多警策之语。是六朝骈体赋的代表作。

【思考与练习】

1. 将以下句子译成现代汉语：
（1）游文章之林府，嘉丽藻之彬彬，慨投篇而援笔，聊宣之乎斯文。
（2）于是沈辞怫悦，若游鱼衔钩而出重渊之深；浮藻联翩，若翰鸟缨缴而坠曾云之峻。
（3）或因枝以振叶，或沿波而讨源；或本隐以之显，或求易而得难；或虎变而兽扰，或龙见而鸟澜。
（4）或託言于短韵，对穷迹而孤兴；俯寂寞而无友，仰寥廓而莫承。

2. 这篇赋中充分运用了比喻的手法，请你从文中找出四个比喻句，分别说明它们的本体与喻体。

3. 请为这篇赋划分层次，并概括大意。

闲情赋并序

陶渊明

初，张衡作《定情赋》，蔡邕〔音 yōng〕作《静情赋》，检〔约束〕逸辞〔放纵的言辞〕而宗澹泊〔恬淡寡欲〕，始则荡〔发散〕以思虑，而终归闲正〔雅正〕。将以抑流宕〔自流放荡〕之邪心，谅有助于讽谏。缀文〔作文〕之士，奕代〔累代〕继作；并因触类〔触类旁通〕，广其辞义。余园闾〔里巷的大门〕多暇，复染翰〔毛笔〕为之；虽文妙不足，庶〔或许〕不谬〔违背〕作者之意乎。

夫何瑰逸之令〔美善〕姿，独旷世以秀群〔秀美出众〕。表倾城〔倾覆邦国，多指绝色美女〕之艳色，期〔期望〕有德于传闻〔关于佳人的传说〕。佩鸣玉以比洁，齐〔同〕幽兰而争芬。淡〔以……为淡〕柔情于俗内〔世俗者的内心情感〕，负雅志于高云。悲晨曦

〔阳光〕之易夕,感人生之长勤〔长苦〕,同一尽于百年,何欢寡而愁殷〔盛,多〕!褰〔音 qiān,同"搴"〕朱帏而正坐,汎清〔高洁〕瑟以自欣。送纤指之余好〔余音不绝〕,攘〔捋〕皓袖之缤纷。瞬美目以流眄〔音 miǎn,斜视〕,含言笑而不分。

曲调将〔近〕半,景〔"影"之本字〕落西轩〔窗〕。悲商〔此指秋风〕叩林,白云依山。仰睇〔音 dì,凝视〕天路,俯促〔拨动〕鸣弦。神仪妩媚,举止详妍〔安详美好〕。激清音以感余,愿接膝以交言〔交谈〕。欲自往以结誓,惧冒礼之为愆〔过错〕;待凤鸟〔以凤鸟喻爱情信使〕以致辞,恐他人之我先。意惶惑而靡宁,魂须臾而九迁〔多次变化〕。

愿在衣而为领,承华〔华美〕首之余芳;悲罗襟之宵离〔夜晚离开〕,怨秋夜之未央〔未尽〕。愿在裳而为带,束窈窕〔美好貌〕之纤身。嗟温凉〔冷暖〕之异气,或脱故〔旧〕而服新。愿在发而为泽〔发膏〕,刷玄鬓于颓肩〔柔肩〕。悲佳人之屡沐,从白水而枯煎〔枯竭,被水冲走〕。愿在眉而为黛〔青黑颜料,用以画眉〕,随瞻视以闲扬〔眉目清秀〕;悲脂粉之尚鲜,或取毁于华妆。愿在莞〔音 guǎn,草席〕而为席,安弱体于三秋;悲文茵〔有花纹的坐垫〕之代御,方经年而见求〔被用〕!愿在丝而为履〔鞋〕,附素足以周旋〔进退〕;悲行止之有节〔区别〕,空委弃于床前。愿在昼而为影,常依形而西东;悲高树之多荫,慨〔感叹〕有时而不同〔同行〕。愿在夜而为烛,照玉容于两楹〔厅堂前的柱子〕;悲扶桑〔代指太阳〕之舒〔放出〕光,奄〔覆盖〕灭景〔"影"之本字〕而藏明。愿在竹而为扇,含凄飙〔指凉风〕于柔握;悲白露之晨零,顾襟袖以缅邈

〔遥远〕。愿在木而为桐,作膝上之鸣琴;悲乐极以哀来,终推我而辍〔停止〕音。

考〔细想〕所愿而必违,徒契契〔苦苦不舍〕以苦心。拥劳情〔苦心〕而罔〔无〕诉,步容与〔徘徊不进貌〕于南林。栖〔休憩〕木兰之遗露,翳〔音yì,遮蔽〕青松之余阴。倘〔或许〕行行之有觌〔音dí,相见〕,交欣惧于中襟〔心中〕;竟寂寞而无见,独悁〔放弃〕想以空寻。

敛轻裾以复路〔原路返回〕,瞻夕阳而流叹。步徙倚〔徘徊〕以忘趣,色悽悽而矜颜。叶燮燮〔音xiè,叶落声〕以去条,气凄凄而就寒。日负影以偕没,月媚景〔呈现出明媚之光〕于云端。鸟凄声以孤归,兽索〔求〕偶而不还。悼当年〔今年〕之晚暮,恨兹岁之欲殚〔将尽〕。思宵梦以从〔追随〕之,神飘飖〔摇摆不定貌〕而不安;若凭舟之失棹,譬缘崖而无攀。

于时毕昴〔两星宿名,代指秋天〕盈轩,北风凄凄,忉忉〔形容不能闭眼入睡〕不寐,众念徘徊。起摄带〔束衣带〕以伺〔等待〕晨,繁霜粲〔明亮〕于素阶。鸡敛翅而未鸣, 笛流远〔远远传播〕以清哀;始妙密〔曼妙和谐〕以闲和〔娴雅谦和〕,终寥亮〔同"嘹亮"〕而藏摧〔即摧脏,形容痛彻心扉〕。意夫人之在兹,托行云以送怀;行云逝而无语,时冉冉〔逐渐推移〕而就过。徒勤思而自悲,终阻山而带河。迎清风以祛累〔清除忧虑〕,寄弱志〔懦弱情怀〕于归波。尤〔责怪〕《蔓草》之为会,诵《邵南》〔即"召南"〕之余歌。坦万虑以存诚,憩〔休止〕遥情于八遐〔遥远之地〕。

【阅读欣赏提示】

　　这是陶渊明写的一篇言情而深有寄托的赋。赋的前半部分写了著名的"十愿"，每"愿"之后都有一"悲"，构思奇特，缠绵动人，突出了赋文铺陈的特点；后半部分将相思之情刻画得细致入微。赋前小序指出"并因触类，广其辞义"，可以看出，这是一篇仿作，仿张、蔡二赋"始则荡以思虑，而终归闲正"，即开始表达对佳人的思慕，最终以闲适守正作结。在愿望得不到实现时，超然高举，坦虑存诚。在艺术技巧方面，突出的特点在于充分运用赋体文学善于铺排之特色来表现爱情心理，语言上多用骈偶、对仗，流畅率真且不失典雅。

【思考与练习】

1. 作者为什么在篇末要提到"尤《蔓草》之为会，诵《邵南》之余歌"？
2. 请分析作者笔下的"佳人"的形象。
3. 作者是从哪几个方面来表现人物心理的？

别　赋

江淹

　　黯然〔心神沮丧〕销魂〔丧魂落魄〕者，唯别而已矣。况〔比如〕秦、吴兮绝国，复燕、宋兮千里。或春苔兮始〔初〕生，乍〔突然〕秋风兮暂起。是以行子肠断，百感凄恻。风萧萧而异响，云漫漫而奇色。舟凝滞于水滨，车逶迟〔徘徊不行貌〕于山侧。櫂容与〔荡漾不前貌〕而讵前〔滞留不前〕？马寒鸣而不息。掩金觞而谁御〔进用〕，横〔横持〕玉柱〔指琴〕而沾轼〔车前的横木〕。居人愁卧，怳〔同"恍"，丧神失意貌〕若有亡。日下壁而沉彩〔日光西沉〕，月上轩而飞光。见红兰之受露，望青楸〔音qiū〕之离〔遇〕霜。巡层楹而空掩〔掩门〕，抚锦幕而虚凉。知离梦之踯躅〔徘徊不前貌〕，意〔料想〕别魂之飞扬〔飞散而无着落〕。

　　故别虽一绪，事乃万族〔种类〕。

至若龙马〔八尺以上之马〕银鞍，朱轩绣〔彩饰〕轴，帐〔设帷帐〕饮东都，送客金谷。琴羽张〔调弦〕兮箫鼓陈〔列〕，燕、赵歌兮伤美人。珠与玉兮艳暮秋，罗与绮兮娇上春〔初春〕。惊驷马之仰〔抬起头〕秣〔吃草〕，耸〔惊动〕渊鱼之赤鳞。造〔等到〕分手而衔涕〔含泪〕，感寂寞而伤神。

乃有剑客惭恩〔惭于未报之恩〕，少年报士〔心怀报恩之念的侠士〕。韩国赵厕，吴宫燕市，割慈忍爱，离邦去里。沥泣〔洒泪哭泣〕共诀，抆〔音wěn，擦拭〕血相视。驱征马而不顾，见行尘之时起。方衔感〔怀恩感遇〕于一剑，非买价〔以生命换取金钱〕于泉里〔黄泉〕。金石震而色变，骨肉〔亲人〕悲而心死。

或乃边郡未和〔有战事〕，负羽从军；辽水无极，雁山参云。闺中风暖，陌上草熏。日出天而曜景〔闪射光芒〕，露下地而腾文〔闪耀绚烂的色彩〕。镜〔照〕朱尘之照烂〔鲜明绚烂〕，袭青气之烟煴〔同"氤氲"〕。攀桃李兮不忍别，送爱子〔爱人〕兮沾罗裙。

至于一赴绝国，讵〔岂有〕相见期？视乔木兮故里，决北梁兮永辞。左右兮魂动，亲宾兮泪滋。可班〔铺设〕荆〔树枝〕兮赠恨，唯樽〔同"樽"，酒器〕酒兮叙悲。值秋雁兮飞日，当白露兮下时。怨复怨兮远山曲，去复去兮长河湄〔水边〕。

又若君居淄右，妾家河阳，同琼佩〔琼玉之类的佩饰〕之晨照，共金炉之夕香。君结绶〔系官印的丝带〕兮千里，惜瑶草之徒芳。惭幽闺之琴瑟，晦高台之流黄〔黄色丝绢〕。春宫閟〔音 bì，关闭〕此青苔色，秋帐含兹明月光。夏簟〔音 diàn，竹席〕清兮昼不暮，冬釭〔音 gāng，灯〕凝兮夜何长！织锦曲兮泣已尽，回文诗兮影独伤。

傥〔同"倘"〕有华阴〔华山〕上士，服食还山。术既妙而犹学，道已寂〔进入微妙之境〕而未传。守丹灶〔炼丹炉〕而不顾〔顾问尘俗〕，炼金鼎而方坚。驾鹤上汉，骖〔音 cān〕鸾腾天。蹔〔同"暂"〕游万里，少别〔小别〕千年。惟世间兮重别，谢〔告辞〕主人兮依然。

下〔人间〕有芍药之诗，佳人之歌。桑中〔卫国地名〕卫女，上宫〔陈国地名〕陈娥。春草碧色，春水渌〔音 lù，清澈的水波〕波。送君南浦，伤如之何！至乃秋露如珠，秋月如珪〔音 guī，美玉〕。明月白露，光阴往来。与子之别，思心徘徊。

是以别方〔别离的情况〕不定，别理千名〔种类〕，有别必怨，有怨必盈〔充盈〕；使人意夺神骇，心折骨惊。虽渊、云〔王褒与扬雄〕之墨妙，严、乐〔严安与徐乐〕之笔精，金闺〔长安金马门〕之诸彦〔士之美称〕，兰台〔汉代朝廷藏书处〕之群英，赋有凌云之称，辩有雕龙之声，谁能摹暂离之状，写永诀之情者乎！

【作者简介】

江淹（444—505年），字文通，祖籍济阳考城（今河南兰考东）。南朝文学家。历仕宋、齐、梁三代。辞赋遣词精工，多属抒情小赋，词采华美，长于写人的心理活动，其中最有名的是《恨赋》和《别赋》，历代为人传诵。有《江文通集》传世。

【阅读欣赏提示】

这篇赋以浓郁的抒情笔调，通过环境烘托、情绪渲染、心理刻画等艺术方法，对富豪、侠客、戍人、游宦、道士、情人等的别离进行分门别类的描写，写出了一般中的特殊，极富个性化色彩。全赋辞章华丽，文笔流畅。尤为可贵的是，作者在用典和藻饰的同时，间有富于诗意的白描,语言明白晓畅,兼有华丽典雅与自然清新之美。

【思考与练习】

1. 作者是怎样以环境烘托人物心理的?
2. 本赋中描写了哪几类离别?各有什么特点?
3. 翻译下面这段文字:

君结绶兮千里,惜瑶草之徒芳。惭幽闺之琴瑟,晦高台之流黄。春宫閟此青苔色,秋帐含此明月光,夏簟清兮昼不暮,冬凝兮夜何长!织锦曲兮泣已尽,回文诗兮影独伤。

春　赋

庾信

宜春苑〔秦汉时的苑囿名〕中春已归,披香殿〔汉时宫殿名〕里作春衣。新年鸟声千种啭〔音zhuǎn,鸟鸣宛转清脆〕,二月杨花〔指柳絮〕满路飞。河阳一县并是〔此〕花,金谷〔晋代石崇的金谷园〕从来满园树。一丛香草足碍人〔留人〕,数尺游丝〔春天虫子吐出的丝线〕即横路。开上林〔秦汉时的苑囿名〕而竞入,拥河桥〔浮桥名〕而争渡。

出丽华〔东汉光武帝刘秀的皇后名阴丽华〕之金屋,下飞燕〔汉成帝皇后赵飞燕〕之兰宫〔汉代宫妃所居之室〕。钗朵〔像花朵一样的金钗〕多而讶重〔惊异其重〕,髻鬟〔环形发鬓〕高而畏风。眉将〔和……比〕柳而争绿,面共桃而竞红。影来池里,花落衫中。

苔始绿而藏鱼,麦才青而覆雉〔音zhì,锦鸡〕。吹箫弄玉〔秦穆公女〕之台,鸣佩凌波之水。移戚里〔西汉时里贵戚居住的地方〕而家富,入新丰而酒美。石榴聊〔姑且,暂且〕泛〔泛杯〕,蒲桃〔同"葡萄"〕酸醅〔音pò pèi,未过滤的再酿酒〕,芙蓉玉碗,莲子金杯。新芽竹笋,细核杨梅。绿珠〔西晋石崇的爱妾,善吹弹〕捧琴至,文君〔当垆卖酒之卓文君〕

送酒来。玉管初调,鸣弦暂抚。《阳春》〔古曲名〕、《渌水》〔古诗名〕之曲,对凤、回鸾〔形容舞姿〕之舞。更炙〔熏烤〕笙簧,还移筝柱〔以柱调节曲调〕。月入歌扇〔歌女手持如月的团扇作舞〕,花承〔指鼓架〕节鼓〔一种调节乐音的大鼓〕。协律都尉〔汉代掌管音乐的官职〕,射雉中郎〔西晋潘岳有《射雉赋》,又曾任过中郎将〕。停车小苑,连骑长杨〔汉代宫名〕。金鞍始被,柘〔音zhè〕弓新张。拂尘看马埒〔音liè,跑马之道〕,分朋〔分对〕入射堂。马是天池之龙种,带乃荆山之玉梁。艳锦安天鹿,新绫织凤凰。

三日〔三月三日之省文〕曲水向河津,日晚河边多解神〔敬谢神明〕。树下流杯〔即"泛杯"〕客,沙头渡水人。镂薄〔薄同"箔",为女子饰物〕窄衫袖,穿珠帖领巾。百丈山头日欲斜,三晡〔申时之末,约黄昏时分〕未醉莫还家。池中水影悬胜镜〔即"胜悬镜"〕,屋里衣香不如花。

【作者简介】

庾信(513—581年),字子山,新野(今属河南)人。善诗赋骈文。其骈文、骈赋代表了南北朝骈文、骈赋的最高成就,《哀江南赋》是其代表作。

【阅读欣赏提示】

这篇赋名为《春赋》,重在写"游春",叙写宫苑春色,铺陈游春之乐,表现了对人生中欢乐时光的留恋。赋中交织着浓郁的青春气息和贵族气派,语言华艳,注重音节、色彩之美。赋中夹有大量对仗工整的诗句,使得此赋予音韵美、构图美之外,富有更多的诗味。

【思考与练习】

1. 翻译下列句子:
(1) 眉将柳而争绿,面共桃而竞红。影来池里,花落衫中。
(2) 绿珠捧琴至,文君送酒来。

(3) 三日曲水向河津，日晚河边多解神。树下流杯客，沙头渡水人。
2. 这篇赋描写了哪几个场景？
3. 此赋篇名《春赋》，但有大量篇幅是写游春之乐，为什么要这样写？
4. 请分析并体会这篇赋的色彩之美。

涧底寒松赋并序

王勃

岁八月壬子，旅游于蜀。寻茅溪之涧，深溪绝磴〔音dèng，石头台阶〕，人迹罕到，爰有松焉。冒霜停雪，苍然〔草木森然貌〕百丈，虽崇柯〔树木〕峻颖〔此指树梢〕，不能踰其岸。呜呼！斯松讬非其所，出群之器，何以别乎？盖物殊类而合情，士因感而兴成。遂作赋曰：

惟松之植，于涧之幽，盘柯跨嵚〔山不平貌〕，沓柢〔音dǐ，树根〕凭流。寓天地兮何日，霑〔濡，湿润〕雨露兮几秋。见时华之屡变，知俗态之多浮。故其磊落殊状，森梢峻节〔高尚的节操〕，紫叶吟风，苍条振雪。嗟英鉴〔辨别，此指赏识〕之希遇，保贞容〔贞洁之姿〕之未缺。攀翠崿〔音è，险峻之山崖〕而形疲，指丹霄而望绝。已矣哉！盖用轻〔指物微才小〕则资众，器宏〔指才大者〕则施寡。信栋梁之已成，非榱桷〔音cuī jué，屋椽〕之相假。徒志远而心屈，遂才高而位下。斯在物而有焉，余何为而悲者！

【作者介绍】

王勃（650—676年），字子安，绛州龙门（今山西河津）人，初唐著名的诗人，为"初唐四杰"之一。未冠便应举及第，授朝散郎。后渡海溺水，惊悸而卒，年仅27岁。王勃的诗多抒发个人情志，也有一些抨击时弊之作，其中写离别怀乡之作较为著名。亦长于辞赋，最具有代表性的作品是《滕王阁序》。其赋予华艳中，多磊落不平之气。王勃的诗文集原有

30卷,现仅存《王子安集》16卷。

【阅读欣赏提示】

这是一篇咏物抒怀的小赋。通过对涧底寒松的描绘,抒发了自己怀才不遇,生不逢时的愤慨。此赋讲求韵律,不事用典,语言简洁而形象生动,篇中自有英拔之气。

【思考与练习】

1. 翻译下列句子:
（1）盘柯跨崄,沓柢凭流。寓天地兮何日,霑雨露兮几秋。
（2）故其磊落殊状,森梢峻节,紫叶吟风,苍条振雪。
（3）攀翠崿而形疲,指丹霄而望绝。
2. 将本赋和西晋诗人左思《咏史》进行比较,两文在内容与表达方式上有何异同?
郁郁涧底松,离离山上苗。以彼径寸茎,荫此百尺条。世胄蹑高位,英俊沈下僚。地势使之然,由来非一朝。金张藉旧业,七叶珥汉貂。冯公岂不伟,白首不见招。

秋 声 赋

欧阳修

欧阳子〔作者自称〕方夜读书,闻有声自西南来者,悚然〔音 sǒng,惊惧貌〕而听之,曰:"异哉!"初淅沥〔雨雪的声音〕以萧飒〔风声〕,忽奔腾而砰湃〔同"澎湃",浪涛冲激声〕,如波涛夜惊,风雨骤至。其触于物也,纵纵铮铮,金铁皆鸣;又如赴敌之兵,衔枚〔竹片〕疾走〔奔〕,不闻号令,但闻人马之行声。余谓童子:"此何声也?汝出视之。"童子曰:"星月皎洁〔明亮洁白〕,明河〔明亮的银河〕在天。四无人声,声在树间。"

予曰:"噫嘻〔感叹声〕,悲哉!此秋声也,胡为〔为何〕而来哉!盖夫秋之为状〔景象〕也,其色惨淡〔阴暗无色〕,烟霏〔飘扬〕云敛〔收敛〕;其容清明,天高日晶；其气慄冽〔寒冷〕，砭〔以针刺治病〕人肌骨；其意萧条，山川寂寥〔寂静空旷〕。故其为声也，凄凄切切，呼号奋发。丰草绿缛〔碧绿茂密〕而争茂，佳木葱茏〔青翠而茂盛〕而可悦。草拂〔遭遇〕之而色变，木遭之而叶脱。其所以摧败零落者，乃其一气〔指秋气〕之余烈〔余威〕。"

"夫秋，刑官〔按《周官》说，司寇为秋官，掌刑狱〕也，于时为阴〔春夏为阳，秋冬为阴〕；又兵象〔战争的象征〕也，于行〔五行〕为金。是谓天地之义气〔指秋为阴阳二气的正常变化〕，常以肃杀〔严酷萧瑟〕而为心。天之于物，春生秋实，故其在〔表现在〕乐也，商声主西方之音，夷则为七月之律。商，伤也，物既老而悲伤；夷，戮也，物过盛而当杀〔减〕。

"嗟夫！草木无情，有时飘零〔飘散零落〕。人为动物，惟物之灵，百忧感其心，万事劳其形，有动于中，必摇其精。而况思其力之所不及，忧其智之所不能，宜其渥〔音 wò，沾润〕然丹者为槁木，黟〔音 yī，黑的样子〕然黑者为星星〔鬓发花白〕。奈何以非金石之质，欲与草木而争荣。念谁为之戕贼〔残害〕，亦何〔何必〕恨乎秋声？"

童子莫对，垂头而睡。但闻四壁虫声唧唧，如助予之叹息。

【阅读欣赏提示】

这篇赋以秋声为题，抒写了草木被秋气摧残的景象，进而感慨人生常苦，人生易老，提出了"念谁为之戕贼，亦何恨乎秋声？"的观点，脱出了前人"悲秋"的窠臼，表现出一种恬静通达的人生态度。本篇以散文为主，同时又保留了赋体的形式特征，是代表"古文家"赋的成熟作品。赋中写秋风，采用了化虚为实的手法，生动形象。写秋景，则从"秋色"、"秋容"、"秋气"、"秋意"四个方面来渲染了萧瑟的氛围。

【思考与练习】

1. 这篇赋是怎样描写秋声的？
2. 作者在赋里想要表达的主题是什么？
3. 翻译下面这一段文字：

夫秋、刑官也，于时为阴；又兵象也，于行用金；是谓天地之义气，常以肃杀而为心。天之于物，春生秋实。故其在乐也，商声主西方之音；夷则为七月之律。商，伤也，物既老而悲伤；夷，戮也，物过盛而当杀。嗟乎！草本无情，有时飘零。人为动物，惟物之灵。百忧感其心，万事劳其形。有动于中，必摇其精。而况思其力之所不及，忧其智之所不能，宜其渥然丹者为槁木，黟然黑者为星星，奈何以非金石之质，欲与草木而争荣。念谁为之戕贼，亦何恨乎秋声！

长 沙 赋

陈录社

激荡神州，潮落潮涨，岳麓山下，长拥〔拥有〕坚毅之民；极目楚天，云卷云舒，橘子洲头，自有巍峨〔高大貌〕之城。星城长沙，华夏明珠。北接洞庭碧波，南连潭株新城；东屏〔以……为屏〕赣省绿障，西迤〔延伸〕常益沃野。

曰历史古城，驰名中外。廿〔音niàn，二十〕万年远，石斧递传行者信息；七千载近，部落相闻鸡犬声音。云雷纹器〔商代陶器〕识上古生活，四羊方尊见先民智慧。溯〔追求根源〕殷商，域属三苗〔古国名〕；至西周，始名长沙。楚人筑城池而文明扬播，秦王立郡治而湘川望抚〔安抚，治理〕。为三湘首府，数千载不变；领四水风骚，逾百代弥〔更〕鲜。大汉气象，马王堆中窥豹，古墓洞开惊世界；三国风云，走马楼下翻卷，吴简骤现动九州。古迹斑斑，岁月苍苍；思绪渺渺〔辽阔无际貌〕，感慨端端〔众多貌〕。

曰革命圣城，伟人故里。民风淳朴而骁〔音xiāo〕勇，士林好学而尚〔尊〕义。敢于抗争，不怕牺牲；心忧天下，敢为人先。杜弢〔音tāo〕率流民反晋暴政，李芾〔音fèi〕守孤城抗元强敌。逐俄西遁〔逃〕，湖湘子弟满天山。革命风起云涌，豪杰虎跃龙腾。谭嗣同变法维新流血第一人，唐才常武装暴动舍身取义冠烈士。民国元勋〔首功〕黄克强，有史必有斯人；警世〔警戒世人，使醒悟〕先锋姚宏业，存名必存浩气。噫吁兮〔发语词〕，若道中华国果亡，除非湖南人尽死！毛泽东横空出世，指点江山，激扬〔激浊扬清〕文字，文韬武略绝前后；刘少奇筚〔音bì〕路蓝缕，追求真理，矢志〔立誓决定〕主义，安邦定国居伟功。柳直荀殉难，征人一去无消息；杨开慧就义，长空万里舞忠魂。宁乡为"四髯"〔音rán，胡须〕故里，浏阳乃将军之乡。百战百胜誉军界，大将劲光名赫；好人好事名全球，战士雷锋称奇。英雄俊杰，不可胜数，志士仁人，灿若星汉〔银河〕。

曰文化名城，潇湘洙泗〔洙水和泗水，孔子讲学洙泗之间〕。文脉承传，弦歌不绝。屈原放逐，湘江徘徊，长太息〔叹息〕以掩涕兮，哀民生之多艰；贾谊贬谪，北阙遥望，久噫吁而怆然兮，恨鹏鸟之折翼。定王台前追源流，思母长情犹在；坐堂医生〔指张仲景〕留美名，纪泽〔恩惠〕丰碑尚存。邓粲〔东晋史学家〕著述《晋记》，笔法〔体例〕续接《春秋》；宋度〔东汉时长沙太守〕移风易俗，仁政惠及深山。东晋陶将军〔东晋长沙刺史陶侃〕勤劬〔辛劳〕，人民安居乐业；大唐杨都督〔即杨志本〕善理，风〔教化〕化著于衡湘。宋之问凄惶憔悴过潭州，李太白一去长沙为迁客。诗圣杜工部，流落湘水，愁吟"万姓疮痍〔创伤〕合，群凶嗜欲肥"，忧时情溢言表；文武辛稼轩〔辛弃疾〕，练兵营盘，朗唱"要挽银河仙浪，西北洗胡沙"，慷慨志逼霄汉。翰墨之冠欧阳询誉满天下，草书狂僧怀素独步书坛。思邈集中医大成，李畋为烟花鼻祖。岳麓书院，千年学府。源起濂溪〔周敦颐〕先生，《通书》定基础；创自胡氏父子〔胡安国、胡宏〕，《知言》奉经典。朱张〔朱熹、张栻〕会讲，百世佳话。遂有经世致用、实事求是，湖湘文化精髓；号称惟楚有才，于斯为盛，贤达纷至沓来。终明潇湘士子，垂范有王守仁、陈论、周式，皆当朝鸿儒；清季中兴将相，昭名者曾涤生〔曾国藩〕、左季高〔左宗棠〕、郭嵩焘，俱一时俊杰。

曰山水洲城，美不胜收。岳麓山西屏，四季图画，春花夭〔茂盛美丽〕，夏绿滴，秋果黄，冬雪洁，无景不美。最爱晚秋，霜叶红于二月花。湘江水穿城，一条碧带，清风徐，船影繁，游云舒，柳枝柔，满江风情。尤怜〔尤其喜爱〕仲夏，涛声日夜下洞庭。橘子洲长卧，中流艨艟〔古代战船〕，橘飘香，莺啼翠，廊回曲，亭绕絮〔烟雾缠绕〕，一岛幽清。且去倚栏，绵长乡愁暮笛起。风鸣铎铃，天心阁登高情怡；塔摇清波，烈士园缅怀心肃。晨练沿江彩带，老幼各得其乐；晚登杜甫江阁，诗家逸兴遄飞〔勃发〕。处处风光都美好，时时景色尽宜人。

曰发展新城，日异月殊。文夕一把火〔文夕大火〕，古城化灰烬；京华一声宣，新生肇〔开始〕始端。建城市，五十年弹指间，七里城廓蝶化现代都市。六桥飞架，气势若虹；三环长驱，铁骑奔驰。五一、芙蓉〔道路名〕，康庄大道，畅达东西南北；黄花〔机场名〕、霞凝〔码头名〕，广阔航程，连接七洲五洋。兴工业，白手起家成体系，做大做强蔚壮观。"两区"一路领先，效益年年上层楼。"八园"你追我赶，产值岁岁跨台阶。电视湘军，同行饮誉〔享有声誉〕；出版团队，业内前茅。科技领先，袁隆平、黄伯云，国之瑰宝；体育称强，刘璇、龚智超，奥运健将。教育有中南跻身名校，医疗是湘雅齐肩协和。湘绣为四绣之首，湘菜乃后起之秀。"三农"气象好，田园别一色。百里苗木花卉，长廊美景；万顷有机茶叶，满坡馨香。家家新房荫翠绿，户户机车扬欢欣。盘点新世纪，业绩堪自夸：综合实力省会居前列，社会事业中部冠三甲；宜居城市，美好家园，朝气蓬勃，青春洋溢。富强长沙，已成现实；和谐星城，正涌大势。拙笔难绘无限风光，短赋不穷丰富内涵。诗云：清湘北去意悠悠，千载光阴付碧流。多少辉煌成往事，还将壮志写春秋。

【作者简介】

陈录社，当代作家。长于古典诗词创作，能以古体写新声。著有《郴州诗稿》、《湖湘诗稿》、《麓山诗稿》等作品集。

【阅读欣赏提示】

　　这篇赋作为《百城赋》之一刊于《光明日报》。它比较全面地介绍了长沙的历史文化、革命传统、山水特色以及发展新貌。和古人的赋相比较，此赋用语朴实，不像古人那样嗜用典故、雕镂辞藻，所以读来明白晓畅、气势连贯。作为以旧体裁写现实生活的作品，贴近读者和生活，具有浓厚的当代气息。

【思考与练习】

1. 这篇赋主要写了长沙的哪些方面？
2. 作者是怎样描绘长沙作为"山水洲城"的美景的？在构图、用词上有什么特点？
3. 翻译"曰文化名城"这一段。

拓 展 阅 读

风　赋

宋玉

　　楚襄王游于兰台之宫，宋玉、景差侍。有风飒然而至，王乃披襟而当之，曰："快哉此风！寡人所与庶人共者邪？"宋玉对曰："此独大王之风耳，庶人安得而共之！"

　　王曰："夫风者，天地之气，溥畅而至，不择贵贱高下而加焉。今子独以为寡人之风，岂有说乎？"宋玉对曰："臣闻于师：枳句来巢，空穴来风。其所托者然，则风气殊焉。"

　　王曰："夫风，始安生哉？"宋玉对曰："夫风生于地，起于青蘋之末，侵淫豁谷，盛怒于土囊之口，缘太山之阿，舞于松柏之下，飘忽溯滂，激飏熛怒。耿耿雷声，回穴错迕，蹶石伐木，梢杀林莽。至其将衰也，被丽披离，冲孔动楗，眴焕粲烂，离散转移。故其清凉雄风，则飘举升降，乘凌高城，入于深宫。邸华叶而振气，徘徊于桂椒之间，翱翔于激水之上。将击芙蓉之精，猎蕙草，离秦蘅，槩新夷，被荑杨，回穴冲陵，萧条众芳。然后徜徉中庭，北上玉堂，跻于罗帷，经于洞房，乃得为大王之风也。故其风中人，状直憯悽惏慄，清凉增欷。清清泠泠，愈病析酲，发明耳目，宁体便人。此所谓大王之雄风也。"

王曰："善哉论事！夫庶人之风，岂可闻乎？"宋玉对曰："夫庶人之风，塕然起于穷巷之间，堀堁扬尘，勃郁烦冤，冲孔袭门。动沙堁，吹死灰，骇溷浊，扬腐余，邪薄入瓮牖，至于室庐。故其风中人，状直憞溷郁邑，殴温致湿，中心惨怛，生病造热。中唇为胗，得目为蔑，啗齰嗽获，死生不卒。此所谓庶人之雌风也。"

鵩鸟赋

贾谊

单阏之岁兮，四月孟夏，庚子日斜兮，鵩集予舍。止于坐隅兮，貌甚闲暇。异物来萃兮，私怪其故。发书占之兮，谶言其度，曰："野鸟入室兮，主人将去。"请问于鵩兮："予去何之？吉乎告我，凶言其灾。淹速之度兮，语予其期。"

鵩乃叹息，举首奋翼；口不能言，请对以臆：

"万物变化兮，固无休息。斡流而迁兮，或推而还。形气转续兮，变化而蟺。沕穆无穷兮，胡可胜言！

"祸兮福所依，福兮祸所伏；忧喜聚门兮，吉凶同域。彼吴强大兮，夫差以败；越栖会稽兮，勾践霸世。斯游遂成兮，卒被五刑；傅说胥靡兮，乃相武丁。夫祸之与福兮，何异纠缪；命不可说兮，孰知其极！

"水激则旱兮，矢激则远；万物回薄兮，振荡相转。云蒸雨降兮，纠错相纷；大钧播物兮，块圠无垠。天不可预虑兮，道不可预谋；迟速有命兮，焉识其时。

"且夫天地为炉兮，造化为工；阴阳为炭兮，万物为铜。合散消息兮，安有常则？千变万化兮，未始有极，忽然为人兮，何足控抟；化为异物兮，又何足患！小智自私兮，贱彼贵我；达人大观兮，物无不可。贪夫殉财兮，烈士殉名。夸者死权兮，品庶每生。怵迫之徒兮，或趋西东；大人不曲兮，意变齐同。愚士系俗兮，窘若囚拘；至人遗物兮，独与道俱。众人惑惑兮，好恶积亿；真人恬漠兮，独与道息。

"释智遗形兮，超然自丧；寥廓忽荒兮，与道翱翔。乘流则逝兮，得坻则止；纵躯委命兮，不私与己。其生兮若浮，其死兮若休；澹乎若深渊之静，泛乎若不系之舟。不以生故自宝兮，养空而浮；德人无累兮，知命不忧。细故蒂芥兮，何足以疑！"

洛神赋并序

曹植

黄初三年，余朝京师，还济洛川。古人有言，斯水之神，名曰宓妃。感宋玉对楚王神女之事，遂作斯赋。其辞曰：

余从京域，言归东藩。背伊阙，越轘辕，经通谷，陵景山。日既西倾，车殆马烦。尔乃税驾乎蘅皋，秣驷乎芝田。容与乎阳林，流眄乎洛川。于是精移神骇，忽焉思散。俯则未察，仰以殊观。睹一丽人，于岩之畔。乃援御者而告之曰："尔有觌于彼者乎？彼何人斯，若此之艳也？"御者对曰："臣闻河洛之神，名曰宓妃。然则君王所见，无乃是乎？其状若何？臣愿闻之。"

余告之曰："其形也，翩若惊鸿，婉若游龙。荣曜秋菊，华茂春松。仿佛兮若轻云之蔽月，飘飖兮若流风之回雪。远而望之，皎若太阳升朝霞；迫而察之，灼若芙蕖出渌波。秾纤得衷，修短合度。肩若削成，腰如束素。延颈秀项，皓质呈露。芳泽无加，铅华弗御。云髻峨峨，修眉联娟。丹唇外朗，皓齿内鲜，明眸善睐，靥辅承权。瑰姿艳逸，仪静体闲。柔情绰态，媚于语言。奇服旷世，骨像应图。披罗衣之璀粲兮，珥瑶碧之华琚。戴金翠之首饰，缀明珠以耀躯。

践远游之文履,曳雾绡之轻裾。微幽兰之芳蔼兮,步踟蹰于山隅。

于是忽焉纵体,以遨以嬉。左倚采旄,右荫桂旗。攘皓腕于神浒兮,采湍濑之玄芝。余情悦其淑美兮,心振荡而不怡。无良媒以接懽兮,托微波而通辞。愿诚素之先达兮,解玉佩以要之。嗟佳人之信修,羌习礼而明诗。抗琼珶以和余兮,指潜渊而为期。执眷眷之欸实兮,惧斯灵之我欺。感交甫之弃言兮,怅犹豫而狐疑。收和颜而静志兮,申礼防以自持。

于是洛灵感焉,徙倚彷徨。神光离合,乍阴乍阳。竦轻躯以鹤立,若将飞而未翔。践椒涂之郁烈,步蘅薄而流芳。超长吟以永慕兮,声哀厉而弥长。

尔乃众灵杂遝,命俦啸侣,或戏清流,或翔神渚,或采明珠,或拾翠羽。从南湘之二妃,携汉滨之游女。叹匏瓜之无匹兮,咏牵牛之独处。扬轻袿之猗靡兮,翳修袖以延伫。体迅飞凫,飘忽若神。陵波微步,罗袜生尘。动无常则,若危若安。进止难期,若往若还。转眄流精,光润玉颜。含辞未吐,气若幽兰。华容婀娜,令我忘餐。

于是屏翳收风,川后静波。冯夷鸣鼓,女娲清歌。腾文鱼以警乘,鸣玉鸾以偕逝。六龙俨其齐首,载云车之容裔,鲸鲵踊而夹毂,水禽翔而为卫。

于是越北沚,过南冈;纡素领,回清阳。动朱唇以徐言,陈交接之大纲。恨人神之道殊兮,怨盛年之莫当。抗罗袂以掩涕兮,泪流襟之浪浪。悼良会之永绝兮。哀一逝而异乡。无微情以効爱兮，献江南之明璫。虽潜处于太阴，长寄心于君王。忽不悟其所舍，怅神宵而蔽光。

于是背下陵高，足往神留，遗情想像，顾望怀愁。冀灵体之复形，御轻舟而上溯。浮长川而忘返，思绵绵而增慕。夜耿耿而不寐，沾繁霜而至曙。命仆夫而就驾，吾将归乎东路。揽騑辔以抗策，怅盘桓而不能去。

秋夜七里滩闻渔歌赋

(以"明月白露，光阴往来"为韵)

王棨

七里滩急，三秋夜清。泊桂棹於遥岸，闻渔歌之数声。临风断续，隔水分明。初击楫以兴词，人人骇耳；既舣舟而度曲，处处含情。众籁微收，浓烟乍歇，屏开两面之镜，璧碎中流之月。逃名浪迹，始荡桨以徐来。咀徵含商，俄扣舷而迴发。一水喧豗，旁连钓台。群鸟皆息，孤猿罢哀。激浪不停，高唱而时时过去；凉飙暗起，清音而一一吹来。潺潺兮跳波激射，历历兮新声不隔。初闻而弥觉神清，再听而惟忧鬓白。远而察也，调且异於吴歌；近以观之，人又非其郢客。杳袅悠扬，深山夜长。殊采菱於镜水，同鼓枻于沧浪。泛滥扁舟，逸兴无惭於范蠡；沈浮芳饵，高情不减於严光。况其岸簇千艘，岩森万树。湍奔如雪之浪，衣裹如珠之露。寂凝思以侧聆，悄无言而相顾。此时游子，只添歧路之愁；何处逸人，顿起江湖之趣。由是寥亮清浔，良宵渐深。引乡泪於天末，动离魂於水阴。究彼啴喉，似感无为之化；察其鼓腹，因知乐业之心。既而暗卷纤纶，潜收密网。滩头而犹唱残曲，水际而尚闻馀响。渔人歌罢兮天已明，挂轻帆而俱往。

前赤壁赋

苏轼

壬戌之秋，七月既望，苏子与客泛舟游于赤壁之下。清风徐来，水波不兴。举酒属客，诵明月之诗，歌窈窕之章。少焉，月出于东山之上，徘徊于斗牛之间。白露横江，水光接天。纵一苇之所如，凌万顷之茫然。浩浩乎如冯虚御风，而不知其所止；飘飘乎如遗世独立，羽化而登仙。

于是饮酒乐甚，扣舷而歌之。歌曰："桂棹兮兰桨，击空明兮溯流光。渺渺兮予怀，望美人兮天一方。"客有吹洞箫者，倚歌而和之，其声呜呜然：如怨如慕，如泣如诉；余音袅袅，不绝如缕；舞幽壑之潜蛟，泣孤舟之嫠妇。

苏子愀然，正襟危坐，而问客曰："何为其然也？"

客曰："'月明星稀，乌鹊南飞'，此非曹孟德之诗乎？西望夏口，东望武昌。山川相缪，郁乎苍苍；此非孟德之困于周郎者乎？方其破荆州，下江陵，顺流而东也，舳舻千里，旌旗蔽空，酾酒临江，横槊赋诗；固一世之雄也，而今安在哉？况吾与子渔樵于江渚之上，侣鱼虾而友麋鹿，驾一叶之扁舟，举匏樽以相属；寄蜉蝣与天地，渺沧海之一粟。哀吾生之须臾，羡长江之无穷；挟飞仙以遨游，抱明月而长终；知不可乎骤得，托遗响于悲风。"

苏子曰："客亦知夫水与月乎？逝者如斯，而未尝往也；盈虚者如彼，而卒莫消长也。盖将自其变者而观之，而天地曾不能以一瞬；自其不变者而观之，则物于我皆无尽也。而又何羡乎？且夫天地之间，物各有主。苟非吾之所有，虽一毫而莫取。惟江上之清风，与山间之明月，耳得之而为声，目遇之而成色。取之无禁，用之不竭。是造物者之无尽藏也，而吾与子之所共适。"

客喜而笑，洗盏更酌，肴核既尽，杯盘狼藉。相与枕藉乎舟中，不知东方之既白。

铜马湖赋

汤显祖

若有人兮邓林，怀悠悠兮子襟。卧仙坛于谷口，封天湖之水心。谷口兮流眺，水心兮残照。山中人兮何之？去沧波兮独钓。

若乃春风不寒，春流正宽，红鳞试子，绿草迷芊，揽芳洲兮杜若，倚垂杨之钓竿。及夫文萍即合，珠荷未卷，麦雨飞来，兰风溜转，苔矶之迹全芜，竹屿之丝半展。至如白露霞明，绿溆风清，肥鱼正美，石雁裁鸣，靡芳桂以为饵，泲蒹葭之盈盈。况复素雪纷飘，玄池寂寥，皓明湖其未冻，讵幽山兮见招。漱寒流而队茧，聊卒岁以逍遥。坐飞阑之曲碕，步澄湾之板桥。眺鱼台于月夕，移翠篠于霞朝。玩沈精乎在藻，宁纷波乎市朝？

厥土王生，长为钓侣。比目双抽，文竿对举。鱠彼嘉鱼，陈其芳醑。厌玄洲之共学，憇长杨而并语。侧微棹于归风，濯烦缨于逝渚。其钓维何？载游载歌。歌曰：

水国波臣、渔父贤人。苍梧兮浙水，黄河兮卫津。并垂颐于巨获，亦见巧于纤纶。玩芳湖之铜马，异昆明之石鳞。不羡来提之玉，维浇去住之尘。湖水连天，亭间钓船。豫章之鱼顷刻，凌阳之鲤三年。既就浅兮就深，亦载浮兮载沉。饵何为兮舫旨，钩何为兮香金。镜水中而容与，莞泽畔之沉吟。苟濠鱼兮可乐，计相忘乎直针。

炎 黄 赋

范曾

莽莽天宇，八万里云驰飙作；恢恢地轮，五千年治乱兴亡。邙碣脊脉，逶迤远连昆岗；河洛清波，浩荡奔注海澨。涉彼洪荒，文明肇创；万代千秋蒙庥，厥功在我炎黄。曩昔混沌未开之时，含哺而无釜甑，结绳不见文字。伐檀有人，莫及舟车；蚕桑未采，何来垂裳。《礼》云："故人者，其天地之德、阴阳之交、鬼神之会、五行之秀气也。"伟哉炎黄,据天地之大德,值阴阳之交会,通灵鬼神之际,会道五行之秀。礼行赤县,情系苍生。仰畏天,俯畏人,惟宽仁恭俭,出于自然;而忠恕诚悫,始终如一。不蔽奸佞之谗,不用取容之士。天下咸归,百姓安乐。是以列星随旋,日月递照,风雨博施,万物得和以生,得养以成。嫘祖,黄帝之妃,始创黼织;仓颉,黄帝之臣,以立文字。炎帝之女精卫,衔石而填沧海;炎帝之臣夸父,逐日以迎霞光。乃神乃人,惟载远古;是传是说,宜辅信史。岁月迁流,穷奇斯生,涿鹿风云突变,域中归于一统,百族聚为中华,自中原而滂沛十方。从兹以还,历三代二千余年而入于秦,再历二千余年而有今。天不欲亡我中华,必不亡中华之文化。中华文化,有源以之开流;神州百族,有秩以之共理。炎黄脊梁,遍列九州,姓氏血脉,扬辉全球。龙从云起,先民图腾,乃往昔五千年文明之大标识,亦兹后亿万年之大旌蠹。大道之行,讲信修睦,故国之兴,端赖和谐。宇内各族,世界侨属,齐献瓣香,恭祭先祖。历万万代,共众芳之所在,固信美而永驻。刻石再拜,以颂以祷,斯馨无恙。

宜 宾 赋

魏明伦

天下游人,品评万水千山,问何处适宜宾客?

长江重镇，吸引五湖四海，到此城际会风云。

鼎鼎西南半壁，巍巍水陆码头。纵横三省，吞吐两江。金沙从雪岭而来，岷水经青衣而至。黄浪翻腾，如英雄奔用武之地；碧波荡漾，似佳人赴比美之场。宝地为媒，双水融融合抱；巨龙出世，长江滚滚诞生。早离故土，远方沧海召唤；初上征途，身后翠屏送行。难在起步，贵在开头。万里长江从此伊始，千年古邑因此扬名。

临广场而怀古，抚地标而抒情。听铜鼓鸣雷，来自秦汉；梦马帮踏雾，穿越时空。僰道开丝绸之路，戎州建夷汉之交。僰字从人，岩画遗留人性美；草根多智，悬棺显示智商高。如何飞上险峰，当时似有鹰翅膀；怎样打开谜锁，今日仍无金钥匙。刮目相看，重评夜郎国；沿阶直上，浏览大观楼。叙府中心，古城标志。继范仲淹之宏愿，仿岳阳楼之大观。登斯楼也，心系万家忧乐；望彼岸兮，眼追百代英豪。相如筹策，诸葛平南，韦皋驻节，杜甫游戎。诗化锁江石，涪翁书法放翁咏；笔造流杯池，骚客唱和迁客修。神话传奇，闹海哪吒之桑梓；馆藏记实，抗日女杰之故园。双枪白马，赵一曼武姿震倭寇；铁板红泪，阳翰笙文采映左联。刘华工运领袖，李陶学潮先锋。哲理高深，唐君毅海外倡儒学；墨痕独特，包弼臣蜀中称字妖。

人物同景物兼美，竹海和石海齐名。绿涛万顷，峨嵋姐妹；翠节千秋，潇湘弟兄。胸有成竹雅君子，腹容大海伟丈夫。与竹交友，弱者变强成劲节；以竹为师，狂人戒躁也虚心。有竹必有文化，无石不成地球。天盆装岁月，石海涌汪洋。奇石招手，顽石点头。栩栩如生，脉脉含情。同游客默契，促文人联想。红楼石头记，水浒石碣书，西游石猴史，兴文石海歌。读三书以人喻石，观一景以石喻人。石痴爱美，醉鬼多情。四川酒有口皆赞，五粮液无人不知。高粱红火，包谷金黄，糯米回甜，小麦清香。再配嘉禾大米，合为玉液琼浆。粮为酒之本，曲为酒之骨，水为酒之血，江为酒之魂。前辈秘方，酝酿出浓香魁首；当今绝技，勾兑成白酒状元。初闯旧金山，一举夺冠；再争巴拿马，二度开梅。好酒！好酒！蜚声国际，造福乡里。此城载誉千钧，此酒增辉多少。答案使人陶醉，宜宾别号酒都。

　　举杯叙旧，寻迹钩沉。大学韬光养晦，小镇卧虎藏龙。幽静江安，中国话剧第一圣地；古老李庄，同济大学第二故乡。到此回声入耳，不忘国难当头。山河沦陷，高校撤离京沪；风雨迷茫，师生漂泊江湖。安居需净土，患难识李庄。电文十六字，代表百家东道主；古镇三千口，接待万余下江人。决策者功不可没，小孟尝名不虚传。莘莘学子，如鱼得水；队队鸿宾，似鸟归巢。月亮湾三更灯火，板栗坳五鼓鸡鸣，禹王宫四季松柏，东岳庙六度春秋。江畔书声琅琅，船头号子悠悠。长江水，母亲河。滋润国家瑰宝，浇灌民族栋梁。来时洗尽仆仆风尘，去时多添煌煌巨著。依依告别，款款留题。碑刻银钩铁画，铭记山高水长。

昔年栗峰碑，今日宜宾赋。老友重来，喜看市容嬗变；古人魂返，惊叹世态新奇。高速公路，车如流水；立体交叉，桥似彩虹。民航跑道，仰观银燕；地标广场，俯瞰巨龙。地理占优势，历史赐机缘。活力引四方聚焦，魅力招八面来风。远景渐成近景，蓝图实现宏图。巨型煤田，宝藏取之不竭；梯级电站，金沙用之无穷。集千军，腾万马；超二滩，赶三峡。大坝拦沙，澄清瞿塘激浪；百舸列队，开通溪洛新航。水火核三电同辉，山川林万物添彩。灌区浩瀚，再造一座都江堰；电力雄厚，照亮半个大中华。伟哉！书生醉写赋文，吟浪漫之理想；宜宾脚踏实地，奔锦绣之前程。

深 圳 赋

黄扬略

鹏徙南溟，击水三千，乃有鹏城。处江海交汇，踞中外要津。经几度沧海桑田，雄风蕴乎草泽；证几多民族荣辱，云翼伏于荒丘。侧耳伶仃洋，文天祥哀山河破碎，留取丹心，《正气歌》回肠荡气；引首虎门隘，林则徐怒强虏慢侮，挺身攘臂，民族节烁古励今。送香江汩汩南流，眺彼歌舞繁华地，辄抚膺而太息；临城门深深闭锁，怀我强国富民梦，长北望而延伫。

伟哉邓公！顺天时，秉民意，鼓东风于帷幄，圈特区于边隅。当是时也，四海英才争荟萃，八方豪客竞风流。披肝沥胆，誓创不世之业；围城奔突，甘为问路之石。灯旗岭，风正霾清，北斗星垂，露润南疆千年翠；大鹏湾，百川水暖，月明沙细，珠映齐州九点烟。廿七春秋，捻指而过，几许青丝蓦成雪；华夏之窗，倏挥而就，世人惊呼"一夜城"：

君不见，昔时黄芦苦竹行吟处，千幢高楼平地起。舸舰迷津，五洲货如潮至；摩肩接踵，三江贾似云来。聚寰宇科技之英，花开千树；纳天下才隽之士，孔雀南飞。农家子，揾慈母泪，步履匆匆，足踏异土犹吾土；东邻女，相逢一笑，河梁携手，身处他乡即故乡。至若六龙入海，银花耀空，香车如过江之鲫，仕女若七彩之霓。深南道旁不夜店，珠光宝气，辉映繁星；罗湖桥头金光道，曼舞轻歌，恍如仙境。当今繁华都会，鲜出其右焉。

君不见，昔时罾罟蚝桩渔人村，书香扑面惹人醉。钢琴之城、图书馆城、设计之都，定文化绿洲之位；文博之城、关爱之城、创新之都，掘人文教化之泉。君不见，弄潮儿向潮头立，手把红旗旗不湿。径抛桎梏倡新声，赤县儿郎皆瞩目。近者悦兮远者来，东风尽绿神州树。

掌声如潮逐影来，台榭笙歌，堪堪熏人醉。中军帐内人不寐，拍岸涛声，阵阵催酒醒：前贤匹马著先鞭，如今万骑竞驰骋。肩负千钧，岂甘一城谋富足？

宜将剩勇,为构和谐闯新路!鹏城将士好儿女,闻罢豪情万丈起:破彼硬约束,壮我软实力;更铸创新魂,再迈拓荒步!气干牛斗,风云为之壮色;势吞江汉,南海顿作滔滔。鹏喜而起,振翼欲飞,将负青天而扶摇九万。乃作歌曰:逢盛世兮挹流芳,展宏图兮辉且煌。民为本兮福祉,文载道兮雄起。功德无量兮大和谐,来吾导夫先路!

文体知识·赋

  赋是在汉代兴起的独特的文体,是诗歌和散文结合的文学形式,是诗歌的散文化和散文的诗歌化。赋既有诗歌讲求押韵和形式整饬的特点,又有散文句型自由、无严格的格律限制的特点,兼具诗歌与散文的表现功能。

  赋,起源于战国,形成于汉代,是由楚辞衍化出来的,受战国策士游说辞风的影响,并继承了《诗经》劝讽的传统。关于诗和赋的区别,晋代文学家陆机在《文赋》里曾说:"诗缘情而绮靡,赋体物而浏亮。"也就是说,诗是用来抒发主观感情的,要写得华丽而细腻;赋是用来描绘客观事物的,要写得爽朗而通畅。陆机是晋代文学家,他的话总结了晋代以前的诗和赋的主要特点,但不能局限于此,诗也可以描写事物,赋也有抒发感情的成分,特别是到发展到南北朝时期抒情小赋阶段,赋从内容到形式都起了变化。

  赋源于古诗,奠基于楚辞,形成和兴盛于两汉,其发展经历了汉赋、骈赋、律赋、文赋等几个阶段。

  汉赋是汉代赋体文学的总称,它包括骚体赋、汉大赋和小赋(抒情小赋),但典型的汉赋是大赋。

  骚赋指的是模仿屈原《离骚》等楚辞作品而写成的一种赋。这种赋在内容上侧重于咏物抒情,且多抒发哀怨之情,近于《离骚》的情调。在形式上也与楚辞接近,常用带有"兮"字的语句。如贾谊的《吊屈原赋》、《鵩鸟赋》,司马相如的《长门赋》,司马迁的《悲士不遇赋》。

  大赋是汉赋的典型形式。枚乘的《七发》标志汉大赋的正式形成。司马相如的《子虚赋》和《上林赋》是最典型的作品。大赋在形式上篇幅较长，结构宏大，多采用主客问答的结构形式，一般由小序、正文、结尾三部分组成，韵文与散文相间，散文的成分较多；在内容上以写物为主，以"润色鸿业"（班固《两都赋序》）为目的，兼有讽喻劝谏。艺术上最突出的特点是采用铺张扬厉的手法和博富绚丽的辞藻，对事物作穷形极貌的描写，显示了绵密细致、富丽堂皇的风格特征。其缺点是形式僵硬，缺少文学韵味，加上堆砌辞藻，艰涩难懂，不易引起读者兴味。典型的大赋是宫廷文学，其内容多为为天子歌功颂德，描写国家的富强，宫室苑囿的宏丽，水陆物产的丰饶，帝王生活的奢侈，等等。

小赋在形式上篇幅短小，多用韵文，句式多样。有的通篇用四言，有的四、六言兼用。在内容上侧重于抒写个人的心志，或托物言志，或咏物抒情，也有针砭现实之作。在艺术上继承着大赋的铺排手法，但语言较汉大赋朴素得多，手法精巧灵活、风格多样，有的清丽自然，有的感情激切。汉末的抒情小赋还有诗意化的倾向。张衡的《归田赋》、赵壹的《刺世疾邪赋》、蔡邕的《述行赋》、祢衡的《鹦鹉赋》都是较有名的作品。

魏晋以后，汉赋逐渐演化成体制较小的骈赋（也叫俳赋）。它讲求对仗，语言华美，抒情成分增多，文学气息浓厚起来。如齐梁时代江淹的《别赋》，以华丽的辞藻刻画富豪、侠客、戍人、游宦、道士、情人等各类人的离别心理，文笔极为流畅，具有浓郁的抒情气息。魏晋南北朝时代写赋的人较多，著名的有曹植、王粲、陆机、左思、谢灵运、鲍照、庾信、江淹、徐陵等作家。

唐宋时代科举考试要求作赋，于是骈赋又演化出律赋。律赋有很严的格律：对仗工整，声律严密，指定用韵，限制篇幅。这些要求极大地束缚了作者的创造性。但其中亦有佳作，如唐代王棨《秋夜七里滩闻渔歌赋》（以"明月白露，光阴往来"为韵）。

唐宋两代都出现过"古文"运动，即反对僵化的骈体文，提倡写作刚健质朴、新鲜活泼的散文。其领袖人物韩愈、柳宗元、欧阳修、苏轼等人的散文成就很高，影响很大。受这种优秀散文的影响，骈赋又发生变化，向散文化方向发展，形成文赋。如欧阳修的《秋声赋》写"秋声"能兼及颜色、声音、气氛、感觉、情绪，真把秋天的景况形容殆尽，不愧为名文。此外如杜牧的《阿房宫赋》、苏轼的《前赤壁赋》、《后赤壁赋》，都是文赋的代表作。在所有的赋中，文赋可读性最强。文赋写作比较自由，叙事、抒情、议论皆可，已相当接近散文了。

赋这种文体从汉代到宋代延续了1000多年，宋以后就衰歇了。虽然创作者代有其人，但已不复旧时之盛。

在文学史上，赋有一定地位，特别在汉代，几乎是具有代表性的文体，它在丰富文学语言和提高表达技巧方面对以后的文学产生过好影响。

赋的创作与欣赏，都需要抓住其"兼具诗歌与散文的表现功能"的本质特点，纯粹用典，晦涩难懂固然不符合赋体文学的审美要求，语言浅近，缺少诗化语言同样也不符合赋的要求。应当承认，赋体严格的格调与形制要求确有束缚写作的一面，但如能在保持基本形式与风格的前提下，适应新的时代要求和审美意趣，创新体式，翻新内容，也能写出好的作品。《光明日报》近年连续推出的"百城赋"连载便产生了不少美文。媒体佳评如潮，这充分说明"赋"这种古老的文学形式仍然有其生命力，仍有用武之地。

第五章 联

风景名胜联

苏轼题黄鹤楼联

爽气西来云雾扫开天地憾

大江东去波涛洗净古今愁

【阅读欣赏提示】

　　登古楼观景，容易引发游人的古今愁绪——一种"距离的伤感"（钱钟书语）。此联一反常情，展示出一种胸襟开阔、乐观向上的精神风貌。取天地之景，洗古今之愁，境界阔大，气势磅礴，几乎无憾不扫，无愁不洗。语出豪迈，动人心魄，与其"大江东去"豪放词风同趣。

朱彝尊题嘉兴山晓阁联

不设樊篱恐风月被他拘束

大开户牖放江山入我襟怀

【作者简介】

　　朱彝尊（1629—1709年），字锡鬯，号竹垞，浙江秀水（今嘉兴县）人。康熙时举博学鸿词科，授翰林院检讨，是浙江词派创始者，辑有《曝书亭集》。

【阅读欣赏提示】

朱彝尊故居在今嘉兴王店镇的荷花池南侧,故居院内建有山晓阁,此联是作者为其题的联。上联说"不设樊篱",是为了尽享"清风明月",下联说"大开户牖",是为了尽览大好河山。着"拘束"、"放"两词,将风月江山拟人化,使联语豪放中见亲切。从实处看,此联似乎是表现作者辞官归里、息影林泉的生活情趣。但风月是不会被樊篱遮拦的,"大开户牖"也难以览尽河山。透过字面可以领会作者意不在此。当时虽然清朝已取代明朝,但汉族民众尤其是知识分子的反清意识仍相当强烈。清王朝为巩固其统治,一方面设博学鸿词科以笼络知识分子,另一方面又大兴文字狱,对有汉民族意识和反清思想者横加诛戮。严酷的政治环境使知识分子深感窒息和压抑,迫于压力又只能以隐蔽的方式表达。如果我们把"樊篱"、"户牖"与"风月"、"江山"当作隐喻来读,当作意象来读,便可以感受到对清王朝政治压迫与思想禁锢的不满,对民族文化的坚守与对自我意识的维护。

孙髯题昆明大观楼联

五百里滇池,奔来眼底。披襟岸帻,喜茫茫空阔无边。看东骧神骏,西翥灵仪,北走蜿蜒,南翔缟素。高人韵士,何妨选胜登临。趁蟹屿螺洲,梳裹就风鬟雾鬓;更蘋天苇地,点缀些翠羽丹霞。莫辜负四围香稻,万顷晴沙,九夏芙蓉,三春杨柳

数千年往事,注到心头。把酒凌虚,叹滚滚英雄谁在?想汉习楼船,唐标铁柱,宋挥玉斧,元跨革囊。伟烈丰功,费尽移山心力。尽珠帘画栋,卷不及暮雨朝云;便断碣残碑,都付与苍烟落照。只赢得几杵疏钟,半江渔火,两行秋雁,一枕清霜

【作者简介】

孙髯(约1711-1773年),字髯翁,号颐庵,原籍陕西三原,后寄居云南昆明。孙髯

不肯仕清，终身布衣，贫困潦倒。

【阅读欣赏提示】

　　大观楼在昆明西郊滇池（又称昆明湖）之滨，始建于康熙二十九年，咸丰七年毁于兵火，同治五年重建。楼门前柱上悬挂此联。此联180字，被誉为古今第一长联。冠名"第一"，并非字数之多（超过180字的长联不少，湖南长沙天心阁题联中，周绍绳题联254字，王盾题联302字，李芸青题联456字，所揣最长的是钟祖棻题四川江津城楼联1612字），而是因为此联思想性与艺术性的完美结合达到了前所未有的高度。上联写景，因景盛而喜。先总写滇池风光，再依次写山写水写季节之景，以"喜"字为眼，用"莫辜负"引领，注入作者之情，极为传神。下联抒怀，因世衰而叹。先总写历史回顾，感慨深沉。再自上而下细数历史人物，概括云南史实，显示英雄业绩。最后以悽冷之景作结，以景写情，预示当今王朝必然灭亡的结局。此语与前面轰轰烈烈的英雄业绩形成鲜明对照，又与上联生机勃勃的自然景色形成强烈反衬。联语以其对祖国壮丽河山的深情赞美，对历史的深沉感慨和预示旧世界必然灭亡的卓识巨胆而惊天动地，震古烁今。

朱珔题长沙天心阁联

　　望不断七二峰衡岳，流不尽八百里洞庭，明月当头，如许江山容我醉

　　是谁赋屈大夫离骚，问谁虚贾太傅前席，幽情无限，满城风雨自西来

【作者简介】

　　朱珔（1769－1850年），字玉存，号兰坡，安徽泾县人。清朝嘉庆进士，授编修，任赞善，迁侍讲。

【阅读欣赏提示】

　　此联上联写观望之美景，下联发思古之幽情。天心阁在长沙城中，面临湘江，与岳麓山隔江相对。登阁即可眺望与岳麓山一脉相连的南岳衡山72群峰，俯瞰奔腾不息流入八百里洞庭的滔滔湘水。纵目佳山丽水，引发无限诗情。作者由眼前之景，转入怀古伤今。楚国三闾大夫屈原忠贞爱国却有志难酬，含恨投江。汉代扬雄曾作《反离骚》并将其投入江中以示哀悼。西汉才华横溢的贾谊遭谗言被贬为长沙王太傅。汉文帝刘恒曾在宣室殿召见贾谊问以鬼神之本。李商隐作《贾生》诗"宣室求贤访逐臣，贾生才调更无伦。可怜夜半

虚前席，不问苍生问鬼神"。以上为下联的张本。联语即景抒怀，抚今追昔，感情奔放，格调苍凉。

陈大纲题岳阳楼联

四面湖山归眼底

万家忧乐到心头

【作者简介】

陈大纲，生卒年不详，清朝嘉庆进士，巴陵知县。

【阅读欣赏提示】

岳阳楼坐落在湖南岳阳市西门古城楼，始建于唐朝。岳阳楼俯瞰洞庭，北望长沙，远吞云梦，为登临胜地，有"洞庭天下水，岳阳天下楼"的美誉，与黄鹤楼、滕王阁合称为"江南三大楼阁"。

此联化用范仲淹《岳阳楼记》中"先天下之忧而忧，后天下之乐而乐"名句构思立意，联语有景有情，以景衬情，意境深远，含蕴丰富，对仗工整，确为联中佳作。

窦垿题岳阳楼联

一楼何奇？杜少陵五言绝唱，范希文两字关情，滕子京百废俱兴，吕纯阳三过必醉。诗耶？儒耶？吏耶？仙耶？前不见古人，使我怆然涕下

诸君试看：洞庭湖南极潇湘，扬子江北通巫峡，巴陵山西来爽气，岳州城东道崖疆。潴者，流者，峙者，镇者，此中有真意，问谁领会得来

【作者简介】

窦垿（1804－1865年），字子坫，号兰泉，云南罗平人。清朝道光进士。曾任吏部主事、江东监察御史。

【阅读欣赏提示】

上联以"一楼何奇"引领,却直引四个名人及其事迹:"五言绝唱"指杜甫的《登岳阳楼》诗;"两字关情"指范仲淹的《岳阳楼记》文"先天下之忧而忧,后天下之乐而乐"名句中的"忧"、"乐"两字;"百废俱兴"指滕子京谪守岳州,颇有建树;吕纯阳即吕洞宾,传其酒醉岳阳楼,题诗为"三醉岳阳人不识,朗吟飞过洞庭湖",故联中有"三过必醉"。诗、儒、吏、仙均关涉上述名人。"前不见古人,使我怆然涕下",出自唐代诗人陈子昂的《登幽州台歌》。作者无一字写楼却又字字写楼,即通过与岳阳楼有关的名人名事表现岳阳楼的悠久历史和丰富深厚的文化蕴涵,抚今思昔,不禁发出苍凉浩叹。下联写景,以"请君试看"引领,写出岳阳楼四面景观。"南极潇湘"、"北通巫峡",出自《岳阳楼记》;"西来爽气",出自《世说新语·简傲》中的"西山朝来,致有爽气"。"崖疆"即边界。洞庭湖积纳大川曰"潴",扬子江奔流不息曰"流",巴陵山拔地耸立曰"峙",岳阳城扼守东通鄂豫要道曰"镇"。"此中有真意"两句出自陶渊明的《饮酒》。从写人、写事、写景、写志至此,以问句作结,言尽而意未尽。联语总分总式结构布局,联内自对的对仗形式,名人与胜景的完美融合,加上作者无限的感慨,使之成为内涵丰富、气势非凡、不可多得的佳作。

刘坤一题滕王阁联

兴废总关情,看落霞孤鹜秋水长天,幸此地湖山无恙

古今才一瞬,问江上才人阁中帝子,比当年风景如何

【作者简介】

刘坤一(1830—1902年),字岘庄,湖南新宁人,清末湘军将领,两江总督兼南洋通商大臣。

【阅读欣赏提示】

滕王阁在江西南昌市赣江边,为唐高祖李渊之子李元婴(滕王)所建,以其封号为名。"落霞孤鹜秋水长天"出自王勃《滕王阁序》中"落霞与孤鹜齐飞,秋水共长天一色"。"江上才子"指王勃,"阁中帝子"指滕王。此联上联直接写景,为河山兴盛而喜。下联以问句方式表达了自豪之感,是间接写景。但此联决不止于赞叹自然,"兴废总关情",表明作者对世事兴衰的关怀。"古今才一瞬",反映作者对生命的感慨。一种对祖国河山的赞美感,

今胜于昔的自豪感,慨叹古今的沧桑感和感悟人生的哲理交融在一起,感情健康而丰富,含蕴深厚而美妙。联语借古讴今,用典不泥,情景交融,文笔老练而又活泼。

佚名题杭州西湖湖心亭联

几面烟鬟杨柳外

四周山色雨晴中

【阅读欣赏提示】

名胜庭宇大多与山水风光连在一起,描景抒情便成为撰制名胜亭台楼阁对联的常用手法。此联即摄取湖心亭四周的景物撰制而成,境界似诗如画,极具江南风韵和空濛之美。

王力题桂林月牙山小广寒楼联

甲天下名不虚传,奇似黄山,幽如青岛,雅同赤壁,佳似紫金,高若鹫峰,穆方牯岭,妙逾雁荡,古比虎丘,激动着倜傥豪情:志奋鲲鹏,思存霄汉,目空培嵝,胸涤尘埃,心旷神怡消垒块

冠寰球人皆向往,振衣独秀,探隐七星,寄傲伏波,放歌叠彩,泛舟象鼻,品茗月牙,赏雨花桥,赋诗芦笛,引起了联翩遐想:农甘陇亩,士乐缥缃,工展鸿图,商操胜算,河清海晏庆升平

【作者简介】

王力(1900-1986年),字了一,广西博白人。现代著名语言学家,中国现代语言学的奠基人之一。先后在清华大学、西南联合大学、岭南大学、中山大学、北京大学等校任教授,任中国科学院哲学社会科学部委员、中国语言学会名誉会长、全国政协常务委员等职。著有《王力文集》20卷。

【阅读欣赏提示】

上下联首句以"名不虚传"、"人皆向往"引领一组 8 句自对，冒号后又有一组 4 句自对。上联将桂林与全国各地名胜相比，印证"桂林山水甲天下"的赞语；下联列出桂林种种胜景，印证"人皆向往"。联语各自成对，对仗工稳，借景抒怀，意气风发。与种种胜景相呼应，其动词运用多变，文采斐然。

人文胜迹联

朱熹题福建白云崖书院联

地位清高日月每从肩上过

门庭开豁江山常在掌中看

【作者简介】

朱熹（1130－1200 年），字元晦，又字仲晦，号晦庵，徽州婺源（今江西婺源）人，南宋著名理学家。著述甚丰，代表作有《四书集注》、《诗集传》、《周易本义》、《楚辞集注》等。

【阅读欣赏提示】

白云崖书院在福建彰州龙海县蔡坂村，朱熹任彰州知府时创建，并在此讲学。

此联从书院的地理位置立意。书院名白云崖，可见其地势之高。上联于仰视着笔，极言其高。高处则清冷，故曰"清高"，其中又含有"清高超脱"之意。"日月每从肩上过"写书院的高度，其夸张手法可与李白"危楼高百尺，手可摘星辰。不敢高声语，恐惊天上人"诗句媲美。下联从俯视取景，言其视野广阔。"江山常在掌中看"与杜甫诗句"会当凌绝顶，一览众山小"如出同一机杼。作者在审美眼光的俯仰流动之间，勾画出了一个辽远空阔的宇宙空间，也刻画出了一个顶天立地的巨人形象，写出了书院的高峻峭拔，也写出了人的宏大气魄。

佚名题山海关孟姜女庙联

海水朝朝朝朝朝朝朝落

浮云长长长长长长长消

【阅读欣赏提示】

　　这是一副流传很广的奇联。它的奇特之处主要是叠字异音异义。上联7个"朝"字，第一、第四、第六个"朝"字音 cháo，假借为"潮"，指海潮。第二、第三、第五、第七个"朝"字音 zhāo。下联7个"长"字，第一、第四、第六个"长"字音 zhǎng，第二、第三、第五、第七个"长"字音 cháng。联语应读为"海水潮，朝朝潮，朝潮朝落；浮云长，常常长，常长常消"。联语写海天之景致，壮丽而富有诗意。此联当是在民间不断流传而由文人加工而成。山海关孟姜女庙始建于宋代，此联最早应形成于宋代。又有宋代著名文学家王十朋题浙江温州江心寺联"云朝朝，朝朝朝，朝朝朝散；水长长，长长长，长长长消"，又是一个境界。两联如此巧合，可能存在继承关系。至于明朝徐渭题四川长宁县朝云庙联"朝云朝，朝朝朝，朝朝朝退；长水长，长长长，长长长流"，其继承关系应当是可以肯定的。这些对联将汉字的多音多义特点加以巧妙运用，给人极深刻的印象。它并非文字游戏。

顾宪成题无锡东林书院联

风声雨声读书声声声入耳

家事国事天下事事事关心

【作者简介】

　　顾宪成（1550－1612年），字叔时，号泾阳，无锡人。明朝万历进士，任史部主事、员外郎、文选司郎中，是东林书院的创办者。

【阅读欣赏提示】

　　此联着重表现知识分子关心时事政治、以天下为己任的襟怀和责任感。上联既是写书院的环境气氛，也是指社会政治。下联则直接点明要关心家国大事，心系天下。于今仍有积极意义。联语运用复字排比修辞法，语言平中见奇，音调抑扬顿挫，铿锵有力。

高为阜题云南金华书院联

挥日无戈这一寸光阴莫让他任情过去

登云有路那几层阶级须由我硬地踏来

【作者简介】

高为阜,字守村,清铅山(今属江西)人,雍正丙午举人,曾任姚安知府,辑有《守村诗稿》。

【阅读欣赏提示】

上联"挥日无戈",典出《淮南子·览冥训》。原意谓举起戈挥向太阳可留住太阳不西沉。此联反其意而用之。下联"登云有路",出自南朝鲍照的《侍郎满辞阁》中"金闺云路,从兹自远"。"云路"喻宦途,今天也可理解为学问之途、事业之途。全联从典化出,规劝学子珍惜光阴,积极进取。

齐彦槐题采石矶太白楼

紫微九重碧山万里

流水今日明月前身

【作者简介】

齐彦槐(1774-1841年),字梦树,号梅麓,江西婺源人。清朝嘉庆进士,官为苏州知府。工书善诗,且以楹联名世。

【阅读欣赏提示】

太白楼,又名谪仙楼,坐落在安徽省马鞍山市西南翠螺山麓采石矶上。李白晚年寄寓当涂时多次到采石矶漫游赋诗。后人建楼以为纪念,齐彦槐为之撰联。此联是集句联。上联出自李白诗句,下联出自司空图《诗品》。紫微,指京师皇宫。九重,古称天有九重,也称皇帝为九重天子。李白于天宝初供奉翰林,因受权贵谗毁,仅一年多便离开长安,从此漫游天下,未能实现其政治抱负,因此有"问余何事栖碧山,笑而不答心自闲"之语。此为上联所表达的本意。《唐抚言》说李白游采石矶,因醉入江中捞月,遂乘鲸仙化而去。下联暗用这一典故。联语高度概括了李白的人生经历与人品。上联侧重概括其人生经历:曾经身在"紫微九重",但一生主要经历是"碧山万里"。下联说李白此生清如流水,前身应是明月,即赞其人品清如流水,洁如明月。此联在对仗方式上采用变格,上下联整体各自成对而又相对。

高积题江西新淦书院联

力学如为山九仞高须加一篑

行仁若法海十分满尚纳千流

【阅读欣赏提示】

此联是清朝高积所题。联语从曹操的《短歌行》"山不厌高,水不厌深"诗句中化出,连用两喻,规劝学子学习不自满,不断增进知识;修身不自满,不断完善人格。对联劝学又劝善,内容充实,用词精工,对仗十分工稳。

佚名题桂林桂山书院联

理本精深,看阶前双水合流,寻到源头方悟彻

学无止境,想宇后孤峰独秀,登来巅顶莫辞劳

【阅读欣赏提示】

桂山书院在桂林城北桂山(今称叠彩山),依山傍水。联语巧妙地利用书院独有景物构思立意,从景物中引出人生道理,规劝学子严谨治学,不畏艰难。此联以理胜,景为衬托。

徐氏女题杭州岳坟联

青山有幸埋忠骨

白铁无辜铸佞臣

【阅读欣赏提示】

岳飞坟在杭州栖霞岭下，西湖岸边，坟前有秦桧夫妇和万俟卨、张俊四人的铁铸跪像。上联言青山以埋岳飞忠骨为荣，歌颂岳飞精忠报国精神。下联言白铁以铸秦桧奸佞为耻，痛斥秦桧之类佞臣的罪行。作者言青山有幸，更显示对忠良的赞颂；为白铁叫屈，更加重对佞臣的鞭挞。联语一青一白，一有一无，一忠一佞，对比鲜明有力，是反对的典范之作。句式为七言平起，平仄字字合律，对仗工整，加强了表达力。

曾国藩题湖南湘乡东皋书院联

涟水湘山俱有灵其秀气必钟英哲

圣贤豪杰都无种在儒生自识指归

【阅读欣赏提示】

联中"涟水"为湘江支流，流经湘乡。"湘山"指湘乡之山。斯山斯水"俱有灵"，地灵必积聚英才。"圣贤豪杰都无种"，是从《史记·陈涉世家》中"王侯将相宁有种乎"语中化出。久经磨砺方成大器，儒生须立定志向。上联从山水写到人事，自信地灵人杰。下联以议论方式来勉励故乡学子志存高远，奋发学习。联语由书院生发联想，其旨在培育人才，其言也谆谆，其情也殷殷。

许仙屏题开封信陵君祠联

有史公作传如生，爱客若君，真令读者慷慨悲歌不已；

其门馆风流未谢，于今思昔，问谁能拔抑塞磊落之才。

【作者简介】

许仙屏（？—1899年），名振祎，江西奉新人，清朝同治进士，官为陕西学政、河南按察使、江宁布政使、东河河道总督、广东巡抚。

【阅读欣赏提示】

　　信陵君是战国时魏国安厘王的同父异母兄弟,封在信陵(今开封县),故名。史称其礼贤下士,有门客三千,与楚国的春申君、赵国的平原君和齐国的孟尝君合称"四公子"。司马迁在《史记》中予以高度评价。联语上联赞颂信陵君器重人才的品德。下联抒发作者对埋没人才的现实的强烈不满。杜甫的《短歌行》中有"王郎酒酣拔剑斫地歌莫哀,我能拔尔抑塞磊落之奇才"的诗句,下联第三句即出自于此。上下两联紧密联系,紧扣爱才拔才这一主旨。从古领起,落笔在今。今夕比照,以一声诘问倾吐心中的不满与企盼。作者重于义而不拘于文,酣畅淋漓,直抒胸臆。

赵藩题成都武侯祠联

能攻心则反侧自消从古知兵非好战

不审势即宽严皆误后来治蜀要深思

【作者简介】

　　赵藩(1851—1927 年),字樾村,号暖仙,云南剑川人。清朝光绪举人,盐茶道使,1920 年任云南省图书馆馆长。精诗文书法,尤擅联语。

【阅读欣赏提示】

　　此联上联评诸葛亮用兵时善用攻心术。诸葛亮的《南征教》中言"用兵之道,攻心为上,攻城为下"。"攻心"能收到不战而屈人之兵的功效。下联评四川时政,规劝当政者审时度势。清末四川总督岑春煊,不审时势,残虐百姓,导致民怨沸腾,故作者出此语。诸葛亮祠联比较多,但基本上就"一对"、"两表"、"三顾"等事迹赞其德才与政绩。此联抓住"审势"、"攻心"两方面肯定诸葛亮治军治国的策略与才华,不落俗套。规劝四川当权者要以诸葛亮为楷模,审时势,施善政,尤见胆识,今天读来仍有其启迪意义。此联称为武侯祠联的压卷之作,当之无愧。

郭沫若题蒲松龄故居联

写鬼写妖高人一等

刺贪刺虐入木三分

【作者简介】

郭沫若（1892－1978年），四川乐山人。中国现代杰出的作家、诗人、历史学家、剧作家、考古学家、古文字学家，著名的社会活动家。历任中央人民政府委员、政务院副总理兼文化教育委员会主任、中国科学院院长、全国人大常委会副委员长、全国政协副主席。有《沫若文集》传世。

【阅读欣赏提示】

蒲松龄是清代著名的文学家，他撰写的《聊斋志异》家喻户晓。作品以谈狐说鬼的表现形式，抨击了当时的社会政治。联语从艺术形式着眼，从思想内容立论，对蒲松龄的创作成就给予高度评价。"高人一等"、"入木三分"并非谀词。此联采用了复字修辞手法，并以成语入联，语言通俗而寓意深刻，节奏明快而声律和谐。

自题、题赠联

胡居仁题书斋联

苟有恒何必三更眠五更起

最无益莫过一日曝十日寒

【作者简介】

胡居仁（1434－1484年），字叔心，号敬斋，明代江西余干人。曾被聘请主讲白鹿洞书院，终身布衣。著有《居业录》。

【阅读欣赏提示】

此联上联正说"有恒"，下联反说"无益"，十分透彻地阐述了治学之道。联语用典确切，层次分明，逻辑严密，明白如话，是反对中的佳作。毛泽东在湖南第一师范学校求学时曾抄录此联励志自勉。

金声题书斋联

破釜沉舟百二秦关终属楚

卧薪尝胆三千兵甲定吞吴

【作者简介】

金声(1598—1645 年),字正希,安徽休宁人,明末抗清义军首领。崇祯进士,至右都御史、兵部右侍郎。

【阅读欣赏提示】

此联是金声在清兵南下后所作。上联用项羽破秦典故。"百二",出自《史记·高祖本纪》中"秦,形胜之国带河山之险,县隔千里,持戟百万,秦得百二焉"。下联用勾践灭吴的典故。联语连用两个典故,笔锋锐利,咄咄逼人,充分表达了抗清的决心和斗志。清代小说家蒲松龄刻在自己镇尺上的自勉联"有志者事竟成破釜沉舟百二秦关终属楚,苦心人天不负卧薪尝胆三千兵甲定吞吴",则又添一番气象,拓开一片境界。

陈白崖自题联

事能知足心常惬

人到无求品自高

【作者简介】

陈白崖,清朝人,进士出身,官颍川县令。曾任清代著名学者纪昀、梁章钜的老师。

【阅读欣赏提示】

此联首字嵌"人"、"事"两字,说明此联讲的是做人处世之道。上联化用《老子》中"祸莫大于不知足,咎莫大于欲得,故知足之足常足矣",谓知足才会心境惬适。下联讲名利观,谓不求名利才会品德高尚。联语旨在勉励人们加强品德修养,语虽平易,但意味深长。梁章钜在《楹联丛话》中称赞此联"斯真探本之论,两言可千古矣"。

林则徐应对联

海到无边天作岸

山登绝顶我为峰

【阅读欣赏提示】

相传此联是林则徐幼时应对塾师的出句而成。林则徐家乡有山有海，此联即以"海"和"山"领起，上联明写大海汪洋无边，暗喻英雄的素抱与胸怀不可限量。下联写出了壮士勇攀高峰、敢于争先的英雄气度与精神境界。此联境界开阔，气势宏大，表现了作者远大的抱负。语言简洁平易，笔势峻拔高亢，音调铿锵有力。

李大钊赠吴弱男联

铁肩担道义

妙手著文章

【作者简介】

李大钊（1889—1927 年），字守常，河北乐亭人。我国现代杰出的思想启蒙家，马克思主义在中国最早的传播者之一，也是中国共产党创始人之一。

【阅读欣赏提示】

此联是李大钊改用明代李继盛诗句题赠友人吴弱男的。李继盛任明代兵部员外郎时，因上疏弹劾严嵩而被处死。杨临刑前赋诗一首以示志气，其中有"铁肩担道义，辣手著文章"两句。"辣手"喻执法刚正不阿的人。诗句犀利遒劲，表达了一腔悲愤。李大钊改"辣"为"妙"，则赋予了新的时代意义。上联讲为人，下联讲作文。旨在勉励友人用钢铁般的肩膀承担正义的事业，用巧妙的笔墨写出激动人心的文章。语言精简有力，对仗工稳。

沈觐寿集句自题书斋联

宝剑锋从磨砺出

梅花香自苦寒来

【作者简介】

沈觐寿（1907—1995 年），字年仲，号静叟，福建福州人，福建省文史馆馆员。

【阅读欣赏提示】

此联连用两喻，阐述了一个深刻的道理：学习刻苦，方能成才。联语深含哲理，年青人尤当谨记。

庆 贺 联

郑燮题春联

春风放胆来梳柳

夜雨瞒人去润花

【作者简介】

郑燮（1693—1765 年），字克柔，号板桥，江苏兴化人。清乾隆进士，官范县、潍县知县。其诗书画时称"三绝"，是"扬州八怪"之一。辑有《郑板桥全集》。

【阅读欣赏提示】

上联融合贺知章《咏柳》诗意。《咏柳》道"碧玉妆成一树高，万条垂下绿丝绦。不知细叶谁裁出？二月春风似剪刀"。贺诗说春风剪柳，郑联说春风梳柳，意境近似而有翻新。下联从杜甫《春夜喜雨》诗句"随风潜入夜，润物细无声"中化出。联语描绘春风拂柳、春雨润花的景致，充满生机，颇合颂春题旨。言春风"放胆"，言夜雨"瞒人"，拟人手法的成功运用，愈觉春风春雨亲近可人。"瞒人去润花"反映出作者欲有补于世而不求闻达的高尚情操。

吴恭亨贺汪吉占婚联

但愿和合百千万岁

为歌窈窕一二三章

【作者简介】

吴恭亨（1863—1957年），字悔晦，湖南慈利人。一生以游幕、教读为业。曾任《慈利县志》总纂。能诗文，为南社成员。主要著作有《悔晦堂丛书》、《对联话》。

【阅读欣赏提示】

上联祝愿新郎新娘百年和合，下联为美好爱情生活而歌唱，联语洋溢着喜庆与祝福。"和合"是中国神话中象征夫妻相爱的两位神仙名。"窈窕"，出自《诗经·周南·关雎》"窈窕淑女，君子好逑"。爱情神话与典故的引入不仅增添了喜庆气氛和美好祝福，同时显示出语言典雅的特色，引起无限遐想，上下联连续三个数词相对，又使联语显得别致有趣。

方尔谦贺马文季罗韵玲婚联

玉骢马，少年场，白眉世家，一代文章传季子

金叵罗，合欢酒，黄花门第，三秋韵事斗玲珑

【作者简介】

方尔谦（1871—1936年），字地山，江都（今江苏扬州）人，曾任袁世凯家庭教师。擅诗文，尤精联语，有近代联圣之称。

【阅读欣赏提示】

马文季与罗韵玲九月成婚，方尔谦作嵌名联贺婚。上联嵌新郎姓名，写新郎事。"玉骢马"是马名，切"马"姓。"白眉"为"马"姓典故，史传三国蜀汉将马良有白眉，才华出众。马文季为清末桐城派著名作家马其昶季子，故有"一代文章传季子"语，嵌"文季"名字。下联嵌新娘姓名，写新娘事并点明婚事。"金叵罗"是酒杯，切"罗"姓，罗家爱菊，

也精于种菊,故称"黄花门第"。"三秋韵事斗玲珑"嵌新娘名字,同时又点明结婚"韵事"在"三秋"九月。"王骢马"欢跑"少年场","金叵罗"满斟"合欢酒",喜气洋洋,一派新婚大喜气氛。联语巧妙嵌入新郎新娘姓名,切人切事切情,自然妥帖。

梁启超贺康有为七十寿联

述先圣之玄意,整百家之不齐,入此岁来年七十矣

奉觞豆于国叟,至欢忺于春酒,亲受业者盖三千焉

【作者简介】

梁启超(1873—1929年),字卓如,号任公,广东新会人。清光绪举人。曾师从康有为变法维新。倡导诗界革命与小说界革命。擅长于政论,喜欢集联。

【阅读欣赏提示】

上联盛赞康有为的学术成就。康有为将深奥玄妙的《古文经》之类儒学经典予以新的阐述与发挥,将争论不休的《公羊》"三世"之类百家异说予以修正定论,实乃儒学巨子。下联恭敬祝寿,肯定康有为的育人之功。前两句语出东汉张衡《东京赋》,"觞豆"本指餐具,此处代指佳肴。"国叟"指受国人尊重的老人。"春酒"语出《诗经·豳风·七月》"为此春酒,以介眉寿。"此联用语典雅堂皇,文采横溢,堪称佳品。

王叔兰贺梁章钜七十寿联

二十举乡,三十登第,四十还朝,五十出守,六十开府,七十归田,须知此后逍遥,一代福人多暇日

简如格言,详如随笔,博如旁证,精如选学,巧如联话,富如诗集,略数平生著述,千秋大业擅名山

【阅读欣赏提示】

梁章钜，字闳中，号退庵，福建长乐人，清道光时官至两江总督，勤于治学。著述颇丰，计77种。上联赞其仕途顺利，且祝福祝寿。数词均为约数，并非确切年龄。"举乡"即中举人，"登第"即中进士，"还朝"即在朝为官，"出守"即出任知府。"开府"即出任巡抚、两江总督等，"归田"即告老还乡。下联颂其著述广博精深。如《古格言》之简，《退庵随笔》之详，《三国志旁证》之博，《文选旁证》之精，《楹联丛话》之巧，《退庵诗存》之富。联语虽缕述官职与著述，因先分后总，并不觉其琐碎。上下联前六句自对，形成排比句，一贯直下，颇有气势。

冯友兰贺金岳霖寿联

道胜青牛论高白马

何止于米相期以茶

【作者简介】

冯友兰（1895—1990年），字芝生，河南唐河人。著名的哲学家、教育家。北京大学哲学系教授。曾任中国科学院学部委员、全国政协委员。有《三松堂全集》传世。

【阅读欣赏提示】

这是冯友兰撰贺著名哲学家、逻辑学家金岳霖88岁生日的寿联。上联"青牛"典出《列仙传》："老子西游，关令尹喜望见有紫气浮关，而老子果乘青牛而过也。"此处借代"哲学"。"白马"典出公孙龙学派的名辩命题"白马非马"，此处借代"逻辑学"。以"胜"、"高"两字盛赞金先生在哲学、逻辑学研究的高超水平。下联"米"即"米寿"，"茶"即"茶寿"。日本流行的拆字庆寿法，"米"字拆开为"八十八"，"茶"字拆开为"廿"加"八十八"。上联颂其学术成就，下联祝其健康长寿。此联巧用变格，上下联各自成对而又相对，对仗工绝，语言典雅，含蕴深厚。

1983年迎春征联

十里春风长安两路

千年晓月永定一桥

【阅读欣赏提示】

　　1983年春节,中央电视台等四家单位联合举办新中国首届全国迎春征联,共出5题,征求下联。此联是其中一题的一等奖作品,是北京地名数字对。出句言横贯北京的东西十里长安街,下"春风"两字,迎春意味十足,以长安街名入联,蕴含"长治久安"之意。对句不仅考虑了地名,顾及了数字,而且把握住了联语的深刻含意。"晓月"即永定河上的卢沟桥,系燕京八景之一,景名为"卢沟晓月"。"永定"蕴含"永远安定"之意。联语以"永定"对"长安",词意相应,主旨吻合。以"晓月"对"春风",景色宜人,意象和谐。

哀 挽 联

曾国藩挽乳母联

　　一饭尚铭恩,况保抱提携,只少怀胎十月

　　千金难报德,论人情物理,也应泣血三年

【阅读欣赏提示】

　　此联之佳,一是切题,二是情深。吊唁乳母,联中已明示。上下联均用《史记·淮阴侯列传》韩信"一饭千金"的典故,层层递进,如话家常,字里行间,性至情真,措词得体,文气畅达。感恩之诚,溢于言表。

王闿运挽张之洞联

　　老臣白发,痛矣骑箕,整顿乾坤事粗了

　　满眼苍生,凄然流涕,徘徊门馆我如何

【作者简介】

　　王闿运(1833-1916年),字壬秋,号湘绮,湖南湘潭人。近代著名学者和文学家。

清朝咸丰举人。曾为曾国藩幕僚,后讲学各地,宣统时授翰林院检讨,辛亥革命后任清史馆馆长。

【阅读欣赏提示】

　　此联吊唁对象是张之洞,清廷重臣。作者曾入张幕,甚受器重。"骑箕"犹言去世,典出《庄子·大宗师》,传说殷王贤相傅说死后升天,化为一星,在箕星与尾星之间。后称大臣去世为"骑箕"或"骑箕尾"。"整顿乾坤",张历任两广总督、湖广总督、军机大臣,故这么说。"粗了",粗略了结。"门馆",门客所居的馆舍。联语颂逝者的政绩,诉悼念的哀情,而重在叙知遇之感,言极沉痛,决非泛泛之词。

何香凝挽廖仲恺联

　　夫妻恩今世未全来世再

　　儿女债两人共负一人完

【作者简介】

　　何香凝（1878—1972年）,现代民主革命家,新中国成立后历任全国人大常委会副委员长,全国政协副主席等职。

【阅读欣赏提示】

　　1925年8月20日,国民党"左派"廖仲恺在广州遇刺,何香凝怀着痛失丈夫和战友的苦楚,挥泪撰写这副挽联以示哀悼。上联诉说夫妻恩爱感情,下联表示担当育儿重任。联语看似平易,然其情也笃,其志也坚,感人肺腑,动人心魄。

毛泽东挽续范亭联

　　为民族解放,为阶级翻身,事业垂成,公胡遽死

　　有云水襟怀,有松柏气节,典型顿失,人尽含悲

【阅读欣赏提示】

　　续范亭早年参加辛亥革命，1935年在南京中山陵以剖腹自杀抗议国民党的卖国投降政策，遇救后回山西参加抗日救亡运动，历任国民党第二战区保安司令、山西新军抗日决死队总指挥、晋绥军区司令员、解放区人代会筹委会副主任等职，1947年因病逝世。此联上联赞其革命一生，下联颂其高尚品德，对他在革命即将成功之际过早辞世表示极大的悲痛和惋惜。上下联前两句各自成对，是对仗变格。熊东遨先生评价说：上联抛开个人交往，只说民族、阶级利益，不为私挽而公挽，立足点便比常人高得多。下联赞逝者品格，"云水襟怀"、"松柏气节"，比拟颇切其人。全联气势恢宏，感情浓烈，非毛公难吐此词，非续老难当此挽。此评十分中肯剀切。

张伯驹挽陈毅联

　　仗剑从云，作干城，忠心不易，军声在淮海，遗爱在江南。万庶尽合哀，回望大好河山，永离赤县

　　挥戈挽日，接尊俎，豪气犹存，无愧于平生，有功于天下。九泉应含笑，伫看重新世界，遍树红旗

【作者简介】

　　张伯驹（1898－1982年），字丛碧，河南项城人。中国现代著名收藏家。曾任吉林省博物馆副馆长。通诗、书、画、联。著有《丛碧词》、《中国书法》、《中国对联史话》等。

【阅读欣赏提示】

　　此联对陈毅一生的传奇经历和功勋予以了热情歌赞，表达了由衷的敬仰之情。联中"从云"出自《诗经·齐风》，犹言从者众多。"干城"出自《诗经·周南》，此处喻指祖国和民族利益的捍卫者。"挥戈挽日"典出《淮南子·览冥训》，意谓举起戈挥向太阳，可使西下的太阳返回来。"尊俎"分别为酒具与餐具，此处代指宴席。上联述其战争年代的赫赫战功，下联述其新中国成立以后的外交业绩，于大处着眼，概括了元帅的勋业，寄托了无限的哀思，又展示了新时代愿景。内容具体，措辞贴切，用典自然，对仗工稳，述评结合，文质相资。堪称挽联上品。毛泽东观此联后，备极称赞。

【思考与练习】

1. 谈谈学习本章后有哪些主要感受和收获？
2. 课文所列对联使用了哪些修辞手法？请各举一例。
3. 撰写对联训练。
（1）一茶馆已拟下联"楼台近水细品明月清风"，请对出上联。
（2）一教育机构已拟上联"十年树木百年树人教育乃兴国之本"，请对出下联。
（3）一青年学生拟出上联"办公室办公事公事公办"，请对出下联。
4. 背诵10副以上名联。

拓 展 阅 读

风景名胜联

董其昌题杭州冷泉亭联

泉自几时冷起

峰从何处飞来

翁方纲题北京陶然亭联

烟笼古寺无人到

树倚深堂有月来

宋镶题武汉晴川阁联

栋宇逼层霄。忆几番仙人解佩，词客题襟。风日最佳时，坐倒金尊，却喜

青山排闼至

　　川原揽全省。看不尽鄂渚烟光，汉阳树色。楼台如画里，卧吹玉笛，还随明月过江来

人文胜迹联

文天祥题孟姜女庙联

　　秦皇安在哉万里长城筑怨

　　姜女未亡也千秋片石铭贞

左杏庄题长沙屈贾祠联

　　亲不负楚，疏不负梁，爱国忠君真气节

　　骚可为经，策可为史，补天浴日大文章

张之洞题岳阳屈原湘妃祠联

　　九派汇君山，刚才向汉沔荡胸，沧浪濯足，直流滚滚奔腾到，星沉奁赭，潮射钱塘。乱入海口间，把眼界洗宽，无边空阔。只见那庙唤鹧鸪，落花满地；洲临鹦鹉，芳草连天。只见那峰回鸿雁，智鸟惊寒；湖泛鸳鸯，文禽戢翼。恰点染得翠霭苍烟，绛霞绿树。敞开着万顷水光，有几多奇奇幻幻，淡淡浓浓，铺成画景。焉知他是雾锁吴樯，焉知他是雪消蜀舵，焉知他是益州雀舫，是彭

蠡渔艖。一个个头顶竹蓑笠，浮巨艇南来。叹当日靳尚何奸，张仪何诈，怀王何暗，宋玉何悲，贾生何太息！至今破八百里浊浪洪涛，同读招魂呼屈子

三终聆帝乐，纵亲觅伶伦截管，荣援敲钟，音响飒飒随引出，潭作龙吟，孔闻鼍吼。静坐波心里，将耳根灌澈，别样清虚。试听这仙源渔棹，歌散桃林；楚客洞箫，芦叶含悲。试听这岳阳铁笛，曲折柳枝；俞伯瑶琴，丝引桐柏。又增添些帆风橹雨，荻露葭霜。凑合了千年韵事，偏如此淋淋漓漓，洋洋洒洒，惹动诗情。也任你说拳搥黄鹤，也任你说盘贮青螺，也任你说艳摘澧兰，说香分沅芷。数声声手拨铜琵琶，唱大江东去。忆此祠神尧阿父，傲朱阿兄，监明阿弟，宵烛阿女，戣首阿小姑。亘古望卅六湾白云瞰日，还思鼓瑟吊湘灵

刘尔炘题甘肃五泉书院联

云阶月路引人来，乐水志在水，乐山志在山，随处襟怀随处畅

学海书城延客入，见仁谓之仁，见智谓之智，自家门径自家求

黄兴题东坡赤壁二赋堂联

才子重文章，凭他二赋八诗，都争传苏东坡两游赤壁

英雄造时势，待我三年五载，必艳说湖南客小住黄州

何叔衡题长沙自修大学联

汇人间群书博览者何其好也

集天下英才教育之不亦乐乎

马积高题岳麓书院联

治无古今,育才是急,莫漫观四海潮流,千秋讲院

学有因革,变通为雄,试忖度朱张意气,毛蔡风神

自题、题赠联

郑燮自题联

虚心竹有低头叶

傲雪梅无仰面花

何溱集句联

人生得一知己足矣

斯世当以同怀视之

赵文恪自题联

为政不在多言须息息从省身克己而出

当官务持大体思事事皆民生国计所关

林则徐自题联

海纳百川有容乃大

壁立千仞无欲则刚

于伍云自题联

天下奇观看尽不如书本

世间滋味尝来无过菜根

范文澜自题联

板凳要坐十年冷

文章不写一句空

周恩来自题联

与有肝胆人共事

从无字句处读书

刘海粟自题联

宠辱不惊看庭前花开花落

去留无意望天上云卷云舒

启功自题联

若能杯水如名淡

应信村茶比酒香

哀 挽 联

爱新觉罗·玄烨挽郑成功联

四镇多二心,两岛屯师,敢向东南争半壁

诸王无寸土,一隅抗志,方知海外有孤忠

上海士民挽陈化成联

昔时未读五车书,雅量清心,温如玉,冷如冰,是大将实是大儒,使天下讲道论文人愧死

此日竟成千秋业,忠肝义胆,重于山,坚于古,忘吾身不忘吾主,任世间寡廉鲜耻辈偷生

黄兴挽徐锡麟联

登百尺楼,看大好河山,天若有情,应识四方思猛士

留一抔土，以争光日月，人谁不死，独将千古让先生

杨度挽孙中山联

英雄作事无他，只坚忍一心，能成世界能成我

自古成功能几？正疮痍满目，半哭苍生半哭公

陆小曼挽徐志摩联

多少前尘成噩梦，五载哀欢，匆匆永诀，天道复奚论，欲死未能因母老

万千别恨向谁言，一身愁病，渺渺离魂，人间应不久，遗文编就答君心

佚名挽周恩来联

千秋青史不忍魂去

寸草春晖难极恩来

张伯驹挽毛泽东联

覆地翻天纪元重开新史

空前绝后人物且看今朝

北京大学中文系挽王力联

大笔淋漓，茹古含今，生前一代雕龙手

绛帐肃穆，滋兰树蕙，身后三千倚马才

知识概述·联

  对联，又称楹联、对子，是以具有相对独立、完整达意的对偶句为表现形式的文学体裁，是我国特有的一种辞约义丰、精巧优美的民族文学样式。对联由两个等量部分组成，前一部分叫上联或出句，后一部分叫下联或对句。上下联合称一联。对联的单位叫"副"，一联即称为一副对联。

  对联属韵文体，与诗词曲赋有着直接的渊源关系，但又以其鲜明特点相区别。对联的本质特征是对称性，即上下联成对相联。具体说来，其形式上的特征是上下联字数相等，词性相同，节奏相和，平仄相谐，文字相别。其内容上的特征是内容相关，强弱相当。

  1. 字数相等。汉字一字一音，一音一义，容易造出字形、字音、字义都两两相对的句子，形成对偶。一副对联，字数不限，短可二三字，长可数百字，但上下联字数必须一致。

  2. 词性相同。指上下联中处于相同位置的词必须具有相同的词性。汉语词按其语法功能分类，有名词、代词、动词、形容词、数词、量词、副词、连词、介词、助词和叹词。对联用词必须做到上下联词性相同，名词对名词、动词对动词，等等。如杨度书联"抱琴看鹤去，枕石待云归"，动词、名词一一相对。但千万不要将词性相同误解为使用同义词。使用同义词，使上下联内容完全相同，这种情况称之为"合掌"。合掌是文字上的浪费，也破坏了对联的美感，为作联的大忌。有一副描写洞庭湖夜景的对联"云泽清光满，洞庭月色深"。联中"云泽"即"洞庭"古称，"清光"即指"月色"，"满"与"深"均言月明光足，犯了合掌的毛病。

  3. 节奏相和，即上下联句式相同。它表现在两个方面，一是语法结构相同，若上联为主谓句，下联也应是主谓句，如李绪题成都望江楼公园濯锦楼联"花影常迷径，波光欲上楼"。若上联为无主句，下联也应是无主句，如书斋联"以文会友，与德为邻"。二是语意结构相同，也就是句子的分断相同，如姚琮赠林可达联"身安茅屋稳，心定菜根香"，都是"二三"式节奏。

  4. 平仄相谐，讲的是对联的音韵对仗，即上下联平仄相对。汉字的声调，古代分"平、上、去、入"四声，其中上、去、入声为仄声。现代分"阴平、阳平、上声、去声"四声（入声在现代汉语中已消失），阴平、阳平为平声，上声、去声为仄声。上下联平仄对立，声调高低长短相反相错，读起来朗朗上口，具有音乐感，如张伯驹题山东涝山联"迎来海外三千履，望尽齐州九点烟"，音调为"平平仄仄平平仄，仄仄平平仄仄平"，朗读起来就有音乐感。对联的音韵还有一条要求，就是仄起平落，即上联最末一字通常要是仄声，下联最末一字为平声，如张伯驹题涝山联，读来给人以稳定的结束感。

5. 文字相别，讲的是对联中不要出现异位重复字，如澳大利亚悉尼唐人街牌楼联"澳陆风光，物阜民康，邦交友善；中原气象，德门义路，揖让仁风"。上下联两个"风"字为异位重复，这是不允许的。对联在相同位置上出现重复字是允许的，但一定要慎用，用得好可以出奇制胜，用不好就会成败笔。著名的岳阳楼联"洞庭天下水，岳阳天下楼"，重复"天下"两字，不但不使人感到重复，反而平添岳阳楼的非凡气势。

上面讲对联词性相同、节奏相和、平仄相谐的要求都是就工对来讲的。对联有工对与宽对之分。工对是上下联词性要完全相同，节奏完全相和，平仄完全相对，即所谓对仗工稳。但对联也允许在词性、句式、平仄等要求上适当放宽，不求全责备，不因律害义。所谓宽对，如郭沫若题新都桂湖公园联"桂蕊飘香美哉乐土，湖光增色换了人间"，虽然上下联词性、句式不同，但字面宽对，亦属佳联。

对联形式上的对仗很重要，内容上的对仗尤为重要。内容上的对仗，首先要做到内容相关。一般说来，上下联要围绕一个主题，或并列表达，或正反表达，或构成递进、承接、让步、转折、选择、条件、假设、因果等关系。也就是说，从上下联的语意关系上构成正对、反对、串对三种基本的对偶形式。正对是上下联并列表达主题，即上下联内容相似或相关，互为补充，无主次之分。如清代阮元题沈阳故宫衍庆宫联"水能性澹为吾友，竹解心虚是我师"，以"水"、"竹"两喻道出一个深刻的道理：一要心绪恬静，切勿急躁；二要虚心求教，戒骄戒傲。反对是上下联正反表达主题即上下联内容相反，一正一反，相互映衬，相反相成。如徐特立赠青年王汉秋联"有关家国书常读；无益身心事莫为"。反对是从整副对联的意思来判断的，不能因为个别字义相反而武断。如"爆竹声声送旧岁；梅花朵朵迎新春。"不能因为联中有"送"、"迎"、"新"、"旧"这些意义相反的词而说它是反对，恰恰相反，这是一副正对。反对易于凸现矛盾，更具表现力，适宜于撰制抒情联、题赠联，但不宜用于婚联、寿联、节日联与挽联。串对又叫"流水对"，即上下联两两相对而又连贯成为一意，仿佛流水不断，实际上是一个意思分成两句来说，两句是一个整体，不能拆散。如长沙岳麓山的一副对联"直登云麓三千丈，来看长沙百万家"。对联内容对仗除正对、反对、串对三种基本的对偶方式外，还有一种变格，叫上下联自对再相对。这有两种情况：一种情况是上下联整体各自成对而又相对，如集句联"春风风人，夏雨雨人；解衣衣我，推食食我。"第二种情况是上下联局部各自成对而又相对，如湖北汉阳古琴台联"一曲高山，一曲流水，千载传佳话；几分明月，几分清风，四时邀游人。"上下联内容相关这本来是对联的基本要求，但有一种特例叫无情对，它只求字面上的对仗而不求意义上的相关，非但不求相关，而且意义相差越远越好，如"五月黄梅天，三星白兰地"。无情对显然不宜实用，但可用于趣联和学生对仗训练的课联，有时可用作讽刺联。

　　对联内容的对仗，其次要做到强弱相当。强弱相当指上下联语气力度要大体均衡。一般说来，宏观为强，微观为弱；抽象为强，具象为弱；历史为强，地理为弱；议论为强，叙述为弱。对联语气的强弱，大体上有三种情况：上弱下强，这是允许的，也是常见的，但反差不宜过大。上下等同，这是最好的，当然是不容易做到的。上强下弱，则是必须克服的缺点。春联"梅开岭表，春到人间"，上联"梅开"为实，"岭表"地域较窄；下联"春到"为虚，"人间"既广又虚；上弱下强，全联是稳妥的。

　　对联的产生，不少人说始于五代蜀主孟昶所作春联"新年纳余庆，嘉节号长春"。这显然与史实不符，因为史书上已有晚唐对联的记载。但它也说明，唐以前对联尚不流行，或者说处于萌芽阶段。从五代到元代应当说是对联的发展阶段。除了蜀主孟昶所作的这一类春联，以后又有了婚联、寿联、名胜联、题赠联等。宋代有苏轼的题赠联、朱熹的书院联等。元代赵孟頫为扬州迎月楼题联"春风阆苑三千客，明月扬州第一楼"已是相当雅致的联语。至明清两代，对联进入鼎盛时期。其标志，一是对联作家大量涌现，灿若群星。如政治家林则徐、魏源、曾国藩、左宗棠、张之洞、康有为、梁启超等，文学家祝允明、徐渭、李渔、杨慎、袁枚、俞樾、阮元、王闿运等，书画家董其昌、郑燮、赵藩、何绍基、邓石如等。还有解缙、纪昀、孙髯、钟祖棻、方尔谦等名流。二是对联种类越来越多，庙宇、刹寺、园林大量出现促进了名胜联的发展，商业的发展带来了行业联的繁荣，各种类型的对联都已出现。对联创作的繁荣又推动了表现手法的多样化，产生了数不胜数的传世之作。三是对联的整理、研究出现了繁荣，编辑印行《春联大观》等对联汇编本。产生了梁章钜、梁恭辰父子的对联研究专著《楹联丛话》系列书籍，以及《巧对录》等著作。还产生了《笠翁对韵》之类工具书。

　　辛亥革命以后，对联仍延续了繁盛，社会的动荡反映在对联中，使对联呈现出过去不曾有过的面貌。此时期产生了多个对联作家群，如革命党人中的孙中山、黄兴、蔡锷、章炳麟、秋瑾等；五四新文学运动中的李大钊、鲁迅、郭沫若等，以冯玉祥、陶行知为代表的白话联作家，等等。

　　中国共产党的诞生开辟了对联的新时代，以毛泽东、周恩来、朱德为代表的中国共产党人以对联讴歌革命、抒怀言志，使对联这一古老文体焕发出勃勃生机。新中国成立后，特别是进入新时期以来，对联进入振兴阶段。自20世纪80年代以后，全国各地楹联学会相继问世，各种楹联报刊先后创办，对联汇编、对联鉴赏、对联研究等书籍大量刊行，尤其是广大对联创作者和群众的热情参与，使对联进入繁荣发展的新时代。

　　对联广泛应用于社会生活，表现手法多样，种类繁多。按其内容分，有励志明理联、叙事述史联、寄意抒怀联、写景状物联、讥诮讽歌联等等。按其功用分，有喜庆联、哀挽联、题赠联、行业联、谐巧联，等等；其中喜庆联又包括春联、婚联、寿联、庆贺联、节日联等。本章按人们习惯称谓，讲述对联中最常用的风景名胜联、人文胜迹联、自题题赠联、庆贺联和哀挽联，所选联语是宋、元以来的名作。

对联要用特定的形式和有限的字数写景述怀、表情达意，必须具有娴熟的驾驭语言文字的能力，必须灵活巧妙地利用汉语的一切可能性。古今名联佳对往往都经过精心结撰、巧慧修辞，练字练意反复揣摩。阅读欣赏这些佳作，进行对联写作训练，能有效地提高我们的语言文字素养，加强思想品德修养，并有助于开发和增长智力。传统的语文教育将对对子作为重要的教学内容和测试语文能力的手段，今天对联仍在社会上广泛应用，学习对联很有必要。

【推荐书目】

书　名	作　者	出版社	出版年份
楚辞选	马茂元选注	人民文学出版社	1980年版
诗经选译	余冠英选译	作家出版社	1956年版
唐诗三百首详析	喻守真编注	中华书局	1957年版
中国历代诗歌选	林庚，冯沅君主编	人民文学出版社	1979年版
中国历代名家流派词传	费振刚编著	吉林人民出版社	1999年版
历代词选	程郁缀主编	人民文学出版社	2003年版
历代词今译	郭彦全编著	中国书店	2000年版
唐宋词简释	唐圭璋选释	上海古籍出版社	1981年版
唐宋词一百首	胡云翼选注	上海古籍出版社	1978年版
唐诗鉴赏辞典	萧涤非，程千帆等撰写	上海辞书出版社	1983年版
唐宋词欣赏	夏承焘著	浙江古籍出版社	2003年版
唐宋词鉴赏辞典	唐圭璋主编	江苏古籍出版社	2000年版
唐宋词通论	吴熊和著	商务印书馆	2003年版
元散曲选注	王季思等选注	北京出版社	1981年版
全明散曲	谢伯阳编	齐鲁书社	1993年版
全清散曲	谢伯阳，凌景埏编	齐鲁书社	2006年版
历代抒情小赋选	黄瑞云选注	上海古籍出版社	1986年版
历代名赋赏析	方伯荣主编	重庆出版社	1988年版
历代辞赋鉴赏辞典	霍旭东主编	安徽文艺出版社	1992年版

(续表)

书　　名	作　者	出版社	出版年份
赋史	马积高著	上海古籍出版社	1987年版
中国辞赋发展史	郭维森，许德著	江苏教育出版社	1996年版
中国古代散曲史	李昌集著	华东师范大学出版社	1991年版
赋学概论	曹明纲著	上海古籍出版社	1998年版
楹联丛话全编	梁章钜，梁恭辰编	北京出版社	1996年版
古今联语汇选	胡君复编	上海商务印书馆	1917年版
分类楹联宝库	江忍庵编	上海广益书局	1927年版
对联欣赏	顾平旦，曾保泉著	文化艺术出版社	1982年版
对联艺术	任喜民编著	宁夏人民出版社	1983年版
对联纵横谈	余德泉著	上海古籍出版社	1985年版
中国对联谭概	常江著	华夏出版社	1989年版
中国楹联鉴赏辞典	王驰主编	湖南文艺出版社	1991年版
中国古今对联大观	钱剑夫主编	上海文艺出版社	1993年版

后 记

　　这本《中国语文》教材，从设计编写方案到组织编写，前后经历了两个年头。当它正式付梓的时候，我们有一种如释重负的轻松与舒坦，同时也有几分惶恐和牵挂。我们编写这本教材的出发点与期望目标在本书"前言"已作交代。为了能够如愿以偿，编写组全体同志付出了辛勤努力。大家一丝不苟，字斟句酌，反复研讨修改，不知熬过多少不眠之夜、耗费多少心血。就在向出版社交稿前的集中审校阶段，6位编写人员冒着酷暑，又一起奋战了十余个日日夜夜。有的同志几次熬到"旭日临窗，不知东方之既白"。大家都在拼力建设一项精品工程。现在教材已编好，很快就将面世。我们总的感觉是好的，经过多次打磨，教材的质量不断有所提高，特色也得到了较好的体现。凭着多年的教学实践和治学经验，我们都认为这是一本可读之书、有用之书，是一本能适应"大学语文"教学改革需要的好教材。它完全可适用于非中文专业的大学生，甚至研究生学习，也可作为广大有意了解中国文化、提高汉语言文学素养、培养高雅情趣的社会各界人士的自学读本。这也许是我们"敝帚自珍"、对自己劳动成果的偏爱。但我们这种"自负"多少由来有因。我们从有文字记载以来的数千年中华文明发展过程中挑选出来的这些"美文"，都文质相资、光彩熠熠，蕴含着爱国、懋德、励志、劝善、敦学等思想内容和积极昂扬的进取精神，本身就是"无言的教诲、有力的鞭策"，就能给人丰富而隽永的美的享受。我们深知，一部教材的优劣，最权威的评判者是使用它的广大学生、教师及其他读者。我们期望得到他们的好评，更希望听到来自各方面的意见和建议，使我们能够找出存在的问题和不足，以便进一步修订，使之不断完善和成熟。

　　参加本教材编写的都是在高等学校从事大学语文、文选与写作、古代汉语和现代汉语等中文基础课程教学多年的骨干教师。编写人员的具体分工如下：

　　论说文部分：彭思毛、文智辉、唐旭君

　　记叙文部分：唐旭君、杜纯梓

　　实用文部分：彭思毛、杜纯梓

　　诗歌部分：文智辉、彭浩荡

　　词曲赋部分：彭浩荡、曾永胜

　　对联部分：彭思毛、杜纯梓

知识概述：彭思毛、曾永胜

杜纯梓负责全书的策划、选文、统稿和终审。

此外，宋宝坤参加了诗歌部分编写的一些前期工作。

北京大学出版社编辑部主任黄庆生同志为本教材的编写和出版做了大量联系、沟通和协调工作。责任编辑袁玉明同志顶着酷暑亲临长沙审阅书稿，给了我们很多指导和帮助。在此谨对他们表示衷心的感谢。

编　者

2007年8月4日